城市轨道交通工程监测理论与技术实践

金 淮 张建全 吴锋波 任 干 编著

中国建筑工业出版社

图书在版编目（CIP）数据

城市轨道交通工程监测理论与技术实践/金淮等编著. —北京：中国建筑工业出版社，2014.8
ISBN 978-7-112-16773-9

Ⅰ. ①城… Ⅱ. ①金… Ⅲ. ①城市铁路－铁路工程-监测 Ⅳ. ①U239.5

中国版本图书馆 CIP 数据核字（2014）第 079311 号

本书依据《城市轨道交通工程监测技术规范》GB 50911—2013 编写而成。全书共包含 16 章内容，包括：绪论，工程安全风险管理及监测要求，工程影响分区及监测等级，明（盖）挖法基坑工程监测，盾构法隧道工程监测，矿山法隧道工程监测，建（构）筑物监测，地下管线监测，桥梁监测，高速公路和城市道路监测，既有轨道交通监测，监测方法和仪器选型，监测预警管理，线路结构变形长期监测，监测成果及信息反馈，典型工程案例。

本书可供岩土专业的相关师生阅读使用，也可供广大轨道交通建设事业的相关专业人士阅读使用。

责任编辑：张伯熙
责任设计：李志立
责任校对：姜小莲　陈晶晶

城市轨道交通工程监测理论与技术实践
金　淮　张建全　吴锋波　任　干　编著

*

中国建筑工业出版社出版、发行（北京西郊百万庄）
各地新华书店、建筑书店经销
北京红光制版公司制版
环球印刷（北京）有限公司印刷

*

开本：787×1092 毫米　1/16　印张：25¼　字数：615 千字
2014 年 11 月第一版　　2014 年 11 月第一次印刷
定价：68.00 元
ISBN 978-7-112-16773-9
（25575）

版权所有　翻印必究
如有印装质量问题，可寄本社退换
（邮政编码 100037）

前　言

随着我国经济的持续、健康发展，城市综合规模迅速扩大，城市化进程不断加快，城市轨道交通对缓解城市道路交通压力的作用日益突出，各地积极开展了城市轨道交通建设。城市轨道交通工程建设具有地质和环境条件复杂、工程技术复杂、控制标准严格、施工安全风险大等特点，工程建设过程中必须加强工程自身和周边环境的安全监控工作，以保证工程建设的顺利开展。

城市轨道交通工程监测对控制工程安全风险起着重要的"保驾护航"作用，是保证工程自身及周边环境安全的重要技术手段，住房和城乡建设部、各地建设主管部门近年来相继制定了若干规定，以加强对城市轨道交通工程监测的管理。经住房和城乡建设部批准，北京城建勘测设计研究院有限责任公司组织编制了国家标准《城市轨道交通工程监测技术规范》，编号为 GB 50911—2013，自 2014 年 5 月 1 日起实施，该规范的颁布实施将积极推动我国城市轨道交通工程监测工作的开展。

为更好理解和贯彻执行国家标准《城市轨道交通工程监测技术规范》（GB 50911—2013），规范编制组从理论技术和实际应用等方面对我国城市轨道交通工程监测工作进行了系统的总结，汇集形成本书。本书融合了规范的主要内容，对城市轨道交通工程安全风险现状及监测要求、工程影响分区、监测等级、工程自身和周边环境的监测内容和要求、监测方法和仪器选型、监测预警管理、线路结构变形监测、监测成果及信息反馈等内容进行了详细的论述。同时，选取国内主要轨道交通建设城市的典型工程监测案例进行分析，以加深工程技术人员对监测工作的理解和认识。

在规范编制和本书编写过程中，得到了住房和城乡建设部标准定额司、标准定额研究所和工程勘察与测量标准化技术委员会等各级领导的大力支持，得到了中国建筑工业出版社的大力帮助。此外，城市轨道交通建设管理单位、相关科研院所、勘察设计单位的专家、学者给予了诸多建设性意见。在此，对国家标准《城市轨道交通工程监测技术规范》（GB 50911—2013）和本书编写过程中给予大力支持和无私帮助的各单位、各界同仁表示衷心感谢！

目 录

第1章 绪论	1
1.1 城市轨道交通组成及发展概况	1
1.1.1 城市轨道交通组成及特点	1
1.1.2 城市轨道交通发展概况	3
1.2 城市轨道交通工程建设特点	7
1.3 城市轨道交通工程监测现状及发展趋势	9
1.3.1 工程监测现状	9
1.3.2 工程监测发展趋势	15
第2章 工程安全风险管理及监测要求	17
2.1 工程安全风险管理	17
2.1.1 工程风险	17
2.1.2 城市轨道交通工程风险管理	19
2.2 工程监测要求	23
2.2.1 工程监测的作用	23
2.2.2 工程监测的技术要求	24
2.2.3 工程监测的管理要求	31
第3章 工程影响分区及监测等级	34
3.1 概述	34
3.2 工程影响分区和监测范围	34
3.2.1 工程影响分区	37
3.2.2 工程监测范围	41
3.3 工程监测等级	42
3.3.1 工程自身风险等级	42
3.3.2 周边环境风险等级	46
3.3.3 地质条件复杂程度	47
3.3.4 工程监测等级	48
第4章 明（盖）挖法基坑工程监测	49
4.1 概述	49
4.1.1 明（盖）挖法工程特点	49
4.1.2 变形机理	52
4.1.3 明（盖）挖法工程风险分析	58
4.2 监测对象和项目	61
4.2.1 监测对象和项目的确定	61

4.2.2　监测项目的选择 ·· 62
 4.3　监测点布设与监测方法 ·· 63
   4.3.1　地表沉降 ·· 63
   4.3.2　桩（墙）顶水平位移 ··· 64
   4.3.3　桩（墙）体水平位移 ··· 66
   4.3.4　支护体系内力 ·· 69
   4.3.5　地下水位 ·· 72
   4.3.6　孔隙水压力 ·· 74
   4.3.7　土体分层沉降及水平位移 ·· 76
   4.3.8　土压力 ·· 77
 4.4　监测频率与周期 ·· 79
   4.4.1　监测频率 ·· 79
   4.4.2　监测周期 ·· 80
 4.5　现场巡查与视频监控 ·· 80
   4.5.1　现场巡查 ·· 80
   4.5.2　视频监控 ·· 81
 4.6　控制指标 ·· 82

第5章　盾构法隧道工程监测 ·· 94
 5.1　概述 ·· 94
   5.1.1　盾构法工程特点 ·· 94
   5.1.2　变形机理 ·· 97
   5.1.3　盾构法工程风险分析 ·· 102
 5.2　监测对象和项目 ·· 103
   5.2.1　监测对象和项目的确定 ·· 103
   5.2.2　监测项目的选择 ·· 104
 5.3　监测点布设与监测方法 ·· 105
   5.3.1　地表沉降 ·· 105
   5.3.2　管片衬砌变形 ·· 106
   5.3.3　土体分层沉降及深层水平位移 ·· 107
   5.3.4　管片衬砌和地层的接触应力 ·· 107
   5.3.5　管片内力 ·· 109
 5.4　监测频率与周期 ·· 109
   5.4.1　监测频率 ·· 109
   5.4.2　监测周期 ·· 110
 5.5　现场巡查与视频监控 ·· 110
   5.5.1　现场巡查 ·· 110
   5.5.2　视频监控 ·· 111
 5.6　控制指标 ·· 111

第6章 矿山法隧道工程监测 ··· 115
6.1 概述 ··· 115
6.1.1 矿山法工程特点 ··· 115
6.1.2 变形机理 ··· 119
6.1.3 矿山法工程风险分析 ··· 125
6.2 监测对象和项目 ··· 126
6.2.1 监测对象和项目的确定 ··· 126
6.2.2 监测项目的选择 ··· 127
6.3 监测点布设与监测方法 ··· 128
6.3.1 地表沉降 ··· 128
6.3.2 初期支护结构拱顶沉降及净空收敛 ··· 129
6.3.3 地下水位 ··· 132
6.3.4 围岩压力及支护间接触应力 ··· 133
6.3.5 土体分层沉降及水平位移 ··· 134
6.3.6 钢筋格栅应力 ··· 135
6.3.7 初期支护及二次衬砌应力 ··· 136
6.3.8 钢管柱受力 ··· 137
6.4 监测频率与周期 ··· 138
6.4.1 监测频率 ··· 138
6.4.2 监测周期 ··· 139
6.5 现场巡查与视频监控 ··· 139
6.5.1 现场巡查 ··· 139
6.5.2 视频监控 ··· 140
6.6 控制指标 ··· 141

第7章 建（构）筑物监测 ··· 145
7.1 概述 ··· 145
7.1.1 建筑结构 ··· 145
7.1.2 建筑基础 ··· 146
7.2 影响机理 ··· 147
7.3 监测目的 ··· 149
7.4 监测项目及监测点布设 ··· 149
7.5 监测方法及要求 ··· 150
7.6 控制指标 ··· 153
7.6.1 沉降 ··· 154
7.6.2 倾斜 ··· 156
7.6.3 裂缝 ··· 161
7.6.4 挠度 ··· 163
7.6.5 应变 ··· 163
7.6.6 水平变形 ··· 165

7.6.7 地表变形	166

第8章 地下管线监测 … 168
8.1 概述 … 168
8.2 影响机理 … 171
8.3 监测目的 … 174
8.4 监测项目及监测点布设 … 174
8.5 监测方法及要求 … 175
8.6 控制指标 … 176
  - 8.6.1 位移 … 176
  - 8.6.2 应力 … 179
  - 8.6.3 应变 … 180
  - 8.6.4 转角 … 181

第9章 桥梁监测 … 187
9.1 概述 … 187
9.2 影响机理 … 189
9.3 监测目的 … 192
9.4 监测项目及监测点布设 … 193
9.5 监测方法及要求 … 193
9.6 控制指标 … 194

第10章 高速公路和城市道路监测 … 199
10.1 概述 … 199
10.2 影响机理 … 202
10.3 监测目的 … 202
10.4 监测项目及监测点布设 … 203
10.5 监测方法及要求 … 203
10.6 控制指标 … 206

第11章 既有轨道交通监测 … 212
11.1 概述 … 212
11.2 影响机理 … 212
11.3 监测目的 … 214
11.4 监测项目及监测点布设 … 214
11.5 监测方法及要求 … 215
11.6 控制指标 … 217

第12章 监测方法和仪器选型 … 227
12.1 监测方法概述 … 227
  - 12.1.1 几何测量方法 … 227
  - 12.1.2 仪器测试方法 … 227
  - 12.1.3 监测新技术 … 227
12.2 几何测量监测方法 … 229

	12.2.1 常规几何水准测量	229
	12.2.2 常规几何平面测量	232
	12.2.3 测量机器人空间交会测量	237
	12.2.4 测量机器人三维变形测量	239

12.3 仪器测试方法

- 12.3.1 测斜仪 242
- 12.3.2 轴力计与锚索测力计 245
- 12.3.3 钢筋计 246
- 12.3.4 应变计 247
- 12.3.5 土压力计 250
- 12.3.6 分层沉降仪 252
- 12.3.7 水位计 253
- 12.3.8 孔隙水压力计 253
- 12.3.9 倾角计 255
- 12.3.10 静力水准仪 256

12.4 监测仪器元件选型

- 12.4.1 仪器选型应遵循的原则 260
- 12.4.2 监测仪器的选择 261

第13章 监测预警管理

13.1 概述 264

13.2 国内外预警体系研究现状 264

- 13.2.1 预警基础理论 264
- 13.2.2 各行业预警研究现状 268
- 13.2.3 城市轨道交通工程监测预警研究现状 274

13.3 工程监测预警管理 277

- 13.3.1 工程监测管理模式 278
- 13.3.2 预警信息的管理方法 278
- 13.3.3 预警组织机构与职责 281
- 13.3.4 预警分类与分级 284
- 13.3.5 预警标准 285
- 13.3.6 预警发布 289
- 13.3.7 预警响应 289
- 13.3.8 消警 291

第14章 线路结构变形长期监测 293

14.1 概述 293

14.2 监测内容和技术要求 295

- 14.2.1 监测基准点 295
- 14.2.2 隧道结构及路基监测 295
- 14.2.3 地面建筑及高架桥监测 299

		14.2.4 现场巡视	301
		14.2.5 监测频率	301
第15章	监测成果及信息反馈		302
15.1	概述		302
15.2	监测成果整理与分析		302
	15.2.1	散点图法	303
	15.2.2	回归分析	304
	15.2.3	灰色系统	307
	15.2.4	时间序列分析	308
	15.2.5	人工神经网络	310
15.3	监测成果形式与内容		311
15.4	信息反馈要求		313
	15.4.1	信息反馈内容	313
	15.4.2	信息反馈流程	314
	15.4.3	信息化管理要求	315
第16章	典型工程案例		326
16.1	明挖法车站工程监测案例		326
	16.1.1	工程概况	326
	16.1.2	监测内容及要求	330
	16.1.3	监测点布设及监测方法	332
	16.1.4	监测成果分析	335
	16.1.5	监测结论与建议	341
16.2	盾构法区间监测案例		341
	16.2.1	工程概况	341
	16.2.2	监测内容及要求	343
	16.2.3	监测点布设及监测方法	344
	16.2.4	监测成果分析	346
	16.2.5	监测结论与建议	350
16.3	矿山法区间监测案例		351
	16.3.1	工程概况	351
	16.3.2	监测内容及要求	352
	16.3.3	监测点布设及监测方法	352
	16.3.4	监测成果分析	355
	16.3.5	监测结论与建议	359
16.4	矿山法车站监测案例		359
	16.4.1	工程概况	359
	16.4.2	监测内容及要求	361
	16.4.3	监测方法及测点布设	362
	16.4.4	监测成果分析	362

  16.4.5　监测结论与建议 ……………………………………………………………… 368
 16.5　桥梁监测案例 …………………………………………………………………………… 368
  16.5.1　工程概况 …………………………………………………………………………… 368
  16.5.2　监测内容及要求 …………………………………………………………………… 371
  16.5.3　监测点布设及监测方法 …………………………………………………………… 372
  16.5.4　监测成果分析 ……………………………………………………………………… 372
  16.5.5　监测结论与建议 …………………………………………………………………… 374
 16.6　高速公路监测案例 ……………………………………………………………………… 375
  16.6.1　工程概况 …………………………………………………………………………… 375
  16.6.2　监测内容及要求 …………………………………………………………………… 376
  16.6.3　监测点布设及监测方法 …………………………………………………………… 377
  16.6.4　监测成果分析 ……………………………………………………………………… 377
  16.6.5　监测结论与建议 …………………………………………………………………… 381
 16.7　既有地铁车站监测案例 ………………………………………………………………… 382
  16.7.1　工程概况 …………………………………………………………………………… 382
  16.7.2　监测内容及要求 …………………………………………………………………… 383
  16.7.3　监测点布设及监测方法 …………………………………………………………… 384
  16.7.4　监测成果分析 ……………………………………………………………………… 386
  16.7.5　监测结论与建议 …………………………………………………………………… 391
参考文献 ……………………………………………………………………………………………… 392

第1章 绪　　论

1.1 城市轨道交通组成及发展概况

1.1.1 城市轨道交通组成及特点

城市轨道交通工程主要由土建工程和机电设备两部分组成。土建工程包括车站、隧道、桥梁、路基、轨道以及主变电所、集中冷站、控制中心及车辆基地的土建部分等。机电设备包括建筑设备（又称常规设备）和轨道交通系统设备。建筑设备是指给水排水与消防系统、建筑电气、电梯与自动扶梯、防灾报警系统（FAS）、通风空调与采暖系统、人防系统、环境与设备监控（BAS）系统等。轨道交通系统设备是指通信系统、信号系统、供电系统、电力监控系统（SCADA）、屏蔽门/安全门系统、自动售检票系统（AFC）、旅客信息系统（PIS），以及车辆系统和控制中心（OCC）等。

1. 土建工程

城市轨道交通车站由车站主体（站台、站厅、生产与生活用房）、出入口与通道（乘客进行地面和地下换乘）、通风道和地面风亭（一般布置在车站的两边端部）等三大部分组成。车站应满足预测客流的需求，保证乘降安全、疏导迅速、布置紧凑、便于管理，并应具有良好的通风、照明、卫生、防灾等设施，为乘客提供安全的候车、乘车环境。车站的站厅、站台、出入口、通道、人行楼梯、自动扶梯、售检票口（机）等部位的规模和通过能力应相互匹配。

（1）隧道。隧道是连接两个地下车站的建筑物，包括行车隧道、渡线、折返线、地下停车线、联络通道、集水泵房以及其他附属建筑物等。

（2）轨道。轨道是指路基或结构面以上的线路部分，是由钢轨、轨枕、连接零件、道床、道岔和其他附属设备等组成的构筑物。根据环境保护对城市轨道交通沿线不同地段的减振、降噪要求，轨道应采用相应的减振轨道结构，并具有良好的绝缘性。

（3）路基。路基是指按照线路位置和一定技术要求修筑的带状构筑物，一般位于地下隧道通往路面车辆段或停车场的线路上，包括路堤、路堑和附属结构。

（4）车辆基地。车辆基地是指具有配属车辆以及承担车辆的运用管理、整备保养、检查工作和承担较高级别的车辆检修任务的基本生产单位。综合基地是为了保证城市轨道交通正常运营而设立的综合维修中心、物资总库、培训中心和必要的生活设施场所。基地的土建工程包括路基工程、道路及广场工程、房屋工程等。

2. 机电设备

（1）建筑设备。建筑设备安装与一般房屋建筑工程类似，但需要考虑城市轨道交通工程的特点。

1）给水排水系统：城市轨道交通工程的给水排水系统用来满足生产、生活和消防用水对水量、水压和水质的要求。给水排水系统分别由给水系统和排水系统两部分组成。生活、生产给水系统由水源（城市自来水）、水池、水泵、水塔（水箱）、气压罐、管道、阀门、水龙头等组成；消防给水系统由水源（城市自来水）、消防地栓、水泵结合器、消防水泵、管道、阀门、消火栓（喷头）、水流指示器等组成。

2）消防系统：城市轨道交通消防系统包括火灾报警系统、气体灭火系统、水消防系统、防排烟系统和疏散系统（疏散标志和事故照明）。其中，气体灭火系统的管网系统中气体钢瓶、阀、管等应承受高压气体。

3）通风空调与采暖系统：通风空调与采暖系统可以保证城市轨道交通内部空气环境的温度、湿度、气流速度和空气质量满足人员生理要求和设备正常运转需要，当隧道、车站公共区和设备及管理用房内发生火灾事故时，应能进行有效的排烟、通风。

4）低压配电及照明系统：低压配电及照明系统可分为照明和低压配电两个子系统，均采用380V三相五线制、220V单相三线制方式供电。照明系统范围为车站降压所变压器后的照明设备、设施及线路。原则上，在车站站台、站厅的两端分别设置照明配电室，室内集中安装各类照明配电控制箱；设置事故照明装置室，室内安装一套事故照明装置。低压配电系统为站台、站厅和设备及管理用房的环控、排水、消防、电（扶）梯、自动售检票及通信、信号、站控室等系统设备供配电和车站环控室内供配电设备的控制。

5）自动扶梯与电梯：自动扶梯与电梯是乘客进出城市轨道交通车站的重要工具。车站出入口一般都设置自动扶梯，站厅层与站台层之间根据各站客流不同分设上、下行自动扶梯；为方便残疾人乘坐城市轨道交通，在车站站厅与地面之间、站厅层与站台层之间，设置垂直电梯。城市轨道交通自动扶梯采用重载荷公共交通型，主要由桁架、梯路系统、扶手带、主机及驱动系统、电气控制及安全装置组成。自动扶梯与电梯属于安装装修工程中的重型设备之一，其运输与到位的吊装是安装装修工程安全重点之一。自动扶梯顶部吊钩或吊装孔是设备就位的必要条件，且受力载荷较大，需在土建工程施工时预埋且确保质量。

6）防灾报警系统：城市轨道交通防灾报警系统实现水灾、火灾、地震、雷击、行车及人为事故等灾害的提前、可靠报警。系统防灾自动报警系统由防灾报警主机（设在行车调度指挥中心）、防灾报警分机（设在各车站综合控制室、控制中心大楼、主变电所、车辆段检停车库、混合变电所、材料总库）、车站现场设备及将所有设备联系在一起的通信网络等四部分组成。所有区域内设置消防设施的联动控制设备，包括气体灭火控制设备、水消防设备、防排烟设备、防火卷帘门、风阀、电梯、非消防电源的断电控制、疏散诱导标志灯等，防灾报警系统直接或间接控制这些设备。

7）环控系统：环控系统是指对车站站厅、站台、隧道、设备及管理用房等处所的环境进行空气处理（调节区域内的空气温度、湿度，并控制二氧化碳、粉尘等有害物质的浓度）的系统，包括风系统（隧道通风系统、车站公共区的制冷空调及通风排烟系统、车站管理及设备用房空调排烟系统）、车站空调水系统和集中供冷系统，涉及大量的风机、空调机、冷水机、水泵、冷却塔、水（风）阀和水（风）管路的安装，其中，不乏大型设备的吊装、就位等作业。

（2）轨道交通系统设备。

1）通信系统：主要分为专用通信和公务通信两大类。为满足城市轨道交通交通安全、高效运营的需要，建立有安全可靠的、独立的能传送语言、文字、数据、图像等信息的综合业务数字网。其中包括：传输交换、专业电话、无线通信、电视监视、遥控遥测、有线广播、列出广播、时钟、自动电话、直通电话会议、办公管理自动化和集中监测等子系统。

2）信号系统：城市轨道交通信号系统一般采用列车自动控制系统（ATC），主要由列车自动监控子系统（ATS）、列车自动防护子系统（ATP）和列车自动运行子系统（ATO）组成。

3）供电系统：由两大部分组成，一部分为外部电源，即城市电网；一部分为城市轨道交通内部供电系统，即通常所说的供电系统，包括变电所、牵引供电系统和变配电系统三部分。

主变电所由城市电网的变电所引入两路110kV独立电源，主变电站内设主变压器，城市轨道交通内部由35kV电压组成一个独立的供电网络，该网络以两路电源向沿线各牵引降压混合变电所和车站降压变电所供电。

牵引供电系统包括牵引变电所与牵引网。一般由35kV供电线路组成独立供电网络，该供电网络以双回路馈电电缆箱所有混合变电所及降压变电所供电。牵引网络系统由接触网和回流网组成，接触网为正极，回流网为负极，并分别通过上网电缆和回流电缆与牵引变电所连接，电压等级与馈电方式是牵引网供电制式中的关键。接触网（或三轨）主要应满足城市轨道交通电气条件、线路条件、气候条件、悬挂类型、限界要求等运行条件，并保证机车的正常取流。直流1500V采用架空接触网，直流750V有采用架空接触网的，也有采用接触轨的。国家标准《城市轨道交通直流牵引供电系统》（GB/T 10411—2005）规定，电压在直流1500V及以上的接触网宜采用架空接触网形式。

变配电系统包括降压变电所与动力照明配电系统，主要是供应全线运营用电、各系统用电、办公和照明用电等。

4）电力监控（SCADA）系统：采用微机运动装置，主机对主变电所、牵引降压变电所、混合变电所、车站降压变电所等实行集中监视、控制和测量，其具备遥控功能、遥信功能、遥测功能、遥调功能。包括主站（电力监控中心）及传输通道。主站应设在控制中心大楼内。子站（执行端）设在各变电所，通道与通信合用光缆传输。

5）屏蔽门/安全门系统：这是安装于城市轨道交通沿线车站站台边缘，用以提高运营安全系统、改善乘客候车环境、节约运营成本的一套机电一体化的机电设备系统。屏蔽门系统作为站台公共区与轨道列车之间的可控通道，其功能是列车进站时配合列车车门动作打开或关闭滑动门，为乘客提供上下列车的通道。

1.1.2 城市轨道交通发展概况

1. 国外发展概况

（1）发展历史。

自从第一条地下式铁路于1863年在伦敦通车，国外城市轨道交通工程建设已经历了近150年的历史。目前，城市轨道交通已成为国际现代化大都市的象征，是城市社会公益性发展的重要内容。20世纪70年代以来，工程技术的迅速发展，以及环保问题、能源结构问题的日益突出，世界上许多国家都确定了发展城市轨道交通的方针，促进了城市轨道交通的发展。据粗略统计，世界上已有40多个国家和地区的127座城市建造了轨道交通，累计轨道交通线路总长度约5270km，年客运总量约为230亿人次。

全世界已有100多个20万以上人口的城市相继建设了以轨道交通为骨干、以道路交通为基础、同时发展其他交通方式的立体化交通网络。东京、伦敦、巴黎、纽约、柏林、莫斯科、首尔等城市在20世纪建成了与城市人口和环境发展相匹配的城市轨道交通网络。

1）伦敦。伦敦早已实现客运以轨道交通为主的目标。城市轨道交通共有9条线路，总长408km，其中167km在地下，运行间隔为2～2.5分钟，郊区为10分钟，最大编组为8节。市郊铁路共有650km，550个车站，市中心有15个终点站，线路呈放射状布置，有的线路直通距市中心40km以上的新城。

2）东京。自从1927年首条线路建成至今，东京拥有世界大城市中最长的轨道交通线路，全长近2000km；年运量在100亿人次以上，市郊铁路列车最小运行间隔为2分钟，最大编组为15节，每小时每方向运输能力多达10万人次；20多年共新建城市轨道交通近140km，总里程达230km；有7家分布在郊区的私营铁路公司。

3）巴黎。巴黎是欧洲地区的交通枢纽和对外门户之一。1908年，巴黎建成了第一条城市轨道交通线路，经过一个世纪的发展，巴黎的轨道交通包括城市轨道交通、轻轨铁路和市郊铁路，承担着全市公共交通70%的运量，另外的30%由市内和郊区汽车承担；有城市轨道交通15条，总里程达199km，是内城公共交通的骨干，乘客徒步5分钟就可到达城市轨道交通站；列车最小运行间隔95秒，市郊铁路有16条，长760km。

4）纽约。1904年，纽约首条城市轨道交通线路建成。发展至今，纽约的公共交通占总交通量的53%，到内城的客运80%采用包括城市轨道交通、市郊铁路和公共汽车在内的大容量交通工具；市区铁路线共有27条，长443km，所有的车站通宵服务。纽约的轨道交通系统分为两个独立的系统——城市轨道交通网和通勤铁路网。

5）莫斯科。1935年，莫斯科第一条城市轨道交通线路建成。如今，莫斯科拥有一个跨及全市的立体交叉城市轨道交通网，总长243km，140多个车站，由1条环线和8条放射线组成。每天运营20个小时，高峰时列车间隔为75秒，时速41km，日运量高达800多万人次，居世界之首。客运密度为每公里1400多万人次，高于伦敦、纽约、巴黎。

（2）发展特点。

国外城市轨道交通的发展具有以下特点：

1）发展趋势多样化。目前，国际上技术比较成熟、已经上线运营的城市轨道交通有城市轨道交通、市郊铁路、轻轨、单轨、导轨、线性电机牵引的轨道交通及有轨电车7种。

2）规模化和网络化。纽约、伦敦、巴黎、莫斯科、东京等轨道交通较为发达的城市，已经形成一定的轨道交通规模和网络，可以延伸到城市的各个方向。

3）与城市规划紧密结合。例如巴黎的市域快速轨道交通（RER）线规划和建设正是为了适应这种巴黎城市人口的集中和郊区城市化的需要。

4）资金来源以政府为主。从总体来看，国外轨道交通的建设投资资金主要来源于国家政府、地方政府共同出资，或者连同城市轨道交通收益部门与个人共同投资。

2. 国内发展概况

(1) 发展历程。

随着我国经济快速发展，城市机动车数量激增而导致地面交通拥堵。而长期以来，我国城市轨道交通建设相对滞后，轨道交通运营总长度、密度及负担客运比例均远低于世界平均水平。国际经验表明，当一个国家的城市化率超过60%，城市轨道交通将实现高速发展以解决大城市交通拥堵问题，从而拉动城市轨道交通建设投资迅速增加。显然，建设城市轨道交通是缓解地面交通压力的一种有效方式。

我国城市轨道交通发展经过了50多年的历史，按发展特点可分为起步阶段（1965~1980年）、发展阶段（1980~1990年）、政府调控阶段（1990~1999年）和建设高潮阶段（1999年至今）等4个阶段。

20世纪50年代末，开始规划在北京、沈阳、上海三座重要城市修建城市轨道交通。北京市地铁1号线是我国第一条城市轨道交通线，线路从北京站到苹果园站，全长23.6km，采用明挖回埋法施工，至1969年10月1日建成通车。随后，建设了天津城市轨道交通线（现已拆除重建）、哈尔滨人防隧道等工程。进入20世纪90年代，一批省会城市开始筹划建设城市轨道交通工程，纷纷进行城市轨道交通建设的前期工作。

1999年以后，国家逐步鼓励大中城市发展轨道交通，城市轨道交通建设进入高速发展期。2005~2012年期间，我国的轨道交通里程超过1000km。截至2013年10月，我国城市轨道交通线网规划共涉及54个城市，总计规划线路431条，总里程为15418km。国务院已批准36个城市的轨道交通近期建设规划，共197条线路，约5373km，总投资近2.65万亿元人民币。29个城市的近期建设规划线路共计144条，规划总里程3980.034km。处于可行性研究阶段的线路共计72条，总里程2030.089km，车站数量为1342个。28个城市处于建设阶段的线路共计72条，总里程约1879.766km，车站数量为1190个。19个城市处于运营阶段的线路共计72条，总里程2082.815km，车站数量为1413个。

在里程增加的同时，我国城市轨道交通正逐步向多样化发展，正在形成以地下铁道为骨干、多种类型并存的城市轨道交通体系。上海、武汉、天津、大连等城市建成了快速轻轨交通系统；长春、大连进行了有轨电车改造，鞍山也准备对现有有轨电车进行改造，北京、上海正在酝酿新建有轨电车线路；重庆建成了我国第一条跨座式的单轨交通系统；上海浦东龙阳路至浦东国际机场开通了磁悬浮高速线；广州和北京已建成或正在建设直线电机驱动的轨道交通线路；北京首都机场内正在建设全自动化的新交通系统（APM）等。

1) 北京。北京是中国第一个拥有城市轨道交通的城市。1965年7月1日，北京市开始兴建第一条地下铁道，即地铁1号线，一期工程全长23.6km，于1969年10月1日建成通车。由于属于战备工程，北京市轨道交通在通车后很长时间内不对公众开放，需凭介绍信参观及乘坐。北京市轨道交通二期工程始于1969年，其线路沿北京内城城墙自建国门至复兴门，呈倒U字形，设12座车站及太平湖车辆段，线路长度为17.2km。1981年9月15日，北京市轨道交通正式对外运营。

北京市轨道交通复八线于1992年6月24日开工建设，2000年6月28日与一线全线贯通。北京市轨道交通13号线于2002年9月起分段开通，将霍营、回龙观和北苑等城北住宅区和上地信息产业基地与中心城区联系起来。八通线于2003年开通，对改善通州交通环境起重要作用。

2007～2011年底，北京市轨道交通5号线、10号线一期、奥运支线（北京城市轨道交通8号线一期）和机场线、4号线、亦庄线、大兴线、房山线（苏庄—大葆台）、15号线（顺义线，一期首开段：望京西—后沙峪）和昌平线一期（西二旗—南邵）、8号线二期北段（森林公园南门—回龙观东大街）、9号线南段（郭公庄—北京西站）、15号线一期东段（后沙峪—俸伯）、房山线（大葆台—郭公庄段）陆续开通。

2012年8月16日发布的《北京市"十二五"时期交通发展建设规划》提出："十二五"期间大力发展轨道交通，确立轨道交通在城市公共客运系统中的骨干地位，发挥其引导与支撑城市空间结构优化调整的作用，按照安全、质量、功能、成本、效率五统一原则，加快轨道交通新线建设，扩大线网规模，增加中心城线网密度。建设完成6号线、8号线二期、9号线、10号线二期、7号线、14号线、西郊线、S1线、昌平线二期等10条线路，全面完成2015年轨道交通561km近期线网建设规划。加快实施中心城轨道交通加密工程，重点推进16号线、8号线三期、海淀山后线、燕房线建设，2015年全市轨道交通线网运行总里程达到660km，五环路内线网密度达到0.58km/km^{2}以上，平均步行1000m即可到达城市轨道交通车站。

2) 上海。上海市轨道交通第一条线路于1995年4月10日正式运营，是继北京、天津建成通车后中国内地投入运营的第三个城市轨道交通系统，也是目前中国线路最长的城市轨道交通系统。截至2013年10月，上海轨道交通全路网已开通运营13条线、316座车站，运营里程达444.7km（不含磁浮线）。

上海已开通运营的13条轨道交通是：轨道交通1号线、2号线、3号线、4号线、5号线、6号线、7号线、8号线、9号线、10号线、11号线、13号线和世博专用交通联络线。

2012年在建的轨道交通工程主要有：轨道交通11号线北段二期，全部为地下线，是连接上海市西北地区—中心城—浦东新区的一条主干线；轨道交通12号线工程为纵贯中心城区"西南—东北"轴向的重要主干线；轨道交通13号线一期工程为纵贯中心城区"西北—东南"轴向的重要主干线；轨道交通16号线工程线路长约59km，共设13座车站。

3) 广州。广州市轨道交通第一条线路于1997年6月28日正式运营。首段开通西朗—黄沙段，全线于1999年6月28日正式通车，为中国内地投入运营的第四个城市轨道交通系统。截至2013年10月，广州轨道交通全路网已开通运营8条线、137座车站，运营里程达235.34km。

广州已开通运营的8条轨道交通是：轨道交通1号线、2号线、3号线、4号线、5号线、8号线、广佛线首通段和珠江新城APM。

2012年在建的轨道交通工程主要有：轨道交通6号线一期（浔峰岗—长湴），线路长24.3km，设22座车站；6号线二期出长湴站后沿广汕公路向东，经过华南植物园、华南快速干线，在开创大道路口折向东南，沿开创大道至香雪站，线路长17.4km，设10座车站；广佛线后通段（西朗—沥滘段）线路长11.6km，设7座车站；7号线一期西起番禺区广州新客站，转向东北沿汉溪大道，经过钟村、汉溪长隆，沿南大干线、经南村向北,穿越珠江达到大学城南,线路长 18.6km,设 9 座车站;8 号线(凤凰新村—文化公园段),线路长 1.8km,中间设 2 座车站;9 号线从花都汽车站经过花都中心城区至新白云国际机场,与 3 号线北延段于高增站换乘,线路长 20.1km,设 1 座车辆段、10 座车站。

(2) 发展前景。

我国城市轨道交通的发展前景广阔,具有以下特点:

1) 城市轨道交通工程规划里程较大,工程建设任重道远。综合近几年城市轨道交通工程规模情况,根据目前城市轨道交通在建城市的线网规划、近期规划和可行性研究情况,预计在建城市平均每年的新增建设线路数量可达 25 条左右,平均每年的新增线路建设里程可达到 750km 左右;新建城市平均每年的新增建设线路数量可达 4 条左右,平均每年的新增线路建设里程可达到 180km 左右。各地的城市轨道交通工程建设仍有较为广阔的发展前景。

2) 城市轨道交通工程里程逐渐增大,工程建设任务繁重。2008 年后我国城市轨道交通工程建设进入快速发展阶段,2009、2010 两年的新增建设里程在 970km 左右,2012 年的新增建设里程达到了 305.54km。2012 年和 2013 年的在建里程均超过 1960km。

3) 城市轨道交通运营里程逐年增长,运营安全形势不容乐观。2008 年以来我国城市轨道交通运营里程平均每年增长约 240km。2010 年建成通车的线路里程最多,达到了 465.4km。目前 19 个城市、72 条运营线路的总里程达到 2082.815km,随着运营线路数量和里程的不断增长,运营安全成为当前急需考虑的重要问题。

1.2 城市轨道交通工程建设特点

城市轨道交通工程穿行于城市的交通要道和人口密集区,线长、面广、扰动土层深度较大。城市轨道交通工程建设具有如下特点。

1. 工程地质条件复杂

我国幅员辽阔,各地的大地构造、地形地貌、水文气象等基础地质条件不同、地质现象众多,导致我国城市轨道交通工程的地质条件具有明显的复杂性和差异性。目前,国家正式批复开展城市轨道交通建设的城市有 34 座,这些城市分布于大江南北,各个城市的地质条件各不相同。根据岩土特性不同,大体可分为:软土地区、冲洪积土层地区、黄土地区、膨胀土地区、基岩或地质单元复杂地区等。

城市轨道交通工程地质环境比较复杂。例如,上海、广州、深圳等沿海城市或南方城市的工程地质水文地质条件复杂多变,城市轨道交通线路经过海积、海冲积、冲积平原和台地等多种地貌单元,常位于"软硬交错"地层(上部为人工填土、黏性土、淤泥质土、砂类土及残积土,下部为花岗岩、微风化岩等坚硬岩石层,或者孤石),还常遇到断裂破碎带、沉降区、地裂缝和溶洞等特殊地质构造,穿越或邻近江河湖海时,地下水丰富、水位高。

2. 工程周边环境复杂

我国各个城市的经济发展水平不同,城市人口、规模等方面存在一定的差异。根据城市规模等可将其划分为不同的城市群。如北京、上海、广州的城市的经济发展水平和城市规模处于我国的前列，城市环境极为复杂。

城市轨道交通线路基本处于环境复杂、人口密集的城区，周边高楼林立，地下管网密集，城市桥梁、道路、既有铁路等纵横交错，沿线交通流量大，工程周边环境条件复杂。复杂的地质条件和环境条件给城市轨道交通工程设计、施工带来诸多难题。

3. 工程投资规模大

城市轨道交通工程建设成本非常高，从我国建成的城市轨道交通线路来看，2013年的相关统计数据表明，已运营的线路实际造价均值为50868.53万元/km，在建线路的合同造价总平均值为61605.19万元/km。

工期方面，调研收集的已运营31条线路的单条线路实际最长工期148.1个月，最短工期28.3个月，平均实际工期为4.7年。在建线路的计划最长工期66个月，最短工期39个月，平均单条线路的计划工期为4.39年。工程建设的工期相对较长，线路跨度城区范围广、人员投入多、实物工程量巨大。

4. 工程技术复杂

城市轨道交通工程是土建施工及机电设备安装复杂的综合性系统工程，以地下工程为主的城市轨道交通工程的土建施工包括明（盖）挖法、矿山法和盾构法等主要施工工法和地下水控制、注浆加固等多种辅助工法。各种工法与特殊地质条件、周边环境保护的适应性和采取相应的措施是一重大技术难题，也是工程风险所在。

城市轨道交通工程本身涵盖专业领域广泛，除公共建筑工程具有的专业外，还涉及信号、机电及轨道等专业系统工程。同时，随着城市轨道交通工程向智能信息化、环保节能化发展，施工机械化水平将不断提高，对城市轨道交通工程建设人员专业水平、施工工艺精细化程度的要求会越来越高。

5. 工程协调量大

城市轨道交通工程参建单位包括建设、勘察、设计、施工、监理、监测、检测和材料设备供应等单位，专业多、项目多、环节多、接口多，作业时空交叉，组织协调量大。同时，其线性特征致使工程建设对周边环境影响区域较大，拆、改、移工作量大，协调难度也非常大。为使工程建设顺利进行，必须协调好与沿线居民的关系，与工程所在区域的管理单位实现有效沟通。

6. 控制标准严格

为确保隧道、深基坑施工（含降水）过程中，建（构）筑物、既有轨道交通设施、桥梁、隧道、道路、地下管线、地表水体等工程周边环境不发生过量沉降和坍塌，确保其安全，要求严格控制沉降（包括绝对值和速率等），例如地表累计沉降量一般要求控制在30mm以内。

7. 施工安全风险大

城市轨道交通工程的前述特点决定了城市轨道交通工程施工安全风险（包括工程本身的风险和对工程周边环境的风险）大，风险关联性强。如果工程地质水文地质条件不明，工程周边环境不清，措施准备不充分，很容易出现安全质量事故和险情，造成人员伤亡和经济损失。

1.3 城市轨道交通工程监测现状及发展趋势

1.3.1 工程监测现状

以往的城市轨道交通工程监测工作主要重视开挖面的安全监测,注重基坑或隧道内部的支护结构变形情况、开挖面岩土体特性等。随着我国城市轨道交通工程监测工作的不断开展,复杂的周边环境问题日益突出,第三方监测工作逐渐开展,工程监测工作逐渐重视环境监测内容。目前,施工监测对工程支护结构、周边岩土体和周边环境等全面开展了监测工作,第三方监测则重点对工程关键部位和周边环境对象开展了监测工作。

目前,作为城市轨道交通建设安全保障的重要技术手段,工程监测管理发生了突破性的发展,学术研究成果大量涌现,在监测新技术、新方法、控制指标、监测成果分析和信息反馈等的研究水平有了明显的提高。国内有关城市轨道交通工程监测的地方标准不断出台,国家标准已颁布实施。工程监测的受关注程度正逐步提高,工程监测工作已经进入了迅猛发展时期。

1. 工程监测组织形式

城市轨道交通工程施工阶段的监测工作组织形式分为施工监测及第三方监测。工程监测最早由施工单位自行监测或委托相应的科研机构完成,施工监测是施工的组成部分,侧重于工程结构的自身安全。由于工程环境事故的不断出现,为解决瞒报、缓报施工监测数据等不良现象,保障工程周边环境的安全,各地相继开展了第三方监测工作。由独立于设计、施工、监理之外的第三方单位进行监测,侧重于工程周边环境的安全。第三方监测具有"客观、独立、公正"的特点,相关预警预报工作很好地保证了工程建设的安全。由于施工监测是工程施工过程中的一个重要环节,也是控制工程风险和实施信息化施工的重要基础,因此,施工监测工作不能由第三方监测取代。

(1) 施工监测。

施工监测是指施工单位按照施工图设计文件、施工组织设计及标准规范等要求,对工程支护结构、主体结构、岩土体、地下水和周边环境等进行的监测工作。

城市轨道交通工程的监测活动以施工监测为主导,贯穿于整个施工阶段。施工单位应根据施工合同、设计文件及相关标准等要求,科学制订监测方案,合理布置监测点,设专人监测,及时分析监控数据,按时报监理单位和建设单位。对监测中发现的问题要及时采取措施,发生超预警值情况时,应及时组织专家进行论证处理。

(2) 第三方监测。

第三方监测是指监测单位受建设单位委托,按照合同及标准规范要求,对工程支护结构、主体结构关键部位及重要周边环境等进行的监测工作。第三方监测单位独立于施工单位、监理单位及设计代表。建设单位应当在工程开工前委托具有相应工程勘察资质的独立法人单位开展第三方监测工作。第三方监测单位不得与所监测工程的施工单位有隶属关系或者其他利害关系,且第三方监测单位应当向工程所在地建设主管部门办理备案手续。

城市轨道交通工程通过引入第三方监测,对施工单位的施工监测数据进行监督、对比和检验，并利用现代数理统计理论对监测数据进行处理、分析和预测，使建设单位及时掌握独立、客观、公正的监测数据和施工信息，可有效地保证城市轨道交通工程施工安全，避免重大事故发生。

《城市轨道交通工程安全质量暂行办法》（建质〔2010〕5号）明确规定，建设单位应当委托工程监测单位进行第三方监测，从事城市轨道交通工程第三方监测业务的工程监测单位应当具有相应勘察资质。因此，城市轨道交通地下工程在施工单位监测的同时，建设单位应委托有资质的单位实施第三方监测，第三方监测单位应根据委托内容及要求开展监测工作。

第三方监测的工作量可以根据当地工程风险特点和建设管理要求，并在施工监测工作量的基础上进行选择确定，以达到验证施工监测和控制工程风险的目的。

目前，全国各地第三方监测工作量的差异较大。例如，北京市第三方监测单位主要针对明（盖）挖法基坑及竖井的支护结构、工程周边地表以及建（构）筑物、地下管线等环境对象开展监测工作，隧道内部支护结构由施工单位开展监测工作，第三方监测的工作量一般控制在施工监测工作量的40%左右。广州、深圳、昆明等城市第三方监测对象和项目与北京类似；沈阳地铁二号线一期的第三方监测主要针对建（构）筑物等环境对象开展工作；天津、南京、宁波、西安、武汉、南宁等城市除明（盖）挖法基坑及竖井的支护结构、工程周边地表以及周边环境对象外，还针对隧道的支护结构开展了监测工作，各地第三方监测项目的监测频率也不尽相同。

第三方监测与施工监测应尽量做到同点监测。综合各地第三方监测的内容、要求和目的，可采用施工监测工作量的1/3～2/3作为第三方监测的工作量，主要对工程周边环境及支护结构的关键部位进行监测和巡查工作。

（3）施工监测与第三方监测的关系

施工监测与第三方监测都是为保证工程质量和施工安全而进行的现场监测活动，都是施工安全风险控制的重要手段。但是，施工监测与第三方监测在监测目的、监测内容、实施主体、实施程序等方面有一定的区别。

1）监测目的不同。施工监测作为施工工序的组成部分，主要是为施工单位指导自身信息化施工和安全、质量、进度控制服务。第三方监测的目的，一是为建设单位风险监控预警、险情处置、事故分析以及工后评估提供服务；二是为监理单位核实及验证施工监测数据提供服务；三是为客观公正处理建设单位与工程周边环境产权人或管理单位的争议提供基础数据。

2）监测内容不同。施工监测主要针对一个施工标段的主体结构、工程支护结构和周边环境，监测项目较多，监测频次高。第三方监测一般是对整条城市轨道交通线路或多个施工标段进行监测，其监测重点是主体结构、重要的周边环境和工程支护结构的关键部位，监测项目和监测频次较施工监测少。

3）实施主体不同。施工监测由施工单位自行实施。第三方监测由建设单位委托具有资质的监测单位实施。

4）实施程序不同。施工监测是以施工图设计为基础，编制施工监测方案，报监理单位审查。监测数据主要为施工单位自身所用，报监理单位、设计单位。第三方监测是在施工图设计的基础上，专门编制第三方监测方案，并经建设单位组织专家论证后实施。监测数据报建设单位、监理单位、设计单位。发现异常时，及时通知施工单位。

施工过程中，施工单位与第三方监测机构应加强交流、沟通和协商，监测数据相互对比印证，及时发现问题、分析问题、解决问题，为工程的安全施工提供重要参数信息。

2. 法规及规范性文件相关要求

城市轨道交通工程施工过程中经常发生支护结构垮塌、周围岩土体坍塌以及建（构）筑物、地下管线等周边环境对象的过大变形或破坏等安全风险事件，因此，在地下工程施工过程中开展工程监测工作，对安全风险事件的预防预报和控制安全风险事件的发生具有十分重要的意义。

针对近年来城市轨道交通工程建设过程中安全事故不断出现的现象，建设主管部门提出了加强工程监测工作的相关要求。具体要求如下。

（1）《关于加强城市轨道交通建设安全管理工作的紧急通知》（建质电［2006］4号）要求，城市轨道交通工程施工期间，要积极采用先进科学手段加强对沿途管线的监测，除了施工单位的监测，还要委托独立第三方进行监测。

（2）《关于进一步加强城市轨道交通建设安全管理工作的紧急通知》（建质电［2008］118号）要求，施工单位加强对相邻建（构）筑物、道路等沉降和位移情况的监测。对水文地质条件和周边环境复杂的工程，除施工单位监测外，建设单位应委托独立第三方进行监测，加密监测布点，加大监测频次，充分利用信息网络技术进行远程监控，根据采集信息实行动态评估和预警。

（3）《关于印发〈城市轨道交通工程安全质量管理暂行办法〉的通知》（建质［2010］5号）要求，建设单位要对工程项目管理负责，对监测等单位进行安全质量履约管理。此外，对工程监测单位安全质量责任进行规定，明确了监测单位对工程项目的安全质量承担监测责任。监测单位主要负责人应当对本单位监测工作全面负责。项目监测负责人对所承担工程项目的安全质量监测工作负责。自此，监测单位与施工单位、监理单位一起，成为城市轨道交通工程建设主体单位。

这些要求均明确了工程监测的主要作用是为施工过程风险管理提供数据，为工程施工过程风险管理服务。

3. 工程监测标准

工程监测标准方面，国家标准《城市轨道交通工程测量规范》（GB 50308—2008）、《地下铁道工程施工及验收规范（2003版）》（GB 50299—1999）、《盾构法隧道施工与验收规范》（GB 50446—2008）等以章节的形式包含了工程监测的相关内容。2009年国家标准《建筑基坑工程监测技术规范》（GB 50497—2009）开始实施，该规范主要针对一般土及软土建筑基坑工程监测工作进行了详细的规定，城市轨道交通基坑工程监测一般参照执行。其配套书籍《建筑基坑工程监测技术规范实施手册》对规范内容进行了详细的解释，进一步加强了规范对基坑工程监测的指导作用。

随着城市轨道交通工程建设的不断开展，各地相继开始了适合本地区工程监测标准的研编工作。

（1）北京市。

2007年北京市城市轨道交通工程监测开始执行地方标准《地铁工程监控量测技术规程》（DB 11/490—2007），该规程是北京市监控量测工作经验的综合性成果，对指导和规范北京市城市轨道交通工程监测有很好的帮助。

2007年5月北京市轨道交通建设管理有限公司和北京城建勘测设计研究院有限责任公司编写了《北京地铁工程监控量测设计指南》（试行），2008年北京市轨道交通建设管理有限公司实行的《北京市轨道交通工程建设安全风险技术管理体系》（试行）以附件形式对第三方监测设计、监控量测控制指标参考资料汇编、第三方监测管理办法等进行了具体的规定，对提升监测技术和管理水平有很大的帮助。

2013年6月北京市轨道交通建设管理有限公司罗富荣、曹伍富等组织完成对原风险技术管理体系的修订、升级，形成《北京轨道交通工程安全风险管理体系》，并出版发行。按照"立足预防预控、突出过程控制"的理念，将安全风险管理贯穿于轨道交通工程建设全过程，以安全风险管理总论、安全风险控制技术指南和安全风险管理办法三篇，详细论述了安全风险管理的具体内容。

（2）上海市。

上海市城市轨道交通基坑工程监测依照《基坑工程施工监测规程》（DG/TJ 08—2001—2006）进行，该规程主要针对上海地区各类建（构）筑物的基坑工程施工监测工作进行了详细的规定，包括监测方案、监测对象和项目、监测方法、监测频率、数据处理等内容。而城市轨道交通隧道工程没有有针对性的规范、规程可以依据。

2010年上海市建设工程安全质量监督总站组织编写了《软土地区城市轨道交通工程施工监测技术应用指南》，对工程监测方案编制、监测报告和报表、监测项目实施要点、监测仪器及选择等进行了较为详细的说明，并给出了施工监测实例，对软土地区城市轨道交通工程监测的开展具有很好的指导作用。

（3）天津市。

天津市其他线路建设也依照《天津地铁二期工程施工监测技术规定》（试行稿）等进行了工程监测的规范化管理。该规定主要针对天津地铁二期工程施工监测技术做了详细的规定。主要内容包括监测技术与监测方案、监测仪器与监测方法、监控控制标准、监控量测管理、监测资料整理与反馈等，很好地指导了天津地铁二期工程施工监测工作。

同时，2009年4月天津市建设管理委员会发布的《天津市轨道交通地下工程质量安全风险控制指导书》，也以小节形式规定了工程监测的相关内容，对监测工作的开展具有很好的指导作用。

4. 工程监测方法

随着工程监测工作要求的不断提升，各类复杂的工程建设不断开展，监测方面也逐渐发展起来，目前已取得了长足的进步，由以往的人工监测逐渐向自动化监测方向发展。自动化监测具有数据采集和传输快、精度高、稳定性强，安装灵活，不受环境条件限制，可实现24h全天候监测等特点，在穿越工程等重大风险工程中逐步推广应用。

监测方法主要包括现场巡视、人工监测和自动化监测三类。现场巡视较常规仪器监测能更迅速地发现问题和采取措施，是工程监测的重要组成部分。现场巡视以人工目测为主，巡视人员可辅助以量尺、锤、放大镜等简单器具，并以拍照或摄像方式将观测到的有关信息和现象进行详细记录。现场巡视内容主要包括工程开挖面的地质条件异常、工程结构变形变化、周边环境对象变形变化以及周围地表的沉陷、隆起、开裂，地面冒浆、泡沫等。

人工监测即由监测人员采用监测仪器进行的常规监测，是仪器监测的最基本形式。人工监测受监测人员观测水平和常规监测仪器功能等的限制，只能在一定精度范围和适当的工作条件下进行监测，具有一定的局限性。

随着城市轨道交通建设的快速化、网络化发展，节点工程越来越多，新建工程以及市政隧道工程难免穿越或邻近既有运营线路，新建工程也可能邻近或下穿文物古迹等重大环境风险，工程控制要求严格，监测对象"零沉降"的概念被提出。同时，新建工程下穿机场停机坪、高速公路等复杂环境下的工程监测不能影响监测对象的使用，工程抢险等特殊环境监测又有新的要求。高精度、远程化、实时化、非接触等监测要求的提出促使视频监测、自动化监测和非接触监测的研发、应用和推广。

（1）视频监测。

视频监测相对现场巡视来说具有远程、实时、便捷的特点，对监控工程风险、防止重大事故出现具有重要的意义。在有适当照明条件的施工现场安装视频监测系统可实时掌控工程施工进度和重大工程风险部位的安全状态。

视频监测系统设备主要包括 PC 机、操作系统、应用软件、视频采集卡和 Web 服务器等，可实现如监视、录像、回放、备份、报警、控制等多任务并发处理和网络浏览功能。由于视频监测设备的成本较高，可在工程适宜部位安装仪器进行监测。

（2）自动化监测。

自动化监测可解决既有线运营对人工监测的限制，监测系统由传感器、智能型数据采集单元、通信模块、主控计算机及软件系统组成，通过静力水准仪、变位计、测量机器人等进行数据采集，可对既有线隧道结构、轨道结构以及其他监测对象变形进行实时监测和数据采集分析。

2010 年 3 月北京城建勘测设计研究院的"城市轨道交通工程自动化监测管理信息系统"通过专家评审，该系统在城市轨道交通工程监测领域首次完成了远程自动化监测过程中监测仪器、无线通信设备和网络 GIS 数据发布的系统集成，具有多工点远程自动化监测数据的采集、计算、分析、处理、存储及发布功能，通过网络系统完成监测成果的快速反馈，预警预报及信息查询，为现场安全监管提供了及时、有效、可靠的决策依据。

自动化监测系统具有集成化、一体化的特征，具有高精度、遥测、遥控、数据远程传输、预警、一体化网络功能，对保障既有线的安全运营具有重要的作用，是工程监测技术发展的重要方向。

（3）非接触监测。

非接触监测主要包括三维解析测量、近景摄影测量、多通道无线遥测、光纤监测、巴赛特结构收敛系统等，它以光学、电磁方式远距离测定监测对象上点位的三维坐标，通过分析计算确定监测对象的变形变化。

三维解析测量可根据精密测角的空间前方交会原理使用数台电子经纬仪，也可根据角度、距离同时测量的极坐标法使用一台全站仪。北京首都机场线下穿机场高速路的路面监测中，采用两台高精度全站仪构建的测量系统实现了高效率的非接触监测，在保证车辆畅通运行的条件下，监控了高速公路的安全状态。

光纤监测是利用外界因素使光在光纤中传输时光强、相位、偏振态及波长（或频率）等特征参量发生变化，从而对外界因素进行监测和信号传输的技术。具有分布式、长距离、实时性、耐腐蚀、抗电磁、轻便灵巧等优点，目前主要应用于运营隧道的结构健康监测。

近景摄影测量技术根据目标点在像空间坐标系的坐标和其物空间坐标之间的关系，建立目标点、像点和投影中心的共线方程，测算目标点的物空坐标形成三维位移矢量确定位移。

多通道无线遥测技术根据传感器数字化信号变化测量围岩的位移，监测数据准确，具有安全、成本低、操作方便的特点。

巴赛特结构收敛系统可进行隧道断面的变形连续监测，具有防振、防电磁辐射的特点。随着技术的进步，在城市轨道交通工程监测中均将有很好的应用。

非接触监测具有精度高、自动化程度高、操作简单、工作效率高、稳定性好的特点，在工程下穿高速公路、工程抢险等复杂环境监测中具有良好的应用前景。

5. 工程监测控制指标

监测控制指标是保证监测对象安全的基本标准，是监测工作实施的前提。关于控制指标的研究是监测工作的重点也是难点，相关研究也取得了大量研究成果。2008 年 9 月北京市轨道交通建设管理有限公司开始实行的《北京市轨道交通工程建设安全风险技术管理体系》（试行）附件《监控量测控制指标参考资料汇编》对监测控制指标的确定原则、方法、内容等进行了综合研究，给出了参考数值和工程实例，以便为工程实际的应用提供服务。

2010 年 9 月国家标准《城市轨道交通工程监测技术规范》编制组成立暨第一次编制工作会议，将监测控制指标列为专题研究项目，对控制指标的定位、内涵、类型、确定原则、确定方法、确定流程等进行了系统的研究。

专题研究共收集国家、行业、地方和企业等标准 53 部，广泛收集了北京、上海、广州等 14 个轨道交通建设城市 163 个工点的第三方监测资料，包括监测控制值和实际监测结果。通过基础理论研究和数理统计分析，研究确定了不同监测对象、不同监测项目的控制指标建议数值，使控制指标研究工作取得了深入的发展。

6. 监测成果分析和信息反馈

监测成果包括现场监测资料、过程计算分析、图表、曲线、文字报告等。现场监测资料包括外业观测记录、电子数据资料、现场巡视记录、视频记录和记事项目等。

取得监测数据和巡视信息后，应及时进行数据处理和综合分析，判断工程的安全状态，进行预测预报。监测数据分析处理方法包括散点图法、滤波、拟合法、回归分析、灰色系统、人工神经网络、时间序列分析、位移时空综合分析等。工程实际中多采用散点图法和回归分析方法等常用方法，也可根据本地已有工程经验选择其他适宜的分析处理方法。

随着计算机技术的发展，我国大部分城市轨道交通工程建设城市开展了信息化建设。监测数据的处理与信息反馈采用专门的工程监测数据处理与信息管理系统软件，实现了数据采集、处理、分析、查询和管理的一体化以及监测成果的可视化，为工程施工监测信息的实时化管理提供了技术保障。

信息化系统具有操作简便、针对性强、实操性强等特点，很好地实现了工程建设基础资料的系统化管理，实现了工程安全风险和质量风险隐患的有效排查，促进了工程安全风险的监测、预警管控。通过工程建设各关键节点的全过程管控，有力保障了建设过程的顺利推进，有效降低了事故发生概率。

1.3.2 工程监测发展趋势

1. 监测管理要求逐渐严格

城市轨道交通工程监测工作为岩土工程分析和工程安全性评价提供了基础性资料，工程监测工作的管理要求逐渐趋于严格化管理。政府管理部门发布的相关规章制度中，对工程监测工作的从业资质、人员素质等进行了较为全面的规定。

同时，关于工程监测的相关管理文件已陆续制定，如住房城乡建设部工程质量安全监管司组织制定的《城市轨道交通工程监测管理办法》等。相关管理文件的颁布实施，将对工程监测工作进行更为全面、细致的管理。

2. 监测新技术的应用

随着工程建设的不断开展，工程监测技术取得了迅速的发展，监测数据实时采集、分析，监测精度不断提高，正向系统化、远程化、自动化方面迈进。目前，视频监测、自动化监测和非接触监测是监测技术的重要发展方向。

视频监测正在城市轨道交通工程监测领域逐步推广，视频监测内容和要求有待进一步研究和规范。研发功能强大的监测设备，促进视频监测的数字化、网络化、智能化发展，降低监测设备成本，推广应用范围是视频监测的发展方向。

自动化监测具有高精度、数据实时采集的特点，可避免人工监测的局限性，在穿越和近接城市轨道交通既有线的施工中，可实时掌握施工对既有线隧道结构和轨道结构的影响，保证施工和既有线运营的安全。

3. 控制指标的研究

作为控制工程和周边环境安全的重要标准，控制指标的提出具有重要的实际意义。目前工程监测控制指标具体数值的确定存在困难，尤其周边环境对象的控制指标确定存在很大的难度。目前，国内相关规范、规程很少给出控制指标的具体数值，即使所列的少数数值在工程实际应用中还是存在问题。为避免工程事故的出现，一般采取保守控制的方式，过大的安全系数难免造成工程技术难度的增大和工程造价的增加。

定量化的控制指标的制定需要一套完善的工作体系以及充足的工程实例资料，这是目前工程监测对象安全评估和控制的最主要的问题，也是最难以解决的问题。今后的工程建设应注重研究控制指标的确定方法，完善安全风险评估的技术手段，注重工程实际资料的积累，在实践中不断进行科学总结，以达到控制指标确定的科学性、经济性和实用性。

4. 监测成果综合分析和信息反馈

目前，工程监测主要根据监测数据和控制指标的比较，以及巡视有无异常情况进行工程安全与否的判定。工程监测成果缺乏分析预测和系统、深入的分析和判断。工程监测数据处理和分析预测方法众多，但各种方法均有其适用范围，优缺点并存。以监测数据为基础，借助各类数理统计方法建立预测模型的经验统计分析预测方法较为常用。以监测对象变形破坏发展过程为某种力学模型进行预警的力学模型分析方法存在力学模型和力学参数是否符合实际的问题，反分析方法显得尤为重要。

为更好地为工程安全建设服务,工程监测应注重成果的综合分析工作。深入开展工程监测数据分析预测的研究,明晰现有预测方法的局限性,积极研究新的预测方法;重视数值计算技术和力学模型反分析方法,将已取得大量研究成果的数值模拟和反分析方法应用于城市轨道交通工程建设之中,以期有研究方面的突破。

监测信息反馈应与时俱进,为推动信息化设计、施工的需要,现有的监测信息管理系统应适应工程监测技术以及现代通信技术的发展。监测信息管理系统应与自动化监测、视频监测、非接触监测等系统进行连接,综合存储和管理各类监测信息。在信息传输方面,系统应整合手机、网络等现代化信息传输手段,将监测信息及时反馈建设、设计、施工等单位,以集成化、系统化的监测信息管理系统更好地为工程安全建设服务。

5. 运营监测工作日益重要

由于城市地质条件或既有轨道交通控制保护区内工程施工等的影响,城市轨道交通运营线路难免出现沉降、差异沉降,使线路结构出现变形、变化,进而影响安全运营。目前部分城市的轨道交通运营线路已出现了隧道结构开裂、渗漏水等现象,个别线路因过大沉降而停运,需进行维修和加固。

开展线路结构变形监测可为分析线路结构安全及对运营安全的影响、制定线路结构维修加固方案及运营安全管理制度等提供基础数据,便于及早发现结构位移变形,对线路结构加固、维修,保证线路运营安全具有十分重要意义。

目前我国19个城市、72条运营线路的运营里程达到了2000多公里,后续几年内的运营里程也将不断增长。运营线路的安全问题日益突出,运营监测工作必将得到逐步重视和发展。

第 2 章 工程安全风险管理及监测要求

2.1 工程安全风险管理

"风险"一词早在 17 世纪就已经出现，它来自于西班牙语的航海技术，意思是指航海时遇上危机或触礁，反映了资本主义早期商贸活动中的不确定性。目前，对风险科学方面基础性的研究主要集中在对风险概念理解、风险评估流程、风险感知等方面。其中风险概念的研究一直是热烈讨论的话题。美国成立风险分析协会（Society of Risk Analysis，简写为 SRA）后做的第一件事情就是组建一个专门委员会定义"风险"概念，经过 4 年的努力，该委员会放弃了对"风险"进行定义的初衷。它的最终报告指出"没有必要定义风险的概念"。这从一个侧面反映了对"风险"进行定义的难度。

从某种程度上看，对风险基本概念理解的模糊正是目前风险应用研究中的迫切需要解决的问题之一。在风险流程研究方面，虽然风险评估的基本流程早已确定，有研究机构甚至尝试给出了"标准流程"（AIRMIC，2002），但究竟通过怎样的方法和流程才更有利于提高评估的结果，尤其是反映风险承担者的真实意愿，一直是风险研究的关键问题之一。

城市轨道交通工程领域的风险研究已经取得了一定的成果，对风险基本概念、风险评估工作的流程等方面逐渐形成了共识，对规范风险评估工作，促进工程风险管理工作在城市轨道交通建设过程中的开展具有积极的意义。

2.1.1 工程风险

1. 风险的定义

天有不测风云，人有旦夕祸福，生产和生活中充满了来自自然和人为（技术）的风险（Risk）。"风险"源于法文的 rispue，在 17 世纪中叶被引入到英文，拼写成 risk，到 18 世纪前半期，"risk"一词开始出现在保险交易中。风险是一个极为抽象而且模糊笼统的概念，由于人们研究的角度不同，对风险的看法和给出的定义也不尽相同，很难给出一个完善严谨，并应用于不同领域的定义。

风险一词在字典中的解释是"损失或伤害的可能性"，通常人们对风险的理解是"可能发生的问题"。一般而言，风险的基本含义是损失的不确定性，但对这一基本概念，在经济学家、统计学家、决策理论家和保险学者中尚无一个适用于他们各个领域的、一致公认的定义。

风险一词包括了两个方面的内涵：一是指风险意味着出现了损失，或者是未实现预期的目标；二是指这种损失出现与否是一种不确定性随机现象，可以用概率表示出现的可能程度，但不能对出现与否做出确定性判断。

《城市轨道交通地下工程建设风险管理规范》（GB 50652—2011）将风险定义为：不利事件或事故发生的概率（频率）及其损失的组合。城市轨道交通工程风险主要包括工程自身风险和周边环境风险两部分内容。

2. 风险发生机理

风险分析是一个非常复杂的课题，应针对不同的问题采用不同的分析模式。而分析模式与风险的产生机理相关。在对风险产生机理进行描述之前，先对本章中用到的几个名词做一下解释。

1）孕险环境（Risk Surroundings）。

所谓孕险环境，指潜发生事故的各种工程场地区域、周边环境、施工工艺及管理方案等。工程施工中，存在不良地质状况的土层环境，地下水文情况，施工路段附近的路面、建（构）筑物、地下管线等均构成了孕险环境。工程的周边环境条件即为周边环境风险的孕险环境。

2）致险因子（Risk Factors）。

致险因子是导致工程风险发生的直接因素，如各种施工方案、施工技术、施工设备、施工操作及人员活动等。它与孕险环境构成了风险事故的两个必备要素。如果说孕险环境是风险的基础，是一个火药桶，那么致险因子就可以说是风险的外因，是导火索。工程施工控制不力等造成周围地层变形过大等即为引发周边环境工程事故的致险因子。

3）风险事故（Risk Hazard）。

风险事故是在孕险环境和致险因子作用下，发生的可能造成工程出现经济损失、人员伤亡、环境影响、工期延误或耐久性降低等不利事件。这些事件有时可能比较严重，会被称为工程事故，但更多的情况下，只是一些会造成损失的工程问题。

4）承险体（Elements at Risk）。

承险体是指承担风险损失的具体对象，如人员、机械设备、工程结构、建（构）筑物、路面系统、地下管线等，包括社会群体、生态环境等。各类承险体构成了整个项目的承险体系统。

5）易损性（Vulnerability）。

承险体的易损性指承险体抵抗损失的能力，换句话说，就是风险一旦来临，可能发生的损坏程度。易损性分析的关键目标是得到承载体的最大损失可能。一般情况下，把超越某损失值的概率小于5%的损失作为承载体的最大损失可能。对于承险体的损失分布，即0.95分位数值为最大损失。

6）风险损失（Risk Loss）。

风险损失是指风险事故发生后所产生的一系列问题，包括人员伤亡、环境影响、经济损失和工期延误等。由于风险分析是事前进行，风险损失的分析就带有预测的成分。而且，风险损失也不一定就是一种，可能牵涉到承险体多方面的损失。风险损失可分为直接损失和间接损失。直接损失是指对正在进行的工程项目所造成的损失，这种损失并不一定会马上表现出来；间接损失是指由于工程的建设、运营而造成的其他对象的损失。

7）风险效益（Risk Benefit）。

所谓风险效益是指对风险事故采取某项措施而产生的风险改善效果，也即风险的减小程度。风险效益的产生来自两方面的原因，一个是风险概率的降低，另一个是风险损失的减少。相对来说,后者比较难以控制,因此,风险效益主要来自对孕险环境和致险因子的控制,从而达到降低风险概率及风险损失的目的。

8）风险成本（Risk Cost）。

风险成本可分为广义风险成本与狭义风险成本。广义的风险成本,既包括风险本身造成的损失费用,也包括对风险的前期预防费用、风险实际损失以及后续的风险处置费用。狭义的风险成本仅仅指风险发生时引发的实际损失。

城市轨道交通工程的风险事故产生机理可以简单地描述为：由于孕险环境的存在,加上致险因子的诱导,就有可能引发风险事故的发生,进一步对各种承载体造成损失。风险事故的损失分析由于是在事故发生前进行的,对项目决策者来说属于潜在损失。而这种潜在损失是不确定的,同时随着工程项目的不断进展,这种潜在损失的状态也会随着外界情况的变化而产生波动。那么,这种潜在损失的发生、发展、变化过程也就可以认为是工程项目风险发生、发展、变化的过程。即风险分析就是以潜在损失为主体目标的研究。城市轨道交通工程风险发生机理见图 2.1-1。

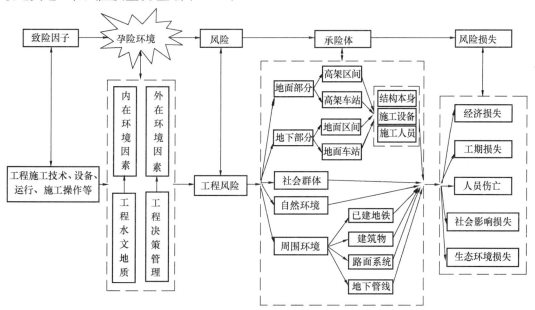

图 2.1-1　城市轨道交通工程风险发生机理图

2.1.2　城市轨道交通工程风险管理

1. 工程风险管理的特点

城市轨道交通风险管理的目标是用全面系统的实施手段,在第一时间内了解掌握工程进展的第一手资料、作业状况,提高事故发生的预测和防控能力,避免重大事故的发生,使安全风险降到最低。城市轨道交通工程风险管理有如下特点。

1）工程风险分析的内容复杂。

城市轨道交通工程处于复杂的地层地质体中,其具有的隐蔽性、复杂性和不确定性使风险分析的一些方法难以准确运用并确切表达。在进行项目风险分析时,既要考虑其精确性，又要考虑到成本因素，既要考虑地质风险，又要考虑环境风险，工程风险分析包含内容众多。

2) 工程风险管理需要重视风险的征兆。

城市轨道交通工程风险分析时必须明确出现风险的征兆，并且对危险的基本因素实行监察，随时避免危险发生，一旦出现危险征兆，立即采取相应的补救措施，可以有效地制止危险的出现。

3) 工程风险分析方法的多样性。

目前，在城市轨道交通工程行业以外已经得到大量研究和应用风险分析和评价的方法，工程的不同阶段应该采用不同的风险分析评价方法。在其结构的详细设计、施工阶段，随着设计目标和各种地层条件、周围环境条件等参数的明确，借鉴已有的工程经验，可选用定量的风险评估方法。

4) 工程风险管理的动态性。

从城市轨道交通工程的特点来看，工程的进展，即从工程立项、勘测、设计、施工，往往客观环境处于变化中，也就是说，从管理的角度分析是处于动态过程中，因此风险分析也要从动态管理的理念来进行。

5) 人员素质的严格要求。

城市轨道交通工程要求从事风险管理的人员必须具备相关的多个专业的知识，以便于对风险的辨识和控制，否则将很难理解工程风险的性质及特点，更难通过合理的风险分析采取适当的风险防范措施。风险分析人员只有掌握了先进、科学、系统的工程风险分析方法，才能降低施工风险，确保工程进度和质量。

2. 工程风险管理的一般步骤

风险虽然具有不确定性，但其本身还是有一定规律的，是可以被认识的，是可以通过一定的方法加以分析，并采取恰当的方法以降低风险。对风险因素进行分析通常要经过以下几个步骤。

1) 风险辨识。

风险辨识是进行风险分析时首先进行的重要工作，只有尽可能准确地认识风险才能对其进行科学的分析。风险的辨识一般要回答以下问题：

①有哪些风险应当考虑？

②引起这些风险的主要因素是什么？

③这些风险引起后果的严重程度如何？

风险辨识往往是一项很难的工作，人们一般只能基于过去的经验来预测将来可能的风险，然而，新的情况往往会出现新的风险因素，因此，在风险辨识阶段要尽可能全面地思考问题。

风险辨识是工程项目风险管理的重要内容，是整个风险管理系统的基础。所谓风险识别，是对潜在的和客观存在的各种风险进行系统的、连续的识别和归类，并分析产生风险事故的原因和过程。

风险辨识主要包括风险识别和风险筛选。其中风险识别是指调查和了解潜在的以及客观存在的各种风险；风险筛选是指掌握工程风险产生的原因条件，风险发生的机理，以及可能对工程造成损失的不确定性程度。

风险辨识过程可分为5个步骤：确定参与者、收集阅读相关资料及专家咨询、风险识别、风险筛选、编制风险辨识报告，风险辨识流程见图2.1-2。

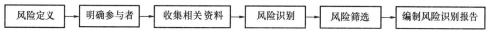

图2.1-2 工程风险辨识流程

①确定参与者。

城市轨道交通工程中风险管理的参与者主要包括项目建设各方、保险公司及其他有关人员等。工程风险管理中风险辨识人员应熟知工程建设的基本信息，了解工程风险管理的目标和需求，具备城市轨道交通工程建设经验。

②收集阅读相关资料及专家咨询。

工程风险辨识时应广泛收集工程相关资料，并向有丰富经验的专家咨询，应收集与工程有关的环境、地质、设计等资料。

③风险识别。

风险识别的目的是认识和揭露工程活动和周边环境中潜在的各种不确定性或不利事件，加强风险辨识意识，尽可能地认识、察觉或预测工程活动中存在的各种风险。其中包括三项活动：

a. 风险因素分析：系统分析工程建设基本资料，对工程建设的目标、阶段、活动和周边环境中存在的各种风险因素进行分析。

b. 建立初步识别清单：利用风险调研表或检查表建立初步风险清单，清单中明确列出客观存在的和潜在的各种风险，包括各种影响工程安全、质量、进度、费用、环境、信誉等方面的各种风险。

c. 确定风险事故：根据初步风险清单中整理的风险因素，分析其与相关联的各种潜在的损失或影响，明确工程事故及其发生的原因。

④风险筛选。

根据风险识别的结果对工程风险种类进行二次识别，整理并筛选与工程活动直接相关的各项风险，删除其中与工程活动无关或影响极小的风险因素或事故，并进一步识别分析，确定是否有遗漏的风险点。

⑤编制风险辨识报告。

在工程风险识别和筛选的基础上，根据建设各方的具体要求，结合工程的特点和需要，以表单形式给出详细的风险点，列出所有工程风险清单。

2）风险估计。

风险估计是风险评估的主要工作，包括风险概率估计、风险损失估计和风险量测三个方面的工作。风险概率估计是对风险事态出现不确定性的估计。风险损失估计是估算风险事件给业主带来的各种损失。

风险估计就是对风险进行量测。一般说风险辨识要解决的问题是遇到的风险是什么，而风险估计要解决的是这风险有多大，要给出某一危险发生的概率及其后果的严重程度。在进行风险估计时，有两条途径，一是通过对足够量数据的分析来找出风险因素的分布规律，从而预测出其发生概率，这叫客观估计；另一条是在缺少足够数据的情况下，由决策者或专家对风险因素的发生概率做出一个主观估计。

目前城市轨道交通工程建设主要以"中间道路"的方式，对有限的数据进行分析后再估计其可能的分布规律，或者，通过大量的主观估计（智暴法等）来合成客观估计，再逐步向客观估计过渡。

3）风险评价。

风险评价是基于风险估计的结果，考虑风险承担者的风险态度和承受能力，对风险程度形成具体的评价结果，同时给出合理的风险对策，以便于决策者作出正确的决策。风险评价的关键问题在于如何认识不确定性的风险后果，同时如何处理决策者在风险态度上的不确定性。

4）风险对策。

风险对策是根据风险评价的结果对风险事态进行事前处理及过程控制的过程，包括风险决策和风险监控两部分。风险决策是根据风险评价的结果，从风险对策集合中选定合适的对策处置风险；而风险监控是指对潜在风险事态进行检测，并适时启动有关风险控制措施的过程。风险对策通常有以下四类。

①风险规避：风险规避是通过方案改变、参数改变来消除风险发生，以及风险发生后可能产生的损失。从风险管理的角度看，风险规避是一种最彻底地消除风险影响的方法，但可能在某种程度上会降低收益，阻碍创新。

②风险转移：风险转移是以一定的代价将某风险的结果连同对风险应对的权利和责任转移给他方。风险转移并不能消除风险，但通过第三方的介入降低自身风险，风险转移是风险相对性在风险决策中的体现：对某方是风险事态，但对其他风险承受者可能并不是不可接受的。保险是风险转移最为常见的形式。

③风险缓解：通过某种手段将风险降低到可接受的程度也是风险管理中常用的对策。风险缓解既不是消除风险，也不是避免风险，而是减轻风险影响，包括减轻风险发生的概率或控制风险的损失。

④风险自留：风险自留是一种由项目主体自行承担风险后果的一种风险应对策略。风险自留要求对风险损失有充分的估计。

5）风险监控。

根据风险的特点，对风险进行监控和检查，判断风险是否控制在可接受的范围内。控制得力，结束工程风险管理；控制不当，重新进行风险辨识、分析评价、决策等内容。

3. 工程风险管理体系建立

城市轨道交通工程政治敏感性强、公共安全要求高，安全风险管理水平的提高可以有效防范、降低乃至避免安全事故的发生，因此必须注重建设过程中的安全风险管理工作，建立有效的安全风险管理体系。目前，城市轨道交通建设安全风险管理在各大城市逐步开展起来，实际经验表明完善的安全风险技术管理体系可以促进工程建设安全、有效地开展，建立完善的安全风险技术管理体系十分必要且意义重大。

安全风险技术管理需要全面的技术和系统的管理来支持。规定城市轨道交通参建各方的风险管理职责，明确各项技术要求，以提高风险管理和控制水平。安全风险技术管理体系主要包括体系文件、相关管理办法和技术支持性文件，具体内容为安全风险技术管理组织体系和岗位管理职责、各阶段风险管理内容及基本要求、各项技术内容要求等。

安全风险技术管理体系的建立是一项系统工程，需与当地建设规模、工程特点、工程风险特点和建设管理单位自身管理特点、组织形式等相结合，符合本地区的城市轨道交通建设现状和技术水平。

安全风险技术管理体系的建立应明确工程建设各阶段的工作任务和管理要求，制定工程风险管理目标，建立风险管理组织机构，明确安全风险管理职责、对象、要素和管控手段（包括风险评估、风险监测和预警等）、办法，并制定相应的风险管理流程。

工程建设各个阶段应加强安全风险管理工作。可行性研究阶段，业主专门委托或组织进行可行性研究报告编制时应考虑城市轨道交通线位、站位选择与不良地质、重大环境的位置关系及工法设备选择，有效降低后续设计和施工及运营的风险。勘察阶段，勘察单位应采用技术和管理手段确保勘察施工安全，提供的技术资料准确。环境调查阶段，环境调查或环境评估单位应分析不同环境对象特点及其与工程建设的相互影响，提出环境风险处理的措施建议。设计阶段，设计单位应根据设计深度识别地质、环境风险因素和风险事件，采取合理的设计控制措施。施工准备期，施工单位、监理单位应对施工工艺、设备、设计文件和关键工程部位风险进行施工前的检查与核对，提出各类风险的应对方案或处理措施。施工过程中，对现场施工状况及现场问题的处理情况等进行分析，判断施工中的风险事件及风险发生的可能性或隐患大小，进行风险监测预警，并提出处理措施。

4. 工程风险监测

城市轨道交通工程监测工作是工程安全风险监控的重要技术手段，通过工程监测可以及时发现工程自身风险和周边环境风险等的发生发展情况，防止工程安全事故的发生，切实保证工程自身和周边环境的安全。

工程监测等级由工程自身风险和周边环境风险等确定，工程监测等级越高，对监测工作的各方面要求越严格。工程监测工作应根据监测范围内的风险识别结果，针对不同的风险对象采取必要的风险监控措施。工程监测对象应包括各类风险对象，监测项目应根据风险对象的变形、变化特点进行确定，监测精度、监测方法和监测频率、周期等均应根据风险特点进行综合确定，以保证对各类风险对象进行系统、有效的监控。

2.2 工程监测要求

2.2.1 工程监测的作用

城市轨道交通工程监测可验证设计、施工和环境保护方案的安全性和合理性，优化设计和施工参数，判定并预测工程结构和周边环境的安全状态及发展趋势，为实施信息化施工等提供资料。城市轨道交通工程监测的作用主要体现在以下几个方面。

1. 验证工程勘察资料的可靠性

工程勘察为设计和施工提供详细的工程地质资料和技术参数，是工程建设的基础工作。然而，受勘察时间、勘察设备精确程度、勘察人员操作规范性等因素的影响，工程勘察资料的可靠性需要再次检验。施工过程中的工程监测能够检验工程勘察资料的可靠性，防止因工程勘察失误、勘测资料的不足对结构安全和施工安全产生影响。

2. 优化设计方案并提高结构的可靠性

工程监测成果可以通过实测结果与理论值的对比，验证工程设计假设，评估设计方案的合理性。将监测结果反馈于设计，可以进行设计变更，优化设计方案，从而提高结构的可靠性。同样，借助反分析方法形成的城市轨道交通工程设计理论可指导今后类似工程的设计。

3. 防范发生安全生产事故

通过工程监测可掌握各施工阶段地层与支护结构的动态变化，监测异常荷载和结构的过大反应，把握施工过程中监测对象的安全状态。如果有潜在工程安全问题，工程监测可以及时发现危险发生的征兆，通过采取必要的工程措施，避免工程自身和周边环境事故的发生。此外，当由于一些不可抗力而引起工程事故或者意外时，可以勘察资料为依据界定责任。

4. 提高施工管理决策的科学性

工程监测的结果可指导现场施工，对施工方法进行适用性评价，确定和优化施工方案与参数，提高施工管理决策的科学性，进行信息化施工，为新施工方法、技术提供可靠的时间资料和科学依据。此外，工程监测可掌握地表变形和周边环境对象的变化，确保道路顺畅，保证地面、地下建（构）筑物、地下管线、桥梁、既有交通线等的安全使用。

5. 为类似工程的设计、施工提供参考资料

工程监测可以为城市轨道交通工程设计和施工工作积累大量的实测资料，提高工程建设的信息化水平，为理论研究提供可靠的数据信息，可为今后类似工程的设计、施工提供对比依据。

2.2.2 工程监测的技术要求

1. 监测对象的确定

城市轨道交通工程在施工过程中经常发生支护结构垮塌、周围岩土体坍塌以及建（构）筑物、地下管线等周边环境对象的过大变形或破坏等安全风险事件，因此，在地下工程施工过程中，开展工程监测工作对安全风险事件的预防预报和控制安全风险事件的发生具有十分重要的意义。

工程监测对象主要包括支护结构、周围岩土体和周边环境。支护结构监测对象主要为基坑支护桩（墙）、立柱、支撑、锚杆、土钉，矿山法隧道初期支护、临时支护、二次衬砌以及盾构法隧道管片；周围岩土体监测对象主要为工程周围的岩体、土体、地下水以及地表；周边环境监测对象主要为工程周边的建（构）筑物、地下管线、高速公路、城市道路、桥梁、既有轨道交通以及其他城市基础设施。

工程监测工作需贯穿工程施工阶段的全过程，从施作支护结构或工程降水前开始，直至土建施工完成之后。土建施工完成后可结束支护结构的监测工作，周边环境变形趋于稳定时可结束周边环境的监测工作。

目前，全国各地城市轨道交通工程建设已全面开展了地下工程的施工监测和第三方监测工作，而且监测技术手段和方法较为成熟，能够满足地下工程施工阶段开展监测工作的要求。因此，城市轨道交通地下工程施工阶段对支护结构、周围岩土体及周边环境开展的监测工作是十分必要的,也是完全可行的。

2. 监测工作流程

工程监测应遵循下列工作流程:

1) 收集、分析相关资料,现场踏勘;
2) 编制和审查监测方案;
3) 埋设、验收与保护监测基准点和监测点;
4) 校验仪器设备,标定元器件,测定监测点初始值;
5) 采集监测信息;
6) 处理和分析监测信息;
7) 提交监测日报、警情快报、阶段性监测报告等;
8) 监测工作结束后,提交监测工作总结报告及相应的成果资料。

3. 监测方案的编制

收集水文气象资料、岩土工程勘察资料、周边环境调查报告、安全风险评估报告等重要的监测背景资料,同时进行必要的现场踏勘,对制定有针对性的监测方案及指导监测作业开展具有重要作用。因此,工程监测方案编制前应收集并分析水文气象资料、岩土工程勘察报告、周边环境调查报告、安全风险评估报告、设计文件及施工方案等相关资料,并进行现场踏勘。

城市轨道交通土建施工方法主要包括明挖法和盖挖法基坑工程、盾构法及矿山法隧道工程。城市轨道交通工程是一项高风险工程,施工工法不同、地质条件不同、环境条件不同,给工程带来的风险不同。工程监测方案编制之前,需要综合研究工程的风险特点,以及影响工程安全的重要工程部位和施工过程,并对关键部位、关键过程和关键时间提出监测重点,以确保监测方案的针对性。

工程监测方案应根据工程的施工特点,在分析研究工程风险及影响工程安全的关键部位和关键工序的基础上,有针对性地进行编制。监测方案宜包括下列内容:

1) 工程概况;
2) 建设场地地质条件、周边环境条件及工程风险特点;
3) 监测目的和依据;
4) 监测范围和工程监测等级;
5) 监测对象及项目;
6) 基准点、监测点的布设方法与保护要求,监测点布置图;
7) 监测方法和精度;
8) 监测频率;
9) 监测控制值、预警等级、预警标准及异常情况下的监测措施;
10) 监测信息的采集、分析和处理要求;
11) 监测信息反馈制度;
12) 监测仪器设备、元器件及人员的配备;
13) 质量管理、安全管理及其他管理制度。

当工程遇到下列情况时,应编制专项监测方案:

1) 穿越或邻近既有轨道交通设施;

2）穿越重要的建（构）筑物、高速公路、桥梁、机场跑道等；
3）穿越河流、湖泊等地表水体；
4）穿越岩溶、断裂带、地裂缝等不良地质条件；
5）采用新工艺、新工法或有其他特殊要求。

4. 监测点的布设

监测点的布设是开展监测工作的核心，是掌控工程自身和周边环境安全的关键，监测点布设时需要认真分析工程支护结构和周边环境特点，确保工程支护结构和周边环境对象受力或位移变化较大的部位有监测点控制，以真实地反映工程支护结构和周边环境对象安全状态的变化情况。同时，还要兼顾监测工作量及费用，达到既控制了安全风险的目的，又节约了费用成本。因此，监测点的布设位置和数量应满足反映工程结构和周边环境安全状态的要求。

监测点的埋设应以不妨碍结构的正常受力或正常使用功能为前提，要便于现场观测，如便于跑点、立尺和数据采集，同时要保证现场作业过程中的人身安全。在满足监测要求的前提下，应尽量避免在材料运输、堆放和作业密集区埋设监测点，以减少对现场观测造成的不利影响，同时也可避免监测点遭到破坏，保证监测数据的质量。

监测点的数值变化是监测对象安全状态的直接反映，监测点埋设质量好坏对监测成果的准确性、可靠性有着较大影响，因此应埋设牢固，并采取可靠方法避免监测点受到破坏，如对地表位移监测点加保护盖、对传感器引出的导线加保护管、对测斜管加保护管或保护井等。若发现监测点被损坏，需及时恢复或采取补救措施，以保证监测数据的连续性。另外，为便于监测和管理，应对监测点按一定的编号原则进行编号，标明测点类型、保护要求等，并在现场清晰喷涂标识或挂标示牌。

因此，监测点的埋设位置应便于观测，不应影响和妨碍监测对象的正常受力和使用。监测点应埋设稳固，标识清晰，并应采取有效的保护措施。

5. 监测方法的选择

仪器监测和现场巡查是工程监测的常规手段。通过埋设观测标志、布设监测元器件等方式，采用高精度的测量仪器设备或读数仪等进行位移或应力应变监测，获取监测对象状态变化的数据，以便在需要时及时对工程采取安全保护措施。由于仪器监测点的布设位置、数量有限，现场巡查是最有效的补充手段。现场巡查能发现监测对象的过大变形、开裂、渗漏及地面沉陷（隆起）等安全隐患，为支护结构及周边环境安全状态的综合判定提供必要的资料支撑。

随着监测技术手段的不断发展和监测服务内容的增多，远程视频系统也逐步应用于城市轨道交通工程监测工作中。视频监测相对现场巡查来说具有远程、实时、便捷的特点，对掌控工程施工进度、施工质量及环境条件变化，监控记录工程风险，防止重大事故发生具有重要作用。

自动化监测具有数据采集和传输快、精度高、稳定性强，安装灵活，不受环境条件限制，可实现 24h 全天候监测等特点，在安全风险较大的周边环境、工程关键部位采用传统的仪器监测方法难以实施或不能满足工程需要时，可采用远程自动化监测的手段。

因此，现场监测应采用仪器量测、现场巡查、远程视频等多种手段相结合的综合方法进行信息采集。对穿越既有轨道交通、重要建（构）筑物等安全风险较大的周边环境，宜采用远程自动化实时监测。

6. 监测信息采集和反馈

监测对象在工程施工过程中的影响变化是一个由小到大，再由大到小的过程，施工对监测对象的影响程度与开挖面和监测对象的位置关系、施工质量控制、地质条件和监测对象的特点等密切相关。因此，监测信息的采集频率要根据工程施工对监测对象的影响程度进行调整，其原则是能反映出监测对象的变化过程。工程监测是一个长时间、连续的工作，应贯穿整个施工全过程。

因此，监测信息采集的频率和监测期应根据设计要求、施工方法、施工进度、监测对象特点、地质条件和周边环境条件综合确定，并应满足反映监测对象变化过程的要求。

监测工作要严格执行监测方案，并将监测成果准确、及时地反馈给建设、监理、设计、施工等相关单位，为工程动态设计和信息化施工提供可靠的数据依据。

实际工程建设过程中，很多工程安全事故是由于监测信息处理的不及时造成的，由于工程安全隐患不能及时得到处理，致使其进一步导致安全事故，造成人员伤亡、经济损失和社会影响。工程监测工作特别需要重视监测信息的时效性，监测单位及时进行监测信息处理、分析和反馈工作，是保证工程自身及周边环境安全的重要基础工作。

因此，监测信息应及时进行处理、分析和反馈，发现影响工程及周边环境安全的异常情况时，必须立即报告。

7. 风险事件监测

城市轨道交通工程建设过程出现风险事件时，为分析、处理及控制风险事件应开展应急抢险监测工作，提供更及时、全面的监测数据。应急抢险监测应根据现场风险发生的实际情况，针对风险事件控制要求在原监测方案的基础上补充监测项目或监测点，并加密监测频率。当采用人工监测不能满足实际需要或存在现场监测作业人员的人身安全问题时可采用远程自动化实时监测手段。

因此，突发风险事件时的应急抢险监测应在原有监测工作的基础上有针对性地加密监测点、提高监测频率或增加监测项目，并宜进行远程自动化实时监测。

8. 控制指标的分析与确定

1）控制指标内涵。

城市轨道交通工程监测控制指标是指为保证城市轨道交通工程结构自身或受施工影响的周边环境对象等被监测对象的正常使用或安全，而由设计单位结合环境对象产权单位要求，根据监测对象、监测项目提出或给定的一系列监测数据安全警戒标准。

根据监测对象的不同，监测控制指标可分为周边环境控制指标、支护结构控制指标及周围地质体控制指标三大类。

根据监测控制指标制定需考虑的限值因素，可分为监测控制值、监测预警值、监测报警值。

①监测控制值：又指设计允许值，是指为控制监测对象的状态变化，满足工程结构安全及环境保护要求，针对各监测项目的监测数据变化量所设定的限值。是施工过程中对建（构）筑物、地下管线、桥梁等环境对象、支护结构体系以及周围岩土体等被监测对象允许的最大变形（受力）值或变形（受力）变化速率值，为监测定量化指标的最高等级，是开展监测工作并进行预警的重要依据。

②预警值：为工程施工监测而设定的最低一级定量化指标，是引起警戒措施的起始值，按照与控制值的百分比设定，一般取监测控制值的70%。

③报警值：比预警值高一等级的指标，为提出报警的起始值，一般取监测控制值的80%～85%。

制定监测控制值需考虑的其他指标有：

①已有变形值：建（构）筑物、桥梁、地下管线、城市道路、既有城市轨道交通结构、铁路等环境对象修建之后至城市轨道交通施工前已经发生的各项变形值。

②极限状态值：建（构）筑物、桥梁、地下管线、城市道路、既有城市轨道交通结构、铁路等环境对象达到正常使用或承载能力极限状态时所允许发生的最大变形值。

③剩余变形值：即抗变形能力值，为建（构）筑物、桥梁、地下管线、城市道路、既有城市轨道交通结构、铁路等环境对象达到极限状态之前，目前允许出现的变形值，一般为极限状态值与已有变形值的差值。

④预测变形值：城市轨道交通施工前采用工程类比、理论分析和数值模拟计算等方法，对建（构）筑物、桥梁、地下管线、城市道路等监测对象的变形进行预测，所得的因工程建设施工引起的变形值。

⑤平均变化速率：监测过程中，某一监测时间段内，监测值的平均变化率。

⑥最大变化速率：监测过程中，某一监测时间段内，任意一天的最大变化值。

2）控制指标类型。

监测项目控制值按监测项目的性质分为变形监测控制值和力学监测控制值。变形监测控制值应包括变形监测数据的累计变化值和变化速率值；力学监测控制值宜包括力学监测数据的最大值和最小值。

变形监测不但要控制监测项目的累计变化值，还要注意控制其变化速率。累计变化值反映的是监测对象当前的安全状态，而变化速率反映的是监测对象安全状态变化的发展速度，过大的变化速率，往往是突发事故的先兆。因此，变形监测数据的控制值应包括累计变化值和变化速率值。

3）确定原则。

城市轨道交通工程监测控制指标的确定需综合考虑以下因素的影响。

①环境对象的功能性及安全性。

目前，国内各地城市轨道交通监测控制指标一般由设计单位在施工图设计文件中给定，监测控制指标的确定应综合考虑设计支护结构的安全性，周边环境对象的实际状态、使用功能及安全性等保护要求。

周边环境控制指标一般由评估单位在现状普查或检测、分析计算和评估的基础上，结合产权单位的要求综合确定。

②工程支护结构的安全性。

工程支护结构与周围岩土体的控制指标由设计单位根据周边环境条件、场区工程地质条件、设计采用的支护结构形式及采取的辅助加强措施综合分析计算确定，其控制指标的确定主要考虑支护结构所能够承受的剪力、弯矩及周围岩土体对结构的围岩压力、土压力、水压力等的影响，根据工程支护结构与周围岩土体的相互作用关系，综合确定支护结构所能承受的变形或内力大小。

监测项目控制值是工程施工过程中对工程自身及周边环境的安全状态或正常使用状态进行判断的重要依据，也是工程设计、工程施工及施工监测等工作的重要控制点。监测项目控制值的大小直接影响到工程自身和周边环境的安全，对施工方法、监测手段的确定以及对施工工期和造价都有很大的影响。因此，合理的确定监测项目控制值是一项十分重要的工作。

监测设计是施工图设计文件的重要组成部分，监测项目控制值是监测设计的重要内容之一，是控制工程自身结构和周边环境安全的重要标准。同时，相关法律、法规和规范性文件对设计文件中明确控制指标及控制值也有具体要求。因此，城市轨道交通地下工程施工图设计文件应明确监测项目的控制值，监测项目控制值应根据不同施工方法特点、周围岩土体特征、周边环境保护要求结合当地工程经验确定，并满足监测对象的安全状态得到合理、有效控制的要求。

工程设计应针对工程支护结构和周边环境两类监测对象分别确定相应的监测项目控制值，同时应考虑两类监测对象间的相互影响。支护结构监测项目控制值的制定，首先应保证施工过程中的支护结构的稳定及施工安全，同时还要保证周边环境处于正常使用的安全状态。这就要求在制定支护结构控制值时要充分地考虑支护结构的设计特点、周围岩土体的特征及周边环境条件。因此，支护结构监测项目控制值应根据工程监测等级、支护结构特点及设计计算结果确定。

对于重要的建（构）筑物、桥梁、管线、既有轨道交通等环境对象控制值的确定，主要是在保证其正常使用状态和安全的前提下，分析研究其还能承受的变形量。这往往需要收集环境对象原有的相关工程资料，并通过现场现状调查与检测，进行评估后确定，最终还应符合相关单位的管理要求。因此，周边环境监测项目控制值应根据环境对象的类型与特点、结构形式、变形特征、已有变形、正常使用条件及相关技术规范要求，并结合环境对象的重要性、易损性及相关单位的要求综合确定。对重要的、特殊的或风险等级较高的环境对象应在现状调查与检测的基础上，通过分析计算或专项评估确定监测项目控制值。

周围岩土体是工程所处的地质环境，是工程支护结构和周边环境对象之间相互作用的媒介。周围地表沉降等岩土体变形可间接反映支护结构和周边环境对象的变形、变化。其相关监测数据能为判定工程结构和周边环境的安全状态提供辅助依据。其控制值的确定应根据工程结构安全等级和周边环境安全风险等级确定。因此，周围地表沉降等岩土体变形控制值应根据岩土体的特性，结合支护结构工程自身风险等级和周边环境安全风险等级合理确定。

对于采用分步开挖的暗挖大断面隧道、隧道穿越既有线等监测等级较高、工况条件复杂的工程，一般控制指标较为严格，往往在施工还没有完成之前，监测对象的变化、变形量就已超过控制值，增加了后续施工的难度。因此，对于监测等级较高、工况条件复杂的工程，控制值应按主要工况条件进行分解，以便分阶段控制监测对象的变形，最终满足工程自身和环境控制的要求。监测等级高、工况条件复杂的工程宜针对不同的工况条件制定监测项目控制值，按工况条件控制监测对象的状态。

4）确定方法。

工程监测控制指标的确定方法主要有以下几种。

①简单分析类比。

工程支护结构体系对工程自身的安全影响相对较低，或周边环境对象的重要程度较低，监测对象的风险等级较低时，可在调查分析的基础上，根据相关规范、规程和工程标准，结合已有监测经验综合确定具体数值。

②综合分析类比。

工程支护结构体系对工程自身的安全影响相对较高，或周边环境对象的重要程度较高，监测对象的风险等级较高时，可在调查分析的基础上，综合考虑各类影响因素，采用原位试验、模型试验、结构材料性能检测、结构计算分析、经验公式法、解析公式法、数值模拟法等综合技术方法，结合相关规范、规程和工程标准，结合已有监测经验综合确定具体数值。

5）确定流程。

根据城市轨道交通工程监测控制指标确定工作需考虑的各类影响因素以及工程实践的工作流程，综合确定较为适宜的监测控制指标的确定流程见图 2.2-1。

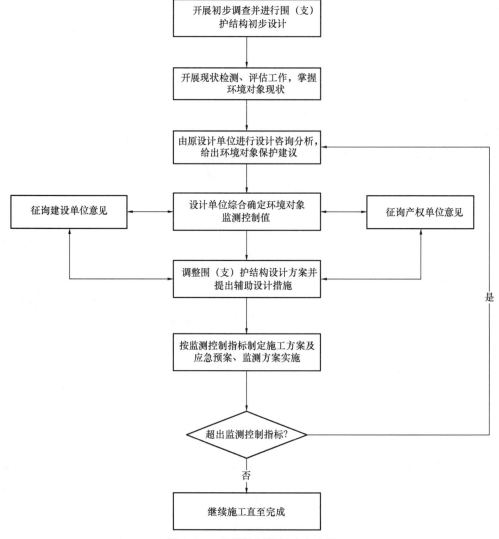

图 2.2-1　监测控制指标确定流程

2.2.3 工程监测的管理要求

施工单位和第三方监测单位应建立相应的监测组织机构及管理制度,配备符合工程需要的监测技术人员和监测仪器设备。施工监测和第三方监测单位的制度建设、人员配备、仪器设备配备、监测方案编审以及现场监测工作等应通过建设单位的相关绩效考核。

1. 第三方监测单位资质及人员资格要求

1)监测机构资质。

监测机构资质代表了监测单位的技术水平,根据《城市轨道交通工程安全质量管理暂行办法》(建质〔2010〕5号),第三方监测机构应具有相应工程勘察资质,并向工程所在地建设主管部门办理备案手续。

2)监测人员资格。

监测人员的资格是监测人员技术水平的体现,为保证工程监测工作的质量水平,应对监测人员资格提出具体的要求。一般要求施工监测技术负责人应具有中级(含中级)以上技术职称和城市轨道交通工程监测工作经验。第三方监测机构监测项目负责人应当具有相应执业资格和城市轨道交通工程监测工作经验。第三方监测单位、施工监测单位均应配备与工程规模相适应的监测技术人员、作业人员。监测技术人员应具备相应的专业技术职称,作业人员应经过技术培训合格持证上岗,现场巡视人员应当具有现场实际工程经验。

2. 监测仪器设备

施工单位、第三方监测单位均应配备与工程规模及监测项目的类别相适应的监测仪器、设备,其精度应满足工程需要。监测仪器、设备应在检定有效期内使用。

3. 监测方案的审查

施工单位编制的施工监测方案,应当经专家论证,并由施工单位技术负责人、项目负责人签字,报送项目总监理工程师审查签字后实施。监测单位编制的第三方监测方案应当由建设单位组织监理单位、勘察单位、设计单位及有关专家进行论证,并经监测单位技术负责人批准签字后实施。

监测方案的审查包括以下几个方面。

1)监测方案的编制依据是否实时、准确、适宜。
2)监测方案的内容体系是否符合招标文件及施工监测设计图纸的要求。
3)监测方法是否先进、科学、合理。
4)仪器、仪表精度要求是否满足相关规范要求。
5)测点的布置位置、范围、监测频率等是否符合技术标准、设计及施工的要求。
6)监测数据记录、分析与处理方法是否及时、准确、恰当。
7)监测控制指标设置是否符合监测规范、设计文件等要求。
8)监测报表上报机制和监测信息反馈系统是否可靠、顺畅、到位。
9)应急响应机制是否能快速、完备、高效。
10)监测组织机构是否完善,监测人员的资格是否符合相关要求。
11)是否具有相应的质量及安全保障措施等。

4. 监测工作考核

绩效考核是工程监测绩效管理的关键环节，通过绩效考核发现工作中存在的问题，并进行改进，达到降低质量安全风险，保障城市轨道交通工程施工及周边环境安全的目的。建设单位应对施工监测工作进行全面考核，重点包括对组织机构、管理制度、人员配备、设备仪器、方案编审及监测体系内容等几方面，具体可根据项目实际，设置不同权重的考核指标进行打分考核。此外，施工单位或第三方监测单位也可对监测工作进行日常绩效考核，加强自身监测管理。

1）组织机构及管理制度考核。

组织机构的建立和人员的配备是工作开展的基础，直接影响组织的管理水平和工作能力。施工监测组织机构及管理制度的考核重点包括设立监测项目管理机构是否恰当、管理制度是否明确、责任制度是否落实等。

2）人员配备考核。

人员配备考核指标主要包括对人员数量和人员素质的考核，其中人员素质主要通过对人员执业资格、职称及工作经验等指标进行考核。人员数量是否满足项目需求、项目负责人和技术人员是否具有相应执业资格和城市轨道交通工程监测工作经验等是影响施工监测工作效率和水平的直接因素，也是绩效考核的重点。

3）仪器设备考核。

监测工作的开展依赖于先进的监测仪器和设备，仪器和设备的类型和精度直接影响着监测准度。因此，施工单位进行施工监测时应配备与工程规模及监测项目的类别相适应的监测仪器、设备，并保证其精度满足工程需要。

4）方案编审考核。

施工单位编制的施工监测方案是监测工作实施开展的直接依据，方案内容应保证真实可行，其考核指标主要包括方案内容的全面性、针对性和可靠性，以及编制、审批程序的合规性等。

5）现场监测考核。

现场监测及巡视工作的好坏不仅仅取决于监测人员的工作能力水平、仪器设备配备、管理制度规定，监测人员工作态度的影响也较大。因此，在绩效考核指标设置时应包括监测、巡视频率、周期、测点埋设方法、现场监测和巡视方法、监测预警标准、信息反馈对象、流程、测点平剖面图、准点或工作基点埋设、现场监测点（或孔）埋设等细化指标。

此外，施工监测绩效考核还应包括监测成果报告、信息反馈及预警、档案管理等方面的考核，从而保证对施工监测绩效考核的全面性，详见表2.2-1。

工程监测绩效考核表　　　　　　　　　　　　　表2.2-1

项次	考核内容	评价参考事项
1	组织机构及管理制度	（1）组织机构设立是否合理； （2）是否建立、落实了监测管理制度； （3）是否建立、落实监测责任制和相应考核、奖惩制度
2	人员配备	（1）监测项目负责人是否具备相应的专业资格以及轨道交通工程监测经验； （2）监测技术人员专业、数量是否满足工程项目或合同要求； （3）监测人员是否经过安全质量培训、考核上岗

续表

项次	考核内容	评价参考事项
3	仪器设备	（1）监测仪器设备的类型及数量是否满足监测工程实际需要； （2）监测仪器在使用期内是否具有检定证书，各类测试元器件是否具有合格证书； （3）监测仪器设备精度是否满足实际监测工程要求； （4）仪器设备使用及维修保养记录是否齐全
4	监测方案编审	（1）监测方案编制依据是否充分准确； （2）方案内容的全面性、针对性和可靠性考核； （3）编制、审批程序是否符合相关规定； （4）方案报批及时，审核准备工作符合要求，且跟踪监理审核进程到位； （5）方案是否经过专家论证且进行了备案审查
5	现场监测	（1）现场监测和巡视对象及项目是否全面； （2）监测及巡视频率、周期是否明确且满足工程要求； （3）测点埋设方法及要求是否具体； （4）现场监测和巡视方法描述是否全面且具有可行性； （5）检测是否及时及是否影响施工进度、检测人员是否熟悉现场和图纸及相关技术要求； （6）现场记录是否规范、齐全
6	监测成果报告	（1）监测成果报告内容是否齐全、详细； （2）监测报表表头信息、公章、技术负责人签字是否齐全； （3）是否结合工况对各监测项目数值变化或巡视信息进行全面分析； （4）是否结合监测数据或巡视信息对工程安全状态作出分析评价
7	信息反馈及预警	（1）日常监测、巡视信息反馈是否及时，签收记录是否齐全； （2）监测数据或巡视信息达到预警状态，是否及时预警或向相关单位报告
8	档案管理	（1）监测数据文件、巡视信息、成果报告等资料是否齐全； （2）档案管理是否规范，有无统一编号； （3）各种资料建档分类是否清晰、便于查阅

第 3 章　工程影响分区及监测等级

3.1　概述

目前，我国各地的城市轨道交通工程监测工作多根据基坑、隧道工程的影响范围采用相对数值（相对基坑开挖深度、隧道埋深等）或预估的绝对数值确定监测范围，对监测范围内的监测对象采取统一监测项目、统一监测布点等的方法进行。不能根据工程的地质条件、环境特点和工程自身特点有选择地开展工程支护结构和周围地质体监测，不能根据工程对周围的影响程度不同和环境对象所处的影响区域不同有选择地开展周边环境监测工作。

工程监测应"分等级、分区域"地开展，抓住工程建设特点和周边环境特点，有针对性地选择反映工程安全和环境受影响较大的对象进行监测，抓住主要矛盾，合理地开展工程监测工作。工程监测等级和影响区域划分研究可以突出反映工程安全的"重点对象、重点项目"，合理控制监测人力、物力的投入，保证监测资金的科学使用，保障工程的安全。因此，工程影响区和监测等级的划分显得十分必要。

3.2　工程影响分区和监测范围

工程影响分区方面，为研究基坑、隧道工程对周边环境的影响，相关研究确定了一些成果。工程对周边影响程度受施工工法、地质条件、环境荷载等众多因素的影响，需综合研究不同施工方法下工程对周边扰动程度的影响因素，提出适合于城市轨道交通工程周边环境特点的、反映周边环境对象受影响程度的分区标准。

施仲衡等（1997）研究认为盾构法施工的影响范围，可根据地层损失、隧道埋深、隧道尺寸以及盾构类型和地层情况进行估算，也可用地面建筑物基底压力扩散对隧道的影响来确定。假定基底压力按 45°向下扩散，影响范围边线定在隧道扰动区外，并认为隧道扰动区为 $2R$（R——隧道半径），见图 3.2-1。分区不同对建筑基础的影响不同，相应的处理措施也存在差异。

《建筑基坑支护工程技术规程》（DBJ/T 15-20—97）（广东）根据不同的土质条件，把基坑周围地段按其受基坑工程扰动的程度划分为三个区（图 3.2-2），其中Ⅰ区为受扰动最大区，Ⅱ区为受扰动较小区，Ⅲ区为基本不受

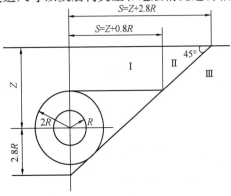

图 3.2-1　基底压力扩散示意图

扰动区。图中的软弱地基是指主要由淤泥、淤泥质土或其他高压缩性土构成的地基。

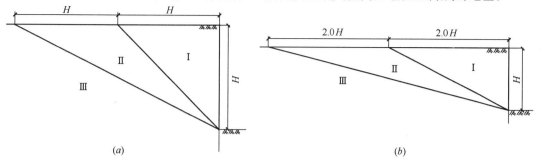

图 3.2-2 基坑周围地段的扰动区划分
(a) 一般地基的扰动区划分；(b) 软弱地基的扰动区划分

《北京地铁工程监控量测设计指南》（试行）(2007)根据基坑、隧道周围地质体及环境受工程扰动的程度将基坑、隧道周边划分为强烈影响区（Ⅰ）、显著影响区（Ⅱ）和一般影响区（Ⅲ）三个区域。基坑周围影响分区见表 3.2-1 和图 3.2-3，矿山法隧道工程周围影响分区见表 3.2-2、图 3.2-4，盾构法隧道工程周围影响分区见表 3.2-3 和图 3.2-5。

基坑周边影响分区表 表 3.2-1

受基坑影响程度分区	区域范围
强烈影响区（Ⅰ）	基坑周边 0.7H 范围内
显著影响区（Ⅱ）	基坑周边 0.7～1.0H 范围内
一般影响区（Ⅲ）	基坑周边 1.0～2.0H 范围

注：1. H—基坑开挖深度；
  2. 本表适用于深度大于 5m 的基坑。

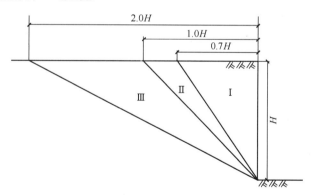

图 3.2-3 基坑周边影响分区图

矿山法浅埋隧道周边影响分区表 表 3.2-2

受隧道影响程度分区	区域范围
强烈影响区（Ⅰ）	隧道正上方及外侧 $0.7H_i$ 范围内
显著影响区（Ⅱ）	隧道外侧 $0.7\sim1.0H_i$ 范围内
一般影响区（Ⅲ）	隧道外侧 $1.0\sim1.5H_i$ 范围

注：1. H_i—矿山法施工隧道底板埋深；
  2. 本表适用于埋深小于 $3B$ 为矿山法隧道毛洞宽度的浅埋隧道；大于 $3B$ 的深埋隧道可参照接近度概念；
  3. 表中的数值指标为参考值。

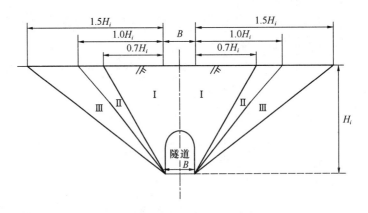

图 3.2-4 矿山法浅埋隧道周边影响分区图

盾构法隧道周边影响分区表 表 3.2-3

受隧道影响程度分区	区域范围
强烈影响区（Ⅰ）	隧道正上方及外侧 $0.7H_i$ 范围内
显著影响区（Ⅱ）	隧道外侧 $0.7\sim1.0H_i$ 范围内
一般影响区（Ⅲ）	隧道外侧 $1.0\sim1.5H_i$ 范围

注：1. H_i——盾构法施工隧道底板埋深；
    2. 本表适用于埋深小于 $3D$（D 为盾构隧道洞径）的隧道，大于 $3D$ 时可参照接近度概念；
    3. 表中的数值指标为参考值。

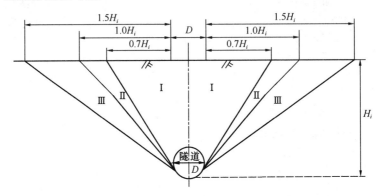

图 3.2-5 盾构法隧道周边影响分区图

现行国家标准《城市轨道交通地下工程建设风险管理规范》(GB 50652—2011) 考虑轨道交通地下工程与工程影响范围环境设施的相互邻近程度及相互位置关系，分析确定的邻近距离特征及影响关系见表 3.2-4。

不同施工方法与周围环境设施的邻近关系 表 3.2-4

施工方法	非常接近	接近	较接近	不接近	说 明
明挖法 盖挖法	$<0.7H$	$0.7\sim1.0H$	$1.0\sim2.0H$	$>2.0H$	H 为地下工程开挖深度或埋深
矿山法（包括钻爆法、浅埋暗挖法等）	$<0.5B$	$0.5\sim1.5B$	$1.5\sim2.5B$	$>2.5B$	B 为矿山法隧道毛洞宽度，当隧道采用爆破法施工时，需研究爆破震动的影响
盾构法 顶管法	$<0.3D$	$0.3\sim0.7D$	$0.7\sim1.0D$	$>1.0D$	D 为隧道的外径
沉井法	$<0.5H$	$0.5\sim1.5H$	$1.5\sim2.5H$	$>2.5H$	H 为地下结构埋深

《北京轨道交通工程安全风险管理体系》（2013）规定周边环境与新建地铁结构的相对位置关系可用邻近关系度表述，并可分为邻近、较邻近和一般三类，不同施工方法的邻近关系度分级标准参考表3.2-5。

周边环境与新建地铁结构的邻近关系分级参考标准（此表限于北京地区）　　表3.2-5

施工方法	邻近关系		
	邻　近	较邻近	一　般
明（盖）挖法	基坑周边0.4H范围内	基坑周边0.4～0.6H范围内	基坑周边0.6～1.0H范围内
矿山法	隧道正上方0.7B范围内；隧道外侧0.5B范围内	隧道正上方0.7～1.5B范围内；隧道外侧0.5～1.0B范围内	隧道正上方>1.5B；隧道外侧1.0～2.0B范围内
盾构法	隧道正上方0.5D范围内；隧道外侧0.3D范围内	隧道正上方0.5～1.0D范围内；隧道外侧0.3～0.7D范围内	隧道正上方>1.0D；隧道外侧0.7～1.0D范围内

注：H——基坑开挖深度；B——矿山法隧道毛洞设计宽度；D——盾构法隧道设计外径。

3.2.1　工程影响分区

基坑、隧道工程施工对周围岩土体的扰动范围、扰动程度是不同的，一般来说，邻近基坑、隧道地段的岩土体受扰动程度最大，由近到远的影响程度越来越小。受施工扰动的范围一般称之为工程影响区。在施工影响范围内根据受施工影响程度的不同，从基坑、隧道外侧由近到远依次可划分为主要影响区、次要影响区和可能影响区。

根据工程实践，周边环境对象处于的影响区域不同，受工程施工影响程度不同，工程影响分区的主要目的是区分工程施工对周边地层、环境的影响程度，以便把握工程关键部位，针对受工程影响较大的周边环境对象进行重点监测，做到经济、合理地开展工程周边环境监测工作。

（1）基坑工程影响分区。

《城市轨道交通工程监测技术规范》（GB 50911—2013）规定工程影响分区应根据基坑、隧道工程施工对周围岩土体扰动和周边环境影响的程度及范围划分，可分为主要、次要和可能等三个工程影响分区。

基坑工程影响分区宜按表3.2-6和图3.2-6的规定进行划分。

基坑工程影响分区　　表3.2-6

基坑工程影响区	范　　围
主要影响区（Ⅰ）	基坑周边0.7H或$H_{\tan}(45°-\varphi/2)$范围内
次要影响区（Ⅱ）	基坑周边0.7～(2.0～3.0)H或$H·\tan(45°-\varphi/2)$～(2.0～3.0)H范围内
可能影响区（Ⅲ）	基坑周边(2.0～3.0)H范围外

注：1. H——基坑设计深度（m），φ——岩土体内摩擦角（°）；
　　2. 基坑开挖范围内存在基岩时，H可为覆盖土层和基岩强风化层厚度之和；
　　3. 工程影响分区的划分界线取表中0.7H或$H·\tan(45°-\varphi/2)$的较大值。

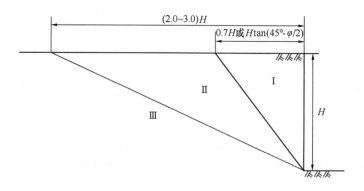

图 3.2-6 基坑工程影响分区
H——基坑设计深度；φ——岩土体内摩擦角

北京地区地层较为坚硬、稳定，根据 $H\tan(45°-\varphi/2)$ 计算结果接近 $0.7H$，主要影响区为基坑周边 $0.7H$ 范围内，次要影响区为基坑周边 $0.7\sim2.0H$ 范围内，可能影响区为基坑周边 $2.0H$ 范围外。

上海地区地层较为软弱，岩土性质较差，主要影响区可根据 $H\tan(45°-\varphi/2)$ 计算确定，次要影响区范围适当扩大，为基坑周边 $H\tan(45°-\varphi/2)\sim3.0H$ 范围内，可能影响区为基坑周边 $3.0H$ 范围外。

广州、重庆等存在基岩的地区，基岩微风化、中等风化岩层较为稳定，工程影响分区主要考虑覆盖土层和基岩全风化、强风化层的影响，H 可按土层和基岩全风化、强风化层厚度之和进行取值计算，综合确定工程影响分区。

(2) 隧道工程影响分区。

隧道工程影响分区没有相关规范、规程的规定，近年来相关研究取得了一些成果，根据城市轨道交通隧道工程的特点，采用应用范围较广的隧道地表沉降曲线 Peck 计算公式预测的方式，划分隧道工程的不同影响区域。

隧道地表沉降曲线 Peck 公式表示如下：

$$S_{(x)} = S_{\max} exp\left(-\frac{x^2}{2i^2}\right) \tag{3.2-1}$$

$$S_{\max} = \frac{V_S}{\sqrt{2\pi}i} \approx \frac{V_S}{2.5i} \tag{3.2-2}$$

$$i = \frac{z_0}{\sqrt{2\pi}\tan\left(45°-\frac{\varphi}{2}\right)} \tag{3.2-3}$$

式中：$S_{(x)}$——距离隧道中线为 x 处的地表沉降量（mm）；

$S_{\max}$——隧道中线上方的地表沉降量（mm）；

x——距离隧道中线的距离（m）；

i——沉降槽的宽度系数（m）；

V_S——沉降槽面积（m²）；

z_0——隧道埋深（m）。

《城市轨道交通工程监测技术规范》（GB 50911—2013）规定土质隧道工程影响分区具体划分见表 3.2-7 和图 3.2-7。隧道穿越基岩时，应根据覆盖土层特征、岩石坚硬程度、风化程度及岩体结构与构造等地质条件，综合确定工程影响分区界线。

土质隧道工程影响分区　　　　表3.2-7

隧道工程影响区	范　围
主要影响区（Ⅰ）	隧道正上方及沉降曲线反弯点范围内
次要影响区（Ⅱ）	隧道沉降曲线反弯点至沉降曲线边缘2.5i处
可能影响区（Ⅲ）	隧道沉降曲线边缘2.5i外

注：i——隧道地表沉降曲线Peck计算公式中的沉降槽宽度系数（m）。

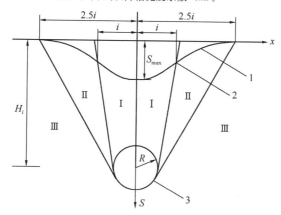

图3.2-7　浅埋隧道工程影响分区

（1——沉降曲线；2——反弯点；3——隧道；i——隧道地表沉降曲线Peck计算公式的中沉降槽宽度系数；H_i——隧道中心埋深；S_{max}——隧道中线上方的地表沉降量）

韩煊（2006）在Tan，Ranjith（2003）工作的基础上进一步补充归纳了沉降槽宽度系数i的表达式，从表3.2-8可以看出对沉降槽宽度系数规律的认识发展过程。

沉降槽宽度系数i的变化规律　　　　表3.2-8

类型	文献出处	沉降槽宽度系数i的表达式	适用条件	依据
第一类：$i=f(z_0,\varphi)$	Knothe（1957）	$i=\dfrac{z_0}{\sqrt{2\pi}\tan(45°-\varphi/2)}$	岩石类材料	—
第二类：$i/R=a(z_0/2R)^n$	Peck（1969）	$i/R=a(z_0/2R)^n$ ($n=0.8\sim1.0$)	各类土	实测资料
	Attewell，Farmer（1974）	$i/R=(z_0/2R)$	黏土	英国实测资料
	Clough，Schmidt（1981）	$i/R=(z_0/2R)^{0.8}$	黏土（我国上海有应用，唐益群等人，2000）	英国实测资料
	Loganathan，Poulos（1998）	$i/R=1.15(z_0/2R)^{0.9}$	黏性土	—

续表

类型	文献出处	沉降槽宽度系数 i 的表达式	适用条件	依据
第三类： $i=a(bz_0+cR)$	Atkinson, Potts (1977)	$i=0.25(z_0+R)$	松砂	实测和模型试验
		$i=0.25(1.5z_0+0.5R)$	密实和超固结黏土	
第四类： $i=az_0+b$	O' Reilly, New (1982)	$i=0.43z_0+1.1$	黏性土 ($3\leqslant z_0\leqslant 34$m)	英国实测资料
		$i=0.28z_0-0.1$	粒状土 ($6\leqslant z_0\leqslant 10$m)	
		$i=Kz_0$	—	（对上述结果的近似）
	Leach (1985)	$i=(0.57+0.45z_0)\pm 1.01m$	固结效应不显著地层	—
	Rankin (1988)	$i=0.50z_0$	黏土	实测和离心机试验

注：i——隧道地表沉降曲线 Peck 计算公式的中沉降槽宽度系数，z_0——隧道埋深（m），R——隧道半径（m），φ——岩土体内摩擦角（°）。

第一类公式中 i 与土层条件直接相关，符合大多数人的基本概念。但对于内摩擦角为 $20°\sim 40°$ 之间的一般土来说，计算得到的 i 为 $(0.57\sim 0.86)z_0$，与实测伦敦地区经验结果 $(0.2\sim 0.7)z_0$ 或一般为 $0.50z_0$ 的普遍经验不符。这类公式主要是从矿业工程的经验而来的，因此可能适用于岩石类的材料而不适用于城市浅埋土质隧道情况。

第二、第三和第四类公式，可以看到关于沉降槽宽度的影响因素有两种不同的看法：一是受隧道埋深和半径两个因素的影响；二是仅仅与埋深有关。

通过对大量的实测结果（包括水工隧道、地下采矿巷道工程）的分析表明，沉降槽的宽度与隧道断面形状和尺寸有关。

韩煊、李宁等（2006，2007）搜集了广州、深圳、上海、北京、柳州、西北黄土地区、香港、台湾等 8 个地区的 30 多组实测地表横向沉降槽的数据，并进行了相关分析，所涉及资料大部分为城市轨道交通隧道工程建设中的实测数据，也有部分为土中开挖的其他浅埋隧道工程实测数据。

我国部分地区城市轨道交通隧道工程开挖引起的沉降槽宽度参数的初步建议值详见表 3.2-9。其中大部分地区（除北京、上海外）由于资料较少，所给出的值仅供对比参考（表 3.2-9 括号中的值），需要进一步积累资料才能给出比较确定的推荐数值。

我国部分地区沉降槽宽度参数的初步建议值 表 3.2-9

地区	样本数	基本地层特征	K 的初步建议值
广州	1	黏性土，砂土，风化岩	(0.76)
深圳	9	黏性土，砂土，风化岩	(0.60~0.80)
上海	6	饱和软黏土，粉砂	0.50
柳州	4	硬塑状黏土	(0.30~0.50)

续表

地区	样本数	基本地层特征	K的初步建议值
北京	13	砂土，黏性土互层	0.30～0.60
西北黄土地区	1	均匀致密黄土	(0.41)
台湾	1	砂砾石	(0.48)
香港	1	冲积层，崩积层	(0.34)

根据表3.2-9和相关研究成果，城市轨道交通隧道工程开挖半径一般为4～8m，埋深多在10～30m之间，除超浅埋、超大断面隧道以外，一般隧道半径对沉降槽宽度的影响作用都可以忽略，可取值$i=Kz_0$。

北京地区沉降槽宽度参数K可取最大值0.60，z_0即为隧道埋深H_i，隧道沉降曲线反弯点$i=0.60H_i$，隧道沉降曲线边缘$2.5i=1.5H_i$。因此，北京地区隧道主要影响区可取隧道正上方及$0.60H_i$范围内，次要影响区可取隧道周边$0.60\sim 1.5H_i$范围内，可能影响区可取隧道周边$1.5H_i$以外。其他地区可根据工程实例结合地质条件进一步归纳总结隧道沉降槽宽度参数K的取值，以合理确定隧道工程影响分区的具体范围。

（3）分区范围调整。

基坑、隧道工程对周围岩土体的扰动是一个复杂的过程，施工方法不同、地质条件不同，工程施工对周围岩土体的影响有明显的不同，特别是工程影响范围和影响程度受工程地质条件的影响更大。因此，工程影响分区应充分分析具体的工程地质和水文地质条件，必要时需对工程影响分区的划分范围进行调整。

工程影响分区的划分界线应根据地质条件、施工方法及措施特点，结合当地的工程经验进行调整。当遇到下列情况时，应调整工程影响分区界线：

①隧道、基坑周边土体以淤泥、淤泥质土或其他高压缩性土为主时，应增大工程主要、次要影响区；

②隧道穿越或基坑处于断裂破碎带、岩溶、土洞、强风化岩、全风化岩或残积土等不良地质体或特殊性岩土发育区域，应根据其分布和对工程的危害程度调整工程影响分区界线；

③采用锚杆支护、注浆加固、高压旋喷等工程措施时，应根据其对岩土体的扰动程度和影响范围调整工程影响分区界线；

④采用施工降水措施时，应根据降水影响范围和预计的地面沉降大小调整工程影响分区界线；

⑤施工期间发现严重的涌砂、涌土、管涌、较严重渗漏水、支护结构过大变形、周边建（构）筑物或地下管线严重变形等异常情况时，宜根据工程实际情况增大工程主要、次要影响区。

3.2.2 工程监测范围

工程支护结构、周围岩土体与周边环境具有相互作用、相互影响的关系，基坑设计深度、隧道埋深和断面尺寸的大小，支护结构形式的强弱，及地质条件复杂程度的不同，对周边环境的影响程度和影响范围是不同的。同时，周边环境受工程施工的影响程度与其和工程之间的空间位置关系密切相关，越邻近工程的周边环境受影响程度越大。复杂的周边环境对工程安全性也会产生较大影响，对工程支护结构设计及施工措施的要求更加严格。

工程监测范围的确定一般根据工程对象周边的扰动情况进行确定，根据工程影响分区的不同确定具体的监测范围。工程监测范围应根据基坑设计深度、隧道埋深和断面尺寸、施工工法、支护结构形式、地质条件、周边环境条件等综合确定，一般包括主要影响区和次要影响区两个区域。对采用爆破开挖岩土体的地下工程，爆破振动的监测范围应根据工程实际情况通过爆破试验确定。

3.3 工程监测等级

工程监测等级的划分有利于在监测设计工作量布置时更具针对性，突出重点，合理开展监测工作。根据现行相关规范、工程经验及相关研究成果，工程监测等级的确定需要考虑工程自身特点、周边环境条件和工程地质条件三大影响因素，一般根据基坑、隧道工程自身风险等级、周边环境风险等级和地质条件复杂程度进行工程监测等级的划分。

工程监测等级是工程自身特点的反映，不同的监测等级决定了不同的支护结构和周围岩土体的监测对象和监测项目。目前，工程监测等级的划分很少有研究。基坑工程中多根据基坑的开挖深度、周边环境条件、地质条件和破坏后果等因素划分工程的安全等级，只上海市地方标准《基坑工程施工监测规程》（DG/TJ 08—2001—2006）根据工程安全等级、周边环境等级和地质复杂程度划分了特级、一级、二级和三级四个等级；隧道工程中安全等级的划分很少。工程监测等级重点研究影响工程安全，决定如何监测的各项因素，在综合分析的基础上提出科学、合理的监测等级划分。

3.3.1 工程自身风险等级

工程自身风险是指工程自身设计、施工的复杂程度带来的风险。工程自身风险等级与工程监测方案、手段方法密切相关，需对工程自身风险进行分级，以及有针对性地开展工程支护结构等的监测工作。

根据城市轨道交通工程特点，结合相关规范中关于工程安全等级的划分标准，对城市轨道交通基坑、隧道工程自身风险等级进行了划分。应特别注意的是本书研究的基坑、隧道工程自身风险等级的划分不考虑周边环境和地质条件，与其他规范中的工程安全等级的划分有一定的区别。

（1）基坑工程自身风险等级。

目前，基坑工程的相关规范多进行基坑安全等级的划分，其依据的因素较多。国家现行标准《建筑地基基础工程施工质量验收规范》（GB50202—2002）、《建筑地基基础设计规范》（GB50007—2011）、《建筑基坑支护技术规程》（JGJ120—2012）等划分了基坑工程安全等级，等级划分的考虑因素情况见表3.3-1和图3.3-1。

基坑工程等划分标考虑因素及划分级别　　　　　表 3.3-1

考虑因素 文献资料	基坑开挖深度	周边环境对象特点、分布和保护要求	地质条件	重要工程或支护结构与主体结构关系	结构破坏、土体失稳或过大变形后果（工程自身和周边环境）	划分级别
《建筑基坑支护技术规程》（JGJ120—2012）					★	三级
《建筑地基基础工程施工质量验收规范》（GB50202—2002）	★	★		★		三级
《建筑地基基础设计规范》（GB 50007—2011）	★	★	★			三级
《建筑基坑工程技术规范（附条文说明）》（YB 9258—97）	★		★		★	三级
《地铁工程监控量测技术规程》（DB11/490-2007）（北京）	★	★				三级
《天津市轨道交通地下工程质量安全风险控制指导书》2009	★	★			★	三级
《上海市基坑工程设计规程》（DBJ-61-97）	★	★		★		三级
《上海地铁基坑工程施工规程》（SZ-08-2000）	★	★				三级
《基坑工程技术规范》（DG/TJ08-61-2010）（上海）	★			★		三级
上海、深圳市基坑设计规程	★	★	★			三级
《建筑基坑支护工程技术规程》（DBJ/T15-20-97）（广东）		★				三级
《广州地区建筑基坑支护技术规定》（98-02）	★	★	★		★	三级
广州地铁一号线位移控制基准		★				四级
《基坑工程技术规范》（DB42/159-2004）（湖北）	★	★	★			三级
《建筑基坑支护技术规程》（DB11／489-2007）（北京）	★	★	★			三级
《建筑基坑工程监测技术规范》（DBJ 14-024-2004）（山东）	★	★	★			三级

注：★表示基坑等级划分考虑了该因素。

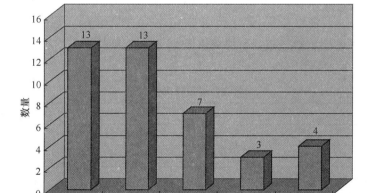

图 3.3-1　基坑工程等划分影响因素
（A：基坑开挖深度，B：周边环境对象特点、分布和保护要求，C：地质条件，D：重要工程或支护结构与主体结构关系，E：结构破坏、土体失稳或过大变形后果）

由以上统计分析可知,基坑工程安全等级的划分主要考虑因素为基坑开挖深度和周边环境对象特点、分布和保护要求,16个统计样本中分别有13个考虑了这两个因素。其次为地质条件和结构破坏、土体失稳或过大变形后果,其中国家标准多考虑了基坑工程结构破坏、土体失稳或过大变形后果。

因此,各相关技术规范划分的依据或指标主要包括以下几个方面:①基坑设计深度;②周边环境对象特点、分布和保护要求;③工程地质条件;④重要工程或支护结构与主体结构相互关系,支护结构破坏、土体失稳或过大变形的后果(工程自身和周边环境)等。

城市轨道交通工程周边环境风险、地质风险较为突出,可单独进行环境风险等级和地质条件复杂程度的划分。基坑工程自身风险划分可参照基坑工程安全等级划分的方法,以现行行业标准《建筑基坑支护技术规程》(JGJ120—2012)为依据,结合城市轨道交通基坑工程特点,采用支护结构发生变形或破坏、岩土体失稳等的可能性及后果的严重程度或基坑设计深度对基坑工程自身风险等级进行划分。

现行国家标准《建筑地基基础工程施工质量验收规范》(GB 50202—2002)以7m、10m为基坑等级划分标准,《建筑地基基础设计规范》(GB 50007—2011)以5m、15m为基坑等级划分标准。由于城市轨道交通基坑工程设计深度一般较大,以上所述深度划分标准进行城市轨道交通基坑工程自身风险等级的划分难以反映工程的特点。因此,《城市轨道交通工程监测技术规范》(GB 50911—2013)选用设计深度10m、20m为等级划分标准,以合理确定城市轨道交通基坑工程的自身风险等级。

(2)隧道工程自身风险等级。

隧道工程自身风险等级的划分依据与标准目前研究成果不多,建议采用隧道埋深和断面尺寸对隧道工程自身风险等级进行划分。

隧道断面尺寸划分标准是依据国家现行标准《铁路隧道施工规范(附条文说明)》(TB 10204—2002)中的规定,超大断面隧道断面尺寸为大于100m²,大断面隧道断面尺寸为50m²至100m²,一般断面隧道断面尺寸为10~50m²。

隧道埋深分类及划分标准在铁路、公路规范和相关专著中有不同的划分方法。

1) 国家现行标准《铁路隧道设计规范(附条文说明)》(TB 10003—2005)规定当地面水平或接近水平,且隧道覆盖厚度值小于表3.3-2所列数值时,应按浅埋隧道设计。当有不利于山体稳定的地质条件时,浅埋隧道覆盖厚度值应适当加大。表3.3-2大致按2.5倍塌方高度确定。

浅埋隧道覆盖厚度值 (m)　　　　　表 3.3-2

围岩级别	Ⅲ	Ⅳ	Ⅴ
单线隧道	5~7	10~14	18~25
双线隧道	8~10	15~20	30~35

2) 国家现行标准《公路隧道设计规范》(JTG D70—2004)附录E中规定浅埋和深埋隧道的分界,按荷载等效高度值,并结合地质条件、施工方法等因素综合判定。按荷载等效高度的判定公式为:

$$H_p = (2 \sim 2.5) h_q \qquad (3.3-1)$$

式中,H_p——浅埋隧道分界深度(m);h_q——等效荷载高度(m),$h_q = q/\gamma$,q为计算所

得深埋隧道垂直均布压力（kN/m²），γ 为围岩重度（kN/m³）。

矿山法施工条件下，Ⅳ～Ⅵ级围岩取 $H_p=2.5h_q$；Ⅰ～Ⅲ级围岩取 $H_p=2h_q$。

3）王梦恕院士编著的《地下工程浅埋暗挖技术通论》中指出，超浅埋隧道是指拱顶覆土厚度（H_s）与结构跨度（D）之比（覆跨比）$H_s/D \leqslant 0.6$ 的隧道；浅埋隧道是指 $0.6 < H_s/D \leqslant 1.5$ 的隧道；深埋隧道是指 $H_s/D > 1.5$ 的隧道。

表 3.3-3 是分界深度的建议值，建议值与塌方统计高度及国家现行标准《铁路隧道设计规范（附条文说明）》（TB 10003—2005）规定值接近，双线隧道的建议值与计算值相差较大。所以，深埋与浅埋隧道分界深度建议采用下列值：Ⅵ级围岩为 $4\sim 6D$，Ⅴ级围岩为 $2.5\sim 3.5D$，Ⅳ级围岩为 $1.5\sim 2.5D$，Ⅲ级围岩为 $0.5\sim 1.0D$，Ⅱ级围岩为 $0.30\sim 0.5D$，Ⅰ级围岩为 $0.15\sim 0.30D$。同时，分界深度与施工方法及施工技术水平密切相关，若采用新奥法施工，光面爆破，且施工技术水平高，则可取小值；否则，取大值。

分界深度建议值和有关的计算值（单位：m）　　表 3.3-3

线别	围岩级别		Ⅰ	Ⅱ	Ⅲ	Ⅳ	Ⅴ	Ⅵ
单线	2倍塌方高度		1.3	2.58	4.8	8.8	19.2	38.4
	隧道分界深度		0.96	2.24	4.22	11.15	23.25	47.25
	一般分界深度					16.9～20.3	17.5～24.5	35～42
	建议分界深度	按洞径	0.15～0.3D	0.3～0.5D	0.5～1.0D	1.5～2.5D	2.5～3.5D	4～6D
		按埋深	0.9～1.8		10.5～17.5	10.5～17.5	17.5～24.5	28～42
双线	隧道分界深度		0.88	3.46	6.8	18.3	36.3	72
	一般分界深度					33.8～40.6	51～61.8	76～102.7
	建议分界深度	按洞径	0.15～0.3D	0.3～0.5D	0.5～1.0D	1.5～2.5D	2.5～3.5D	4～6D
		按埋深	1.8～3.0	3.0～5.7	5.9～11.7	16.1～26.8	32～44.8	52～78

许多试验资料都验证了这种深埋与浅埋隧道的分界标准，例如北京复兴门折返线隧道，在双线隧道处应用机械式支柱压力计进行拱脚径向压力量测，得出 $P/(\gamma h)>0.43\sim 0.46$，根据以上判式属于浅埋（图 3.3-2）。

综上所述，根据城市轨道交通隧道工程特点，将隧道埋深分为超浅埋、浅埋和深埋三类，主要依据王梦恕院士的研究成果。由于城市轨道交通隧道工程的施工工法较多，地质条件、环境条件较为复杂，隧道深埋、浅埋和超浅埋的划分界限目前难以给出统一的标准，各地可以借鉴上述规范或专著，结合当地工程经验综合确定。

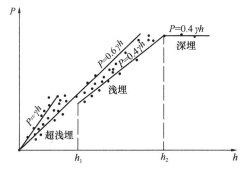

图 3.3-2　隧道埋深判别示意图

因此，《城市轨道交通工程监测技术规范》（GB 50911—2013）规定工程自身风险等级宜根据基坑、隧道工程支护结构发生变形或破坏、岩土体失稳等的可能性和后果的严重程度，采用工程风险评估的方法确定，也可根据基坑设计深度、隧道埋深和断面尺寸等按表 3.3-4 划分。

表中超大断面隧道是指断面尺寸大于 100m² 的隧道，大断面隧道是指断面尺寸在

50~100m² 的隧道，一般断面隧道是指断面尺寸在 10~50m² 的隧道。近距离隧道是指两隧道间距在一倍开挖宽度（或直径）范围以内。隧道深埋、浅埋和超浅埋的划分根据施工工法、围岩等级、隧道覆土厚度与开挖宽度（或直径），结合当地工程经验综合确定。

基坑、隧道工程自身风险等级　　　　　　　　　　　　表 3.3-4

工程自身风险等级	等级划分标准
一级	基坑设计深度 $H \geqslant 20m$ 超浅埋隧道；超大断面隧道
二级	基坑设计深度 $10m \leqslant H < 20m$ 浅埋隧道；近距离并行或交叠的隧道；盾构始发与接收区段，大断面隧道
三级	基坑设计深度 $H < 10m$ 深埋隧道；一般断面隧道

注：H—基坑设计深度（m）。

3.3.2 周边环境风险等级

《北京轨道交通工程安全风险管理体系》(2013) 规定环境风险工程分级宜以周边环境对象的重要性和与新建轨道交通工程结构的相对位置关系为基本分级依据进行，具体宜以周边环境安全现状、新建工程与周边环境构筑物关系、地质条件复杂性、施工方法差异性等进行风险分级修正，并参考表 3.3-5 确定。

环境风险工程分级参照标准及调整原则　　　　　　　　表 3.3-5

环境风险工程等级	基本分级条件	分级修正依据
特级	下穿既有轨道交通、铁路、国家级保护文物古建等工程	（1）地下工程施工方法及工法特点； （2）穿越形式； （3）周边环境的特点、安全现状和保护要求； （4）所处地质条件复杂性等
一级	下穿既有轨道交通附属结构和铁路附属设施，下穿重要的建（构）筑物、桥梁、市政管线及水体的工程； 上穿、邻近及连接既有轨道交通、铁路线路等的工程	
二级	下穿较重要的既有建（构）筑物、桥梁、市政管线、市政道路的工程； 邻近重要的既有建（构）筑物、桥梁、市政管线及水体的工程	
三级	下穿一般的既有建（构）筑物、桥梁、市政管线、市政道路及其他市政基础设施的工程； 邻近一般的既有建（构）筑物、重要市政道路的工程	

在环境风险工程基本分级的基础上，当遇到以下情况时可进行调整：①采用盾构法施工时，可下调一级；②有特殊保护要求的建筑，可上调一级；③汛期施工临近河湖沟渠时，可上调一级；④预留轨道交通穿越条件时，可下调一级。

为考虑与现行国家标准《城市轨道交通地下工程建设风险管理规范》(GB 50652) 的衔接，工程周边环境风险等级根据周边环境过大变形或破坏的可能性大小及后果的严重程度，划分为一级、二级、三级和四级。根据这一原则，对具体的环境对象，判断其风险等级需要做大量的工作。环境风险评估对风险发生的可能性应考虑环境与工程的空间关系、地质条件和施工方法，以及环境自身的易损性等因素；环境风险破坏的后果需要考虑环境的重要性、经济价值、社会影响等因素，可见环境风险评估过程是十分复杂和困难的。

因此，《城市轨道交通工程监测技术规范》（GB 50911—2013）规定周边环境风险等级宜根据周边环境发生变形或破坏的可能性和后果的严重程度，采用工程风险评估的方法确定，也可根据周边环境的类型、重要性、与工程的空间位置关系和对工程的危害性按表3.3-6划分。

周边环境风险等级　　　　　　　　　　　　　　　　　表 3.3-6

周边环境风险等级	等级划分标准
一级	主要影响区内存在既有轨道交通设施、重要建（构）筑物、重要桥梁与隧道、河流或湖泊
二级	主要影响区内存在一般建（构）筑物、一般桥梁与隧道、高速公路或重要地下管线 次要影响区内存在既有轨道交通设施、重要建（构）筑物、重要桥梁与隧道、河流或湖泊 隧道工程上穿既有轨道交通设施
三级	主要影响区内存在城市重要道路、一般地下管线或一般市政设施 次要影响区内存在一般建（构）筑物、一般桥梁与隧道、高速公路或重要地下管线
四级	次要影响区内存在城市重要道路、一般地下管线或一般市政设施

表3.3-6是总结各城市的经验，按照环境的类型、重要性及与工程的空间位置关系给出的划分方案，可供各地参考。表3.3-6中周边环境对象的重要性程度可根据环境对象重要性、相关规范、破坏后果或风险评估进行确定，也可参考如下分类。

1）重要建（构）筑物一般是指文物古迹、近代优秀建筑物，10层以上高层、超高层民用建筑物，重要的烟囱、水塔等；

2）重要桥梁是指城市高架桥、立交桥等；

3）重要隧道是指城市过江隧道、公路隧道、铁路隧道等；

4）重要地下管线是指雨污水干管、中压以上煤气管、直径较大的自来水管、中水管等对工程有较大危害的地下管线等；

5）城市重要道路是指城市快速路、主干路等；

6）市政设施是指由市政府出资建造的公共设施，一般指市政规划区内的各种建筑物、构筑物、设备等，主要包括城市道路（含桥梁）、供水、排水、燃气、热力、道路照明、垃圾处理等设施及附属设施。

3.3.3 地质条件复杂程度

我国城市轨道交通工程的地质条件具有明显的复杂性和差异性，地质条件是影响工程安全的重要因素，工程监测工作不应忽视地质条件对工程安全的影响。对地质条件复杂程度进行划分可以综合考虑地质因素对工程安全的影响。

地质条件复杂程度主要由建设场地地形地貌、工程地质水文地质条件等决定。根据现行国家标准《城市轨道交通岩土工程勘察规范》（GB 50307—2012）的有关内容，地质条件复杂程度可根据场地地形地貌、工程地质条件和水文地质条件按表 3.3-7 划分。表中符合条件之一即为对应的地质条件复杂程度，从复杂开始，向中等、简单推定，以最先满足的为准。

地质条件复杂程度　　　　　　　　　　　　　　　　表 3.3-7

地质条件复杂程度	等级划分标准
复杂	地形地貌复杂；不良地质作用强烈发育；特殊性岩土需要专门处理；地基、围岩和边坡的岩土性质较差；地下水对工程的影响较大需要进行专门研究和治理
中等	地形地貌较复杂；不良地质作用一般发育；特殊性岩土不需要专门处理；地基、围岩和边坡的岩土性质一般；地下水对工程的影响较小
简单	地形地貌简单；不良地质作用不发育；地基、围岩和边坡的岩土性质较好；地下水对工程无影响

3.3.4 工程监测等级

工程支护结构和周边环境是工程风险的主要承险体，工程支护结构的稳定性和周边环境的安全状态是工程施工过程中关注的重点，也是监测工作的主要内容。因此，工程监测等级主要根据工程自身风险等级和周边环境风险等级确定。

《城市轨道交通工程监测技术规范》（GB 50911—2013）规定城市轨道交通工程监测等级可按表 3.3-8 划分。工程监测等级应根据当地经验结合地质条件复杂程度进行调整，最高为一级。

工程监测等级　　　　　　　　　　　　　　　　表 3.3-8

工程监测等级　　周边环境风险等级　工程自身风险等级	一级	二级	三级	四级
一级	一级	一级	一级	一级
二级	一级	二级	二级	二级
三级	一级	二级	三级	三级

工程周边岩土体是工程支护结构和周边环境对象的载体，也是两者之间相互作用的介质。两者的安全状态及稳定性都受工程地质条件的影响。因此，工程监测等级与工程地质条件的复杂性有很密切的关系。在已有分级的基础上，还需要根据工程地质条件复杂程度对监测等级进行调整。工程地质条件复杂程度为中等或简单时监测等级可不进行调整，工程地质条件为复杂时监测等级上调一级，上调后最高为一级。

第4章 明(盖)挖法基坑工程监测

4.1 概述

4.1.1 明(盖)挖法工程特点

目前,随着城市轨道交通工程的发展,用于地下车站、区间修建施工的明挖基坑工程越来越多,基坑工程的设计向着深、大方向发展。受设计、施工及工程管理条件限制,以及基坑工程地质环境及周边环境影响,不仅存在基坑本身的安全与稳定问题,而且还存在因土方开挖引起的周围地层移动而危及相邻建筑物、地下管线网和城市市政设施的正常使用等问题,基坑工程一旦出现问题,其破坏后果十分严重。近年来,北京、上海、广州、杭州等城市轨道交通修建城市曾出现过不少基坑事故,造成人员伤亡、延误工期、追加造价以及影响周围居民生活等负面影响,加大了投资方的负担,同时也给城市建设和企业形象造成了不良影响。随着对工程风险的认识程度的提高,施工阶段的跟踪监测与预测分析成为基坑工程信息化施工的重要安全保证手段,对工程监测的要求也越来越高。

1. 明挖法

明挖法施工是指挖开地面由上向下开挖土石方至设计标高后,自基底由下向上顺作施工,完成主体结构,最后回填基坑或恢复地面的施工方法。明挖法开挖及支护类型如图4.1-1所示。

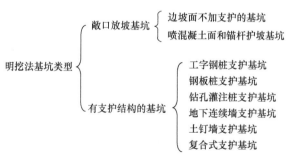

图 4.1-1 明挖法开挖及支护类型

采用钻孔灌注桩或地下连续墙围护的明挖法基坑主要施工顺序:(a)场地围挡,拆除或改移管线,开挖地面浅基坑,施作钻孔灌注桩(或地下连续墙)、冠梁;(b)架设第一道钢支撑,自上向下开挖土体至第二道支撑底面以下0.5m;(c)架设第二道钢支撑,随开挖随架设钢支撑,直至基坑底设计标高处;(d)施作底板垫层,敷设防水层,施作结构底板、底纵梁及部分侧墙;(e)待侧墙达到设计强度,拆除第四道支撑,施作侧墙及地下二层楼板结构及立柱,并敷设防水层;(f)依次施作侧墙及地下一层楼板、顶板结构,敷设防水层。同时,依次拆除第三、二、一道支撑。待顶板、侧墙、中柱混凝土均达设计强度后回填覆土,管线恢复原位,恢复路面。最后,施作内部结构。明挖法施工流程顺序如图 4.1-2 所示。

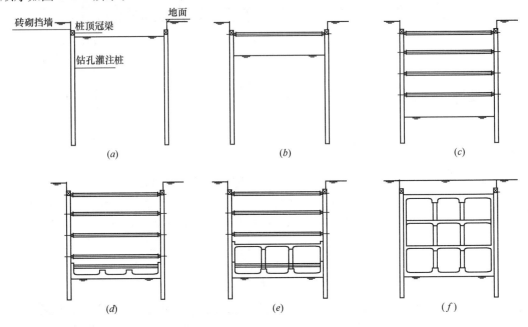

图 4.1-2 地铁车站明挖法施工流程示意

2. 盖挖法

盖挖法是一种由明挖法派生出来的施工方法,与常见的明挖法施工的主要区别在于施工方法和顺序不同:盖挖法是先盖后挖,即先以临时路面或结构顶板维持地面畅通,再向下施工。施工基本流程:在现有道路上按所需宽度,以定型标准的预制棚盖结构(包括纵、横梁和路面板)或现浇混凝土顶(盖)板结构置于桩(或墙)柱结构上维持地面交通,在棚盖结构支护下进行开挖和施作主体结构、防水结构,然后回填土并恢复管线、道路。

盖挖法的主要宗旨是尽可能减少对城市交通的干扰。盖挖法根据基坑开挖与结构浇筑顺序的不同,又分为三种基本的施工方法:盖挖顺作法、盖挖逆作法和盖挖半逆作法。

(1)盖挖顺作法。盖挖顺作法是在现有道路上,按所需宽度,在地面完成挡土结构后,以定型的预制标准覆盖板(包括纵横梁和路面板)置于挡土结构上维持交通。在覆盖板的保护下由上而下挖土支撑至基底设计标高后,由下而上完成主体结构后恢复路面交通。

(2)盖挖逆作法。如遇到开挖面较大、顶板覆土较浅、沿线建筑物过近,为防止施工过程中地表沉陷对邻近建筑物产生影响,可采用盖挖逆作法施工。盖挖逆作法的施工步骤:(a)施工一侧支护桩和中桩;(b)开挖施工一半结构顶板;(c)施工另一侧支护桩和中桩;(d)施工另一侧顶板;(e)通过顶板留洞,向下开挖施工地下一层板和侧墙;(f)向下开挖施工;(g)向下开挖施工结构底板及站台层侧墙;(h)拆除垂直提升设备,恢复路面交通。地铁车站盖挖逆作法施工流程如图 4.1-3 所示。

（3）盖挖半逆作法。类似于盖挖逆作法，其区别仅在于顶板完成及修复路面后，向下挖土至设计标高后，先建筑底板，再依次向上逐层建筑侧墙、楼板。在半逆作法施工中，需设置横撑并施加预应力。采用逆作或半逆作法时要注意混凝土施工缝的处理问题。

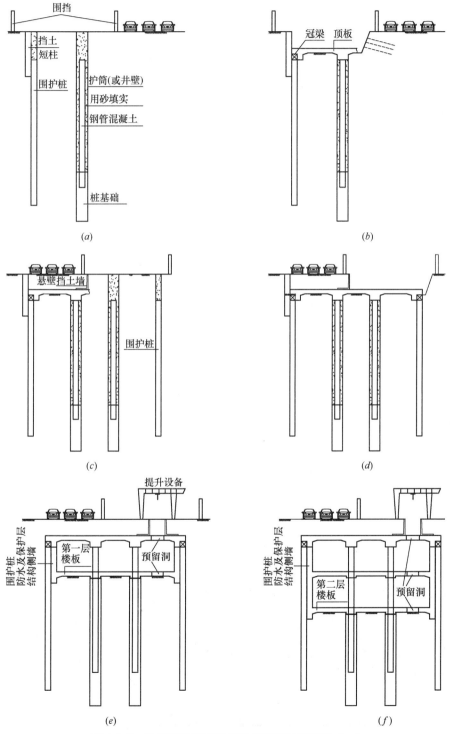

图 4.1-3 地铁车站盖挖逆作法施工流程示意图（一）

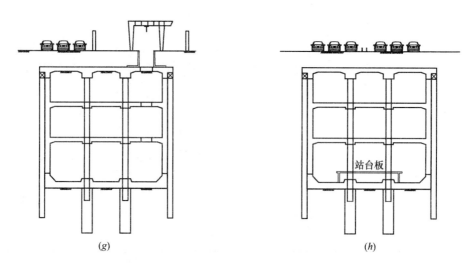

图 4.1-3 地铁车站盖挖逆作法施工流程示意图（二）

4.1.2 变形机理

基坑工程是城市轨道交通车站建设的主要方式，其具有开挖面积、深度较大，支护结构形式多，地质条件、环境条件复杂等特点。基坑开挖过程中开挖面岩土体出现卸荷，坑底岩土体会产生向上的隆起，同时支护桩墙也会出现竖向和水平的变形，造成桩墙体背后地层的位移以及地表的沉降。基坑开挖需保证基坑自身的安全与稳定，同时也应有效控制基坑周围地层位移，进而保护周边环境对象。

基坑工程的变形大小与其地质条件密切相关，周围地层位移受地层性质影响。地层较为坚硬时，基坑开挖所引起的地层变形较小，地层较为软弱时，基坑开挖控制不当，可造成较大的变形，工程周边建（构）筑物、地下管线也会随着地层的位移出现变形，严重时可导致建筑的过量沉降、差异沉降、倾斜和地下管线的沉降、差异沉降、开裂，严重时可出现建筑倒塌、管线断裂，威胁人民生命财产安全。城市轨道交通基坑工程开挖深度较大，周边环境条件复杂，是一项高风险工程。

1. 基坑变形规律

（1）桩墙体位移规律。

基坑工程支护桩墙变形受地质条件、支护结构形式、材料刚度、施工方法等影响，一般会出现水平和竖向两个方向的位移。

Clough and O'rourke（1990）将内支撑和锚拉体系的支护桩墙变形型式分为悬臂式、抛物线和上述两种形态组合等三类。一般基坑开挖较浅时，支护桩墙顶部向基坑内部的水平位移最大，出现悬臂式位移。随着基坑开挖深度的增加，刚性桩墙体（水泥土搅拌桩墙，旋喷桩墙等）顶部或整体的水平位移增大，仍表现为悬臂式位移；柔性桩墙体（钢板桩，地下连续墙等）架设支撑后，顶部位移不变或逐渐向基坑外移动，桩墙体腹部向基坑内突出，出现抛物线形位移。

有多道内支撑的深基坑，第一道支撑接近地表，实测桩墙顶部水平位移较小，桩墙体多为抛物线形位移。Ou（1993）、Moh and Woo（1990）收集的台湾地区、李琳（2007）

和徐中华（2007）收集的上海、杭州地区基坑实测结果表明桩墙体水平最大位移一般在开挖面附近。

桩墙趾进入硬土或风化岩层时，其底部位移较小；桩墙趾在软土中插入深度较小时，其底部容易出现较大变形，即"踢脚"现象。

在竖向上，基坑开挖造成的岩土体自重应力释放，可使桩墙体出现上浮。同时，支撑、楼板的重量施加又会使桩墙体出现下沉。地下连续墙底部清孔不净存在沉渣时，也会使其出现下沉。桩墙体在竖向上出现不均匀变形时可导致基坑工程结构的开裂、破坏，工程实际出现地下连续墙不均匀沉降造成冠梁拉裂等案例。桩墙体与立柱之间的差异沉降也可导致内支撑出现偏心应力，威胁工程结构的安全。

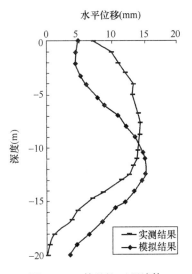

图 4.1-4 某基坑工程墙体水平位移曲线

图 4.1-4 为某地铁区间基坑工程实测模拟的墙体水平位移曲线，两者变形曲线均为抛物线形，桩顶及桩脚处变形较小，在桩顶下 10m 左右处水平位移达到最大值。

（2）基坑底部隆起规律。

基坑开挖深度较小时，基坑底部为弹性隆起，其变形为基坑底部的中间隆起最高。基坑开挖达到一定深度且宽度较大时，可出现塑性隆起，隆起量也逐渐由中部最大转变为两边大、中间小的形式。基坑宽度较小或长度较大时，基坑底部塑性隆起仍为中间大、两边小的形式。

（3）地层位移和地表沉降规律。

工程实践表明基坑工程周边地表沉降形态与支护桩墙的变形形态密切相关，一般可分为拱肩形和凹槽形两种。开挖初期即产生较大的支护体变形，而后续开挖变形较小，地表最大沉降发生于紧贴支护桩墙处，为拱肩形曲线［图 4.1-5（a）］。拱肩形地表沉降主要发生在悬臂开挖或支护结构变形较大的情况下。开挖初期产生的支护体变形和周边地表沉降均不大，后续支撑作用支护结构发生较大的深层变形，为凹槽形曲线［图 4.1-5（b）］。凹槽形地表沉降主要发生在有较大的入土深度或桩墙趾在刚性较大的地层内，桩墙体产生

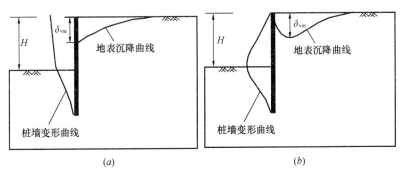

图 4.1-5 基坑工程周边地表沉降曲线
(a) 拱肩形；(b) 凹槽形

类似于梁的变形的情况下。凹槽形地表沉降最大位置一般距离桩墙有一定距离，约在0.4～0.7倍开挖深度处。

图4.1-6所示为某地铁车站明挖基坑实测围护及地表变形规律，实测曲线反映出凹槽形地表沉降规律，实测墙体水平位移变形最大在基坑底部附近，地表沉降最大在距离基坑10m左右。

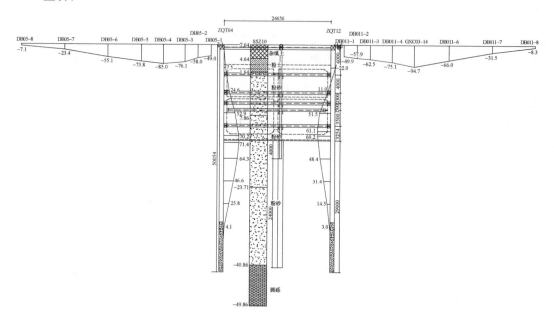

图4.1-6　某地铁明挖基坑实测围护及地表变形曲线

（4）地表沉降影响范围。

基坑工程地表沉降的范围受地层性质、开挖深度H、桩墙体入土深度、下卧软弱土层深度以及开挖支撑施工方法等的影响。地表沉降的影响范围一般为$(1\sim4)H$。

Peck（1969）和Goldberg（1976）通过钢板桩支护为主的基坑地表实测数据分析发现，砂土和硬黏土的沉降影响范围一般在2倍开挖深度内，软土的影响范围达到2.5～4倍开挖深度（图4.1-7）。

Clough & O'Rourke（1990）针对不同土层中的基坑提出了墙后地表沉降的包络线，其影响范围为2倍的开挖深度。Heish（1998）对墙后地表沉降划分影响区域，包括主要影响区（Primary Influence Zone）和次要影响区（Sencondery Influence Zone）（图4.1-8）。在主影响区域的范围内，沉降曲线较陡，会使建筑物产生较大的角变量，而次影响区域的沉降曲线较缓，对建筑物的影响较小。

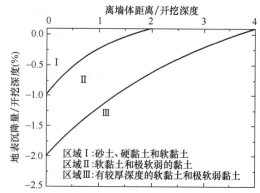

图4.1-7　基坑地表沉降Peck曲线

图4.1-9所示为某地铁车站明挖基坑实测地表曲线形态。

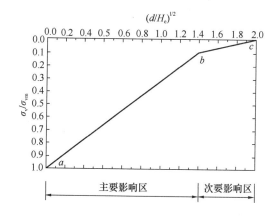 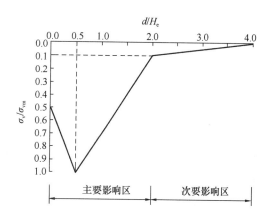

图 4.1-8 地表沉降影响区域

2. 基坑变形机理

基坑开挖过程中,是基坑开挖面上岩土体出现卸荷,引起基坑底部岩土体产生向上的隆起,也引起支护桩墙在两侧岩土压力作用下而产生水平位移。同时,基坑外侧岩土体出现竖向的位移,进而影响周边建筑、地下管线、城市桥梁等环境对象。

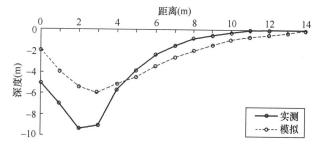

图 4.1-9 某地铁区间基坑地表沉降曲线

(1) 桩墙体位移。

支护桩墙变形从水平方向改变基坑外侧岩土体的原始应力状态而引起地层的位移。基坑开始开挖后,桩墙体开始受力而出现变形。基坑内部开挖而卸去原有的岩土压力时,在桩墙外侧受到主动土压力作用,在基坑底部的桩墙内侧则受到全部或部分的被动土压力。由于基坑开挖在前,支撑等在后,桩墙体在开挖过程中,安装每道支撑之前总是要发生一定的先期变形。桩墙体的位移使其周围主动压力区和被动压力区的岩土体发生位移。桩墙体外侧主动压力区的岩土体出现向基坑内部的水平位移,使该区域岩土体的水平应力减小,剪力增大,而出现塑性区;而在基坑开挖面以下的桩墙体内侧被动压力区的岩土体出现向基坑内部的水平位移,使该区域岩土体的水平向应力增大,使基坑底部岩土体增大剪应力而发生水平方向的挤压和向上的隆起位移,在基坑底部处形成局部塑性区。

桩墙体位移不仅使其外侧发生地层损失而引起地表沉降,而且使其外侧的塑性区扩大,因而增加了桩墙体外侧岩土体向基坑内部的位移和相应的坑内隆起。因此,相同地质条件和埋深条件下,深基坑周围地层变形范围及幅度,因桩墙体变形的不同而有很大差别,桩墙体变形往往是引起周围地层移动的重要原因。

(2) 基坑底部隆起。

基坑底部隆起变形是垂直向卸荷而改变基坑底部岩土体原始应力状态后的外部反应。

基坑开挖深度较小时，底部岩土体在卸荷后发生垂直的弹性隆起。基坑底部弹性隆起的特点是中部隆起最高，且基坑底部隆起在开挖停止后很快停止。这种基坑隆起基本不会引起桩墙外侧岩土体向基坑内部的移动。随着基坑开挖深度的增加，基坑内外的岩土体表面高差不断增大，当开挖到一定深度时，基坑内外岩土体表面高差所形成的加载和地面各种超载的作用，可造成桩墙外侧岩土体产生向基坑内部的位移，使基坑底部产生向上的塑性隆起，同时在基坑周围产生较大的塑性区，并引起地层位移和地表沉降。

（3）地层位移和地表沉降。

基坑开挖需进行降水作业时，随着地下水位的下降，地层内部含水渗出，体积逐渐减小，土体出现固结作用，可引起一定的地层位移和地表变形，地层位移和地表变形量的大小与土体的性质密切相关。同时，支护桩、地下连续墙等施作过程中，成孔、成槽等可对地层造成一定的扰动，也可产生一定的地层位移和地表变形。

支护结构形式不同，基坑开挖的施工工艺不同，基坑变形的形态也不同。关于桩墙体外侧地层位移模式主要有如下几种。

1）块体现象及破裂面。

块体现象是指由于基坑桩墙体后岩土体发生位移后，会沿某一潜在的脆弱面形成破裂面，即滑移面，在该破裂面以内的岩土体具有整体性，其可能存在较大的位移，但应变较小。较大的应变一般产生于破裂面附近，地层的最大差异沉降和变形也出现在该破裂面处。在岩土体变形影响域的边界会形成一个狭窄的高应变梯度域，在该区域与挡墙之间，只有较小的应变产生，岩土体以一种刚性块的形式移动，而高应变区域形成破裂面。

对于桩墙体外侧岩土体的滑块形式，重力式挡墙后的无黏性土体一般为三角形滑楔，多支撑支护的基坑桩墙体外侧岩土体的变形分布较为复杂，一般认为对数螺旋线是岩土体滑楔典型的破裂面。

2）收缩现象。

收缩现象是指桩墙体后的岩土体位移主要发生在一个较小区域内。Terzaghi（1948）指出，桩墙体真实的滑楔顶端长度要比库仑楔顶端小得多，Milligan（1983）认为在软黏土、砂土甚至是硬黏土的情况下，当允许较大的桩墙体变形值时，岩土体会出现屈服，与弹性分析结果有差别。岩土体变形影响区域较小，而非弹性有限元所预测的较大范围。

3）土拱作用。

土拱作用是指支撑刚度较大而支护结构刚度较小时，桩墙体后土压力局部增大的现象。局部岩土体产生移动，而其余部分保持原来位置不动，岩土体中的这种相对运动受到岩土体抗剪强度的阻抗，使移动部分岩土体的压力减小，而不动部分上的压力增加。由于土拱效应的存在，使得支护结构后的主动土压力产生重分布。岩土体中除竖向存在土拱效应外，水平方向同样存在土拱效应。土拱效应是土体空间效应的重要表现。

3. 基坑变形影响因素

基坑变形的影响因素主要包括固有因素、与设计相关的因素以及施工相关的因素。固有因素包括现场的地质条件（如土体强度、地下水位等）和周边环境条件（如坑边建筑和超载等）。

与设计相关的因素包括支护结构的特征（墙体刚度、支撑刚度和插入深度等）、开挖尺寸（基坑的宽度和深度等）、支撑预应力（支撑预应力设计施加的大小）和地基加固（加固方法、加固形式和加固体尺寸等）。

与施工相关的因素包括施工方法（施工工法、开挖方法等）、超挖（超挖会使基坑发生较大的变形）、超前施工（导墙施工和降水等带来的变形）、楼板的建造（楼板、混凝土支撑的收缩开裂造成的刚度下降）、施工周期（较长的施工周期会增加基坑的变形）、工程事故（如漏水漏砂、基坑纵向滑坡等）以及施工人员水平。

（1）支护结构的特征。

一般钢管支撑的自身刚度较大，其垂直向间距的大小对桩墙体位移有较大影响。当桩墙体厚度一定时，加密支撑可有效控制位移。减少第一道支撑前的开挖深度以及减少开挖过程中最下一道支撑距坑底面的高度，对减少桩墙体位移尤为重要。

在保证桩墙体有足够强度和刚度的条件下，适当增加插入深度，可提高抗隆起稳定性，也可减少桩墙体位移。对于有支撑的桩墙体，按部分地区的工程实践经验，当插入深度$>0.9H$时，其效果不明显。

（2）支撑预应力。

及时施加支撑预应力，可以增加桩墙外侧主动压力区的土体水平应力，减少开挖面以下桩墙内侧被动压力区的土体水平应力，从而增加桩墙内、外侧土体抗剪强度，提高坑底抗隆起的安全系数，有效地减少桩墙体变形和周围地层位移。

支撑轴线的偏心度、支撑与桩墙面的垂直度、支撑固定的可靠性、支撑加预应力的准确性和及时性，都是影响位移的重要因素。

（3）地基加固。

在基坑内外进行地基加固以提高土的强度和刚性，可以减小基坑周围地层的位移，但加固地基需要经济代价和施工条件。一般在基坑内部进行地基加固以提高支护桩墙被动土压力区的土体强度和刚性是比较常用的方法。

（4）施工方法。

基坑常见施工工法包括顺作法、逆作法和半逆作法。顺作法施工工序简单，施工技术要求低，挖土周期短。逆作法变形控制能力强，但施工技术复杂，工序多。半逆作法是在逆作法基础上发展起来的，结合部分顺作法优点的新型工法，具有控制变形能力强，整体工期短等优点。

（5）施工周期。

黏性土地区深基坑施工时，周围土体均达到一定的应力水平，部分区域形成塑性区。由于黏性土的流变性，土体在相对稳定的状态下可随暴露时间的延长而出现位移，特别是剪应力水平较高的部位，如在基坑底部桩墙内被动区和桩墙底的土体滑动面，都会因坑底暴露时间过长而产生相当的位移，以致引起地表沉降的增大。

每道支撑挖出槽以后，支撑安装时间延长，可明显地增加桩墙体变形和相应的地表沉降。在开挖到设计坑底标高后，如不及时浇筑好底板，使基坑长时间暴露，也可增加桩墙体被动压力区的土体位移和桩墙外土体向坑内的位移，进而增加地表沉降，雨季时此现象更为明显。

（6）超挖及工程事故。

超挖和工程事故都会使基坑岩土体和周边环境发生较大变形。基坑工程预警信息中，由于超挖造成的基坑支护结构较大变形所占比重较大。雨水、承压水、施工不当等引发的工程事故可造成较大的支护结构变形，严重时出现支护结构破坏现象。

4.1.3 明（盖）挖法工程风险分析

城市轨道交通基坑开挖深度一般都大于15m，建设场地主要位于城区，周边建筑物密集，地下管线众多，交通网络纵横，环境保护要求高，施工难度大。设计、施工不当，往往容易产生基坑严重位移甚至整体失稳等重大工程事故，这种事故不仅造成工程的直接损失和工期延误，同时对周围环境造成危害。从明挖法施工的支护体系施工、基坑开挖施工、辅助措施分类分析如下。

1. 支护体系施工风险分析

城市轨道交通车站工程支护结构的类型较多，支护结构的质量，对于基坑开挖的安全至关重要。下面介绍几种主要支护结构的施工风险。

（1）地下连续墙施工风险。地下连续墙作为结构的一部分，主要起承重、挡土及截水抗渗等作用，同时也作为建筑物空间分割的外墙，如作为城市轨道交通车站结构的侧墙、高层建筑的地下室外墙等。地下连续墙在施工过程中，可能遇到的风险如图4.1-10所示。

（2）钻孔灌注桩施工风险。钻孔灌注桩是通过钻孔、沉放钢筋笼、灌注混凝土而形成的柱列式挡土墙，常与搅拌桩联合使用作为支护结构。钻孔灌注桩施工过程中可能遇到的风险如图4.1-11所示。

图4.1-10 地下连续墙施工风险　　　图4.1-11 钻孔灌注桩施工风险

（3）SMW（Soil Mixing Wall）工法施工风险。SMW工法是在深层搅拌桩工法和地下连续墙工法基础上发展起来的一种深基坑支护技术，其主要特点是利用水泥土的特性就地在地下深处注入水泥系固化剂，经机械搅拌，将软土与固化剂拌合形成致密的水泥土地下连续墙，并在墙体内插入受力钢材形成复合材料共同抵抗侧向水压力。SMW工法施工过程中可能遇到的风险如图4.1-12所示。

（4）土钉支护施工风险。土钉支护是由土钉、原位土体和钢筋混凝土面层三个主要部位组成。它是依靠土钉与周围土体之间的摩擦力，使土体拉结成整体，并在沿坡面铺设的并与土钉相连的钢筋网片上喷射混凝土面层。这样，土体、土钉和钢筋混凝土面层三者形成一体，共同作用，提高了边坡稳定性。土钉支护施工过程中可能遇到的风险如图4.1-13所示。

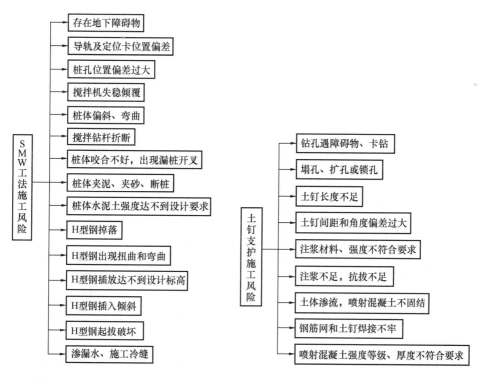

图4.1-12　SMW工法施工风险　　　　图4.1-13　土钉支护施工风险

2. 基坑工程开挖风险分析

在基坑工程中，支撑结构是承受支护墙所传递的土压力、水压力的结构体系。支撑结构包括围檩、支撑、立柱及其他附属构件。支撑体系在施工过程中，可能遇到的风险如图4.1-14所示。

深基坑开挖中可能会出现的风险事故如图4.1-15所示，国内地铁建设曾出现的某基坑工程事故照片如图4.1-16所示。

3. 辅助措施风险分析

（1）基坑降水风险分析。

基坑降水的目的是为了降低坑内地下水位，疏干土体，便于开挖施工，对于含水丰富

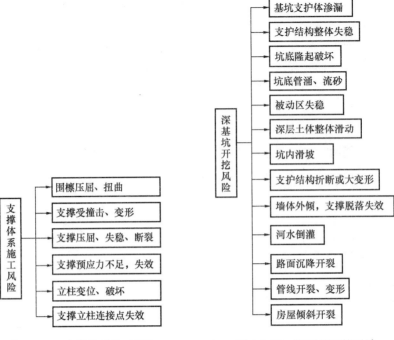

图 4.1-14 支撑体系施工风险　　图 4.1-15 深基坑开挖风险

图 4.1-16 某地铁基坑工程事故照片

的土层，基坑降水是基坑工程施工不可或缺的步骤。尤其是对于有含水砂层和承压含水层的场地，基坑降水对于防止流砂、管涌，确保基坑稳定有着极其重要的作用。但是基坑降水控制不当，也会对基坑周边环境造成不利影响，如降水漏斗过大导致周围土体下沉，危及邻近建筑。基坑降水中可能遇到的风险如图 4.1-17 所示。

（2）基坑加固风险分析。

基坑加固分为主动区加固和被动区加固。主动区加固的目的是为了改善主动区土质，减少支护结构承受的主动土压力。当为封闭加固时，其又可以作为防渗帷幕。被动区加固的目的是为了改善被动区土质条件，提高被动区土体抗力。对于软土层中的基坑，被动区的加固对于确保基坑稳定具有十分重要的作用。因此，基坑加固的风险主要在于其加固的有效性是否得到保证。其可能遇到的风险如图 4.1-18 所示。

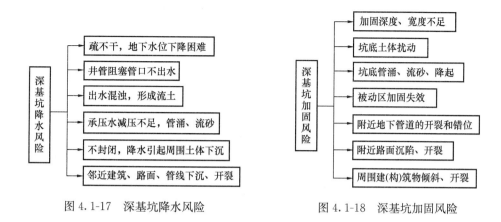

图 4.1-17 深基坑降水风险　　　　　图 4.1-18 深基坑加固风险

4.2 监测对象和项目

4.2.1 监测对象和项目的确定

以上对明挖法、盖挖法的变形机理及施工风险进行分析表明，明挖法施工支护体系施工、基坑工程开挖、辅助措施实施的主要风险体现在工程结构的变形破坏及周边环境的变形破坏，主要的风险阶段在基坑开挖阶段，需要通过监测工作，掌握基坑施工过程中环境对象、工程支护结构及岩土体的状态变化，及时采取施工控制措施，保证工程施工安全。

根据基坑工程设计结构形式及开挖方法、工程周边环境保护要求，要对开挖过程中支护结构体系中的桩（墙）、边坡、立柱、支撑、锚杆、锚索、土钉、顶板、井壁的稳定情况，基坑内外部的地表、深层土体、地下水等对象状态及其相互作用关系采集量测数据，验证施工开挖的安全性，发现问题及时分析，从设计、施工方面采取措施，控制施工风险。《城市轨道交通工程监测技术规范》规定对明挖基坑及岩土体的监测项目共19项，见表 4.2-1。

明（盖）挖法基坑支护结构和周围岩土体监测项目　　　　表 4.2-1

序号	监测项目	工程监测等级		
		一级	二级	三级
1	支护桩（墙）、边坡顶部水平位移	√	√	√
2	支护桩（墙）、边坡顶部竖向位移	√	√	√
3	支护桩（墙）体水平位移	√	√	○
4	支护桩（墙）结构应力	○	○	○
5	立柱结构竖向位移	√	√	√
6	立柱结构水平位移	√	√	√
7	立柱结构应力	○	○	○
8	支撑轴力	√	√	√
9	顶板应力	○	○	○

续表

序号	监测项目	工程监测等级		
		一级	二级	三级
10	锚杆拉力	√	√	√
11	土钉拉力	○	○	○
12	地表沉降	√	√	√
13	竖井井壁支护结构净空收敛	√	√	√
14	土体深层水平位移	○	○	○
15	土体分层竖向位移	○	○	○
16	坑底隆起（回弹）	○	○	○
17	支护桩（墙）侧向土压力	○	○	○
18	地下水位	√	√	√
19	孔隙水压力	○	○	○

注：√——应测项目，○——选测项目。

4.2.2 监测项目的选择

城市轨道交通工程中明挖法的施工监测项目的选定，本着经济合理、保证安全、能够信息化指导施工的原则，根据基坑工程地质条件、围岩类别、围岩应力分布情况、基坑跨度、埋深、工程性质、开挖方法、支护类型等因素确定。监测的项目要灵活选择，一般以变形类监测项目为应测项目，如有针对完善设计及对变化机理等研究的要求，可增加力学类项目。

支护桩（墙）、边坡顶部水平位移、竖向位移能够反映整个基坑的安全稳定状态。支护桩（墙）体水平位移反映出支护桩（墙）沿深度方向上不同位置处的水平变化情况，对于分析支护桩（墙）的稳定和变形发展趋势起着重要作用。因此一般为应测项目。

支护桩（墙）体结构应力监测能够较好地反映出施工过程中桩（墙）体的受力状态，对验证或修改设计参数具有较好的指导作用。由于应力监测成本高，现场实施复杂，元器件成活率较低，一般为选测项目。

基坑内立柱的变形状态对反映支撑体系的稳定至关重要，立柱一旦变形过大会导致支撑体系失稳。因此，立柱的变形监测也是一项较重要的监测项目，对立柱结构竖向位移为应测项目。

基坑水平支撑为支护桩（墙）提供平衡力，以使其在外侧土压力的作用下不至于出现过大变形，甚至倾覆。支撑轴力是反映基坑稳定性的重要指标，为应测项目。基坑采用锚杆进行侧壁的加固，其拉力变化也是反映基坑稳定性的重要指标，为应测项目。

地表沉降是综合分析基坑的稳定以及地层位移对周边环境影响的重要依据，且地表沉降监测简便易行，为应测项目。

地下水是影响基坑安全的一个重要因素，地下工程的破坏大都与地下水的影响有关，地下水位为应测项目。当基坑工程受到承压水的影响时，还应进行承压水位的监测。

基坑开挖是一个卸载的过程，随着坑内土体的开挖，坑底土体隆起也会越来越大，尤其是软弱土地区，过大的基底隆起会引起基坑失稳。因此，进行基坑底部隆起观测也十分必要。但由于目前坑底隆起（回弹）的监测方法和监测精度有限，对坑底隆起（回弹）监测为选测项目。

对土钉拉力、支护桩（墙）外侧土压力、孔隙水压力、土体分层竖向位移和深层水平位移进行监测，可以了解和掌握桩（墙）体实际受力情况和支护结构的安全状态，对设计和施工具有较好的指导意义，但由于成本较大、操作困难，当设计、施工需要或受力条件复杂时可以选测。

4.3 监测点布设与监测方法

4.3.1 地表沉降

1. 监测目的

地表沉降监测是明挖基坑工程施工监测的一项重要的监测项目，它可以间接反映基坑工程施工扰动引起的周边岩土体及水体的变化、支护结构的变化及二者复杂的作用关系，具体如下：

①判断基坑周边岩土体有无空洞、是否出现地层滑移面等情况，为进一步探明情况以及采取加固等措施提供依据。

②通过地表沉降数据间接分析基坑开挖支护的稳定性，判断工程结构的安全状态，指导施工及时采取支护措施。

③是对设计支护受力进行分析的一项依据，为确定是否需要采取加强支护的措施提供参考，反馈设计单位积累经验数据，便于工程设计优化。

④通过数据分析施工开挖影响范围的大小，分析周边环境的稳定性变化情况，为工程管理决策提供参考依据。

2. 监测点布设要求

明挖基坑周边地表监测点布置的要求如下：

①沿平行基坑周边边线布设不宜少于2排地表沉降监测点，排距宜为3～8m，每排监测点间距宜为10～20m，第一排监测点距基坑边缘不宜大于2m；

②应根据基坑规模和周边环境条件选择有代表性的部位，垂直于基坑周边布设地表沉降监测断面，每个监测断面上监测点的数量和布设位置应满足对基坑工程主要影响区和次要影响区范围的控制，每侧监测点不宜少于5个；

③监测点及监测断面的布设位置应与周边环境监测点布设相结合。

基坑工程地表沉降监测点位置在实际实施时根据现场场地情况进行适当调整。此外，由于地层复杂土压力等荷载的不确定性以及设计过程中对地层与支护结构的一些假定取值，结构内力与土体变形需要经过实测数据验证，必要时应对监测点进行调整补充。

3. 监测作业方法

（1）监测方法及仪器选择。地表沉降监测常用几何水准测量方法，使用水准仪观测。

在常规地表沉降方法不能满足要求的情况下如对监测精度及频率要求高、监测人员不能进入等情况可采用液体静力水准测量法、三角高程测量法、交会测量法、三维激光扫描、微波雷达测量、地面摄影测量等监测方法。

（2）基点及测点埋设。为保证监测水准网有足够的起算数据检核，纳入基准网或观测网中的基准点与工作基点数量应各不少于3个，要求基准点布置于城市轨道交通工程影响区外的稳定地段，其分布区域能够控制监测范围。为便于观测，工作基点可在场地相对稳定的地段埋设，可采用地表基准点或建筑物上基准点形式。

地表沉降监测点标志一般采用带保护井的螺纹钢测点标志，标志埋设要求如下：

①地表沉降监测点宜采用钻孔方式埋设，测点埋设时应钻透地表硬壳层，底部埋设深度应深于当地冻土线，螺纹钢标志点直径宜为18～22mm，钻孔直径不宜小于80mm，底部将螺纹钢标志点用混凝土与周边土体固定，上部孔洞用细砂回填；

②地表沉降监测点的保护井宜采用钢质井壁，井壁厚度宜为10mm，井壁垫底宽度宜为50mm，井深宜为200～300mm，采用钢质井盖，井盖直径宜为150mm，井口标高宜与道路地表标高相同。

地表沉降监测点埋设形式如图4.3-1所示。

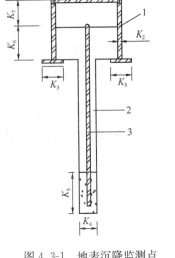

图4.3-1 地表沉降监测点
1—保护井；2—钻孔回填细砂；
3—螺纹钢标志；4—地面；
K_1—保护井盖直径；K_2—保护井井壁厚度；K_3—井垫圈宽；K_4—钻孔孔径；K_5—底端混凝土固结长度；K_6—井圈面距测点顶部高度；K_7—测点顶部距井盖顶高度

（3）观测方法。基准网按《工程测量规范》GB 50026—2007二等垂直位移监测网技术要求观测，监测网按《工程测量规范》（GB 50026—2007）三等垂直位移监测网技术要求观测。基准网及监测网一般组成附合或闭合水准线路，关键的监测点要纳入线路。

图4.3-2 监测点埋设及观测实景照片

4.3.2 桩（墙）顶水平位移

1. 监测目的

桩（墙）顶的水平位移是监测基坑桩（墙）顶部支护结构向基坑内、外侧变形的方法，该项目主要监测目的如下。

（1）通过对桩（墙）顶的水平位移的监测，可以掌握基坑顶部位置支护结构随施工开挖的变化情况，了解开挖稳定情况，为施工开挖支护提供参考；

（2）对于软土地区的基坑监测工作，该项监测同时可为桩（墙）体的水平位移数据进行孔口起算数据修正依据。

2. 监测点布设要求

基坑工程支护桩（墙）顶水平位移监测点要求其位置与数量满足工程信息化施工数据分析要求。监测点布置的主要原则如下。

（1）监测点应沿基坑周边布设，监测等级为一级、二级时，布设间距宜为10～20m；监测等级为三级时，布设间距宜为20～30m。

（2）基坑各边中间部位、阳角部位、深度变化部位、邻近建（构）筑物及地下管线等重要环境部位、地质条件异常部位等应布设监测点。

（3）出入口、风井等附属工程的基坑每侧监测点不应少于1个。

（4）水平和竖向位移监测点宜为共用点，监测点应布设在支护桩（墙）顶或基坑坡顶上。

3. 监测作业方法

（1）监测方法及仪器选择。因基坑工程场地复杂，桩（墙）顶的水平位移的监测一般采用导线测量进行平面控制测量，再采用极坐标法测定监测点坐标计算。基坑边通视条件较好受作业干扰小时也可采用测小角法、视准线法等方法。

（2）基点及测点埋设。平面基准点选设于基坑开挖影响范围外的稳定地段，并根据基坑位置、场地布置围挡条件合理分布，一般每个基坑不少于4个，能够满足组成合理观测网形引测至基坑场地的条件。采用极坐标法测定监测点坐标时监测标志可设置固定观测棱镜。监测点埋设形式如图4.3-3、图4.3-4所示。

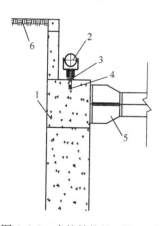

图4.3-3 支护结构桩（墙）顶水平位移监测点标识

1—冠梁；2—测量装置；3—连接杆件；4—固定螺栓；5—支撑；6—地面

图4.3-4 工作基点实景照

（3）观测方法。支护结构桩（墙）顶水平位移监测基准网一般采用导线网（图4.3-5、图4.3-6），平面基准以城市轨道交通工程施工平面坐标系统为基准建立，采用附合或闭合导线形式，将场地附近用于观测监测点的设站点纳入其中，测点监测采用极坐标法。

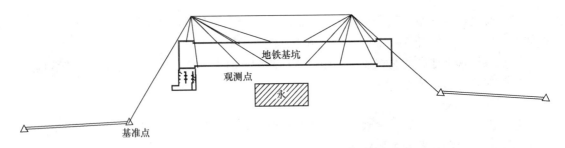

图 4.3-5　水平位移监测网形式

图 4.3-6　水平位移监测实景图

4.3.3　桩（墙）体水平位移

1. 监测目的

该项目主要测试桩（墙）体深层水平侧向位移，了解随基坑开挖支护体系不同深度的水平位移规律，与设计计算值进行比对，验证支护设计参数的取值，并在必要时进行设计调整。一般布置在混凝土灌注桩、地下连续墙、水泥土搅拌桩、型钢水泥土复合搅拌桩等支护形式上。该监测项目为支护体系的重要监测项目。

2. 监测点布设要求

桩（墙）体水平位移监测点布置在基坑平面上挠曲计算值最大的位置，如悬臂式结构的长边中心，邻近重点监护对象，如建（构）筑物、地下管线，基坑局部挖深加大或基坑开挖时支护结构暴露最早、得到监测结果后可指导后继施工的区段宜重点布置，同时其分布应有一定的密度覆盖，一般布设应符合下列要求：

（1）监测点应沿基坑周边桩（墙）体布设，监测等级为一级、二级时，布设间距宜为20~40m，监测等级为三级时，布设间距宜为40~50m；

（2）在基坑各边中间部位、阳角部位或其他代表性部位的桩（墙）体应布设监测点；

（3）监测点的布设位置宜与支护桩（墙）顶部水平位移和竖向位移监测点处于同一监测断面。

3. 监测作业方法

（1）监测方法及仪器选择。采用在支护结构内埋设测斜管，使用测斜仪观测，测斜仪的精度应不低于 4mm/15m。当支护结构嵌固深度范围不稳定时,应观测对应孔口坐标并加以修正。

(2)测点埋设方法。

1)测斜管安装。

①地下连续墙内测斜管安装。测斜管地下连续墙内的位置应避开导管,具体安装步骤如下。

a. 测管连接:将 4m(或 2m)一节的测斜管用束节逐节连接在一起,接管时注意对齐内外槽口。管与管连接时先在测斜管外侧涂上 PVC 胶水,然后将测斜管插入束节,在束节四个方向用自攻螺钉或铝铆钉紧固束节与测斜管。注意胶水不要涂得过多,以免挤入内槽口结硬后影响以后测试。自攻螺钉或铝铆钉位置要避开内槽口且不宜过长。

b. 接头防水:在每个束节接头两端用防水胶布包扎,防止水泥浆从接头中渗入测斜管内。

c. 内槽检验:在测斜管接长过程中,不断将测斜管穿入制作好的地下连续墙钢筋笼内,待接管结束,测斜管就位放置后,必须检查测斜管一对内槽是否垂直于钢筋笼面,测斜管上下槽口是否扭转。在测斜管内槽位置满足要求后方可封住测斜管下口。

d. 测管固定:把测斜管绑扎在钢筋笼上,一般每 1m 绑扎一次。由于泥浆的浮力作用,测斜管的绑扎定位必须牢固可靠,以免浇筑混凝土时,发生上浮或侧向移动。

e. 端口保护:在测斜管上端口,外套钢管或硬质 PVC 管,外套管长度应满足以后浮浆混凝土凿除后管子仍插入混凝土 50cm。

f. 吊装下笼:现在一般一幅地下连续墙钢笼都可全笼起吊,绑扎在钢笼上的测斜管随钢笼一起放入地槽内,待钢笼就位后,在测斜管内注满清水,然后封上测斜管的上口。在钢笼起吊放入地槽过程中要有专人看护,以防测斜管意外受损。如遇钢笼入槽失败,应及时检查测斜管是否破损,必要时须重新安装。

g. 圈梁施工:圈梁施工阶段是测斜管最容易受到损坏的阶段,因此在地下连续墙凿除上部混凝土以及绑扎圈梁钢筋时,必须派专人看护好测斜管,以防被破坏。同时应根据圈梁高度重新调整测斜管管口位置。

h. 最后检验:在圈梁混凝土浇筑前,应对测斜管做一次检验,检验测斜管是否有滑槽和堵管现象、管长是否满足要求。如有堵管现象要做好记录,待圈梁混凝土浇好后及时进行疏通。如有滑槽现象,要判断是否在最后一次接管位置。如果是,要在圈梁混凝土浇筑前及时进行整改。

测斜管埋设形式如图 4.3-7 所示。

②混凝土灌注桩内测斜管安装。基本步骤同上,需注意测斜管接头对接时,槽口要对齐,不能使束节破损,一旦破损必须换掉。接头处要使用胶水,并用螺钉固定连接,胶带密封。钢筋笼放入时,应该在测斜管内注入清水,测斜管的内槽口,一边要垂直于支护边线,并采取措施避免槽口发生扭转。

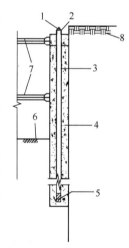

图 4.3-7 支护桩(墙)体水平位移监测点
1—测斜管保护盖;2—钢套管;3—测斜管;4—支护桩(墙)体;5—测斜管底封堵端;6—基坑底部;7—支撑;8—地面

③型钢水泥土复合搅拌桩内测斜管安装。型钢水泥土复合搅拌桩,由多头搅拌桩内插H型钢组成。型钢水泥土复合搅拌桩(SMW工法桩)支护形式的测斜管的安装方法有以下两种,第一种:安装在H型钢上,随型钢一起插入搅拌桩内;第二种:在搅拌桩内钻孔埋设。在此仅介绍第一种方法。

a. 测管连接:将4m(或2m)一节的测斜管用束节逐节连接在一起,接管注意对齐内外槽口。管与管连接时先在测斜管外侧涂上PVC胶水,然后将测斜管插入束节,在束节四个方向用自攻螺钉或铝铆钉固紧束节与测斜管。注意胶水不要涂得过多,以免挤入内槽结硬后引起测斜仪在测试过程中滑槽。自攻螺钉或铝铆钉位置要避开内槽口且不宜过长,以免影响测斜仪在槽内移动。

b. 接头防水:在每个束节接头两端用防水胶布包扎,防止水泥浆从接头中渗入测斜管内。

c. 内槽检验:接管结束后,必须检查测斜管内槽是否扭转。

d. 测管固定:将测斜管靠在H型钢的一个内角,测斜管一对内槽须垂直H型钢翼板,间隔一定距离,在束节处焊接短钢筋把测斜管固定在H型钢上。固定测斜管时要调整一对内槽使其始终垂直于H型钢翼板。

e. 端口保护:因测斜管固定在H型钢内,一般不需在测斜管上端口外套钢管或硬质PVC管,只要在上口用管盖密封即可。

f. 型钢插入:在型钢插入施工过程中要有专人看护,以防测斜管意外受损。如遇测斜管固定不牢在型钢插入过程中上浮,表明安装失败,应重新安装。

g. 圈梁施工:圈梁施工阶段是测斜管最容易受到损坏的阶段,如果保护不当将前功尽弃。因此必须与施工单位协调好,派专人看护好测斜管,以防被破坏。

h. 最后检验:在圈梁混凝土浇筑前,应对测斜管做一次检验,检验测斜管是否有滑槽和堵管现象,管长是否满足要求。如有堵管现象要做好记录,待圈梁混凝土浇好后及时进行疏通。

④水泥土搅拌桩内测斜管安装。水泥土搅拌桩内测斜管采用钻孔法安装,步骤如下。

a. 钻孔孔深大于所测支护结构的深度5~10m,孔径比所选的测斜管大5~10cm。在土质较差地层钻孔时应用泥浆护壁。

b. 接管:钻孔作业的同时,在地表将测斜管用专用束节连接好,并对接缝处进行密封处理。

c. 下管:钻孔结束后马上将测斜管沉入孔中,然后在管内充满清水,以克服浮力。下管时一定要对好槽口。

d. 封孔:测斜管沉放到位后,在测斜管与钻孔空隙内填入细砂或水泥和膨润土拌合的灰浆,其配合比取决于土层的物理力学性能和地质情况。刚埋设完几天内孔内充填物会固结下沉,因此要及时补充保持其高出孔口。

e. 保护:圈梁施工阶段是测斜管最容易受到损坏的阶段,因此必须与施工单位协调好,派专人看护好测斜管,以防被破坏。测斜管管口一般高出圈梁面20cm左右,周围砌设保护井,以免遭受损坏。

(3)作业方法。测斜管应在工程开挖前15~30d埋设完毕,在开挖前的3~5d内复测2~3次。待判明测斜管已处于稳定状态后,取其平均值作为初始值,开始正式测试工作。

每次监测时,将探头导轮对准与所测位移方向一致的槽口,缓缓放至管底,待探头与管内温度基本一致、显示仪读数稳定后开始监测。一般以管口作为确定测点位置的基准点,每次测试时管口基准点必须是同一位置,按探头电缆上的刻度分划,匀速提升。每隔 500mm 读数一次,并做记录。待探头提升至管口处,之后将仪器旋转 180°,再按上述方法测量,以消除测斜仪自身的误差。注意事项如下。

图 4.3-8 支护桩(墙)体水平位移孔埋设实景图

①因测斜仪的探头在管内每隔 0.5m 测读一次,故对测斜管的接口位置要精确计算,避免接口设在探头滑轮停留处。

②测斜管中有一对槽口应自上而下始终垂直于基坑边线,若因施工原因致使槽口转向而不垂直于基坑边线,则须对两对槽口进行测试,然后在同一深度取矢量和。

③测点间距应为 0.5m,以使导轮位置能自始至终重合相连,而不宜取 1.0m 测点间距,导致测试结果偏离。

图 4.3-9 支护桩(墙)体水平位移监测实景图

4.3.4 支护体系内力

1. 监测目的

基坑工程支护体系内力监测包括支撑内力、锚杆拉力、支护墙内力、围檩内力、立柱内力等,力学监测项目的目的是验证设计支护计算受力的正确性,并便于对支护安全状态进行分析。

2. 监测点布设要求

（1）支撑轴力监测点布置。支撑轴力监测断面及监测点布设应符合下列要求。

1）支撑轴力监测宜选择基坑中部、阳角部位、深度变化部位、支护结构受力条件复杂部位及在支撑系统中起控制作用的支撑。

2）支撑轴力监测应沿竖向布设监测断面，每层支撑均应布设监测点。

3）每层支撑的监测数量不宜少于每层支撑数量的10%，且不应少于3根。

4）监测断面的布设位置与相近的支护桩（墙）体水平位移监测点宜共同组成监测断面。

5）采用轴力计监测时，监测点应布设在支撑的端部；采用钢筋计或应变计监测时，可布设在支撑中部或两支点间1/3部位，当支撑长度较大时也可布设在1/4点处，并应避开节点位置。

（2）锚杆、锚索拉力监测点布置。锚杆、锚索拉力监测断面及监测点布设应符合下列规定。

1）锚杆、锚索拉力监测宜选择基坑各边中间部位、阳角部位、深度变化部位、地质条件复杂部位、周边存在高大建（构）筑物部位的锚杆、锚索。

2）锚杆、锚索拉力监测应沿竖向布设监测断面，每层锚杆、锚索均应布设监测点。

3）每层锚杆、锚索的监测数量不应少于3根。

4）每根锚杆、锚索上的监测点宜设置在锚头附近或受力有代表性的位置。

5）监测点的布设位置与支护桩（墙）体水平位移监测点宜共同组成监测断面。

（3）顶板、立柱、侧墙应力监测点布置。顶板、立柱、侧墙应力监测点布置应符合下列规定。

1）应选择具有代表性的受力断面进行应力监测。

2）顶板应力监测点宜布设在立柱（或边桩）与顶板的刚性连接部位，或两根立柱（或边桩与立柱）的跨中部位，并应在纵横两个方向各布设1个监测点。

（4）立柱结构应力监测应选择受力较大的立柱，监测点宜布设在立柱的上下支撑之间的中间部位或立柱下部的1/3部位，可沿立柱外周边均匀布设4个监测点。

3. 监测作业方法

（1）监测方法及仪器选择。通过埋设传感器，用读数仪测读的方法进行监测。

（2）测点布置。

1）支撑内力（轴力）传感器安装。

a. 钢筋混凝土支撑。对钢筋混凝土支撑杆件，主要采用钢筋计监测钢筋的应力，然后通过钢筋与混凝土共同工作、变形协调条件反算支撑的轴力。当监测断面选定后监测传感器应布置在该断面的4个角上或4条边上以便必要时可计算轴力的偏心距，且在求取平均值时更可靠（考虑个别传感器埋设失败或遭施工破坏等情况），当为了使监测投资更为经济或同工程中的监测断面较多，每次监测工作时间有限时也可在个别监测断面上下对称、左右对称或在对角线方向布置两个监测传感器。

钢筋计与受力主筋一般通过连杆电焊的方式连接。因电焊容易产生高温，会对传感器产生不利影响，在实际操作时有两种处理方法：其一，有条件时应先将连杆与受力钢筋碰焊对接（或碰焊），然后再旋上钢筋计；其二，在安装钢筋计的位置上先截下一段不小于传感器长度的主筋，然后将连上连杆的钢筋计焊接在被测主筋上焊上。钢筋计连杆应有足够的长度，以满足规范对搭接焊缝长度的要求。在焊接时，为避免传感器受热损坏，要在传感器上包上湿布并不断浇冷水，直到焊接完毕后钢筋冷却到一定温度为止。在焊接过程中还应不断测试传感器，看看传感器是否处于正常状态。

钢筋计电缆一般为一次成型，不宜在现场加长。如需接长，应在接线完成后检查钢筋计的绝缘电阻和频率初值是否正常。要求电缆接头焊接可靠、稳定且防水性能达到规定的耐水压要求，并应做好钢筋计的编号工作。

b. 钢支撑。对于钢结构支撑杆件，目前较普遍的是采用轴力计（也称反力计）和表面应变计两种形式。轴力计可直接监测支撑轴力，表面应变计则是通过量测到的应变再计算支撑轴力。

轴力计安装：将轴力计圆形钢筒安装架上没有开槽的一端面与支撑固定头断面钢板焊接牢固，电焊时安装架必须与钢支撑中心轴线与安装中心点对齐。待冷却后，把轴力计推入焊好的安装架圆形钢筒内并用圆形钢筒上的4个M10螺钉把轴力计牢固地固定在安装架内，然后把轴力计的电缆妥善地绑在安装架的两翅膀内侧，确保支撑吊装时，轴力计和电缆不会掉下来。起吊前，测量一下轴力计的初频，是否与出厂时的初频相符合（≤±20Hz）。钢支撑吊装到位后，在轴力计与墙体钢板间插入一块250mm×250mm×25mm钢板，防止钢支撑受力后轴力计陷入墙体内，造成测值不准等情况发生。在施加钢支撑预应力前，把轴力计的电缆引至方便正常测量位置，测试轴力计初始频率。在钢支撑施加预应力同时测试轴力计，看其是否正常工作。待钢支撑预应力施加结束后，测试轴力计的轴力，检验轴力计所测轴力与施加在钢支撑上的预顶力是否一致。

表面应变计安装：在钢支撑同一截面两侧分别焊上表面应变计，应变计应与支撑轴线保持平行或在同一平面上。焊接前先将安装杆固定在钢支座上，确定好钢支座的位置，然后将钢支座焊接在钢支撑上。待冷却后将安装杆从钢支座取出，装上应变计。调试好初始频率后将应变计牢固在钢支座。需要注意的是，表面应变计必须在钢支撑施加预顶力之前安装完毕。

2）围檩内力传感器安装。支护系统中围檩有钢筋混凝土围檩和钢围檩之分，钢筋混凝土围檩内力传感器安装同钢筋混凝土支撑，采用钢筋计监测钢筋的应力，然后通过钢筋与混凝土共同工作、变形协调条件反算围檩内力。钢围檩内力传感器安装采用表面应变计，通过监测钢围檩应变，计算钢围檩内力。传感器安装方法同上。

3）立柱内力传感器安装。立柱内力监测主要用于逆作法施工，监测点宜布置在受力较大的立柱上。传感器安装部位宜设置在坑底以上立柱长度的1/3处，每个截面内不应少于4个传感器。

4）支护墙内力传感器安装。支护墙内力监测断面应选在支护结构中出现弯矩极值的部位。在平面上，可选择支护结构位于两支撑的跨中部位、开挖深度较大以及水土压力或地表超载较大的地方。在立面上，可选择支撑处和每层支撑的中间，此处往往发生极大负弯矩和极大正弯矩。若能取得支护结构弯矩设计值，则可参考最不利工况下的最不利截面位置进行钢筋计的布设。支护墙内力测试传感器采用钢筋计，安装方法同钢筋混凝土支撑。当钢筋笼绑扎完毕后，将钢筋计串联焊接到受力主筋的预留位置上，并将导线编号后绑扎在钢筋笼上导出地表，从传感器引出的测量导线应留有足够的长度，中间不宜有接头，在特殊情况下采用接头时，应采取有效的防水措施。钢筋笼下沉前应对所有钢筋计全都测定核查焊接位置及编号无误后方可施工。对于桩内的环形钢筋笼、要保证焊有钢筋计的主筋位于开挖时的最大受力位置，即一对钢筋计的水平连线与基坑边线垂直，并保持下沉过程中不发生扭曲。钢筋笼焊接时，要对测量电缆遮盖湿麻袋进行保护。浇筑混凝土的导管与钢筋计位置应错开以免导管上下时损伤监测传感器和电缆。电缆露出支护结构，应套上钢管，避免日后凿除浮渣时造成损坏。混凝土浇筑完毕后，应立即复测钢筋计，核对编号，并将同立面上的钢筋计导线接在同一块接线板不同编号的接线柱，以便日后监测。

(3) 观测方法。通过埋设传感器，用读数仪测读的方法进行监测。钢弦式传感器测试方法可分为手动和自动两类。目前，工程中常用的为手动测试，即用手持式数显频率仪现场测试传感器频率。具体操作方法为：接通频率仪电源，将频率仪两根测试导线分别接在传感器的导线上，按频率仪测试按钮，频率仪数显窗口会出现数据（传感器频率），反复测试几次，观测数据是否稳定，如果几次测试的数据变化量在1Hz以内，可以认为测试数据稳定，取平均值作为测试值。由于频率仪在测试时会发出很高的脉冲电流，所以在测试时操作者必须使测试接头保持干燥，并使接头处的两根导线相互分开，不要有任何接触，不然会影响测试结果。

图 4.3-10 监测点埋设及测读仪测试实景照片

现场原始记录必须采用专用格式的记录纸，除记录下传感器编号和对应测试频率外，原始记录纸上还要充分反映环境和施工信息。

4.3.5 地下水位

1. 监测目的

基坑工程地下水位监测包含坑内、坑外水位监测。除浅层水位观测外，还需观测深层承压水位。通过坑内水位观测可以检验降水方案的实际效果,如降水速率和降水深度。通过坑外水位观测可以控制基坑工程施工降水对周围地下水位下降的影响范围和程度,防止基坑工程施工中的水土流失。

2. 监测点布设要求

地下水位观测孔布设应符合下列规定。

(1)地下水位观测孔应根据水文地质条件的复杂程度、降水深度、降水的影响范围和周边环境保护要求,在降水区域及影响范围内分别布设地下水位观测孔,观测孔数量应满足对降水区域和影响范围内的地下水位动态进行观测的要求。

(2)当降水深度内存在2个以上含水层时,应分层布设地下水位观测孔观测各层地下水位变化情况。

(3)降水区靠近地表水体时,应在其附近增设地下水位观测孔,观测和分析地表水对地下水的影响。

3. 监测作业方法

(1)监测方法及仪器选择。通过采用埋设地下水位管,采用钢尺水位计观测。

(2)测点埋设方法。

1)水位孔的布设原则。检验降水效果的水位孔布置在降水区内,采用轻型井点管时可布置在总管的两侧,采用深井降水时应布置在两孔深井之间。潜水水位观测管埋设深度不宜小于基坑开挖深度以下3m。微承压水和承压水层水位孔的深度应满足设计要求。

保护周围环境的水位孔应围绕支护结构和被保护对象(如建筑物、地下管线等)或在两者之间进行布置,其深度应在允许最低地下水位之下或根据不同水层的位置而定。潜水水位监测点间距宜为20~50m,微承压水和承压水层水位监测点间距宜为30~60m,每测边监测点至少1个。

2)水位管构造与埋设。水位管选用直径50mm左右的钢管或硬质塑料管,管底加盖密封,防止泥砂进入管中。下部留出0.5~1m的沉淀段(不打孔),用来沉积滤水段带入的少量泥砂。中部管壁周围钻出6~8列直径为6mm左右的滤水孔,纵向孔距50~100mm。相邻两列的孔交错排列,呈梅花状布置。管壁外部包扎过滤层,过滤层可选用土工织物或网纱。上部管口段不打孔,以保证封口质量。

水位孔一般用小型钻机成孔,孔径略大于水位管的直径,孔径过小会导致下管困难,孔径过大会使观测产生一定的滞后效应。成孔至设计标高后,放入裹有滤网的水位管,管壁与孔壁之间用净砂回填过滤头,再用黏土进行封填,以防地表水流入。承压水水位管安装前须摸清承压水层的深度,水位管放入钻孔后,水位管滤头必须在承压水层内。承压水面层以上一定范围内,管壁与孔壁之间采取特别的措施,隔断承压水与上层潜水的连通。

(3)观测方法。

1)测试方法。先用水位计测出水位管

图4.3-11 地下水位观测实景图

内水面距管口的距离，然后用水准测量的方法测出水位管管口绝对高程，最后通过计算得到水位管内水面的绝对高程。

2）注意事项。

①水位管的管口要高出地表并做好防护墩台，加盖保护，以防雨水、地表水和杂物进入管内。水位管处应有醒目标志，避免施工损坏。

②在监测了一段时间后，应对水位孔逐个进行抽水或灌水试验，看其恢复至原来水位所需的时间，以判断其工作的可靠性。

③坑内水位管要注意做好保护措施，防止施工破坏。

④坑内水位监测除水位观测外，还应结合降水效果监测，即对出水量和真空度进行监测。

4.3.6 孔隙水压力

1. 监测目的

该监测项目用于量测基坑工程坑外不同深度土的孔隙水压力。由于饱和土受荷载后首先产生的是孔隙水压力的变化，随后才是颗粒的固结变形，孔隙水压力的变化是土体运动的前兆。

静态孔隙水压力监测相当于水位监测。

潜水层的静态孔隙水压力测出的是孔隙水压力计上方的水头压力，可以通过换算计算出水位高度。在微承压水和承压水层，孔隙水压力计可以直接测出水的压力。

结合土压力监测，可以进行土体有效应力分析，作为土体稳定计算的依据。不同深度孔隙水压力监测可以为支护墙后水、土压力分算提供设计依据。

2. 监测点布设要求

孔隙水压力监测点宜布置在基坑受力变形较大或有代表性的位置，监测点竖向布置宜在水压力变化影响深度范围内按土层分布情况布设，监测点竖向间距一般为2～5m，并不宜少于3个。

3. 监测作业方法

（1）监测方法及仪器选择。采用埋设孔隙水压力，采用数显频率仪测读的方法，仪器才有孔隙水压力计与数显频率仪。

（2）测点埋设方法。

1）孔隙水压力计安装前的准备。将孔隙水压力计前端的透水石和开孔钢管卸下，放入盛水容器中热泡，以快速排除透水石中的气泡，然后浸泡透水石至饱和，安装前透水石应始终浸泡在水中，严禁与空气接触。

2）钻孔埋设。孔隙水压力计钻孔埋设有以下两种方法：一种方法为一孔埋设多个孔隙水压力计，孔隙水压力计间距大于1.0m，以免水压力贯通。此种方法的优点是钻孔数量少，比较适合于提供监测场地不大的工程，缺点是孔隙水压力计之间封孔难度很大，封孔质量直接影响孔隙水压力计埋设质量，成为孔隙水压力计埋设好坏的关键工序，封孔材料一般采用膨润土泥球。埋设顺序为：①钻孔到设计深度；②放入第一个孔隙水压力计，可采用压入法至要求深度；③回填膨润土泥球至第二个孔隙水压力计位置以上0.5m；④

放入第二个孔隙水压力计,并压入至要求深度;⑤回填膨润土泥球;以此反复,直到最后一个。第二种方法采用单孔法即一个钻孔埋设一个孔隙水压力计。该方法的优点是埋设质量容易控制,缺点是钻孔数量多,比较适合于能提供监测场地或对监测点平面要求不高的工程。具体步骤为:①钻孔到设计深度以上0.5～1.0m;②放入孔隙水压力计,采用压入法至要求深度;③回填1m以上膨润土泥球封孔。

气动式孔隙水压力计结构及其在土中埋设如图4.3-12所示。

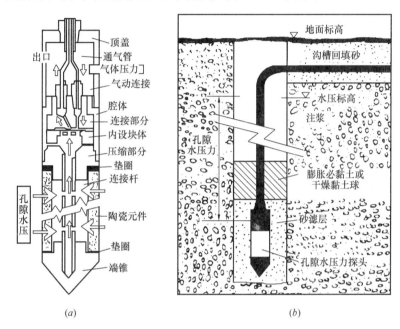

图4.3-12 气动式孔隙水压力计结构及其在土中埋设图

(3) 观测方法。

1) 测试方法。孔隙水压力计测试用数显频率仪测读、记录孔隙水压力计频率。

2) 注意事项。

①孔隙水压力计应按测试量程选择,上限可取静水压力与超孔隙水压力之和的1.2倍。

②采用钻孔法施工时,原则上不得采用泥浆护壁工艺成孔。如因地质条件差不得不采用泥浆护壁时,钻孔完成后需要清孔至泥浆全部清洗为止。然后在孔底填入

图4.3-13 孔隙水压力监测实景

净砂,将孔隙水压力计送至设计标高后,再在周围回填约0.5m高的净砂作为滤层。

③在地层的分界处附近埋设孔隙水压力计时应十分谨慎,滤层不得穿过隔水层,避免上下层水压力的贯通。

④孔隙水压力计在安装过程中,其透水石始终要与空气隔绝。

⑤在安装孔隙水压力计过程中,始终要跟踪监测孔隙水压力计频率,看是否正常,如果频率有异常变化,要及时收回孔隙水压力计,检查导线是否受损。

⑥孔隙水压力计埋设后应量测孔隙水压力初始值,且连续量测一周,取3次测定稳定值的平均值作为初始值。

4.3.7 土体分层沉降及水平位移

1. 监测目的

监测坑内、外土体深层垂直位移,坑内土体深层垂直位移也称为坑内土体回弹或坑底隆起。由于基坑在开挖后上部土体开挖卸载,深层土体应力释放向上隆起,另外,由于基坑内土体开挖后,支护内外的压力差使其底部产生侧向位移,导致靠近支护结构内侧的土体向上隆起,严重时会产生塑性破坏。深大基坑由于卸载多,基坑内外压差大,因而有必要对基坑回弹进行监测。

2. 监测点布设要求

土体分层竖向位移监测孔应布置在有代表性的部位,数量视情况确定,并形成监测剖面,同一监测孔的测点宜沿竖向布置在各土层内,数量与深度应根据具体情况确定,在厚度较大土层中应适当加密。具体布设原则如下。

(1)分层垂直位移监测孔:监测孔应布置在邻近保护对象处,竖向监测点(磁环)宜布置在土层分界面上,在厚度较大土层中部应适当加密,监测孔深度宜大于2.5倍基坑开挖深度,且不应小于基坑支护结构以下5~10m。

(2)坑底回弹监测孔:监测点宜按剖面布置在基坑中部,剖面间距30~50m,数量不少于2条,剖面上监测点间距10~20m,数量不少于3个。

3. 监测作业方法

(1)监测方法及仪器选择。通过埋设磁环,使用分层沉降仪观测。

(2)测点埋设方法。

沉降管与磁环的埋设。

方法一:用钻机在预定孔位上钻孔,孔深由沉降管长度而定,孔径以能恰好放入磁环为佳。然后放入沉降管,沉降管连接时要用内接头或套接式螺纹,使外壳光滑,不影响磁环的上、下移动。在沉降管和孔壁间用膨润土球充填并捣实,至底部第一个磁环的标高再用专用工具将磁环套在沉降管外送至填充的黏土面上,施加一定压力,使磁环上的三个铁爪插入土中,然后再用膨润土球充填并捣实至第二个磁环的标高,按上述方法安装第二个磁环,直至完成整个钻孔中的磁环埋设。

方法二:在沉降管下孔前将磁环按设计距离安装在沉降管上,磁环之间可利用沉降管外接头进行隔离,成孔后将带磁环的沉降管插入孔内。磁环在接头处遇阻后被迫随沉降管送至设计标高。然后将沉降管向上拔起1m,这样可使磁环上、下各1m范围内移动时不受阻,然后用细砂在沉降管和孔壁之间进行填充至管口标高。

埋设形式如图4.3-14所示。

(3)观测方法。

1)测试方法。监测时应先用水准仪测出沉降管的管口高程,然后将分层沉降仪的探头缓缓放入沉降管中。当接收仪发生蜂鸣或指针偏转最大时,就是磁环的位置。捕捉响第一声时测量电缆在管口处的深度尺寸,每个磁环有两次响声,两次响声间的间距十几厘米。这样由上而下地测量到孔底,称为进程测读。当从该沉降管内收回测量电缆时,测头再次通过土层中的磁环,接收系统的蜂鸣器会再次发出蜂鸣声。此时,读出测量电缆在管口处的深度尺寸,如此测量到孔口,称为回程测读。磁环距管口深度取进、回程测读数平均数。

2) 注意事项。

①深层土体垂直位移的初始值应在分层标埋设稳定后进行,一般不少于一周。每次监测分层沉降仪应进行进、回两次测试,两次测试误差值不大于1.0mm,对于同一个工程应固定监测仪器和人员,以保证监测精度。

②管口要做好防护墩台或井盖,盖好盖子,防止沉降管损坏和杂物掉入管内。

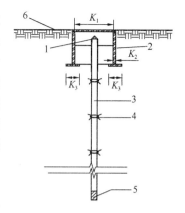

图 4.3-14 土体分层竖向位移监测点
1—分层沉降管保护盖;2—保护井;
3—分层沉降管;4—磁环;5—分层沉降管底封堵端;6—地表;
K_1—保护井盖直径;K_2—保护井井壁厚度;K_3—井底垫圈宽度

4.3.8 土压力

1. 监测目的

基坑工程土压力监测主要用于量测支护结构内、外侧的土压力。结合孔隙水压力监测,可以进行土体有效应力分析,作为土体稳定计算的依据。不同深度土压力监测可以为支护墙后水、土压力分算提供设计依据。

2. 监测点布设要求

支护结构侧向土压力监测点的布置要求如下:

(1) 监测点应布置在受力、土质条件变化较大或有代表性的部位;

(2) 平面布置上基坑每边不宜少于2个测点,在竖向布置上,测点间距宜为2~5m,测点下部宜密;

(3) 当按土层情况布设时,每层应至少布设1个测点,且布置在土层的中部;

(4) 土压力盒布置应紧贴支护结构,宜预设在支护结构迎土面一侧。

3. 监测作业方法

(1) 仪器选择。通过埋设土压力盒,采用数显频率仪读数仪观测。

(2) 测点布置。

1) 钻孔法土压力计(盒)安装。钻孔法是通过钻孔和特制的安装架将土压力计压入土体内。具体步骤如下:①先将土压力盒固定在安装架内;②钻孔到设计深度以上0.5~1.0m;放入带土压力盒的安装架,逐段连接安装架压杆,土压力盒导线通过压杆引到地面。然后,通过压杆将土压力盒压到设计标高;③回填封孔。如图4.3-15所示。

2) 挂布法土压力计(盒)安装。挂布法用于量测土体与支护结构间接触压力。具体步骤如下:①先用帆布制作一幅挂布,在挂布上缝有安放土压力盒的布袋,布袋位置按设计深度确定;②将包住整幅钢筋笼的挂布绑在钢筋笼外侧,并将带有压力囊的土压力盒放入

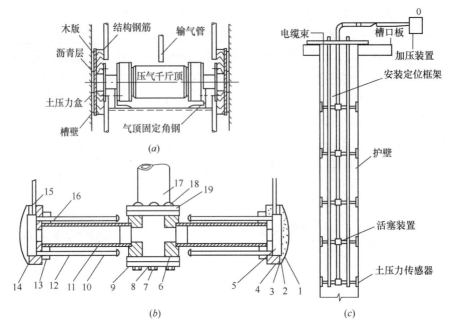

图4.3-15 压入法装置及其就位示意图

(a)气压压入法装置;(b)活塞压入法装置;(c)活塞压入法装置就位示意图
1—标准砂;2—橡皮块;3—细棉纱;4—塑料薄膜;5—传感器;6—接头;7—螺栓;8—垫圈;9—法兰;10—活塞缸;11—活塞;12—限位杆;13—限位板;14—护盒;15—电缆;16—密封圈;17—进水管;18—橡胶垫圈;19—法兰

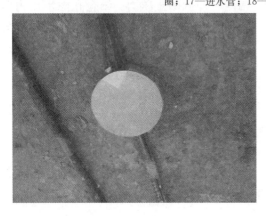

图4.3-16 土压计埋设实景

布袋内,压力囊朝外,导线固定在挂布上通到布顶;③挂布随钢筋笼一起吊入槽(孔)内;④混凝土浇筑时,挂布将受到侧向压力而与土体紧密接触。

3)注意事项。

①压力盒固定在安装架时,压力盒侧向的固定螺钉不能拧得太紧,以免造成压力盒内钢弦松弛。

②压力盒沉放过程中,始终要跟踪监测土压力盒频率,看是否正常,如果频率有异常变化,要及时收回,检查导线是否受损。

③压力盒沉放到位施压前,应检查压力盒是否垂直,压力盒面的方向是否与被测土压力的方向垂直。

④采用挂布法安装时,由于土压力盒挂在钢筋笼外侧,因此在钢笼下槽过程中,要格外小心压力囊经过导墙时受挤压、摩擦而破损漏油。挂布一定要兜住钢笼外侧,防止混凝土浇筑时水泥浆液流到挂布外侧裹住土压力盒。

(3)观测方法。土压力测试用数显频率仪测读、记录土压力计频率即可,连续读取3个数据,取均值作为测值。

4.4 监测频率与周期

4.4.1 监测频率

明挖法监测频率的确定需要考虑基坑设计深度、基坑开挖深度、监测数据变化等情况，结合监测对象和监测项目的特点、地质条件等综合确定，要求监测频率满足监测信息，能够及时、准确、系统地反映监测对象变化规律以及各监测项目或对象之间的内在联系，根据施工开挖状况与基坑设计深度等关系，采取定时监测。对于设计深度较深的基坑，其支护体系设计刚度较大，在基坑开挖较浅时监测频率可比基坑设计深度较浅的频率低。明（盖）挖法基坑工程中施工支护结构、周围岩土体和周边环境的监测频率的一般要求见表4.4-1。

明（盖）挖法基坑工程监测频率　　表4.4-1

施工进程		基坑设计深度(m)				
		≤5	5～10	10～15	15～20	>20
基坑开挖深度(m)	≤5	1次/d	1次/d	1次/2d	1次/3d	1次/3d
	5～10	—	1次/d	1次/d	1次/2d	1次/2d
	10～15	—	—	1次/d	1次/d	1次/2d
	15～20	—	—	—	(1次～2次)/d	(1次～2次)/d
	>20	—	—	—	—	2次/d

基坑开挖前施作支护结构和施工降水过程中，也会对岩土体及环境产生影响，因此该阶段也应进行监测工作，监测频率应根据预测和实际的沉降变形情况确定。

基坑开挖过程中监测频率总体要求是基坑设计深度越大、开挖越深、地质条件和周边环境条件越复杂，监测频率越高。支护结构、周围岩土体和周边环境在正常条件下可以采用相同的监测频率，当监测对象的监测数据变化较快，也应提高监测频率。

基坑主体结构施作过程中，当拆除内支撑时，支护结构受力将发生变化，会给支护结构的稳定带来风险，可根据基坑实际深度和监测对象的变形情况适当提高监测频率。

根据明挖工程特点，底板浇筑后，且基底相对稳定后可根据监测情况适当降低监测频率，支护结构的支撑拆除期间增大监测频率。

监测数据超出一定的范围或监测数据速率变化较大反映出工程结构受力状态或周边岩土体的异常变化，可能出现工程风险；揭露出勘察时未发现的不良地质条件如特殊砂层、溶洞、厚填土等可能影响支护结构稳定的；工程施工未按设计要求及时支护对基坑受力平衡影响较大，严重时会引起结构失稳；异常的暴雨或长时间连续降雨会引起基坑周边岩土体含水量增加，对基坑受力带来影响；周边其他工程扰动也会引起基坑变形受力变化，影响稳定。因此，在特殊情况下，应适当提高现场监测或巡查频率。

4.4.2 监测周期

明挖基坑工程施工监测周期需要覆盖整个工程影响期及工后一定周期，以便取得工程施工中工程结构的监测数据来指导施工，同时，在工后一定时间内对岩土体及周边环境应进行稳定性监测以评价工程的后续影响。明挖基坑工程降水、支护结构施工等对周边环境会带来影响，引起周边环境的沉降、位移，尤其在软土地区较为明显，因此，明挖基坑监测工作应从降水前或支护结构施工前开始取得初始值，支护结构监测项目在结构施工完成，无监测条件后停止，环境对象监测项目在稳定后停止监测，对既有铁路、城市轨道交通、城市道路、水利设施等的监测周期政府或产权单位有明确规定要求的，应按要求周期监测。

4.5 现场巡查与视频监控

4.5.1 现场巡查

1. 巡查目的

基坑工程现场巡查是与现场监测同样重要的一项工作，现场巡查的目的主要如下：

（1）直观查看基坑工程施工进度情况、施工开挖范围地质情况、施工结构质量及稳定情况、周边环境异常变化等信息，然后进行工程安全风险分析。

（2）作为现场监测工作的一项重要补充，可对监测点未覆盖的区域进行查看，保证监测覆盖全面，并根据巡查情况调整监测工作。

2. 巡查内容

（1）施工工况

1）开挖长度、分层高度及坡度，开挖面暴露时间；

2）开挖面岩土体的类型、特征、自稳性，渗漏水量大小及发展情况；

3）降水或回灌等地下水控制效果及设施运转情况；

4）基坑侧壁及周边地表截、排水措施及效果，坑边或基底积水情况；

5）支护桩（墙）后土体裂缝、沉陷，基坑侧壁或基底的涌土、流砂、管涌情况；

6）基坑周边的超载情况；

7）放坡开挖的基坑边坡位移、坡面开裂情况。

（2）支护结构

1）支护桩（墙）的裂缝、侵限情况；

2）冠梁、围檩的连续性，围檩与桩（墙）之间的密贴性，围檩与支撑的防坠落措施；

3）冠梁、围檩、支撑的变形或裂缝情况；

4）支撑架设情况；

5）盖挖法顶板的变形和开裂，顶板与立柱、墙体的连接情况；

6）锚杆、土钉垫板的变形、松动情况；

7）止水帷幕的开裂、渗漏水情况。

(3) 周边环境

1) 建（构）筑物、桥梁墩台或梁体、既有轨道交通结构等的裂缝位置、数量和宽度，混凝土剥落位置、大小和数量，设施的使用状况；

2) 地下构筑物积水及渗水情况，地下管线的漏水、漏气情况；

3) 周边路面或地表的裂缝、沉陷、隆起、冒浆的位置、范围等情况；

4) 河流湖泊的水位变化情况，水面出现漩涡、气泡及其位置、范围，堤坡裂缝宽度、深度、数量及发展趋势等；

5) 工程周边开挖、堆载、打桩等可能影响工程安全的生产活动。

(4) 基准点、监测点、监测元器件的完好状况、保护情况应定期巡视检查。

3. 巡查方法

在基坑开挖施工前，应对工点进行现场踏勘，了解工点周边的实际工况。同时，与周边环境风险工程产权单位联系，并听取产权单位、建设单位、设计单位等的意见、要求，并记录在案。

根据工点的土建施工计划以及相关产权单位的要求，综合考虑施工影响和环境因素等情况，然后确定巡查范围，编制巡查方案。按照监测人员组织方案的要求配备现场安全巡查员，对担任巡查工作的人员进行方案交底，并配备巡查所需的器具设备。交底内容主要包括以下5点。

(1) 现场巡查的目的；

(2) 现场巡查的内容、频率及需加密巡查频率的情况；

(3) 现场巡查的方法和手段；

(4) 巡查预警标准；

(5) 相关的工程设计图纸、施工筹划与监测方案。

巡查需配备的器具设备包括：游标卡尺、裂缝读数显微镜、钢卷尺、锤、钎、放大镜、手电筒、照相机等。

施工过程中要根据工程进度和巡查计划及时进行现场巡查，现场记录影像资料，填写巡查记录，如发现异常或危险情况，应及时通知各相关单位。

4.5.2 视频监控

明（盖）挖法基坑工程的岩土体开挖面、支护结构、周边环境等部位需开展视频监控

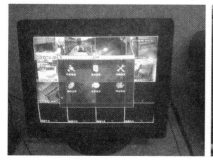 

图 4.5-1 视频监控照片

工作。根据明（盖）挖法基坑工程风险情况和视频监控工作的特点，工程监测过程中视频监控重点关注内容主要包括：①地层变化情况；②是否发现不明管线；③是否有渗水；④支撑架设及时性；⑤横支撑是否施加预应力；⑥锚杆（索）施工；⑦桩间挂网及分层喷射混凝土情况；⑧注浆情况；⑨基坑周边堆载及作业车辆往来情况；⑩开挖面劳力组织和专职安全员到位情况；⑪当前施工是否规范；⑫现场风险处置情况等。

4.6 控制指标

城市轨道交通工程支护结构及周围岩土体监测项目控制值与地质条件、工程规模、周边环境条件等有密切关系，同时控制值对工程的工期、造价等都有较大影响。监测项目控制值的确定需遵循安全与经济相统一，与当前的设计、施工和管理水平相适应，支护结构和周边环境安全有效控制，关键项目严格控制，按地质条件分类控制以及相关规范、地方经验与实测统计结果相协调等原则。因此，合理确定工程施工过程中支护结构及周围岩土体监测项目控制值是一个复杂的过程。

研究收集了有关城市轨道交通工程监测控制指标的规范、规程和工程标准53部，北京、上海、广州等14个轨道交通建设城市25条线路、158个工点的设计文件及第三方监测资料。

研究结果表明，监测项目的监测数据变化量除与基坑、隧道工程的各项设计参数、工法相关外，还与基坑、隧道所处场区的岩土体特性、类型等因素密切相关。我国幅员辽阔，各地的大地构造、地形地貌、水文气象等基础地质条件不同、地质现象众多，导致我国城市轨道交通工程的地质条件具有明显的地域性、复杂性、差异性、变异性、不确定性等特点。复杂性是指地层的成因（构造、水文气象、母岩成分）复杂，地层岩性种类多，力学性质变化大，不良地质作用、特殊性岩土发育；差异性是指地层岩性的差异、力学性质的差异、同一地区的差异；变异性是指地层力学性质的变异性；不确定性是指上层滞水、漂石、球状风化等分布的不确定。这些地质因素导致了相同监测项目实测结果的差异性。

根据这一特征，将所收集工点的地层条件按坚硬～中硬土和中软～软弱土两类，分别统计、分析不同监测项目的实测结果。土的分类参照了国家现行标准《建筑抗震设计规范》（GB 50011—2010）的工程场地土类型划分标准（表4.6-1）。

土的类型划分和剪切波速范围　　　　　　　　　　　　　　表4.6-1

土的类型	岩石名称和性状	土层剪切波速范围（m/s）
岩石	坚硬、较硬且完整的岩石	$V_s>800$
坚硬土或软质岩石	破碎和较破碎的岩石或软和较软的岩石，密实的碎石土	$800 \geqslant V_s>500$
中硬土	中密、稍密的碎石土，密实、中密的砾、粗、中砂，$f_{ak}>150$ 的黏性土和粉土，坚硬黄土	$500 \geqslant V_s>250$
中软土	稍密的砾、粗、中砂，除松散外的细、粉砂，$f_{ak} \leqslant 150$ 的黏性土和粉土，$f_{ak}>130$ 的填土，可塑新黄土	$250 \geqslant V_s>150$
软弱土	淤泥和淤泥质土，松散的砂，新近沉积的黏性土和粉土，$f_{ak} \leqslant 130$ 的填土，流塑黄土	$V_s \leqslant 150$

注：f_{ak} 为由载荷试验等方法得到的地基承载力特征值（kPa）；V_s 为岩土剪切波速。

专题研究共收集和统计分析了北京、上海、广州等14个轨道交通建设城市的明（盖）挖法基坑工程实测资料，包括25条线路的87个工点。监测项目主要包括基坑工程的地表沉降、支护桩（墙）顶水平和竖向位移、支护桩（墙）体水平位移，统计内容为每个工点不同监测项目监测点在整个监测期内的实测最终变形值，以及各监测项目主要监测点中实测最终变形值的最大值、最小值和平均值。

(1) 支护桩（墙）顶竖向位移。

1) 相关规范的规定。

国家现行标准《建筑基坑工程监测技术规范》（GB 50497—2009）规定的桩（墙）顶竖向位移控制值为10～40mm，北京市地方标准《地铁工程监控量测技术规程》DB11/490规定的控制值为10mm。

2) 实测统计结果。

收集的29个工点支护桩（墙）顶竖向位移监测资料中，多为中软～软弱土地区的基坑工程，对29个工点的支护桩（墙）顶竖向位移监测统计结果见图4.6-1。

竖向位移在29个工点中，监测点全部沉降的有8个工点，平均沉降量—11.8mm，其中最大沉降量—43.3mm、最小沉降量—0.6mm；监测点全部隆起的有13个工点，平均隆起量10.3mm，其中最大隆起量15.8mm，最小隆起量2.9mm；监测点中既有隆起又有沉降的有8个工点，最大沉降量—11.2mm，最大隆起量25.1mm。

从图4.6-1（a）中可以看出，29个工点的303个监测点中，监测点隆起占监测点总数的53.1%，监测点沉降占监测点总数的46.9%。监测点的竖向位移实测数值在—30～+20mm（—表示沉降，+表示隆起）的数量约占监测点总数的93.1%。

从图4.6-1（b）中可以看出，29个工点中桩（墙）顶最大隆起约为0.14%H，最大沉降约为0.18%H。

根据统计结果，桩（墙）顶竖向位移最大变化速率的最大值为4.8mm/d，大部分工程监测点最大变化速率在2mm/d以内。

根据统计结果，桩（墙）顶的竖向位移应按沉降和隆起分别控制。支护桩（墙）顶沉降按—30mm、0.3%H进行控制，隆起按+20mm进行控制，变化速率按4mm/d进行控制，对绝大多数工程都能够满足安全控制的要求。

根据监测项目控制值的确定原则和上述统计结果，并结合相关规范的规定，针对不同工程监测等级的安全控制要求，推荐的支护桩（墙）顶沉降控制值为：一级基坑累计值10～25mm，相对基坑深度（H）值（0.1%～0.15%）H，变化速率2～3mm/d；二级、三级基坑累计值20～30mm，相对基坑深度（H）值（0.15%～0.3%）H，变化速率3～4mm/d。各等级基坑隆起控制值均为20mm。

(2) 支护桩（墙）顶水平位移。

1) 相关规范的规定。

国家现行标准《建筑基坑工程监测技术规范》（GB 50497—2009）规定的桩（墙）顶水平位移控制值为25～70mm，上海市地方标准《基坑工程施工监测规程》DG/TJ08规定的控制值为25～60mm。

2) 实测统计结果。

对73个工点的支护桩（墙）顶水平位移监测统计结果见图4.6-2。统计结果显示，无

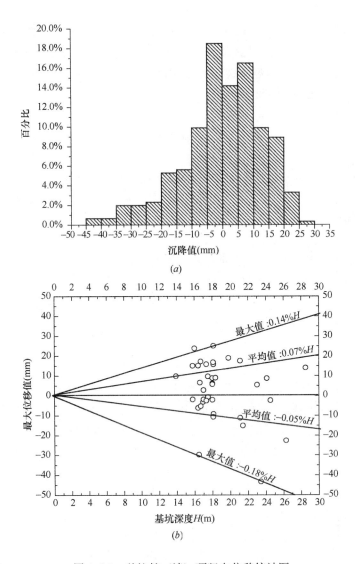

图 4.6-1 基坑桩（墙）顶竖向位移统计图
(a) 29 个工点 303 个监测点的最终竖向位移分布频率直方图；
(b) 29 个工点最大竖向位移与基坑深度的关系

论坚硬～中硬土地区还是中软～软弱土地区的支护桩（墙）顶均出现向基坑内、外的水平位移，其位移量不是很大且位移量的大小与基坑深度没有明显的关系。

从图 4.6-2 中可以看出，坚硬～中硬土地区 49 个工点的 592 个监测点中实测数值分布在 -15～$+35$mm（一表示向基坑外的水平位移，+表示向基坑内的水平位移）的监测点数量约占监测点总数的 98.2%，中软～软弱土地区 24 个工点的 311 个监测点中实测数值分布在 -15～$+40$mm 的监测点数量约占监测点总数的 93.9%。

根据统计结果，桩（墙）顶水平位移最大变化速率的最大值为 4.4mm/d，大部分工程监测点最大变化速率在 2mm/d 以内。

无论坚硬～中硬土地区还是中软～软弱土地区的桩（墙）顶向基坑内的水平位移按+40mm 进行控制，变化速率按 4mm/d 进行控制，对绝大多数工程都能够满足安全控制的要求。

从图 4.6-2（a）中可以看出，基坑支护桩（墙）顶存在向基坑外水平位移的现象，但由于向基坑外的水平位移原因复杂，控制值的确定应结合支护结构形式、支撑轴力的大小和岩土条件。

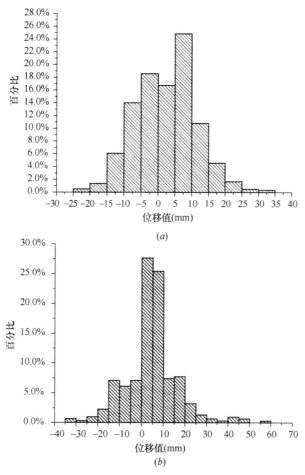

图 4.6-2　73 个工点基坑桩（墙）顶最终水平位移分布频率直方图
(a) 49 个工点 592 个监测点（坚硬土～中硬土地区）
(b) 24 个工点 311 个测点监（中软～软弱土地区）

根据监测项目控制值的确定原则和上述统计结果，并结合相关规范的规定，针对不同工程监测等级的安全控制要求，推荐的支护桩（墙）顶水平位移控制值为：一级基坑累计值 15～25mm，相对基坑深度（H）值（0.1%～0.15%）H，变化速率 2～3mm/d；二级基坑累计值 20～30mm，相对基坑深度（H）值（0.15%～0.3%）H，变化速率 3～4mm/d；三级基坑累计值 20～40mm，相对基坑深度（H）值（0.2%～0.4%）H，变化速率 3～4mm/d。

当需对基坑桩（墙）顶向基坑外的水平位移进行控制时，建议控制值为 15mm。

（3）支护桩（墙）体水平位移。

1）相关规范的规定。

国家现行标准《建筑基坑工程监测技术规范》(GB 50497—2009)规定的桩(墙)体水平位移控制值:地下连续墙为40~90mm,灌注桩为45~80mm;北京市地方标准《地铁工程监控量测技术规程》DB11/490规定的控制值为30~50mm;上海市地方标准《基坑工程施工监测规程》DG/TJ08规定的控制值为45~80mm;广东省地方标准《广州地区建筑基坑支护技术规定》98-02规定的控制值为30~150mm。

2)实测统计结果。

对76个工点的支护桩(墙)体水平位移监测统计结果见图4.6-3,74个工点的桩(墙)最大水平位移与基坑深度H的关系见图4.6-4。

从图4.6-3(a)中可以看出,坚硬~中硬土地区的基坑支护桩(墙)体存在向基坑内、外的水平位移,47个工点454个监测点的支护桩(墙)体水平位移值在−15~+40mm(−表示向基坑外的水平位移,+表示向基坑内的水平位移)的监测点数量约占监测点总数的89.4%。从图4.6-4(a)中可以看出,45个工点的最大桩(墙)体水平位移的平均值约为0.11%H,最大值约为0.22%H。

根据统计结果,坚硬土~中硬土地区桩(墙)体水平位移的最大变化速率多在2~3mm/d,变化速率最大值为3.4mm/d。

坚硬~中硬土地区支护桩(墙)体向基坑内的水平位移按+40mm、0.20%H进行控制,变化速率按5mm/d进行控制,对绝大多数工程都能够满足安全控制的要求。

从图4.6-3(a)中可以看出,坚硬~中硬土地区基坑支护桩(墙)体存在向基坑外水平位移的现象,但位移量相对较小。由于向基坑外的水平位移原因复杂,控制值的确定应结合支护结构形式、支撑轴力的大小和岩土条件。

从图4.6-3(b)中可以看出,中软~软弱土地区的基坑支护桩(墙)体水平位移分布频率直方图与坚硬~中硬土地区相比具有明显差异,主要表现为向基坑内的水平位移,且位移量比坚硬~中硬土地区的位移量相对较大。29个工点282个监测点的支护桩(墙)体水平位移值在0~+70mm的监测点数量约占监测点总数的76.2%。从图4.6-4(b)中可以看出,29个工点的最大桩(墙)水平位移变化范围约为(0.07%~0.73%)H,平均值约为0.32%H。

根据统计结果,中软~软弱土地区桩(墙)体水平位移的最大变化速率多在5mm/d以内,变化速率最大值为8.6mm/d。

中软~软弱土地区支护桩(墙)体向基坑内的水平位移按+70mm、0.70%H进行控制,变化速率按6mm/d进行控制,大多数工程都能够满足安全控制的要求。

城市轨道交通基坑工程一般深、大且周边环境复杂,对支护桩(墙)体的变形要求严格。根据监测项目控制值的确定原则和上述统计结果,并结合相关规范的规定,针对不同工程监测等级的安全控制要求如下。

推荐的坚硬~中硬土地区支护桩(墙)体水平位移控制值为:一级基坑累计值20~30mm,相对基坑深度(H)值(0.15%~0.2%)H,变化速率2~3mm/d;二级基坑累计值30~40mm,相对基坑深度(H)值(0.2%~0.4%)H,变化速率3~4mm/d,三级基坑累计值30~40mm,相对基坑深度(H)值(0.2%~0.4%)H,变化速率4~5mm/d。

当需对坚硬~中硬土地区基坑桩(墙)体向基坑外的水平位移进行控制时,建议控制值为15mm。

推荐的中软~软弱土地区支护桩（墙）体水平位移控制值为：一级基坑累计值30~50mm，相对基坑深度（H）值（0.2%~0.3%）H，变化速率2~4mm/d；二级基坑累计值40~60mm，相对基坑深度（H）值（0.3%~0.5%）H，变化速率3~5mm/d，三级基坑累计值50~70mm，相对基坑深度（H）值（0.5%~0.7%）H，变化速率4~6mm/d。

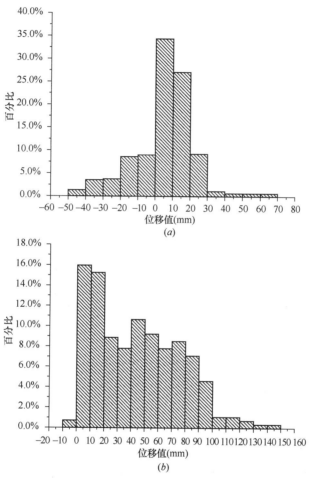

图4.6-3 76个工点基坑桩（墙）体最终水平位移分布频率直方图
(a) 47个工点454个监测点（坚硬土~中硬土地区）；
(b) 29个工点282个监测点（中软~软弱土地区）

（4）地表沉降。

1）相关规范的规定。

国家现行标准《建筑基坑工程监测技术规范》（GB 50497—2009）规定的地表沉降控制值为25~65mm；北京市地方标准《地铁工程监控量测技术规程》DB11/490规定的控制值为30~50mm；上海市地方标准《基坑工程施工监测规程》DG/TJ08规定的控制值为25~60mm；广东省地方标准《广州地区建筑基坑支护技术规定》98-02规定的控制值为20~40mm。

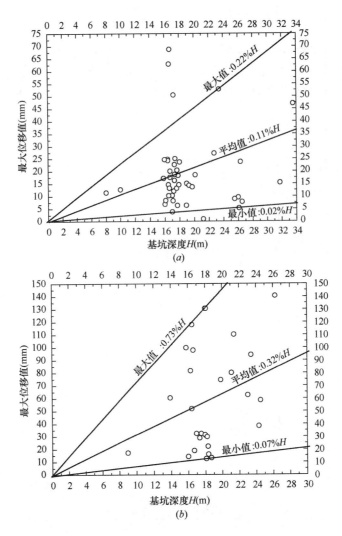

图 4.6-4 74个工点最大桩（墙）水平位移与基坑深度的关系
(a) 45个工点（坚硬～中硬土地区）；(b) 29个工点（中软～软弱土地区）

2）实测统计结果。

基坑工程地表沉降主要统计沉降变形较大的与基坑边缘最近的两排监测点，对67个工点的地表沉降监测统计结果见图4.6-5，61个工点的最大地表沉降与基坑深度H的关系见图4.6-6。

从图4.6-5（a）中可以看出，坚硬～中硬土地区基坑周边地表同时出现沉降和隆起现象，36个工点912个监测点的地表沉降值分布在$-40\sim+20$mm（一表示沉降，+表示隆起）的监测点数量约占监测点总数的97.0%。从图4.6-6（a）中可以看出，32个工点的实测结果表明最大地表隆起约为$0.11\%H$；最大地表沉降的平均值约为$0.09\%H$，最大地表沉降值约为$0.18\%H$。

根据统计结果，坚硬～中硬土地区地表沉降的最大变化速率多在$2\sim3$mm/d，变化速率最大值为4.4mm/d。

坚硬～中硬土地区地表沉降按-40mm和$0.20\%H$进行控制，变化速率按4mm/d进

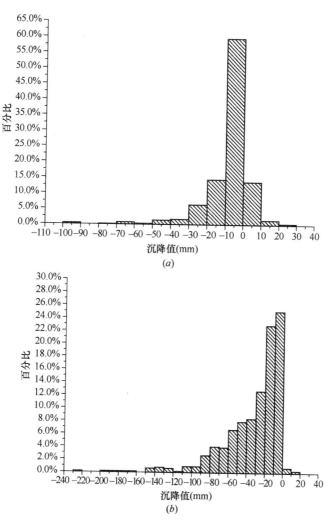

图 4.6-5 67 个工点最终地表沉降分布频率直方图
(a) 36 个工点 912 个监测点 (坚硬土～中硬土地区);
(b) 31 个工点 646 个测点监 (中软～软弱土地区)

行控制,绝大多数工程都能够满足安全控制的要求。

从图 4.6-5 (b) 中可以看出,中软～软弱土地区的基坑周边地表变形分布频率直方图与坚硬～中硬土地区相比具有明显差异,主要表现为沉降,且沉降量比坚硬～中硬土地区的沉降量相对较大。31 个工点 646 个监测点的地表沉降实测数值在-60～0mm 的监测点数量约占监测点总数的 83.6%。从图 4.6-6 (b) 中可以看出,31 个工点的最大地表沉降变化范围约为 (0.07%～0.83%)H,平均值约为 0.33%H。

根据统计结果,中软～软弱土地区地表沉降的最大变化速率多在 2～3mm/d,变化速率最大值为 7.6mm/d。

中软～软弱土地区地表沉降按-60mm 和 0.60%H 进行控制,变化速率按 6mm/d 进行控制,绝大多数工程都能够满足安全控制的要求。

根据监测项目控制值的确定原则和上述统计结果,并结合相关规范的规定,针对不同工程监测等级的安全控制要求，推荐的坚硬～中硬土地区地表沉降控制值为：一级基坑累计值20～30mm，相对基坑深度（H）值（0.15%～0.2%）H，变化速率2～4mm/d；二级基坑累计值25～35mm，相对基坑深度（H）值（0.2%～0.3%）H，变化速率2～4mm/d；三级基坑累计值30～40mm，相对基坑深度（H）值（0.3%～0.4%）H，变化速率2～4mm/d。

当需对坚硬～中硬土地区基坑周边地表隆起进行控制时，建议控制值为20mm。

推荐的中软～软弱土地区地表沉降控制值为：一级基坑累计值20～40mm，相对基坑深度（H）值（0.2%～0.3%）H，变化速率2～4mm/d；二级基坑累计值30～50mm，相对基坑深度（H）值（0.3%～0.5%）H，变化速率3～5mm/d；三级基坑累计值40～60mm，相对基坑深度（H）值（0.4%～0.6%）H，变化速率4～6mm/d。

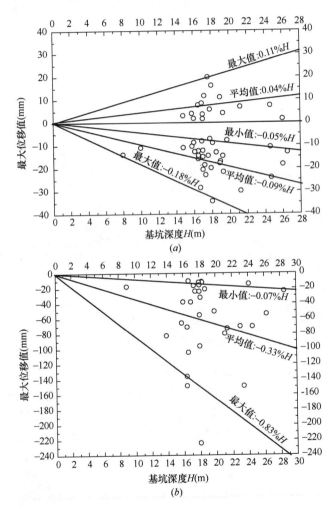

图 4.6-6　61个工点最大地表沉降与基坑深度的关系

（a）32个工点（坚硬～中硬土地区）；（b）31个工点（中软～软弱土地区）

（5）立柱竖向位移。

国家现行标准《建筑基坑工程监测技术规范》（GB 50497—2009）规定的基坑立柱竖

向位移监测报警值见表 4.6-2。

立柱竖向位移监测报警值 表 4.6-2

监测项目	基 坑 类 别					
	一级		二级		三级	
	累计值绝对值 (mm)	变化速率 (mm/d)	累计值绝对值 (mm)	变化速率 (mm/d)	累计值绝对值 (mm)	变化速率 (mm/d)
立柱竖向位移	25~35	2~3	35~45	4~6	55~65	8~10

《基坑工程手册》(2009)规定立柱桩差异隆沉：基坑开挖中引起的立柱桩隆起或沉降不得超过10mm，每天发展不超过2mm。

(6) 支护结构力学监测控制指标。

国家现行标准《建筑基坑工程监测技术规范》(GB 50497—2009)规定的力学报警值见表 4.6-3。

工程支护结构力学报警值 表 4.6-3

监测项目	基 坑 类 别		
	一级	二级	三级
土压力	$(60\%\sim70\%)f_1$	$(70\%\sim80\%)f_1$	$(70\%\sim80\%)f_1$
孔隙水压力			
支撑内力	$(60\%\sim70\%)f_2$	$(70\%\sim80\%)f_2$	$(70\%\sim80\%)f_2$
支护墙内力			
立柱内力			
锚杆内力			

注：f_1——荷载设计值；f_2——构件承载能力设计值。

《基坑工程手册》(2009)指出随着地下工程经验的积累和增多，各地区的工程管理部门陆续以地区规范、规程等形式对地下工程的稳定判别标准作出了相应的规定。如 1996 年侯学渊提出了软土地区变形控制标准，见表 4.6-4。

软土地区变形控制标准（侯学渊等，1996） 表 4.6-4

量测项目	安全或危险的判别内容	安全性判别			
		判别标准	危险	注意	安全
侧压力（水、土压力）	设计时应用的侧压力	F_1=设计用侧压力/实测侧压力（或预压力）	$F_1\leqslant 0.8$	$0.8\leqslant F_1\leqslant 1.2$	$F_1>1.2$
墙体变位	墙体变位与开挖深度之比	F_2=实测（或预测）变位/开挖深度	$F_2>1.2\%$ $F_2>0.7\%$	$0.4\%\leqslant F_2\leqslant 1.2\%$ $0.2\%\leqslant F_2\leqslant 0.7\%$	$F_2<0.4\%$ $F_2<0.2\%$
墙体应力	钢筋拉应力	F_3=钢筋抗拉强度/实测（或预测）拉应力	$F_3<0.8$	$0.8\leqslant F_3\leqslant 1.0$	$F_3>1.0$
	墙体弯矩	F_4=墙体允许弯矩/实测（或预测）弯矩	$F_4<0.8$	$0.8\leqslant F_4\leqslant 1.0$	$F_4>1.0$

续表

量测项目	安全或危险的判别内容	安全性判别			
		判别标准	危险	注意	安全
支撑轴力	容许轴力	F_5=容许轴力/实测（或预测）轴力	$F_5<0.8$	$0.8 \leqslant F_5 \leqslant 1.0$	$F_5>1.0$
基底隆起	隆起量与开挖深度之比	F_6=实测（或预测）隆起值/开挖深度	$F_6>1.0\%$ $F_6>0.5\%$ $F_6>0.2\%$	$0.4\% \leqslant F_6 \leqslant 1.0\%$ $0.2\% \leqslant F_6 \leqslant 0.5\%$ $0.04\% \leqslant F_6 \leqslant 0.2\%$	$F_6<0.4\%$ $F_6<0.2\%$ $F_6<0.04\%$
地表沉降	沉降量与开挖深度之比	F_7=实测（或预测）沉降值/开挖深度	$F_7>1.2\%$ $F_7>0.7\%$ $F_7>0.2\%$	$0.4\% \leqslant F_7 \leqslant 1.0\%$ $0.2\% \leqslant F_7 \leqslant 0.7\%$ $0.04\% \leqslant F_7 \leqslant 0.2\%$	$F_7<0.4\%$ $F_7<0.2\%$ $F_7<0.04\%$

支护结构弯矩及轴力：根据设计计算书确定，一般将警戒值定在80%的设计允许最大值内。

（7）竖井井壁支护结构净空收敛。

北京市地方标准《地铁工程监控量测技术规程》DB 11/490规定的竖井井壁支护结构净空收敛控制值见表4.6-5。

明（盖）挖法施工围（支）护结构监控量测值控制指标 表4.6-5

监测项目及范围	允许位移控制值 U_0（mm）	位移平均速率控制值（mm/d）	位移最大速率控制值（mm/d）
竖井水平收敛	50	2	5

注：位移平均速率为任意7d的位移平均值；位移最大速率为任意1d的最大位移值。

综合各类技术规范的规定和实测数据统计分析结果，确定了基坑工程不同监测项目的控制值，其中地表沉降和支护桩（墙）体水平位移可根据工程场地土类型的不同，分别给出监测项目控制值。由于监测等级为三级的基坑工程案例和实测数据较少，其监测项目控制值主要参照二级基坑工程确定，并进行了适当调整。

城市轨道交通工程中支护结构采用土钉墙、型钢水泥土墙的基坑工程较少，实测数据也较少，专题研究未收集到相应的案例和实测数据，其监测项目控制值的确定结合了《建筑基坑工程监测技术规范》（GB 50497—2009）等的相关规定。

根据基坑工程支撑构件、锚杆等的受力特点和设计要求，其监测项目控制值按最大值和最小值分别进行控制。支撑轴力、锚杆拉力实测值处于控制值的最大值和最小值之间才能保证其功能的正常发挥和工程结构整体的安全。研究结果建议选取构件承载能力设计值以及支撑构件、锚杆预应力设计值的百分比作为监测项目控制值。

综上所述，《城市轨道交通工程监测技术规范》（GB 50911—2013）规定明（盖）挖法基坑支护结构和周围岩土体的监测项目控制值应根据工程地质条件、基坑设计参数、工程监测等级及当地工程经验等确定，当无地方经验时，可按表4.6-6和表4.6-7确定。

明（盖）挖法基坑支护结构和周围岩土体监测项目控制值　　　表 4.6-6

监测项目	支护结构类型、岩土类型		工程监测等级一级			工程监测等级二级			工程监测等级三级		
			累计值（mm）		变化速率（mm/d）	累计值（mm）		变化速率（mm/d）	累计值（mm）		变化速率（mm/d）
			绝对值	相对基坑深度（H）值		绝对值	相对基坑深度（H）值		绝对值	相对基坑深度（H）值	
支护桩（墙）顶竖向位移	土钉墙、型钢水泥土墙		—			—			30～40	0.5%～0.6%	4～5
	灌注桩、地下连续墙		10～25	0.1%～0.15%	2～3	20～30	0.15%～0.3%	3～4	20～30	0.15%～0.3%	3～4
支护桩（墙）顶水平位移	土钉墙、型钢水泥土墙		—			—			30～60	0.6%～0.8%	5～6
	灌注桩、地下连续墙		15～25	0.1%～0.15%	2～3	20～30	0.15%～0.3%	3～4	20～40	0.2%～0.4%	3～4
支护桩（墙）体水平位移	型钢水泥土墙	坚硬～中硬土	—			—			40～50	0.4%	6
		中软～软弱土							50～70	0.7%	
	灌注桩、地下连续墙	坚硬～中硬土	20～30	0.15%～0.2%	2～3	30～40	0.2%～0.4%	3～4	30～40	0.2%～0.4%	4～5
		中软～软弱土	30～50	0.2%～0.3%	2～4	40～60	0.3%～0.5%	3～5	50～70	0.5%～0.7%	4～6
地表沉降	坚硬～中硬土		20～30	0.15%～0.2%	2～3	25～35	0.2%～0.4%	2～4	30～40	0.3%～0.4%	2～4
	中软～软弱土		20～40	0.2%～0.3%	2～4	30～50	0.3%～0.5%	3～5	40～60	0.4%～0.6%	4～6
立柱结构竖向位移			10～20	—	2～3	10～20		2～3	10～20	—	2～3
支护墙结构应力			（60%～70%）f			（70%～80%）f			（70%～80%）f		
立柱结构应力											
支撑轴力			最大值：（60%～70%）f 最小值：（80%～100%）f_y			最大值：（70%～80%）f 最小值：（80%～100%）f_y			最大值：（70%～80%）f 最小值：（80%～100%）f_y		
锚杆拉力											

注：1. H——基坑设计深度，f——构件的承载能力设计值，f_y——支撑、锚杆的预应力设计值；
　　2. 累计值宜按表中绝对值和相对基坑深度（H）值两者中的小值取用；
　　3. 支护桩（墙）顶隆起控制值为 20mm；
　　4. 嵌岩的灌注桩或地下连续墙控制值宜按表中数值的 50% 取用。

竖井井壁支护结构净空收敛监测项目控制值　　　表 4.6-7

监测项目	累计值（mm）	变化速率（mm/d）
竖井井壁支护结构净空收敛	30	2

第5章 盾构法隧道工程监测

5.1 概述

5.1.1 盾构法工程特点

地下隧道施工可采用明挖法、矿山和盾构暗挖法施工，盾构法施工因其具有的自动化程度高、能够适用于各种复杂的工程地质和水文地质条件、节省人力、施工速度快、一次成洞、不受气候影响、开挖时可有效控制地面沉降、减少对地面建筑物的影响等特点，广泛应用于城市轨道交通工程建设中。

轨道交通线路穿越地层的地质条件千变万化，岩土介质的物理力学性质也异常复杂，采用盾构法施工需根据穿越地层性质选择适宜的盾构机机型，并对盾构机的刀片形式、数量、开口率、盾构施工过程中的刀盘转数、推进转数、推进速度、刀盘扭矩、上部土仓压力、同步注浆压力、同步注浆量等施工参数进行设计。

由于盾构开挖对地层的扰动，会对上部地表、道路、管线、建（构）筑物等造成沉降和位移，此外工程地质勘察总是局部和有限的，对地质条件和岩土介质的物理力学性质的认识存在诸多不完善性和不确定性，需要在施工过程中针对性调整施工参数、施工工艺，采取必要的技术措施，以保证盾构施工自身安全和周边土体、管线、建（构）筑物等环境对象的安全。这就需要对盾构施工的全过程进行监测。

1. 盾构法基本原理及分类

（1）盾构法基本原理。

盾构法施工是以盾构机为隧道掘进设备，以盾构机的盾壳作支护，用前端刀盘切削土体，由千斤顶顶推盾构机前进，以开挖面上拼装预制好的管片作衬砌，从而形成隧道的施工方法。

盾构法的基本原理是利用盾构沿隧道设计轴线开挖土体并向前推进，盾构主要起防护开挖出的土体、保证作业人员和机械设备安全的作用，并承受来自地层的压力，防治地下水或流砂的入侵。盾构的前端设置有支撑和开挖土体的装置，内部安装有推进所需的千斤顶，而尾部设有拼装预制管片衬砌的机械手。盾构推进的动力由其内部的千斤顶提供，反力则由衬砌环承担，盾构每推进一环距离，就在盾尾保护下拼装一环管片衬砌，并及时向管片衬砌背后与围岩间的缝隙（盾尾空隙）中注入浆液，以防止因地层塌落而引起地面下沉。

采用盾构法施工时，首先要在隧道的始端和终端开挖基坑或建造竖井，用作盾构及其设备的拼装井（室）和拆卸井（室），特别长的隧道，还应设置中间检修工作井（室）。工作井是用来拼装和拆卸盾构设备，并根据盾构装拆的施工要求来确定尺寸；拼装井井壁上设有盾构出洞口，井内设有盾构基座和盾构推进的后座。

盾构机主要由 5 部分组成：壳体、推土系统、排土系统、管片拼装系统和辅助注浆系统。盾构机的壳体由切口环、支撑环和盾尾 3 部分组成，并与外壳钢板连成一体；排土系统主要是由切削土体的刀盘、泥土仓、螺旋出土器、皮带传送机、泥浆运输电瓶车等部分组成。

（2）盾构机分类。

盾构机可分为全敞开式、部分开放式和封闭式盾构机。全敞开式盾构机又分为手掘式盾构机、半机械式盾构机、机械式盾构机，部分开放式盾构机分为半挤压式盾构机、全挤压式盾构机、网格式盾构机，封闭式盾构机分为泥水平衡盾构机、土压平衡盾构机，如图 5.1-1 所示。目前，国内用于地铁工程的盾构机较多为土压平衡盾构机和泥水平衡盾构机。

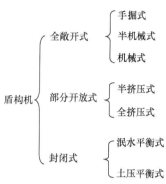

图 5.1-1　盾构机分类

土压平衡盾构机把土料（必要时添加泡沫对土壤进行改良）作为稳定开挖面的介质，随着盾构机的推进其前端刀盘旋转掘削地层土体，并将切削下来的土体送入土舱。当土体充满土舱时，其被动土压与掘削面上的土、水压基本相同，故可维持掘削面的平衡。土压平衡盾构机靠螺旋输送机将渣土（即掘削弃土）排送至土箱，再由螺旋输料器旋转将土料运至地表。泥土室内土压可由刀盘旋转开挖速度和螺旋输出料器出土量（旋转速度）进行调节以确保掘削面的稳定。土压平衡盾构又可细分为削土加压盾构、加水土压盾构、加泥土压盾构和复合土压盾构。如图 5.1-2 所示。

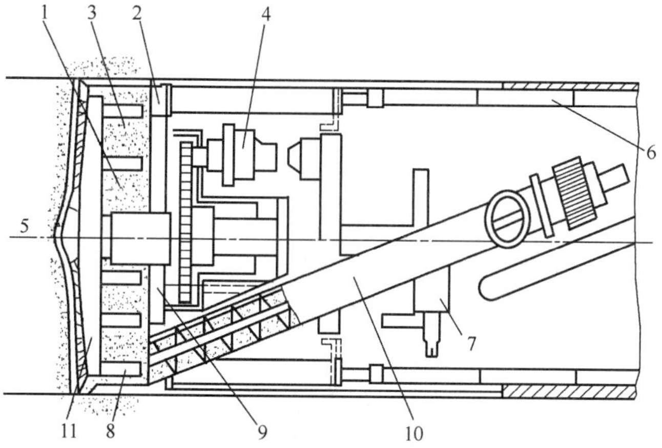

泥水加压平衡盾构机是靠盾构机的推进力使泥水（水、黏土及添加剂的混合物）充满封闭式盾构的密封舱（也称泥水舱），并对掘削面上的土体施

图 5.1-2　土压平衡盾构

1—浆化泥土；2—测定浆化泥土的压力计；3—浆化泥土密封舱；4—使刀盘旋转的液压马达；5—土层；6—管片；7—衬砌拼装器；8—搅拌叶片；9—作浆材料注入孔阀门；10—螺旋输送机；11—刀盘支架上装的刀具

加一定的泥水压力，该泥水压力通常大于地层的地下水压与土压之和，以确保开挖地层的稳定性。刀盘掘削下来的土砂进入泥水舱，由舱内的搅拌装置拌合成高浓度的泥水，再经泥浆泵将其泵送到地表的泥水分离系统将土和水进行分离，并把滤除掘削土砂的泥水重新压送回泥水舱。如此不断循环，实现掘削、排土和推进的施工过程（图 5.1-3）。

（3）盾构法施工条件。

采用盾构法进行地下工程施工时，应满足以下基本条件。

1）开挖土层为松软含水地层，其地质条件相对稳定。

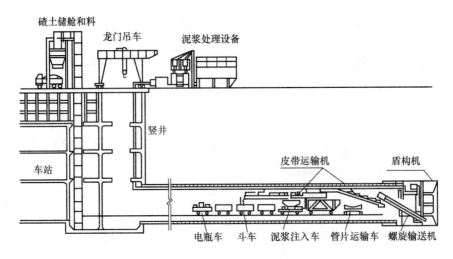

图 5.1-3 泥水加压平衡盾构图

2）盾构法施工隧道应有足够的埋深，覆土深度最好不小于 6m。

3）地面上必须有修建用于盾构进出洞和出土进料的工作井位置。

4）如果是单洞则要有足够的线间距，隧道之间或隧道与其他建（构）筑物之间所夹土（岩）体加固处理的最小厚度为水平方向 1.0m，竖直方向 1.5m。

5）从经济角度讲，连续的施工长度不小于 300m。

2. 盾构法施工工艺

（1）施工准备工作。

采用盾构法施工，除了一般工程应进行的施工准备工作外，还必须修建盾构始发井和到达井，拼装盾构、附属设备和后续车架，洞口地层加固等。

1）修建盾构始发井和到达井。在盾构掘进前，必须先在地下开辟一个空间，以便在其中拼装（拆卸）盾构、附属设备和后续车架及出渣、运料等。同时，拼装好的盾构也是从此开始掘进的，故在此空间内尚需设置临时支撑结构，为盾构的推进提供必要的反力。

2）盾构拼装。由于起重设备和运输条件的限制，通常盾构都拆卸成切口环、支承环、盾尾 3 节运到工地，然后用起重机将其逐一放入井下的垫层或支承平台上。切口环与支承环用螺栓连成整体，并在螺栓连接面外圈加薄层电焊，以保持其密封性。盾尾与支承环之间则采用对接焊连接。在拼装好的盾构后面，尚需设置由型钢拼成的、刚度很大的反力支架和传力管片。根据推出盾构需要开动的千斤顶数目和总推力进行反力支架的设计和传力管片的排列。一般来说，这种传力管片都不封闭成环，故两侧都要将其支撑住。

3）洞口地层加固。当盾构工作井周围地层为自稳能力差、透水性强的松散砂土或饱和含水黏土时，如不对其进行加固处理，则在凿除封门后，必将会有大量土体和地下水向工作井内塌陷，导致洞周大面积地表下沉，危及地下管线和附近建筑物。目前，常用的加固方法有注浆、旋喷、深层搅拌、井点降水、冻结法等，可根据土体种类、渗透系数和标贯值、加固深度和范围、加固的主要目的、工程规模和工期、环境要求等条件进行选择。

（2）盾构掘进。

由于盾构类型各异,盾构掘进中产生的问题也各不相同,下面以密封型盾构掘进为例,进行说明。

1) 挖掘管理。对土压平衡式盾构来说,通过开挖面管理、添加剂注入管理、切削土量管理和盾构机管理使开挖面土压稳定在设定值。

2) 线形管理。通过一套测量系统随时掌握正在掘进中盾构的位置和姿态,并通过计算机将盾构的位置和姿态与隧道设计轴线相比较,找出偏差数值和原因,下达调整盾构姿态应启动的千斤顶的模式,从最佳角度位置移动盾构,使其蛇形前进的曲线与隧道轴线尽可能接近。

3) 注浆管理。通过浆体、注浆压力、注浆开始时间与注浆量的优化选择,达到能及时填满衬砌与周围地层之间的环向间隙,防止地层移动,增加行车的稳定性和结构的抗震性。

(3) 盾构接收。

盾构接收是指自掘进距接收工作井一定距离(通常100m左右)到盾构机落到接收工作井内接收基座上止。

当盾构正常掘进至离接收工作井一定距离(通常50~100m)时,盾构进入到达掘进阶段。到达掘进是正常掘进的延续,是保证盾构准确贯通、安全到达的必要阶段。其施工技术要点如下:

1) 盾构暂停掘进,准确测量盾构机坐标位置与姿态,确认与隧道设计中心线的偏差值。

2) 根据测量结果制订到达掘进方案。

3) 继续掘进时,及时测量盾构机坐标位置与姿态,并依据到达掘进方案及时进行方向修正。

4) 掘进至接收井洞口加固段时,确认洞口土体加固效果,必要时进行补注浆加固。

5) 进入接收井洞口加固段后,逐渐降低土压设定值至0,降低掘进速度,适时停止加泥、加泡沫、停止送泥与排泥、停止注浆,并加强工作井周围地层变形观测,超过预定值时,必须采取有效措施后,才可继续掘进。

6) 拆除洞口支护结构前要确认洞口土体加固效果,必要时进行注浆加固,以确保拆除洞口支护结构时不发生土体坍塌、地层变形过大。

7) 盾构接收基座的制作与安装要具备足够的刚度,且安装时要对其轴线和高程进行校核,保证盾构机顺利、安全接收。

8) 拼装完最后一环管片,千斤顶不要立即回收,及时将洞口段数环管片纵向临时拉紧成整体,拧紧所有管片连接螺栓,防止盾构机与衬砌管片脱离时衬砌纵向应力释放。

9) 盾构机落到接收基座上后,及时封堵洞口处管片外周与盾构开挖洞体之间空隙,同时进行填充注浆,控制洞口周围土体沉降。

5.1.2 变形机理

1. 盾构法隧道地层变形规律

Peck(1969)通过对大量地表沉降数据及工程资料分析后,首先提出地表沉降槽近似为正态分布。地层变形移动由地层损失引起，并认为施工引起的地表沉降是在不排水条件下发生的，所以沉降槽的体积等于地层损失的体积。

（1）地表纵向变形规律。

地表纵向沉降槽是反映盾构掘进时，沿掘进轴线方向对地层的影响。同时，地表纵向沉降槽也能反映盾构掘进时不同影响因素、盾构机不同部位对地层的作用，包括正面土压力、摩擦力及盾尾间隙等。根据大量工程实测结果与数值模拟分析研究，盾构隧道施工引起的地表纵向变形一般规律如图 5.1-4 所示。

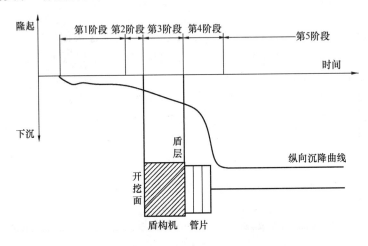

图 5.1-4 盾构隧道施工地层变形规律图

1）第 1 阶段——先期沉降：是盾构到达前产生的沉降。含水砂质土的先期沉降主要是由于地下水位下降引起，极软弱黏性土的先期沉降则由于开挖面的过量取土引起。

2）第 2 阶段——开挖面前部沉降（隆起）：是在盾构开挖面即将到达之前产生的沉降（隆起），开挖面的水土压力不平衡是其发生的主要原因。

3）第 3 阶段——通过时的沉降（隆起）：盾构通过时产生的沉降（隆起），盾构机外周面与周围地层发生摩擦或盾构超挖使地层出现扰动是其产生的主要原因。

4）第 4 阶段——盾尾间隙沉降（隆起）：盾尾刚刚通过产生的沉降（隆起），是由于盾尾间隙的出现而引起的应力释放或衬砌背后注浆压力过大而产生的，地表变形的大部分属于这种盾尾间隙沉降（隆起）。

5）第 5 阶段——后续沉降：主要为软弱黏土中出现的现象，是由于盾构推进引起整个地层松弛或扰动而产生的。

图 5.1-5 反映了这 5 个阶段的典型变化。

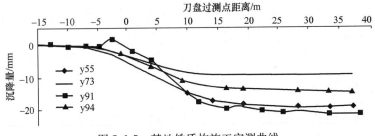

图 5.1-5 某地铁盾构施工实测曲线

（2）地表横向变形规律。

在统计分析盾构地表沉降实测资料基础上，Peck（1969）提出了地层损失的概念，在不考虑土体排水固结和蠕变的条件下得出了一系列与地层有关的沉降槽宽度的近似值。Peck认为在盾构掘进过程中产生了一定的地层损失，相当于从土体中挖去一块土体，从而导致上部的土体移动，在不考虑土体排水固结与蠕变的情况下，认为地层移动是一个随机的过程。在盾构掘进后，地表形成的横向沉降槽为一个近似正态分布的曲线，如图5.1-6所示。

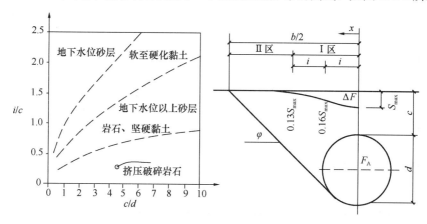

图 5.1-6 沉降槽宽度与隧道覆土厚度之间的关系

（c——隧道覆土厚度；d——隧道直径；i——沉降槽宽度系数；F_A——隧道开挖面积；
ΔF——开挖单位长度隧道的地层损失的体积；b——横向沉降范围）

① $S(x) = S_{max} e^{-\frac{x^2}{2i^2}}$；② $\Delta F = S_{max} i \sqrt{2\pi}$；③ $b/2 = c(\cot\phi) + \frac{1}{2}d\left(\cot\frac{\phi}{2}\right)$；④ $\Delta F = (0.01 \sim 0.03) F_A$

某地铁盾构区间隧道左右线间距13m，隧道埋深13m，上覆饱和粉砂夹细砂与（软~可塑）粉质黏土地层，地表横向变化实测曲线如图5.1-7所示。

Peck公式为隧道横向地表沉降一般规律，根据图5.1-5中的经验曲线和隧道覆土厚度与隧道直径之间的关系可以得出沉降槽宽度 i；根据 i 和图5.1-6中的方程①可以计算与隧道轴线垂直的断面上任意点的沉降。地层损失 ΔF 根据方程④计算，结合方程②可以得出最大地表沉降。方程③可以分析横向沉降槽的范围。

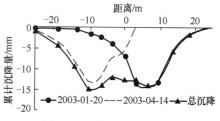

图 5.1-7 某地铁盾构区间
实测横向变化曲线

Peck假定施工引起的地面沉降是在不排水的情况下发生的，沉降槽体积等于地层损失的体积，盾构隧道的地层损失的体积可以参照表5.1-1进行计算。

地层损失计算中的考虑因素　　　　表5.1-1

地层损失因素	隧道单位长度内的最大地层损失值	地层损失率	地层损失参数GAP相应的取值
开挖面地层损失	$\pi R^2 h$	0~0.2%	Rh
切口超挖的地层损失	$2\pi R t$	0.1~0.5%	$2t$
沿盾壳的地层损失	$0.1\pi R^2$	0.1%	$0.1R$

续表

地层损失因素	隧道单位长度内的最大地层损失值	地层损失率	地层损失参数GAP相应的取值
盾尾后的地层损失 地下水位以下 地下水位以上	$2\pi R(R-R_1)$ $\pi R(R-R_1)$	$0\sim 4\%$ $0\sim 2\%$	$2(R-R_1)$ $R-R_1$
纠偏的地层损失	$\pi RL\alpha$	$0.2\sim 2\%$	$L\alpha$
曲线推进的地层损失	$L^2R/[8(R+R_c)]$	$0.3\sim 1\%$	$L^2R/[8\pi(R+R_c)]$
正面障碍引起的地层损失	A	$0\sim 0.5\%$	$A/\pi R$

注：R——盾构外半径，m；R_1——衬砌外半径，m；t——超挖刀盘的厚度，m；L——盾构长度，m；α——仰角，rad（弧度）；R_c——开挖面土体在盾构推进单位长度时向后的水平位移，m；h——盾构推进蛇形曲线半径，m；A——盾构正面障碍物体积，m³。

（3）沉降历时规律。

对于盾构施工引起的地表沉降的历时关系，大多通过隧道中线的地表位移来反映。目前，一般采用双曲线模型模拟隧道中线地表沉降的历时关系[6]。即盾构隧道中线地表沉降历时曲线可以由式5.1-1表示。

$$S(t) = \frac{t}{a+bt} \tag{5.1-1}$$

式中 $S(t)$——t时刻隧道中线上最大地表沉降，m；

a，b——回归参数，根据不同地层、不同隧道而变化，可以根据观测数据回归分析得到；

t——历时时间，d，一般取盾构引起地表沉降时开始计算。

由式（5.1-1）可知，当$t=0$时，$S=0$。因此，建立地层沉降历时关系的双曲线模型方程时，数据统计值的起点在理论上应为地层隆起转为沉降的临界点。在盾构掘进过程中产生的沉降，由于注浆等施工对地层的扰动，地表初期沉降较为复杂，而且沉降变化波动较大，往往导致回归方程离散。统计值的起点取为管片脱出盾尾一周的时间，所得回归方程的计算值与实测值较接近。

2. 盾构法隧道地层变形机理

盾构法隧道施工可引起隧道周围土体的松动和沉陷，反映到地面即为地表沉降。同时，受施工影响工程周边环境对象也会出现变形，严重时出现功能受损的现象。由盾构法施工引起的地层损失和经扰动后的土颗粒再固结是形成地表沉降的主要影响因素。

（1）土体损失。

盾构隧道开挖过程中的出土量常常由于超挖或盾构机与衬砌之间的间隙等原因而比按照隧道断面积计算的出土量大得多，使得隧道与衬砌之间产生了空隙。在软黏土中空隙会被周围土体及时填充，引起地层位移，产生施工沉降（瞬时沉降）。土体应力发生变化，形成应变—变形—位移—地表沉降。

地层损失是指盾构施工过程中实际挖除的土壤体积与理论计算的排土体积之差。地层损失率以地层损失体积占盾构理论排土体积的百分比V_s（%）表示。

圆形盾构理论排土体积V_0为：

$$V_0 = \pi r_0^2 L \tag{5.1-2}$$

式中 r_0——盾构外径；

L——推进长度。

地层损失一般可分为3类：

1）正常地层损失。排除各种主观因素影响，认为盾构机操作过程完全符合操作规程，没有任何失误。地层损失的原因全部归结于施工现场的客观条件，如地质条件或盾构施工工艺的选择等。这种沉降可以控制到一定限度。其引起的地表沉降槽体积与地层损失量是相等的。在均质地层中，正常地层损失引起的地表沉降也比较均匀。

2）非正常地层损失。是由于盾构施工过程中操作失误而引起的地层损失。如盾构操作过程中各类参数设置错误、超挖、注浆不及时等。非正常地层损失引起的地表沉降具备变化特征，一般可认为正常。

3）灾害性地层损失。盾构开挖面有突发性急剧流动，甚至形成爆发性崩塌，引起灾害性的地表沉降。常由于盾构施工中遇到地层水压大的贮水和透水性强的颗粒土的透镜体等不良地质条件。

（2）固结沉降。

盾构推进过程中的挤压、超挖和盾尾压浆作用可对地层产生扰动，使隧道周围地层产生正、负超孔隙水压力，从而引起地层沉降称为固结沉降。固结沉降可分为主固结沉降和次固结沉降。主固结沉降为超孔隙水压力消散引起的土层压密；次固结沉降为土层骨架蠕动引起的剪切变形沉降。

主固结沉降与土层厚度有密切关系，土层厚度越大，主固结沉降在总沉降的比例越大。因此，隧道埋深较大时，施工沉降虽然很小，但主固结沉降作用不可忽视。

在孔隙比和灵敏度较大的软塑和流塑性土层中，次固结沉降往往持续几个月，有的甚至几年，其占总沉降的比例可达35%以上。

理论上盾构隧道施工引起的地表沉降是主固结沉降、次固结沉降和施工沉降（瞬时沉降）三者之和。如不考虑次固结沉降，总沉降应等于地层损失造成的施工沉降和由于地层扰动引起的主固结沉降之和。此时，位于隧道上方的任一土层的相对沉降值是相同的。因为随着超孔隙水压力的消散，土颗粒向它原来的相对位置移动，超孔隙水压力全部消散后，土颗粒回到原来的相对位置。如果总沉降中计入次固结沉降，则还应加上由于地层土体原有结构破坏引起的蠕变沉降。

3. 盾构法隧道地层变形影响因素

（1）主观原因。

主观原因是引起盾构隧道地表沉降比较主要的原因，同施工人员的工作状态、技术水平等主观因素有关，多出现在施工阶段，表现如下：

1）盾构严重超挖（欠挖）引起的地表沉降（隆起）；

2）在用一些自动化程度较高的盾构机进行推进时，推进参数匹配不合理，如推进隧道、正面土压力、注浆压力和总推力等参数的设定不合理；

3）注浆量不足或注浆不及时是引起地表沉降的主要原因之一，直接影响"建筑空隙"的填充；

4）推进过程中盾构姿态的纠偏对沉降的影响不容忽视，盾构轴线与隧道轴线产生一个偏角，引起地面扰动；

5）较长时间的盾构停止推进，千斤顶会因漏油而缩回，从而引起盾构后退，造成开挖面土体稳定失衡，土的内聚力减小。

(2) 客观原因。

客观原因是指非施工人员原因而引起的地表沉降，与规划、设计和地质条件等因素有直接关系。客观原因引起的沉降经常发生在整个盾构施工过程中，并延续到施工结束后的较长一段时间。具体包括以下方面：

1）盾构的选择，特别是盾构外径、盾尾空隙等尺寸的选定，将直接影响"建筑空隙"的大小；

2）由于注浆材料本身的体积收缩，使填充孔隙的材料在一段时间后出现萎缩；

3）盾壳移动对地层的摩擦和剪切，造成对邻近土体的扰动；

4）在土压力的作用下，隧道衬砌的变形会引起少量的地层损失；

5）地层岩性不同，造成的地层损失和地表变形不同，如卵石地层与软土地层中的盾构施工引起的变形有较大差异；

6）盾构位于地下水位以上及以下时，施工引发的地层变形有一定的差异；

7）不良地质条件、特殊性岩土等对盾构施工引起的地层变形也有很大的影响；

8）工程周边环境条件复杂，对变形控制要求严格时，盾构施工引起的地层变形和地表沉降一般较小，反正可能出现较大的变形；

9）施工结束后，隧道本身的沉降，也会引起地表沉降。

5.1.3 盾构法工程风险分析

1. 盾构机适应性和可靠性（盾构选型）风险分析

在盾构施工过程中，由于盾构机械选择不当及机械性能问题所造成的风险事故有以下几种可能：大刀盘、刀头磨损；泥浆泵及管路磨损、堵塞；主轴承磨损、密封件防水失效；盾尾密封系统不可靠或长时间磨损，导致周边水土流失，盾构机内涌水或沉陷；数据采集系统、传感器失灵；液压推进系统漏油；注浆管路堵塞；磨损或受到较大的偏心力矩致使主轴承断裂，盾构机无法工作。

2. 盾构吊装风险分析

在盾构吊装过程中，由于吊装方案或实施过程引起的问题，如盾构设备较重，吊装设备的承载能力不够可能引起吊装设备倾覆、坠落，其荷载大引起地面过量沉降对下方管线损坏，对盾构井结构侧压力大引起结构开裂，基座、反力架安装偏差引起盾构进洞姿态差或受力问题。

3. 盾构机进出洞施工风险分析

国内外盾构施工经验表明，盾构机进出洞的安全是盾构隧道施工一个非常重要的环节。目前，国内盾构隧道多起事故均发生在盾构进出洞阶段，主要表现在盾构机进出洞端头地层的加固、盾构进出洞盾构姿态的控制、泥水平衡的建立、洞口密封等方面。

4. 地表沉降过大风险分析

引起地表沉降过大的风险原因主要包括：盾构选型不当，土体自立性差，地下水位勘察失误，土层变化较大，土层受扰动较大，平衡压力设定偏低，推进速度慢，出土量过大，施工监测不及时准确，管片拼装时盾构后退，注浆量不够，补压浆不及时，注浆压力不适当，注浆材料不合格，注浆浆液配合比不当，注浆部位不合理。

5. 更换刀具风险分析

由于受地层条件及刀具耐磨性能的影响，盾构机在隧道掘进施工达到一定工程量后，刀具将会磨损，如果不及时进行换刀处理而继续掘进，轻则无法保证正常的掘进速度，重则会使盾构机无法掘进施工，甚至影响盾构机的寿命。因此，盾构机在施工过程进行开舱换刀是必要的工作。按目前盾构机的工程环境、施工工艺及技术，开舱换刀过程会受到周围地质环境的影响。在不带压的情况下进行开舱换刀，只有在地层比较稳定、无大量地下水涌出、无有毒气体存在的情况下才能进行，否则，容易造成安全事故。因此，对盾构机开舱换刀的地层条件的选择和判断是十分重要的。

6. 盾构穿越建（构）筑物风险分析

城市轨道交通修建时经常穿越城市闹市区、居民住宅区、地下管线和河流，此时保证各类建（构）筑物、管线及自身施工安全，是工程施工的重中之重。因此，应通过采用主动与被动措施来积极可靠的保证盾构施工的安全。

7. 管片拼装风险分析

管片拼装的好坏决定了管片环环之间、块块之间的缝隙宽度，因而影响隧道的防水质量。防水质量是决定地下区间隧道使用寿命的关键性因素。管片拼装风险主要包括管片型号拼装错误、管片间隙太小、拼装中管片结构碎裂导致防水条损坏、管片错台严重、成环管片环面与隧道设计轴线不垂直、管片拼装的纵缝质量不佳、管片椭圆度过大及管片渗漏水严重等风险特点。

8. 盾构穿越地下障碍物

盾构遇到未探明的管线结构、桩基、地热井、勘察遗留的钻杆等障碍物时可能导致盾构刀盘损坏、环境损坏事故。

9. 小曲率半径施工、近接施工风险

盾构在小曲率半径施工过程中姿态难控制，容易引起土方超挖产生过量沉降，引起地面塌陷、管线破坏等事故。两台盾构设备近接施工或与其他工程近接施工时，因结构间土层受强烈扰动，引起过量沉降带来结构或环境对象损坏。

10. 盾构漂移

盾构设备在不良地层掘进时，受地下水或偏载的影响，引起拼装完的结构漂移，偏离设计位置，并引起管片开裂、渗漏水病害。

11. 有害气体

盾构开挖遇到易燃易爆气体，或有毒化学物质挥发气体，引起爆炸、人员中毒等风险。

5.2 监测对象和项目

5.2.1 监测对象和项目的确定

以上盾构法施工风险分析表明盾构施工阶段风险主要体现在开挖引起周边地层变化，

对工程周边环境的影响以及盾构管片结构的变形、渗漏等。盾构区间地层条件，盾构结构与环境对象的空间关系，施工开挖过程中的参数、盾构姿态控制等与工程风险密切相关。

因此，应综合考虑合理确定监测对象，选择监测项目。对盾构法工程监测项目应能够覆盖工程自身与土体介质和周边环境对象，监测项目的选择应达到成果，能够揭示管片结构整体及局部位移、力学变化、管片结构周围岩土体及周边环境受工程影响的位移、力学状态变化、结构病害变化趋势等，不同监测项目间能够形成完整的监测体系，以便能够全面反映监测对象的状态。

盾构法工程监测主要考虑管片结构及外部的地表、深层土体、孔隙水等对象，并对这些对象间的相互作用关系进行监测，《城市轨道交通工程监测技术规范》（GB 50911—2013）要求对隧道管片结构、周围岩土体和周边环境的监测项目共 10 项，见表 5.2-1。

盾构法隧道管片结构和周围岩土体监测项目　　　　表 5.2-1

序号	监测项目	工程监测等级		
		一级	二级	三级
1	管片结构竖向位移	√	√	√
2	管片结构水平位移	√	○	○
3	管片结构净空收敛	√	√	√
4	管片结构应力	○	○	○
5	管片连接螺栓应力	○	○	○
6	地表沉降	√	√	√
7	土体深层水平位移	○	○	○
8	土体分层竖向位移	○	○	○
9	管片围岩压力	○	○	○
10	孔隙水压力	○	○	○

注：√——应测项目，○——选测项目。

5.2.2 监测项目的选择

盾构法隧道施工中的监测项目根据线路特点、地质条件、环境条件等进行选择，对一些特殊设计的线路、穿越特定环境对象的地段、为设计验证、科研分析提供数据基础的项目应适当选择监测项目。

盾构施工掘进过程中，地表沉降观测可以反映出盾构施工对岩土体及周边环境影响程度、同步注浆和二次注浆效果，以及盾构机自身的施工状态，对掌握工程安全尤为重要。因此，地表沉降监测项目为应测项目。

盾构管片既是隧道的支护结构也是隧道的主体结构，盾构管片结构竖向位移和净空收敛监测对判断工程的质量安全非常重要，能够及时了解和掌握隧道结构纵向坡度变化、差异沉降、管片错台、断面变化及结构受力情况，以及隧道结构变形与限界变化，对盾构施工具有指导意义，为应测项目。

盾构管片结构水平位移监测具有一定的难度，但管片背后注浆不及时，或注浆质量不好，地质条件复杂或存在地层偏压时，往往会发生管片的水平漂移，因此确定为应测项目。

土体深层水平位移、土体分层竖向位移和孔隙水压力监测，主要根据盾构隧道施工穿越的周围岩土体的工程地质水文地质条件及周边环境情况确定，目的是了解和掌握盾构施工对周围岩土体及周边环境的扰动情况，以及周围岩土对隧道结构的影响程度，可进一步指导工程施工。一般情况下，这些监测项目可根据需要确定。

管片结构应力监测、管片连接螺栓应力监测和管片围岩压力监测主要测试管片的受力状态及特征，掌握管片受力变化，指导工程施工，防止盾构管片受到损坏，这些监测项目一般根据需要确定。在下述条件下，应进行选测项目的监测。

（1）进行双线施工的盾构线路，当两条线路空间局促时，如水平近距离盾构施工的第二条盾构隧道施工、上下交叠近距离盾构施工的第二条盾构隧道施工时应选测管片内力和管片初砌和地层接触应力监测。

（2）近距离穿建（构）筑物，监测项目应包含选测项目。建（构）筑物变形控制严格的地段，盾构隧道施工使隧道与建（构）筑物间土应力重新分配，致建（构）筑物变形。

（3）进行科研项目，应验证设计、分析实际盾构施工土体介质、隧道结构及周边环境的变化，为以后优化设计提供数据基础。

5.3 监测点布设与监测方法

5.3.1 地表沉降

1. 监测目的

地表沉降是盾构法施工监测的一项重要监测项目，其主要监测目的如下：

（1）根据监测结果判断工程风险，以便及时采取措施。了解盾构施工开挖对地层扰动的控制程度，判断周围岩土体是否有空洞产生，采取措施保证工程安全及周边环境对象安全。

（2）根据监测结果开展信息化施工。通过动态监测数据指导施工，调整盾构开挖推力、土压、掘进速度、注浆量、出土量等参数，判断盾构施工参数及工艺合理性，为调整施工参数及工艺提供数据基础。

（3）根据前一段的观测结果，预测下一段的地表和对周围建筑物及其他设施的影响。

（4）取得采用盾构设备在特定地层下的变形规律，研究土壤特性、地下水条件、施工方法与地表沉降的关系，作为将来设计的参考依据。

2. 监测点布设要求

盾构施工监测测点布设位置和数量应根据盾构线路设计所处的地质条件、周边岩土体变化、盾构施工工艺、工程监测等级及监测方法的要求等综合确定，并应满足反映监测对象实际状态、位移和内力变化规律，及分析监测对象安全状态的要求。

地表变形和沉降监测需布置纵断面（沿轴线）与横断面监测点，纵断面监测点应保证盾构顶部始终有监测点，横断面监测点应间隔布设，断面布设范围应能反应盾构施工影响的范围。盾构始发、到达、联络通道施工、穿越重要建（构）筑物段需加密布置测点。盾构始发段对盾构施工至关重要，由此段的监测可以得出合理的施工参数。监测点的埋设位置应便于观测，不应影响和妨碍监测对象的正常受力和使用。

《城市轨道交通工程监测技术规范》（GB 50911—2013）对盾构法地表沉降监测布点

原则要求如下。

(1) 监测点应沿盾构隧道轴线上方地表布设，且监测等级为一级时，监测点间距宜为5~10m；监测等级为二级、三级时，监测点间距宜为10m~30m，始发和接收段应适当增加监测点；

(2) 应根据周边环境和地质条件布设垂直于隧道轴线的横向监测断面，且监测等级为一级时，监测断面间距宜为50~100m，监测等级为二级、三级时，间距宜为100~150m；

(3) 在始发和接收段、联络通道等部位及地质条件不良易产生开挖面坍塌和地表过大变形的部位，应有横向监测断面控制；

(4) 横向监测断面的监测点数量宜为7~11个，且主要影响区的监测点间距宜为3~5m，次要影响区的监测点间距宜为5~10m。

3. 监测作业方法

地表沉降监测的方法有多种，常用的有几何水准测量方法、液体静力水准测量法、三角高程测量法、交会测量法等。

根据城市轨道交通工程特点，常用的几何水准测量方法，采用水准仪观测。

5.3.2 管片衬砌变形

盾构隧道施工过程中，盾构开挖对地层的扰动和对地层的注浆都对周边岩土体产生影响，地层土体损失及再次固结必然导致隧道结构周边岩土体及周边的建（构）筑物产生一定的变形，同时，隧道自身受力条件改变也会产生沉降和水平位移。盾构隧道结构是由管片拼装而成，自身形状也会产生不同的位移，严重时会引起结构病害，影响使用功能或出现结构安全问题。所以在盾构施工过程中，必须对隧道本身的沉降、水平位移、断面收敛位移进行监测。

1. 监测目的

管片衬砌变形监测主要的目的如下：

(1) 动态掌握盾构隧道结构的变形，验证施工引起的隧道沉降和水平位移是否控制在允许的范围内，以便采取必要的控制措施。

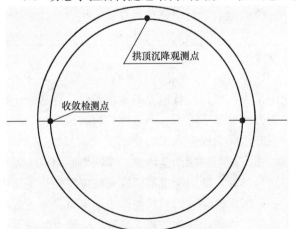

图 5.3-1 拱顶沉降及隧道断面收敛测点布置示意图

(2) 形成预警机制，避免发生结构安全事故发生。

2. 监测点布设要求

隧道结构监测应在位移与内力最大位置、位移与内力变化最大部位及反映工程安全状态的关键部位等布设监测点。管片结构沉降和水平位移监测、断面收敛位移监测测点为每5~10环布设1点，在某些特定部位可适当加密，点位应考虑观测方便又能长期保存，测点一般设在隧道道床边线的管片上。具体布设原则如下。

（1）每 10 环设置监测断面。

（2）盾构始发与接收段、联络通道附近、左右线交叠或邻近、小半径曲线段、施工出现异常时、管片结构出现开裂等地段应布设监测断面。

（3）存在地层偏压、围岩软硬不均等地质条件复杂地段应布设监测断面。

（4）下穿或邻近重要建（构）筑物、地下管线、河流湖泊等周边环境条件复杂地段应布设监测断面。

（5）每个监测断面宜在拱顶、拱底、两侧拱腰处布设管片结构净空收敛监测点，拱顶、拱底的净空收敛监测点可兼作管片沉浮监测点，两侧拱腰处净空收敛监测点可兼作水平位移监测点。

3. 监测作业方法

管片衬砌变形中拱顶沉降监测常用方法是在拱顶测点上吊钢尺或倒挂钢尺，采用精密水准仪采用几何水准测量方法施测，洞周收敛监测常用方法是使用收敛计直接测量。随着隧道三维激光扫描技术的发展和精度的不断提高，三维激光扫描仪在管片衬砌变形监测的应用以其自动化程度高、成果生成快捷的优点逐步得到推广。

5.3.3 土体分层沉降及深层水平位移

1. 监测目的

由于实际施工中，隧道处埋深、地层、施工工艺等条件存在差异，施工影响的土体范围和影响程度均不同，为此在盾构隧道掘进过程中需对典型区域内的地层进行土体分层沉降及深层水平位移监测。土体分层沉降点一般布设于线路正上方，较地表沉降更能直观了解到深部土层的变形情况，更能有效地诊断施工状态和工艺参数，来分析盾构推进中对土地体的扰动引起的位移以及研究减少扰动的对策。

2. 监测点布设要求

土体分层沉降及深层水平位移监测项目一般布设于主监测断面、穿越重要建（构）筑物前的实验段内、地质条件变换处等位置，为修正盾构施工参数、减小施工扰动提供数据基础。

3. 监测作业方法

土体分层沉降与深层水平位移监测均需在隧道上方或两侧进行钻孔，孔内埋设相应仪器进行观测，两者可共用一个测管。

土体分层沉降监测采用钻孔内布设磁性分层沉降仪的方法进行，仪器及安装见第 5 章相关内容。

土体深层水平位移监测采用测斜仪进行测量。当测管埋深低于隧道底部标高时，可将管底作为初始不动点，埋设在隧道顶部的测管一般以管顶作为不动点，但必须测量管顶的水平位移值并进行修正。

5.3.4 管片衬砌和地层的接触应力

管片衬砌和地层的接触应力是管片衬砌背后土体传递给管片衬砌结构的压力与盾构隧

道管片衬砌完成后，衬砌背后土体中应力重分布引起的土体内部压力，又称土压力。

1. 监测目的

管片衬砌和地层接触应力监测与管片内力监测、管片外侧的孔隙水压力等监测数据相结合分析，为全面掌握管片结构的受力情况，进行盾构施工反演分析计算提供原始数据，与设计采用值比照参考，检验设计的模型与截面内力计算正确性。

地质条件较差地段、上部荷载较大部位以及双线盾构隧道近距离施工后，施工的隧道会对已完成的盾构隧道产生较大扰动，这些情况下对管片衬砌和地层接触应力监测较为重要。

2. 监测点布设要求

（1）测点布设。管片衬砌和地层的接触应力监测即土压力监测一般选择在管片背面埋设土压力计的方法，土压力计的外膜应与管片背面保持在一个平面上。

为了研究管片衬砌和地层的接触压力的分布情况，应尽可能多地沿管片外层与地层间布设接触压力测点。由于衬砌和地层的接触压力监测需埋设测试元件，数量较多的测试元件埋设会影响隧道管片的强度，同时也会增加监测工作量和监测成本，故应选择经济、适宜的测点数量。

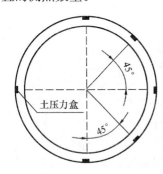

图 5.3-2 管片衬砌与地层接触压力测点布置示意图

根据工程具体情况选择土体应力变化最大或地质条件最不利等典型断面布置。在双线隧道近距离施工的工程中，选择相距较近的有代表性的管片环的位置布设监测剖面。在近距离下穿建（构）筑物的盾构施工工程中，选择对建（构）筑物影响较严重的管片环的位置布设监测剖面。

每一环向剖面上布设测点数量不少于 5 个，并宜与地表沉降的横剖面对应布置。每一环向剖面上一般布设 6 个测点，测点布置一般沿隧道纵向顶、底部及左、右两侧拱腰部的管片上各布设 1 个测点，在距离已完成隧道或者建（构）筑物较近的象限（2 个）45°位置各布设 1 个测点。如图 5.3-2 所示。

（2）测点埋设。管片衬砌和地层的接触应力监测有管片加工时预埋和完成隧道后埋两种形式。对于因双线盾构隧道近距离施工（包括水平近距离、垂直近距离、线路近距离交叉）对已完成盾构隧道的管片衬砌和地层的接触应力监测点埋设，可选择在已完成盾构隧道管片衬砌结构背后利用原有注浆孔埋设土压计的方法进行。而对于近距离穿越建（构）筑物和为验证设计或为研究而进行的管片衬砌和地层的接触应力监测，可选择在管片制作中预埋土压力计的方法埋设。

3. 监测作业方法

管片衬砌与土层接触应力监测方法根据土压计的种类可分为钢弦式土压力计测读法和电阻应变式土压力计测读法，而前者根据埋设方法不同分为介质土压力计测读法和界面土压力计测读法，后者又分为单膜片土压力计测读法和双膜片土压力计测读法。

（1）钢弦式土压力计的埋设与安装。介质土压力计是埋在土体介质中，用来测量土体压应力的土压力计。边界式土压力计是安装在管片衬砌外表面，受压面面向土体，测量接触压力。这种压力计也称界面式或接触式土压力计。

土压力计埋设于土压力变化的部位即压力曲线变化处，用于监测界面土压力。土压力计水平埋设间距原则上为盒体是间距的 3 倍以上（≥0.6m），垂直距与水平距同，土压力计的受压面须面对欲测量的土体。

（2）电阻应变式土压力计的埋设与安装。埋设时要求土压计的受压面向外（与隧道土层接触），并保证受压面与管片外表面平齐。超出管片表面的高度应小于 $D/30$（D 为土压计的直径）。如受压面高出管片表面太多，将导致测量结果偏大；如土压计低于管片表面，测量结果将偏小，可在土压计底端面抹一层砂浆使之平齐。为了避免土压计之间相互影响，相邻土压计之间的间距应小于 $3D$。

埋设土压力计时，首先把土压力计按设计的位置固定到管片钢筋笼的外表面上，然后将土压力计的正面（敏感膜）用保护板盖住。管片钢筋笼放入钢模时，应确保土压力计外侧的保护板与钢模贴紧，土压力计连接导线从管片预埋注浆孔引出，并注意使土压力计表面与片模具外弧平齐。

5.3.5 管片内力

1. 监测目的

盾构隧道管片衬砌结构是主要由管片、连接螺栓通过错缝或通缝的方式拼装而成的圆筒形结构，管片间的接缝处还设置各种防水材料，因此，即使在沿纵向不变的外荷载作用下，其内力状态也是三维的空间分布。因此对管片内力的监测主要监测每环管片间接缝位置及相邻环管片间的应力。

管片内力是盾构应力监测的重要内容，通过对管片内力监测可以掌握隧道结构安全度，与管片衬砌和地层接触应力监测一起构成盾构施工应力监测，亦是验证设计和调整合理的盾构施工参数的重要依据。

2. 监测点布设要求

管片内力监测测点与管片衬砌和土层接触应力监测项目布置原则与布设数量一致，且位于同一位置。

根据工程具体情况选择土体应力变化最大或地质条件最不利等典型断面布置，每一环向断面不少于 6 个测点，并宜与地表沉降的横断面、管片衬砌和地层的接触应力监测对应布置。

3. 监测作业方法

管片内力监测与管片衬砌和地层接触应力监测项目类似，有管片加工时预埋钢筋应力计和完成隧道后埋表面应变计两种形式。

5.4 监测频率与周期

5.4.1 监测频率

盾构法施工引起周围岩土体的变形规律主要包括先期隆起或沉降、盾构到达时沉降、盾构通过时沉降、盾尾空隙沉降和长期延续沉降，沿隧道向影响主要范围根据实际工程经验在5～8倍洞径之间，施工监测频率的确定根据其影响范围与变形规律，考虑盾构设备特点、施工进度、盾构控制参数、监测数据变化等情况，结合监测对象和监测项目的特点、地质条件等综合确定，要求监测频率满足监测信息，能够及时、准确、系统地反映监测对象变化规律以及各监测项目或对象之间的内在联系，根据施工进度采取定时监测，并根据监测数据的变化情况进行调整。

《城市轨道交通工程监测技术规范》（GB 50911—2013）对盾构工程中隧道管片结构、周围岩土体和周边环境的监测频率要求见表5.4-1。对于采用管片制作中预埋元器件的管片衬砌与地层接触应力及管片衬砌内力的监测，每个元件还应在安装前、制模完成焊接后、拆模后以及管片运至现场下井拼装前进行测试。

盾构法隧道工程监测频率　　　　　　　　　表5.4-1

监测部位	监测对象	开挖面与监测点或监测断面的距离	监测频率
开挖面前方	周围岩土体和周边环境	$5D<L\leqslant 8D$	1次/（3～5）d
		$3D<L\leqslant 5D$	1次/2d
		$L\leqslant 3D$	1次/d
开挖面后方	管片结构、周围岩土体和周边环境	$L\leqslant 3D$	（1～2）次/d
		$3D<L\leqslant 8D$	1次/（1～2）d
		$L>8D$	1次/（3～7）d
		监测数据趋于稳定	1次/（15～30）d

注：1. D——盾构法隧道开挖直径（m）；L——开挖面与监测断面的水平距离（m）。
　　2. 管片结构位移、净空收敛宜在衬砌环脱出盾尾且能通视时进行监测。
　　3. 监测数据趋于稳定后，监测频率宜为1次/（15～30d）。

5.4.2 监测周期

盾构法工程监测从盾构设备掘进前取得初始值开始，洞内监测项目在结构施工完成后停止，环境对象监测项目在稳定后停止监测，对业主有特殊要求或管理部门有规定的应按要求周期监测。

5.5 现场巡查与视频监控

5.5.1 现场巡查

1. 巡查目的

现场巡查是与现场监测同样重要的一项工作，现场巡查的目的主要如下：

(1) 直观查看盾构法施工有无异常变化，便于综合工程施工进度情况、施工开挖范围地质情况、施工结构质量及稳定情况、周边环境异常变化等信息进行工程安全风险分析。

(2) 作为现场监测工作的一项重要补充，可对监测点未覆盖的区域进行查看，保证监测的覆盖全面，并根据巡查情况调整监测工作。

2. 巡查方法

盾构法施工巡查方法与其他工法施工巡查方法基本一致，需要进行现场踏勘、工程资料研究、交底、盾构设备状态观察记录、周边环境观察描述记录及对巡查的总结反馈等。

3. 巡查内容

(1) 盾构始发端、接收端土体加固情况；

(2) 盾构掘进位置（环号）；

(3) 盾构停机、开仓等的时间和位置；

(4) 管片破损、开裂、错台、渗漏水情况；

(5) 联络通道开洞口情况。

5.5.2 视频监控

盾构法隧道工程的始发、接收井与联络通道部位需开展视频监控工作。根据盾构法隧道工程风险情况和视频监控工作的特点，工程监测过程中视频监控重点关注内容主要包括：①当前施工是否规范；②周边建（构）筑物、桥梁等变形情况等；③现场风险处置情况等。

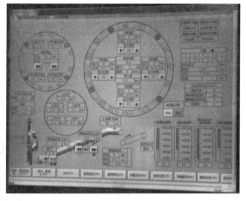

图 5.5-1 盾构视频监控实景图

5.6 控制指标

1. 相关规范规定

盾构法隧道工程监测控制指标相关规范规定如下。

(1) 北京市地方标准《地铁工程监控量测技术规程》DB 11/490 规定地铁盾构法施工监控量测控制标准见表 5.6-1。

地铁盾构法施工监控量测控制标准　　　　　　　　　　　　表 5.6-1

序号	监测项目及范围	允许位移控制值 U_0（mm）	位移平均速率控制值（mm/d）	位移最大速率控制值（mm/d）
1	地表沉降	30	1	3
2	拱顶沉降	20	1	3
3	地表隆起	10	1	3

注：位移平均速率为任意 7d 的位移平均值；位移最大速率为任意 1d 的最大位移值。

（2）国家现行标准《盾构法隧道施工与验收规范》（GB 50446—2008）规定隧道轴线平面位置和高程偏差应符合表 5.6-2 的规定。

隧道轴线平面位置和高程偏差　　　　　　　　　　　　　表 5.6-2

项　目	允许偏差（mm）			检验方法	检验频率（环）
	地铁隧道	公路隧道	水工隧道		
隧道轴线平面位置	±100	±150	±150	用全站仪测中线	10
隧道轴线高程	±100	±150	±150	用水准仪测高程	10

隧道允许偏差值应符合表 5.6-3 的规定。

隧道允许偏差　　　　　　　　　　　　　　　表 5.6-3

项　目	允许偏差（mm）			检验方法	检验频率
	地铁隧道	公路隧道	水工隧道		
衬砌环直径椭圆度	±0.6D‰	±0.8D‰	±1D‰	尺量后计算	10 环
相邻管片的径向错台	10	12	15	尺量	4 点/环
相邻管片环向错台	15	17	20	尺量	1 点/环

注：D 指隧道的外直径，单位：mm。

（3）北京市地方标准《城市轨道交通工程质量验收标准 第 1 部分：土建工程》DB 11/T311.1 规定施工中脱出盾尾后的管片拼装检验标准应符合表 5.6-4 的规定。

管片拼装检验标准　　　　　　　　　　　　　　　表 5.6-4

序号	项　目	允许偏差	检查频率		检验方法
			范围	点数	
1	衬砌椭变直径	±0.5%D	每环	4	上下左右检测盾尾间隙
2	隧道圆环平面位置	50mm		1	经纬仪测量
3	隧道圆环高程	±50		1	水准仪测量
4	相邻管片的径向错台	10mm		4	上下左右检测 4 点，取最大点为一点，用钢尺量
5	相邻管片的环向错台	10mm		1	上下左右检测 4 点，取最大点为一点，用钢尺量

注：D 为直径，以 mm 计。

竣工隧道净空检验标准应符合表 5.6-5 的规定。

竣工隧道净空检验标准　　　　　　　　　　　　　　　　表5.6-5

序号	项目	允许偏差	检查频率 范围	检查频率 点数	检验方法
1	衬砌椭变直径	±0.5%D	每环	4	用钢尺量后计算
2	隧道圆环平面位置	50mm	每环	1	经纬仪测量
3	隧道圆环高程	±50	每环	1	水准仪测量

注：2、3需同时保证满足建筑限界的要求。

(4) 铁路行业标准《高速铁路隧道工程施工质量验收标准》TB-10753施工中管片拼装允许偏差和检验方法应符合表5.6-6的规定。检验数量：施工单位检查每一环。检验方法：尺量。

管片拼装允许偏差表　　　　　　　　　　　　　　　　表5.6-6

序号	项目	允许偏差（mm）	检验方法	检查频率数量（点/环）
1	衬砌环直径椭圆度	±0.6%D	尺量后计算	4
2	隧道圆环平面位置	±70	用经纬仪测中线	1
3	隧道圆环高程	±70	用水准仪测高程	1
4	相邻同环管片间的径向错台	6	用尺量	4
5	相邻环片同环管片间环向错台	7	用尺量	1

注：D指隧道的外直径，单位：mm。

成型隧道其允许偏差值应符合表5.6-7的规定。检验数量：施工单位检查每一环。

成型隧道允许偏差　　　　　　　　　　　　　　　　表5.6-7

序号	项目	允许偏差（mm）	检验方法	检查频率数量（点/环）
1	衬砌环直径椭圆度	±0.6%D	尺量后计算	4
2	隧道圆环平面位置	±120	用经纬仪测中线	1
3	隧道圆环高程	±120	用水准仪测高程	1
4	相邻管片的径向错台	12	用尺量	4
5	相邻管片环向错台	17	用尺量	1

2. 实测结果统计分析

盾构法隧道地表沉降（隆起）监测控制值专题研究收集了北京、杭州、宁波、昆明、上海、无锡和郑州等7个城市的13条线路、36个工点的实测资料。对32个标准断面盾构隧道的实测统计结果见图5.6-1。

盾构隧道地表沉降主要统计隧道轴线上方的地表监测点，统计实测结果表明，盾构法隧道地表沉降一般在中软～软弱土地区的变形较大，约90.2%的监测点沉降实测值在－45mm以内；坚硬～中硬土地区约94.1%的监测点沉降实测值在－40mm以内，隆起实测值多在＋10mm以内。本规范条文根据不同工程监测等级的安全控制要求，针对标准断面盾构隧道地表沉降给出了累计变化控制值。

3. 监测项目控制值

综合各类技术规范要求和实测数据统计分析结果，确定了盾构法隧道工程监测项目控

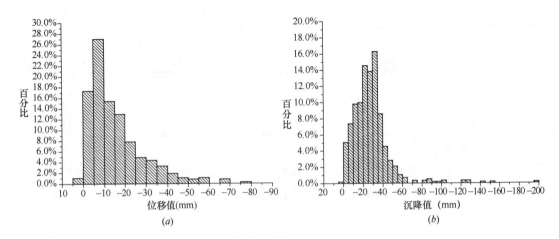

图 5.6-1 32个标准断面盾构隧道最终地表沉降分布频率直方图
(a) 20个工点370个监测点(坚硬土~中硬土地区);(b) 12个工点571个测点监(中软~软弱土地区)

制值,其中地表沉降(隆起)可根据工程场地土类型的不同分别给出监测项目控制值。

盾构法隧道其他监测项目控制值是结合国家现行标准《盾构法隧道施工与验收规范》(GB 50446—2008)和《高速铁路隧道工程施工质量验收标准》TB-10753等规范确定。

综上所述,《城市轨道交通工程监测技术规范》(GB 50911—2013)规定盾构法隧道管片结构竖向位移、净空收敛和地表沉降控制值应根据工程地质条件、隧道设计参数、工程监测等级及当地工程经验等确定,当无地方经验时,可按表5.6-8和表5.6-9确定。

盾构法隧道管片结构竖向位移、净空收敛监测项目控制值　　　表5.6-8

监测项目及岩土类型		累计值(mm)	变化速率(mm/d)
管片结构沉降	坚硬~中硬土	10~20	2
	中软~软弱土	20~30	3
管片结构差异沉降		$0.04\%L_s$	—
管片结构净空收敛		$0.2\%D$	3

注:L_s——沿隧道轴向两监测点间距;D——隧道开挖直径。

盾构法隧道地表沉降监测项目控制值　　　表5.6-9

监测项目及岩土类型		工程监测等级					
		一级		二级		三级	
		累计值(mm)	变化速率(mm/d)	累计值(mm)	变化速率(mm/d)	累计值(mm)	变化速率(mm/d)
地表沉降	坚硬~中硬土	10~20	3	20~30	4	30~40	4
	中软~软弱土	15~25	3	25~35	4	35~45	5
地表隆起		10	3	10	3	10	3

注:本表主要适用于标准断面的盾构法隧道工程。

第6章 矿山法隧道工程监测

6.1 概述

6.1.1 矿山法工程特点

城市轨道交通工程矿山法施工是在地层内部进行的，施工不可避免扰动地层，引起地层变形，给矿山法工程结构自身带来安全隐患，同时，也会导致地面周边环境的破坏。因此，城市轨道交通浅埋暗挖隧道施工建设期间要考虑对工程自身及城市环境的影响。矿山法隧道施工引起的地层变形，特别是在地面建（构）筑物设施密集、交通繁忙、地下水丰富的城市中进行城市轨道交通浅埋暗挖隧道施工，对于城市轨道交通地下工程开挖过程引起地层的力学响应在时间和空间上的规律，不同施工方法的不同力学响应都可以通过施工的监测环节来监控，以便能够及时预测地层变形的发展，反馈施工，控制地下工程施工对环境的影响及保障工程结构自身的安全。

1. 矿山法分类

（1）新奥法。

新奥法是以维护和利用围岩的自承能力为基点，以喷射混凝土、锚杆为主的初期支护，支护与围岩联合受力共同作用，围岩成为支护体系的组成部分，支护在与围岩共同变形中承受的是形变应力。因此，要求初期支护有一定的柔度，以利用和充分发挥围岩的自承能力。光面爆破、喷锚支护和变形监测是"新奥法"的三大核心。

（2）浅埋暗挖法。

浅埋暗挖法是在距离地表较近的地下进行地铁工程暗挖施工的一种方法，是指在城镇软弱围岩地层中，以改造地质条件为前提，以控制地表沉降为重点，以格栅和锚喷混凝土作为初期支护手段，遵循"新奥法"理论，按照"十八字"方针（管超前、严注浆、短进尺、强支护、快封闭、勤量测）进行隧道的设计和施工。

采用浅埋暗挖法时要注意其适用条件。首先，浅埋暗挖法不允许带水作业，如果含水地层达不到疏干，带水作业是非常危险的，开挖面的稳定性时刻受到威胁，甚至发生塌方。大范围的淤泥质软土、粉细砂地层，降水有困难的地层，不宜采用此法。其次，采用浅埋暗挖法要求开挖面有一定的自立性和稳定性。我国规范对土壤的自立性从定性上提出了要求：工作面土体的自立时间，应足以进行必要的初期支护作业。对开挖面前方地层的预加固和预处理，视为浅埋暗挖法的必要前提，目的就在于加强开挖面的稳定性，增加施工的安全性。

浅埋暗挖法施工作业时，应根据地质情况制定相应的开挖步骤和支护措施，严格根据量测数据确定支护参数，保证暗挖作业和周边环境的安全。

（1）管超前：开挖拱部土体自稳能力差，自立时间短，土体临空后极易坍塌，采用超前支护的各种手段主要提高土体的稳定性，控制下沉，防止围岩松弛和坍塌。

（2）严注浆：导管超前支护后，立即进行压注水泥浆或其他化学浆液，填充围岩空隙，使隧道周围形成一个具有一定强度的壳体，以增强围岩的自稳能力，确保开挖过程中的安全。

（3）短进尺：一次注浆，一次开挖或多次开挖，土体暴露时间越长，进尺越大，土体坍塌的危险就越大，所以一定要严格限制进尺的长度。在施工中可采取预留核心土，目的除减少开挖时间外，预留的土体还可以平衡掌子面的土体，防止滑塌。

（4）强支护：在松散地层中施工，大量土体的重力会直接作用于初期支护结构上，初期支护必须十分牢固，具有较大的刚度，以控制初期结构的变形，保证结构的稳定。

（5）快封闭：在台阶法施工中，如上台阶未封闭成环，变形速度较快，为有效控制围岩松弛，必须及时采用临时仰拱或使支护体系成环。

（6）勤量测：浅埋暗挖法施工的理论基础源于新奥法施工理论，是新奥法理论的发展，因此它也离不开新奥法的理论精髓——信息化施工。结构的受力最终都表现为变形，可以说，没有变形（微观的），结构就没有受力。按照规定频率对规定部位进行监测，掌握施工动态，调整施工参数并设置各部位的变形警戒值，是浅埋暗挖法施工成败的关键。

2. 矿山法施工工艺

矿山法施工基本流程如图6.1-1所示。

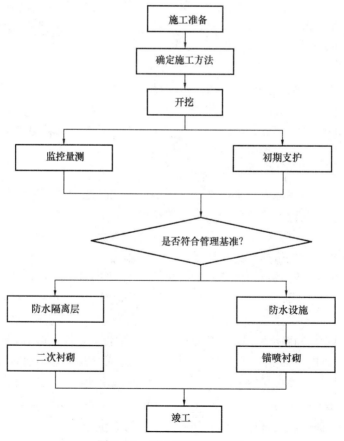

图 6.1-1 矿山法施工流程图

（1）新奥法施工。新奥法施工隧道适用于稳定地层，应根据地质、施工机具条件，尽量采用对围岩扰动少的支护方法。岩石地层当采用钻爆法开挖时，应采用光面爆破、预裂爆破技术，尽量减少欠挖、超挖。

围岩开挖后应立即进行必要的支护，并使支护与围岩尽量密贴，以稳定围岩。围岩条件比较好时可简单支护或不支护。采用喷混凝土锚杆作为初期支护时的施工顺序一般为先喷混凝土后打锚杆；围岩条件恶劣时，则采用初喷混凝土→架钢支撑→打锚杆→二次喷混凝土。锚杆杆位、孔径、孔深及布置形式应符合设计要求，锚杆杆体露出岩面的长度不宜大于混凝土层厚度，锚杆施工质量应符合有关规范要求。

（2）浅埋暗挖法施工。浅埋暗挖法的工艺流程和技术要求主要是针对埋置深度较浅、松散不稳定的土层和较弱破碎岩层施工面而形成的。

浅埋暗挖法与新奥法相比，更强调地层的预支护和预加固。因为地铁工程基本是在城镇施工，对地表沉降的控制要求比较严格。浅埋暗挖法支护衬砌的结构刚度比较大，初期支护允许变形量比较小，从而达到保护周围地层的自承作用和减少对地层的扰动的目的。

1）地层预加固和预支护。在城市地铁隧道施工中，经常遇到砂砾石、砂性土、黏性土或强风化基岩等不稳定地层。这类地层在隧道开挖过程中自稳时间短暂，往往在初期支护尚未来得及施作或喷射混凝土尚未获得足够强度时，拱墙的局部地层已经开始坍塌。为此，需采用地层预加固、预支护的方法，以提高周围地层的稳定性。常用的预加固和预支护方法有：小导管超前预注浆、开挖面深孔注浆及管棚超前支护等。

2）隧道土方开挖及支护。采用浅埋暗挖法开挖作业时，所选用的施工方法及工艺流程，应保证最大限度地减少对地层的扰动，提高周围地层自承作用和减少地表沉降。根据不同的地质条件及隧道断面，选用不同的开挖方法，总的原则是：预支护、预加固一段；开挖一段；开挖一段，支护一段；支护一段，封闭成环一段。初期支护封闭成环后，隧道处于暂时稳定状态，通过监测，确认达到基本稳定状态时，可以进行二次衬砌的混凝土灌注工作。如监测结果证明尚未稳定，则需继续监测；如监测结果证明支护有失稳的趋势时，则需及时通过设计部门共同协商，确定加固方案。

3）初期支护形式。在软弱破碎机松散、不稳定的地层中采用浅埋暗挖法施工时，除需对地层进行预加固和预支护外，隧道初期支护施作的及时性及支护的强度和刚度，对保证开挖后隧道的稳定性，减少地层扰动和地表沉降，都具有决定性的影响。在诸多支护形式中，钢拱锚喷混凝土支护是满足上述要求的最佳支护形式。

4）二次衬砌。在浅埋暗挖法中，初期支护的变形达到基本稳定，且防水结构施工验收合格后，可以进行二次混凝土衬砌灌注工序。通过监测，掌握隧道动态，提供信息，指导二次衬砌施作时机。这是浅埋暗挖法中二次衬砌施工与一般隧道施工的主要区别。其他灌注工艺和机械设备与一般隧道衬砌施工基本相同。

二次衬砌模板可以采用临时木模板或金属定型模板，更多情况则使用模板台车，因为区间隧道的断面尺寸基本不变，有利于使用模板台车，加快立模和拆模速度。衬砌所用的模板、墙架、拱架均应样式简单、拆装方便、表面光滑、拼缝严密。使用前应在样板台上校核；重复使用时，应随时检查并整修。

5）监测。利用监测信息指导设计与施工是浅埋暗挖施工工序的重要组成部分。经验证明，拱顶下沉是控制稳定较直观的和可靠的判断依据，水平收敛和地表下沉有时也是重要的判断依据。对于地铁隧道来讲，地表下沉监测显得尤为重要。

6）掘进方式。采用浅埋暗挖法施工时，依据工程地质、水文情况、工程规模、覆土埋深及工期等因素，常用的掘进施工方法有全断面法、台阶法、中隔壁法（CD，Center Diaphragm）、交叉中隔壁法（CRD，Center Cross Diaphragm）、双侧壁导坑法（眼镜法）、洞桩法（PBA，Pile Beam Arch）、中洞法及侧洞法等。

对地铁工程常用的开挖方法介绍如下。

（1）正台阶法。

主要用于地质条件比较好、断面中等、对地表沉降有一定要求的地铁区间隧道。台阶法施工特点：能较早地使支护闭合，有利于控制其结构变形及由此引起的地面沉降；上台阶长度（L）一般控制在 $1\sim1.5D$（D 为洞径）；根据地层情况，可选择两步或多步开挖；必须在地层失去自稳能力之前尽快开挖下台阶，支护形成封闭结构。正台阶法开挖形式如图 6.1-2 所示。

（2）单侧壁导坑正台阶法。

主要适用于地层较差、断面较大，采用台阶法开挖有困难的地层。采用该法可变大跨断面为小跨断面。大跨断面多不小于 10m，可采用单侧壁导坑法，将导坑跨度定为 3～4m，这样就可将大跨度变为 3～4m 跨和 6～10m 跨，这种施工方法简单可靠。单侧壁导坑正台阶法开挖形式如图 6.1-3 所示。

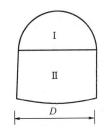
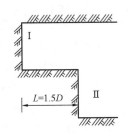
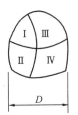
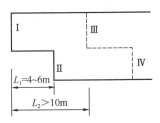

图 6.1-2　正台阶法开挖形式图　　　　　图 6.1-3　单侧壁导坑正台阶法开挖形式图

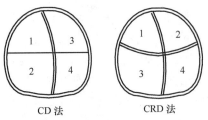

图 6.1-4　中隔墙法开挖形式图

（3）中隔墙法（CD 法或 CRD 法）。

主要用于地质条件较差、隧道埋深浅、断面较大、对地表沉降控制有严格要求的地铁区间隧道或中间风井扩大段、折返线工程等。中隔墙法开挖形式如图 6.1-4 所示。

（4）洞桩法（PBA）。

洞桩法就是先开挖导洞，在导洞内做挖孔桩，做成梁柱后，再施作顶部结构，然后在其保护下施工。采用洞桩法开挖步序如图 6.1-5 所示：①开挖导洞；②施作边桩桩基及中柱；③开挖边跨中跨导洞；④施作边跨中跨拱顶；⑤开挖土体施作侧墙及中板；⑥开挖土体施作侧墙及底板。

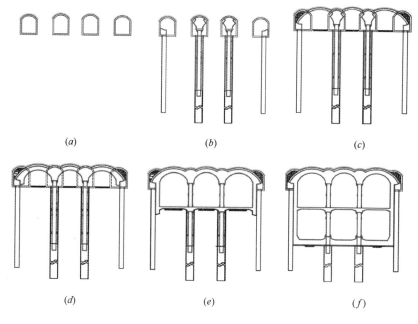

图 6.1-5 洞桩法开挖形式图

6.1.2 变形机理

1. 矿山法隧道地层变形规律

矿山法隧道施工相对于盾构法隧道来说，对周围地层扰动程度更大。隧道施工不可避免地引起沿隧道前进方向上的地层扰动和土体的损失，形成不同深度和不同范围的沉降槽，围岩性质不同、埋深不同，隧道开挖引起的沉降槽的深度和大小也不同。

（1）地表纵向变形规律。

矿山法隧道开挖过程中地表纵向沉降受开挖面的时空效应的影响，开挖引起的纵向沉降一般可分为4个区域，具体区域划分见图6.1-6。

1）微小变形区：当开挖面开挖与测点距离（L）相差（1.0～1.5）D 时，隧道开挖

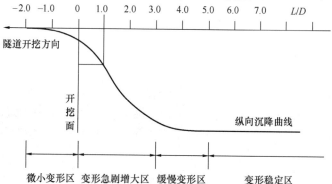

图 6.1-6 矿山法施工隧道纵向地表沉降曲线图
（L—测点与开挖面距离，m；D—隧道洞径，m）

开始对地表产生影响，造成一定范围的沉降，该段沉降量约占总沉降量的 15%～20%。

2) 变形剧增区：随着开挖面的向前推进，距测点相差 1.0D 及开挖面超过测点 3.0D 范围内，地表变形速率增长，变形量增大。该段沉降量约占总沉降量 50%～60%。这种变形主要是由于隧道开挖造成边界条件的改变，产生隧道上覆岩土体的扰动而引起的应力重分布造成的。

3) 变形缓慢区：当开挖面超过测点（3.0～5.0）D 时，地表变形速率减缓，变形量的增加变缓。该阶段沉降量约占总沉降量的 15%～20%。这种变形主要是在隧道支护封闭成环后，隧道覆土的进一步压密造成的。

4) 变形基本稳定区：当开挖面距测点 5.0D 及其以后，地层变形趋于稳定，地表沉降增长缓慢，沉降曲线趋于平缓。该沉降量约占总沉降量的 5%～10%。

(2) 地表横向变形规律。

软弱地层隧道上方的横向地表沉降可以用公式（6.1-1）所示的 Gaussian 曲线—Peck 公式来表示（Peck，1969；O'Reilly 和 New，1952）。研究所得的一系列修正的 Peck 公式也可以应用于矿山法隧道施工地表横向沉降分析（图 6.1-7）。

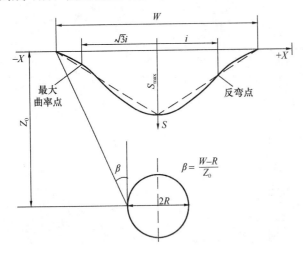

图 6.1-7　矿山法施工隧道上部沉降槽横断面曲线图

$$S(x) = S_{max} \exp\left(-\frac{x^2}{2i^2}\right) \quad (6.1-1)$$

式中　$S(x)$——隧道两侧横向上距隧道中心 x 处的地面沉降量，m；

S_{max}——隧道中心处的最大沉降量，m；

x——隧道两侧横向上距隧道中心的距离，m；

i——沉降槽宽度，曲线反弯点距隧道中心的距离，m。

由于矿山法隧道断面形式大小多变、施工方法较多、施工工艺复杂，与盾构法相比，对其进行全面系统分析的文献较少。大量实测资料分析、模型试验、数值模拟表明，地表沉降随隧道埋深的增大有减小的趋势。沉降槽宽度 i 与地层条件的关系是：富水砂层条件的 i 值要大一些，其次为软弱至硬黏土，最小的为极硬土和砂土。

2. 矿山法隧道地层变形机理

城市隧道由于埋置深度浅，施工引起地层变形，地层变形波及地表产生地表沉降，地层变形和地表沉降将对工程周边建（构）筑物、地下管线等带来不同程度的影响，过量的地层变形和地表沉降会造成建（构）筑物破坏、管线断裂等周边环境对象损伤，造成不同程度的经济损失和安全事故。地层变形和地表沉降的机理分析对防止过量沉降的出现具有积极的意义。

(1) 地层初始应力状态的改变。

地下工程开挖是在存在初始应力场的地层中进行的，开挖引起地层初始应力状态的改变,即二次应力场,是由地层初始应力场与开挖引起的附加应力场叠加而成的应力场,对应二次应力场开挖的位移场仅是由开挖引起的附加应力场。地表沉降的主要机理是由于开挖面的应力释放、附加应力等引起地层的弹塑性变形。

引起初始地层应力状态改变的主要原因如下:

a. 地下工程开挖引起的附加应力;

b. 地下工程施工对地层的扰动和地层损失;

c. 地下水渗流引起的地下水位变化及产生的渗流压力。

适用于初始地层应力状态改变引起的地表沉降的理论包括一般结构力学的计算理论、连续介质理论和数值分析方法理论。

隧道开挖后,以圆形隧道为例,在隧道周围将形成3个不同的区域,即松动圈、应力增高区(承载环)和原始应力区(图6.1-8)。隧道开挖后增加了临空面,洞壁由原来的三向应力状态改变成二向应力状态。由于洞周应力集中较大,围岩松动,形成作用于支护结构上的荷载。支护结构较强且支护及时,即支护结构能够提供的支撑力大于松动圈的荷载时,支护结构便会限制围岩的变形,减小塑性区的开挖半径。

开挖首先引起四周围岩扰动,地层应力场发生变化,在隧道四周应力场变化最明显。隧道开挖破坏地层原状应力线,通常应力线在隧道四周相对集中。此时,毛洞或初

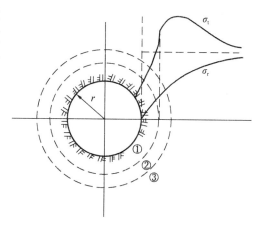

图6.1-8 圆洞成洞后的3个区域
(①松动圈②承载环③原始应力区;σ_t为切向应力,σ_r为径向应力)

期支护所能提供的抗力很小,该处只存在切向应力和向隧道的径向应力。这就造成开挖以后四周向隧道的位移,而且周边的切向应力随着位移而增大。

隧道四周的应力变化又进一步造成其相邻地层的应力变化。内层围岩向隧道内位移后,由于应力调整相邻围岩随之出现位移,直到由于切向应力作用在围岩中达到新的平衡才进入初步稳定状态。这种应力—位移的交替变化会逐渐向远离隧道的地层深部发展。其发展速度和变化数值取决于围岩性质、隧道跨度、施工方法、隧道埋深等。

(2)土体的固结沉降。

如果隧道在地下水位以下开挖,地层内部含水渗出,体积逐渐减少,这一现象称为土的"固结"。随着土体的固结,土体的压缩变形和强度逐渐增长。天然土体一般由矿物颗粒组成骨架体,有孔隙和气体填充组成三相体系。土颗粒压缩性很小,可认为不压缩。土体变形主要是孔隙水的流失及气体体积减小、颗粒重新排列、颗粒间距缩短、骨架发生错动的结果。

对于饱和的两相土,孔隙水压缩量很小,孔隙水体积变化主要因为孔隙水的渗出。对于非饱和三相土,除了孔隙水渗出外,土体固结变形还与饱和度变化有很大关系。孔隙气的渗出、压缩及溶解度的改变等,都会引起饱和度的变化。与孔隙水不同,孔隙气的压缩不容忽视。

由于土体孔隙体积变化和颗粒重新排列需要有一个时间过程，土体固结变形与时间有关。土体骨架变形可分为瞬时弹性变形、瞬时塑性变形、蠕动弹性变形和蠕动塑性变形。

根据隧道施工的特点，固结沉降的主要原因如下：

a. 地下水位下降引起的固结沉降；

b. 土体孔隙水压力变化，引起土体的固结沉降；

c. 土体扰动后，重新固结后产生沉降；

d. 土体的次固结和流变。

目前，国内外主要采用固结理论和数理回归分析来定量分析确定地下水位下降引起的地表沉降。固结沉降的计算理论主要包括太沙基固结理论和比奥固结理论。

1) 太沙基固结理论。

1925年太沙基（Terzaghi）针对饱和土提出了有效应力原理和一维固结理论，首次建立了渗流场与应力场的相互关联方程。为便于分析和求解，太沙基做了如下假定：①土是均匀的、完全饱和的理想弹性材料；②土体变形是微小的；③土体颗粒和孔隙水均不可压缩，土体的变形由土的骨架变形引起，是由于孔隙水的排出导致；④孔隙水渗流服从达西定律，渗透系数为常数；⑤荷载一次瞬时施加并维持不变，土体承受的总应力不随时间变化；⑥土体中只发生竖向压缩变形和竖向孔隙水渗流。

后来太沙基和伦杜立克（Rendulic）将此扩展到准三维固结方程（扩散方程）：

$$\frac{\partial H}{\partial t} = \frac{1}{3\gamma_w} \cdot \frac{\partial \Theta}{\partial t} + \frac{(1+e)(1+2K_0)}{3\gamma_w a}\left(K_x \frac{\partial^2 H}{\partial x^2} + K_y \frac{\partial^2 H}{\partial y^2} + K_z \frac{\partial^2 H}{\partial z^2}\right) \quad (6.1\text{-}2)$$

式中，H——超孔隙水压力水头；Θ——应力之和（应力张量第一不变量）；e——$\sigma_x + \sigma_y + \sigma_z$；$\gamma_w$——孔隙水重度；$a$——土体压缩系数；$e$——土的孔隙比；$K_0$——侧压力系数；$K_x$、$K_y$、$K_z$——土体三个方向的渗透系数。

2) 比奥固结理论。

太沙基固结理论只是在一维情况下是精确的，在多维固结问题中，它忽略了变形协调条件固结过程总应力的影响，所获得的结果只是近似的。1941年，比奥（Biot）从较严格的固结机理出发推导了准确反映孔隙压力消散与土骨架变形相互关系的三维固结方程。比奥理论增加了一个假定——在固结过程中法向总应力和不随时间变化。这个理论考虑了土骨架和孔隙水的相互作用。比奥沿用太沙基的有效应力原理，建立了线弹性的三维固结方程。其中由平衡微分方程、几何方程、土骨架的本构方程导出的求解方程为

$$\nabla^2 u_i - \frac{\lambda + G}{G} \cdot \frac{\partial \varepsilon_v}{\partial x_i} + \frac{1}{G} \cdot \frac{\partial p_w}{\partial x_i} + X_i = 0$$
$$(i = 1, 2, 3) \quad (6.1\text{-}3)$$

另外，渗流连续性方程为：

$$\frac{\partial \varepsilon_v}{\partial t} = \frac{1}{\rho_w}\left(K_x \frac{\partial^2 p_w}{\partial x^2} + K_y \frac{\partial^2 p_w}{\partial y^2} + K_z \frac{\partial^2 p_w}{\partial z^2}\right) \quad (6.1\text{-}4)$$

式中 ∇^2——Laplace算子，$\nabla^2 = \frac{\partial^2}{\partial x^2} + \frac{\partial^2}{\partial y^2} + \frac{\partial^2}{\partial z^2}$；

u_i——土体变形（u, v, w）；

p_w——超孔隙水压力；

ε_v——体积应变，$\varepsilon_v = \varepsilon_x + \varepsilon_y + \varepsilon_z = \left(\dfrac{\partial u}{\partial x} + \dfrac{\partial y}{\partial y} + \dfrac{\partial w}{\partial z}\right)$；

γ_w——孔隙水重度；

λ、G——Lame 系数，$\lambda = \dfrac{\mu E}{(1+\mu)(1-2\mu)}$，$G = \dfrac{E}{2(1+\mu)}$；

μ——土体泊松比；

E——土体的弹性模量；

X_i——土体单位体积力；

K_x、K_y、K_z——土体在空间 x、y 和 z 三个方向的渗透系数。

比奥固结理论把孔隙水压力消散紧密地与土的位移变形联系在一起，其固结方程包含 4 个未知数：土体的变形 u、v、w、超孔隙水压力 p_w。这使得它对渗流土体固结的估算比 Terzaghi-Rendulic 的三维固结理论更符合实际。但 Terzaghi-Rendulic 的三维固结理论简单，目前在工程界仍有广泛的应用。

3. 矿山法隧道地层变形影响因素

隧道开挖过程中，由于围岩被扰动，可能失稳变形、破坏以及地下水流失，从而导致地表的变形。已有研究成果表明，矿山法隧道地表沉降的影响因素很多，包括地质条件（围岩性质）、环境条件、覆土厚度、断面尺寸、施工方法、地层损失及施工管理等。各个影响因素之间相互联系、相互影响，对变形控制措施的采取有重要的意义。

（1）地质条件（围岩性质等）。

城市轨道交通隧道工程多处于城市第四纪松散地层中，各个地层的类型、厚度、物理力学性质、透水性等差异较大，工程对其施工扰动程度、失水固结等引起的地表沉降差异也较大。围岩性质较好时，开挖面的断面收敛、地表沉降的大小和分布也容易控制。软土地区由于地层的强度低、地下水位高、开挖面自稳能力差，一般需采用特殊的辅助施工措施才能保证隧道断面的收敛控制。围岩性质对施工方法的选择也有影响。

同时，地下水位对地表沉降也有一定的影响。地下水的长期作用可使围岩强度降低，引起地层不稳，加大围岩压力，从而增加支护结构的压力。无水施工时施工容易控制。对于流塑状地层，地下水位以下施工需采取辅助工法改善地层条件后才能开挖。因此，地下水对地表沉降和施工方法有较大的影响。

（2）环境条件。

隧道工程施工必须保证周边环境对象的安全，确定其正常使用功能不受到影响，否则需付出一定的代价对环境对象采取必要的控制措施。同时，周边建筑等环境对象也可作为隧道上方的荷载作用于隧道工程。隧道上方的竖直荷载对地层沉降产生很大的影响。

（3）覆土厚度。

矿山法隧道的实测和实验结果表明，隧道埋深对地层位移的影响因地层情况的不同而不同。通常矿山法隧道工程的覆土厚度增大时，地表沉降的最大值逐渐减小。增大隧道的埋深有助于减少地表沉降，有利于环境对象的保护和对地表设施的保护。

（4）断面尺寸。

矿山法隧道施工的断面一般包括马蹄形标准断面以及其他大断面形式，施工断面形式存在多种类型。不同断面尺寸下的隧道施工对地表产生的影响也不同。已有研究成果表明，在其他条件不变时，地表沉降值、沉降槽的宽度随着隧道开挖半径的增大而增大。开挖跨度较大时，施工作业时间较长，对土体扰动更严重，结构稳定性也较差。

(5) 施工方法。

矿山法隧道施工方法包括全断面法、台阶法、分布开挖法等。通常台阶法控制地表沉降的效果比全断面法要好，中隔墙法、眼睛法控制地表沉降的效果比台阶法要好。眼睛法控制地表沉降的效果优于中隔墙法。

(6) 地层损失。

矿山法隧道施工由于超挖初期支护与地层不密贴，如不进行回填注浆或注浆量不足，可形成应力释放引起弹塑性变形，产生地表沉降。开挖面涌水或衬砌漏水，携带地层微小颗粒流失，引起地层土体颗粒重分布，产生地表沉降。周边土体在弥补地层损失时，出现地层移动引发地表沉降。

(7) 施工管理。

施工过程中，地层损失、地下水位下降等可通过加强施工管理进行控制，以减小地表沉降量。矿山法隧道施工方法、断面尺寸、支护形式确定后，严格控制施工步序，保证施工合理开挖，及时架设初期支护，可有效控制工程开挖对围岩的扰动程度，防止过量地层损失和地表沉降的出现。

4. 双洞（多洞）隧道地表变形规律

O'Reilly，New 等（1982，1991）研究了不同地层、不同施工方法所引起的地表沉降，在大量实测资料的基础上，提出了实际沉降槽宽度、地层损失和地表沉降公式。根据单孔隧道地表沉降结果，按照叠加原理，得出了双孔隧道引起的地表沉降。研究认为，第二条隧道所引起的地面沉降大多较第一条隧道大，因为第一条隧道上方土体已经过扰动。两条隧道间距较近时，地表沉降大体与等效半径为 R' 的单条隧道引起的地面沉降相同，等效半径 $R' = R + d/2$（R 为每条隧道半径，d 为两条隧道的净距）。

城市轨道交通多采用左、右线分离隧道，当两条地下工程距离较近时，其对地表的影响相互叠加。对于后行隧道和先行隧道来说，都存在左、右线隧道（多洞）施工引起的地表沉降的叠加效应，同时先行隧道施工对其周围地层的扰动，引起其周围地层强度的弱化，后行隧道施工时地层损失较大，引起的地表沉降往往也比先行隧道大。因此双洞（多洞）隧道施工引起的地表沉降比单孔地下工程要复杂。为了简化分析，一般只考虑双洞（多洞）施工引起的地表沉降的叠加效应，忽略先行隧道施工引起周围地层强度的扰动，这样将引起较大的误差，如图 6.1-9 所示。

由于隧道施工对周围地层产生扰动，研究并行的同尺寸双洞隧道时，简单方法可假定二线隧道上方的沉降剖面与一线隧道相一致，来预测其上方地层移动。预测沉降剖面的不准确性与土的强度（破坏之前）、体积损

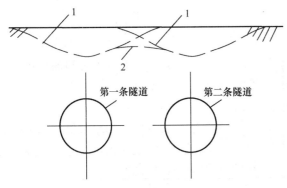

图 6.1-9 双洞隧道施工引起的地表沉降曲线图
1—单条隧道引起的地表沉降曲线；
2—两条隧道引起的地表沉降曲线

失、W 的大小和 W_{max} 的位置、沉降槽宽度参数 K（与 i 有关）、近边缘和远边缘的长度（与 K 相关）等参数的变化有关。

6.1.3 矿山法工程风险分析

1. 不良地质条件风险分析重点

不良地质条件的风险主要是施工过程中引发的突水、涌砂、开挖面坍塌、冒顶、边墙失稳、洞底隆起、岩爆、滑坡、围岩松动等。如地质条件复杂多变、地层中存在空洞疏松、土质自稳性差；地层含水量大、补给源多且不明、降水措施不到位等均易引发坍塌或涌（突）水事故。

2. 超前支护风险分析

超前支护的风险主要是施工过程中引发的失稳甚至坍塌事故。如超前小导管注浆施工风险主要是小导管材质、规格、长度及花眼不符合设计和方案要求；注浆压力未按要求分级逐步升压；未达到注浆终压或注浆质量标准即结束注浆；注浆配置或存放过程中未设专人管理。

超前大管棚施工风险主要是大管棚材质、规格、长度及花眼不符合设计和方案要求；大管棚成孔过程中对地层扰动引起上方环境对象变形风险；未达到注浆终压或注浆质量标准即结束注浆；注浆压力大引起周边环境变形等。

3. 隧道开挖面的风险分析

土方开挖不当容易导致冒顶、坍塌事故，如开挖前未核实施工涉及的地下管线情况、未制定相应的保护、加固措施；开挖进尺过大，超过设计及规范要求；核心土留置不符合要求；台阶长度、导洞间距不符合要求。此外，土石方爆破操作不当也容易引发安全事故。

4. 初期支护风险分析

隧道初支失稳往往发生在隧道开挖完成后，二次衬砌施工前，往往出现在有临时仰拱或临时中隔墙的大断面隧道结构中。出现初支失稳前可能出现沉降或收敛过速过大的现象，同时可能伴随喷射混凝土开裂等现象。隧道初支失稳的主要（但不限于）原因如下：

（1）临时支撑的数量不足或刚度、强度不足。

（2）临时支撑架设和连接不及时或不符合要求。

（3）喷射混凝土不及时或不符合要求。

（4）由于背后回填注浆压力过大或其他原因造成的导致初期支护承受过大荷载。

（5）在变形还没有稳定时拆除临时支撑或临时支撑拆除时间、方式、顺序等不符合要求。

（6）初期支护完成施作二次结构时分段拆除中隔壁长度过长。

（7）上挑段施工拱顶受力复杂，受力转换引起风险。

（8）联络通道、特殊断面（马头门）、施工通道等部位开马头门施工结构应力重新分布，受力变化异常引起风险。

（9）不同开挖方法（CD法、CRD法、PBA法）导洞的群洞开挖相互扰动影响，引起初期支护体系位移过大。

5. 二次衬砌风险分析

二次衬砌和初期支护共同构成隧道的受力结构，承担围岩压力，如果初期支护变形，会将一部分受力转移到二次衬砌，因此，二次衬砌是城市轨道交通区间隧道重要的支护形式。二次衬砌混凝土浇筑必须确保拱顶混凝土密实，钢筋绑扎时不应破坏防水层，否则，容易引发渗漏事故。此外，二次衬砌背后注浆时应注意合理的注浆压力，防止由于注浆压力过大引起二次衬砌结构开裂。

6. 穿越建（构）筑物的风险

建（构）筑物变形一直随着隧道施工的各个阶段（甚至在竣工通车后一直持续变形），一般来说在隧道开挖过程中特别是仰拱封闭前，是其变形速度较大的阶段。建（构）筑物变形过大的主要（但不限于）原因如下：

(1) 控制沉降的措施不力。

(2) 开挖过程中周边建（构）筑物出现坍塌。

(3) 背后回填注浆不及时、不密实。

(4) 保护措施不当或落实不到位。

7. 穿越地下管线的风险

穿越燃气管线、热力管线、上水管线、雨污水管线等管线时引起管线过量沉降及差异沉降，造成渗漏破坏。带水管线的自身渗漏或施工开挖引起的破坏渗漏都可能引起地层出现空洞、水囊，严重时地下水涌入开挖面，引起开挖面结构失稳、地面塌陷，引起其他次生灾害风险。

8. 穿越江河的风险

穿越江河的风险主要是渗漏甚至透水事故。渗漏发生在开挖过程中，开挖完成，甚至衬砌完成后，渗漏影响开挖安全、质量，导致坍塌甚至透水事故发生。穿越河流渗漏产生的主要原因是江河位于隧道施工影响范围内且与隧道拱部垂直距离过小，隧道开挖时江河水体沿地层渗漏，此外，衬砌完成后，防水和二次衬砌的质量不过关也会导致渗漏事故的发生。

6.2 监测对象和项目

6.2.1 监测对象和项目的确定

从矿山法施工风险分析可看出，矿山法施工相比明挖法及盾构法，风险较大，其特点表现为受地质条件影响大，拱顶上覆土层、开挖面地层、地下水控制均对开挖面安全影响大，超前支护、初期支护施工质量对支护结构的稳定性有较大影响，开挖工艺控制特别是受力转换部位的工艺控制风险大，另外穿越重要环境对象如地下管线、建（构）筑物、邻近水体施工控制不当均有可能导致风险的发生。

因此，需要根据矿山法支护结构特点及施工开挖方法，掌握隧道开挖与支护的平衡关系，通过对隧道支护结构体系中的初支结构拱顶、结构底板、拱脚、结构净空、中柱结构以及隧道外部的地表、深层土体、地下水等对象及这些对象间的相互作用关系进行监测,掌握监测数据时间与空间变化,来动态调整支护参数信息化施工。《城市轨道交通工程监测技术规范》(GB 50911—2013)对城市轨道交通工程矿山法隧道支护结构和周围岩土体监测项目要求见表6.2-1。

矿山法隧道支护结构和周围岩土体监测项目　　　　表6.2-1

序号	监测项目	工程监测等级		
		一级	二级	三级
1	初期支护结构拱顶沉降	√	√	√
2	初期支护结构底板竖向位移	√	○	○
3	初期支护结构净空收敛	√	√	√
4	隧道拱脚竖向位移	○	○	○
5	中柱结构竖向位移	√	√	○
6	中柱结构倾斜	○	○	○
7	中柱结构应力	○	○	○
8	初期支护结构、二次衬砌应力	○	○	○
9	地表沉降	√	√	√
10	土体深层水平位移	○	○	○
11	土体分层竖向位移	○	○	○
12	围岩压力	○	○	○
13	地下水位	√	√	√

注：√——应测项目，○——选测项目。

6.2.2　监测项目的选择

城市轨道交通工程中浅埋暗挖隧道的施工监测项目的选定,应根据隧道工程地质条件、围岩类别、围岩应力分布情况、隧道跨度、埋深、工程性质、开挖方法、支护类型等因素确定。

初期支护结构拱顶部位是受力的敏感点,其沉降大小反映了初期支护结构的稳定和上覆地层的变形情况,是控制初期支护结构安全以及地层变形的关键指标。因此,初期支护结构拱顶沉降监测为应测项目。

随着隧道内岩土体的开挖卸载,隧道内外形成一个水土压力差,会使结构底板产生一定的隆起,进行初期支护结构底板竖向位移监测可以及时了解隧道结构的变形状况。采用矿山法施工的隧道初期支护结构底板竖向位移值相对较小,因此,在矿山法隧道工程中为应测项目。

初期支护结构净空收敛是指隧道拱顶、拱脚及侧壁之间的相对位移,其监测数据直接反映了围岩压力作用下初期支护结构的变形特征及稳定状态,是检验开挖施工和支护设计是否合理的重要指标。因此,初期支护结构净空收敛监测为应测项目。

中柱结构竖向位移是直接反映整个支护结构的变形与稳定的重要指标,其监测方法简单,为应测项目。

中柱结构倾斜主要是监测中柱在偏心荷载作用下沿水平方向的相对位移，中柱应力监测主要是监测其受力是否超过设计强度，同时也要考虑中柱的偏心荷载情况。一般情况下对各监测等级的矿山法隧道工程，中柱结构的倾斜及应力监测可作为选测项目。当中柱存在偏心荷载如采用 PBA 工法时，在扣顶部大拱的过程中，边拱和中拱按照要求不能同步施工，导致中柱水平受力不平衡。因此，在这种情况下需要根据偏心荷载的大小增加中柱（钢管柱）沿横断面方向的倾斜监测项目。

初期支护、二次衬砌结构应力监测的目的是为了了解初期支护和二次衬砌的变形特征和应力状态，掌握初期支护结构和二次衬砌结构所受应力的大小，可为设计提供依据，可根据需要确定。

地表沉降一方面能反映工程施工质量的控制效果，另一方面又能反映工程施工对周围岩土体及周边环境影响程度，对工程安全尤为重要。因此，地表沉降监测项目为应测项目。

由于隧道施工对岩土体的扰动是由开挖面经岩土体传递到地表的，土体深层水平和竖向位移监测可掌握岩土体内在不同深度处的位移大小，了解围岩的扰动程度和范围，对围岩支护及周边环境保护具有很好的指导作用。由于土体深层水平和竖向位移监测操作较为复杂，成本较高，可根据需要确定。

通过围岩与初期支护结构间接触应力监测，可掌握围岩作用在初期支护结构上荷载的变化及分布规律，对指导施工和设计具有很好的参考价值。由于目前围岩压力监测成本较高，传感器埋设困难，可根据需要确定。

地下水的存在对暗挖施工影响很大，一方面给施工增加难度，另一方面也会给安全施工带来威胁。地下水位观测是监控地下水位变化最直接的手段，根据监测到的水位变化可及时采取应对措施，预防事故的发生。因此，地下水位监测为应测项目。

6.3 监测点布设与监测方法

6.3.1 地表沉降

1. 监测目的

隧道工程开挖后，地层中的应力扰动区延伸至地表，围岩力学形态的变化在很大程度上反映于地表沉降，地表沉降可以反映隧道开挖过程中围岩变形的全过程。尤其是附近有建筑物时就必须对地表沉降情况进行严格的监测和控制，保证施工安全。

2. 监测点布设要求

矿山法隧道工程地表沉降监测点位置在施工图设计中确定，并应在隧道开挖前布设，地表沉降测点和隧道内测点对应布设在同一断面里程，在实际实施时应根据现场情况变化进行修正。因矿山法隧道工程设置在复杂的地层中，设计时对结构内力与土体变形进行预估，由于土压力等荷载的不确定性以及设计过程中对地层与支护结构的一些假定取值，需要经过实测数据进行验证，必要时对监测点进行调整补充。根据《城市轨道交通工程监测技术规范》（GB 50911—2013），矿山法周边地表沉降监测断面及监测点布设应符合下列规定。

（1）监测点应沿每个隧道或分部开挖导洞的轴线上方地表布设，且监测等级为一级、二级时，监测点间距宜为5～10m；监测等级为三级时，监测点间距宜为10～15m；

（2）应根据周边环境和地质条件，沿地表布设垂直于隧道轴线的横向监测断面，且监测等级为一级时，监测断面间距宜为10～50m；监测等级为二级、三级时，监测断面间距宜为50～100m；

（3）在车站与区间、车站与附属结构、明暗挖等的分界部位，洞口、隧道断面变化、联络通道、施工通道等部位及地质条件不良易产生开挖面坍塌和地表过大变形的部位，应有横向监测断面控制；

（4）横向监测断面的监测点数量宜为7个～11个，且主要影响区的监测点间距宜为3m～5m，次要影响区的监测点间距宜为5～10m。

3. 监测作业方法

作业方法参见明挖法基坑地表沉降监测作业方法。

6.3.2 初期支护结构拱顶沉降及净空收敛

1. 监测目的

初期支护结构拱顶沉降及隧道净空收敛监测是隧道施工中一项必不可少的监测内容。由于地下工程自身固有的错综复杂性和变异性，传统的设计方法仅凭力学分析和强度验算难以全面、适时地反映出各种情况下支护系统的受力变化情况。围岩应力及环境条件发生变化，周边围岩及支护随之产生位移，该位移是围岩和支护力学行为变化最直接的综合反映，因此，隧道围岩位移监测具有十分重要的作用。通过对围岩周边的水平净空收敛量及其速度进行观察，掌握围岩内部随时间变形的规律，从而判断围岩的稳定性和为确定二次支护的时间提供依据；保证结构总变形量在规定允许值之内，更好地用于指导施工。

2. 监测点布设要求

区间暗挖测点布置在每条隧道的顶部，随着隧道的形成而延伸。断面设置要有代表性，如进出洞口、地层变化等，并尽量与地表沉降点布设相对应。在《城市轨道交通工程监测技术规范》（GB 50911—2013）中要求，初支结构拱顶沉降、净空收敛监测断面及监测点布设应符合下列规定。

（1）初支结构拱顶沉降、净空收敛监测应布设垂直于隧道轴线的横向监测断面，车站监测断面间距为5～10m，区间监测断面间距为10～15m。

（2）监测点宜在隧道拱顶、两侧拱脚处（全断面开挖时）或拱腰处（半断面开挖时）布设，拱顶的沉降监测点可兼作净空收敛监测点，净空收敛测线宜为1～3条。

（3）分部开挖施工的每个导洞均应布设横向监测断面。

（4）监测点应在初支完成后及时布设。

由于观测断面形状、围岩条件、开挖方式的不同，测线位置、数量亦有所不同，可参见表6.3-1和图6.3-1。

拱顶下沉测点一般可与收敛测点共用，这样既节省了测点布设工作量，更为重要的是使测点统一，监测结果能够互相验证。

净空收敛监测测线数　　　　　　　　　表 6.3-1

开挖方法	普通区间	特殊区间			选测项目量测位置
		洞口附近	埋深小于2B	有膨胀压力或偏压地段	
全断面开挖	一条水平测线		3条或5条		3条或5条、7条
短台阶法	二条水平测线	3条或6条	3条或6条	3条或6条	3条或5条、6条
多台阶法	每台阶一条水平测线	每台阶3条	每台阶3条	每台阶3条	每台阶3条

注：B 为隧道开挖宽度。

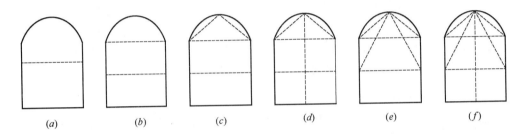

图 6.3-1　断面收敛监测测线的布设方式
(a) 1条测线；(b) 2条测线；(c) 3条测线；
(d) 5条测线；(e) 6条测线；(f) 7条测线

3. 监测作业方法

(1) 监测仪器。精密电子水准仪及配套钢钢尺、钢挂尺；收敛计；全站仪；红外激光测距仪。初支结构拱顶（部）下沉和净空收敛的监测精度分别为 0.1mm 和 0.06mm。

(2) 测点埋设。采用精密电子水准仪测设初期支护结构拱顶沉降，拱顶测点布设材料选用 $\Phi=22$mm 螺纹钢，做成弯钩状埋设或焊接在拱顶，外露长度5cm，外露部分应打磨光滑，并用红油漆标记统一编号。监测点布设方法如图 6.3-2 所示。

采用收敛计监测净空收敛测点布设材料选用 $\Phi=22$mm 螺纹钢，埋设或焊接导洞两侧，外露长度5cm，在外露的螺纹钢头部焊接一椭圆形的铁环，并用红油漆标记统一编号。监测点布设方法如图 6.3-3 所示。

采用红外激光测距仪监测净空收敛应在收敛测线两端设置对中与瞄准标志，隧道侧壁

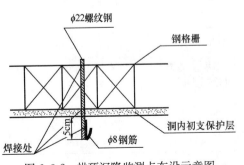

图 6.3-2　拱顶沉降监测点布设示意图

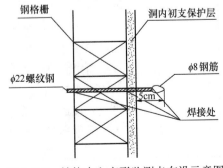

图 6.3-3　结构净空变形监测点布设示意图

图 6.3-4 结构净空变形监测点布设实景图

粗糙时瞄准标志宜采用反射片；采用全站仪进行固定测线收敛监测应设置固定仪器设站位置，在收敛测线两端固定小棱镜或设置反射片，设站点与测线两端点水平投影应呈一直线。

（3）作业方法。

1）初期支护结构拱顶沉降。拱顶下沉观测采用倒立铟钢尺，水准仪测量，测量方法同地表沉降、建构筑物沉降等观测方法一致。测试时将水准仪安放在标准高程点和拱顶测点之间，铟钢尺底端抵在标准高程点上，并将铟钢尺调整到水平位置，然后通过水准仪后视铟钢尺记下读数为 H_1，再前视钢卷尺记下读数位 H_2，若标准高程点的高程为 H_0，则本次测试拱顶测点的高程为 $H_0+H_1+H_2$，两次不同测试的拱顶高程差即为两次间隔时间内的拱顶沉降。拱顶沉降监测作业方法如图 6.3-5 所示。

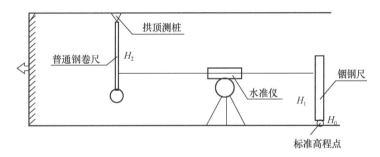

图 6.3-5 拱顶沉降监测方法示意图

2）净空收敛监测。

① 采用收敛计监测净空收敛。在收敛钩安装后进行收敛钩与收敛尺接触点的符合性检查，通过 4 次独立观测较差应小于标称精度的 2 倍。在观测时应施加收敛尺标定时的拉力，独立 2 次观测读数，较差小于标称精度的 2 倍时取中数。在工作现场温度变化较大时，读数应进行温度修正。

对收敛观测的要求如下。

a. 观测前应在室内进行收敛计标定。

b. 观测前必须将测桩端头擦洗干净。

c. 将收敛计两端分别固定在基线两端的测桩上，按预计的测距固定尺长，并保证钢尺不受拉。

d. 不同的尺长应选用不同的张力。调节拉力装置，使钢尺达到选定的恒定张力，读记收敛值，然后放松钢尺张力。

e. 重复第（4）条的程序两次，3次读数差不应大于收敛计的精度范围。取3次读数的平均值作为计算值。

f. 观测的同时，测记收敛计的环境温度。温度对测值的影响较大，因此，需要准确地测量收敛观测时的环境温度，以便对观测值进行修正。

观测方法。周边收敛量测方法如下：首先，将百分表读数调至2.5~3.0cm，并将收敛计钢尺挂钩挂在测点上，收紧钢尺将销钉插入钢尺上适当的小孔内，用卡钩将其固定；然后，转动调节螺母直到观测窗中线条与面板成一直线为止，读取观测窗和钢尺读数，两者相加即为测点间距离；接着，将每条测线前后两次测线距离相减即可算出各测点间相对位移，最后，松开调节螺母，退出卡钩，将钢尺取下，擦净收好。

绘制收敛位移与时间的关系曲线、收敛位移与开挖空间变化的关系曲线、位移速率变化的时空关系曲线、断面的位移分布图。

② 采用红外激光测距仪监测净空收敛。首先红外激光测距仪的标称精度应优于±2mm。并且在收敛测线两端设置对中与瞄准标志，隧道侧壁粗糙时瞄准标志宜采用反射片；对中与瞄准标志设置后应进行实测内符合精度检查，观测过程中4次独立观测较差应小于测距标称精度的2倍；在观测时应独立观测2次，较差小于标称精度的2倍时取中数。通过两期读数的差值计算出收敛变化量。

③ 采用全站仪进行固定测线收敛监测。首先设置固定仪器设站位置，在收敛测线两端固定小棱镜或设置反射片，设站点与测线两端点水平投影应呈一直线；在施测过程中应盘左、盘右两个盘位观测至少一测回，计算测线两端点的水平距离。通过计算两期水平距离的差值得出收敛变化量。

6.3.3 地下水位

1. 监测目的

矿山法工程施工过程中，周围土体排水会引起土体的孔隙水压力消散，有效应力增加，从而造成土体压缩，引起周围一定范围内的地面下沉，甚至造成临近区域内建（构）筑物的破坏，因此，地下水位变化是浅埋暗挖工程施工过程中必须严密监测的一个关键性参数。

2. 监测点布设要求

水位孔的布设原则：一般在隧道两侧布设水位监测孔，水位监测孔深度一般应低于隧道底2~3m。浅埋暗挖车站取代表性地段设置，布置数量不少于4个水位观测孔，且间距不应大于30m。

保护周围环境的水位孔应围绕支护结构和被保护对象（如建筑物、地下管线等）或在两者之间进行布置，其深度应在允许最低地下水位之下或根据不同水层的位置而定，潜水水位观测管埋设深度宜为6~8m。潜水水位监测点间距宜为20~50m，微承压水和承压水层水位监测点间距宜为30~60m，每测边监测点至少1个。

3. 监测作业方法

参见明挖基坑地下水位测设方法。

6.3.4 围岩压力及支护间接触应力

1. 监测目的

通过在不同的主断面周围土体中布置土压盒，在初期支护的钢格栅上焊接钢筋应力计的监测研究手段，达到分析围岩压力、支护结构受力状态及隧道结构支护效果评价的目的。了解围岩压力的量值及分布状态；判断围岩和支护的稳定性，分析二次衬砌的稳定性和安全度。

2. 监测点布设要求

围岩压力及支护间接触应力一般采用土压力盒进行监测。应在车站和区间具有代表性的地段选择应力变化最大或地质条件最不利的部位布置监测断面，每一断面5～11个测点。基于暗挖主体结构断面形状和受力特点，在隧道断面的受力和变形均较为敏感的部位上（如拱顶、拱腰、拱脚）布设压力计。布设如图6.3-6所示。

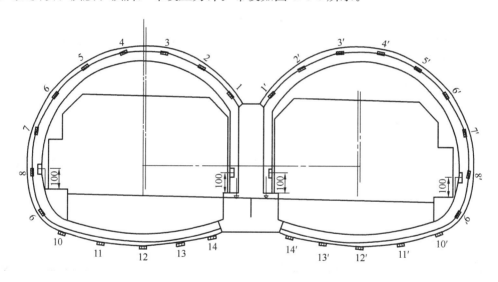

图 6.3-6 围岩压力及支护间接触应力

3. 监测作业方法

（1）监测仪器。界面土压力计、频率接收仪、监测精度为0.15%F.S。

（2）压力计的埋设与安装。在岩土工程中，压力计用于观测混凝土和岩土体内部压力、岩土体与混凝土或结构物接触面上的压力。在介质中钻孔、切槽埋设压力计，不是测总压力值，而是测埋设压力计时起的总压变化值。因此，压力计的安装埋设，可分为：混凝土浇筑中的压力计埋设、土体填筑过程中压力计的埋设和在岩土体或混凝土中钻孔或切槽的安装埋设。压力计有不同的类型，常用压力计的压力传递方式基本相同，埋设时，应特别注意受压板或压力枕与介质完全接触密合。压力计可以观测各种不同方向的压力，可以单只埋设，也可以成组安装理设。

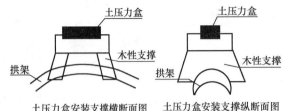

图 6.3-7 土压力盒安装支撑示意图

常规压力计的安设比较简单,在钢筋计对应的位置向上,在土里安设即可。要使压力计面向围岩,根据实际围岩情况,采用木板支撑和十字钢筋托盘将压力盒紧贴围岩面,保证围岩与压力计的密贴性,如图 6.3-7 所示。然后,谨慎施作喷混凝土层,不要使喷混凝土与压力计之间有间隙。引线要沿着格栅主筋顺沿到拱脚一起引出,并在压力计引出处留有一定的收缩线,线头用仪器盒装好悬挂于侧墙上,注意防水,左右两侧分开引线。

(3) 压力计测量与计算。量测实施与要求如下。

1) 调零与标定。在压力盒安设之前校核,读各仪器的 F_0。

2) 隧道结构内安设完毕后,进行初始读数。

3) 根据隧道内的每道工序,定时量测。在仪器埋设后 5m 范围内,每天量测 2~3 次;大于 5m 长度时量测为 1~2 次;大于 10m 时,每天量测 1 次。分步开挖过程中后续开挖面通过测点前后 5m 范围内每天量测 2~3 次,并注意读数变化,通过 5m 后仍有突变则要对结构进行检查,并加强地表、拱顶沉降的观测,以便进行校核。

4) 量测记录、计算及分析,分别绘制测点频率、受力及换算后的结构受力曲线,及时记录施工工序,形成一整套合理的变形、受力规律。

6.3.5 土体分层沉降及水平位移

1. 监测目的

矿山法施工上覆地层分层沉降量测是了解暗挖分部施工过程中上覆地层不同深度的垂直变位的情况。

暗挖施工上覆地层水平位移量测是了解暗挖工程分部施工过程中上覆地层不同深度处的水平变位情况。

2. 监测点布设要求

(1) 土体分层沉降监测。宜采用钻孔埋设分层沉降标进行监测。埋设沉降标时,在隧道两侧的钻孔深度应超过隧道底板 2~3m,而位于隧道顶部的钻孔深度应在隧道拱顶之上 1~2m。

(2) 土体水平位移监测。土体水平位移的监测采用测斜仪进行监测。测斜管的埋设必须与周围土体密贴。

(1)、(2) 两个监测项目宜在同一断面布置。

在暗挖主体上覆地层中布设一个主观观测断面,在隧道结构两侧分别布设测斜孔和分层沉降测孔,其横断面图如图 6.3-8 所示。

3. 监测作业方法

(1) 监测仪器。分层沉降仪、测斜仪,多点位移计(用于洞内监测)等,监测精度分别为 1.0mm、0.02mm/0.5m 和 1.0mm。

(2) 监测实施。参见传感器测试相应内容。

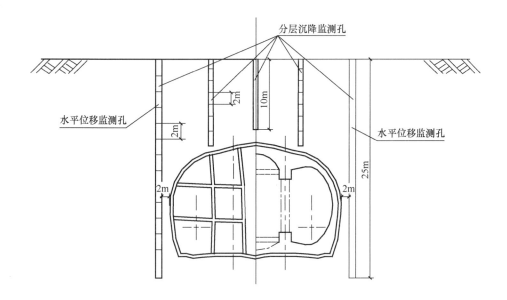

图 6.3-8 分层沉降、土体水平位移监测剖面图

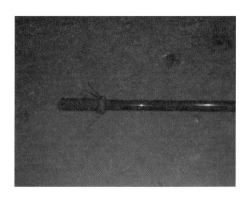

图 6.3-9 分层沉降监测仪器

6.3.6 钢筋格栅应力

1. 监测目的

研究初期支护钢格栅的结构内力的动态变化趋势,特别是各步工序转换前后的动态变化,把握施工过程中结构的安全状态,并检验和修正支护结构设计参数。

2. 监测点布设要求

监测断面应与第5测项所设主断面相对应。每榀钢拱架布置5~11只钢筋计监测内力,利用频率接收仪测读。

3. 监测作业方法

(1) 监测仪器。钢筋计或其他测力计及频率接收仪,监测精度为0.15%F.s。
(2) 量测钢筋计的加工与制作。选择现场实际施作的钢格栅作为内力量测钢格栅,钢格栅的主筋与钢筋计的尺寸相同,用焊接替换原来的主筋,以便量测准确的内力值。具体步骤如下。

1) 在选择的钢格栅上分别编号为 G＊Y＊(＊为数字),按一定的距离定点画线。

2) 钢筋计在钢筋加工厂预先与钢筋焊接好,焊接时应将钢筋与钢筋计的连接杆对中后采用对接法焊接在一起,为了保证焊接强度,在焊接处需加焊帮条,并涂沥青,包上麻布,以便与混凝土分开。

3) 为了避免焊接时仪器温度过高而损坏仪器,焊接时仪器要包上湿棉纱并不断在棉纱上浇冷水,直至焊接完毕后钢筋冷却到一定温度为止,焊接在发黑(未冷却)之前,切记浇上冷水,焊接过程中仪器测出的温度应低于60℃。

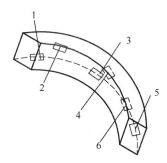

图 6.3-10 单格栅的钢筋计布设
(1~6 为布点位置)

4) 焊接工序完成后,将电缆环绕主筋一圈,以防因混凝土的收缩而使电缆破坏。

5) 沿主筋均匀放线并绑扎电缆,保证所有引出线齐头,捆扎后待接测量仪器。

(3) 测量与计算。量测实施与要求如下。

1) 调零与标定。在钢筋计安设之前校核,读各仪器的 F。

2) 隧道结构内安设完毕后,进行初始读数。

3) 根据隧道内的每道工序,定时量测。在仪器埋设后 5m 范围内,每天量测 2~3 次;大于 5m 长度时,量测为 1~2 次;大于 10m 时,每天量测 1 次。分步开挖过程中后续开挖面通过测点前后 5m 范围内,每天量测 2~3 次,并注意读数变化,通过 5m 后仍有突变则要对结构进行检查,并加强地表、拱顶沉降及围岩压力的观测,以便进行校核。

4) 量测记录、计算及分析,分别绘制钢筋计测点频率、受力及换算后的结构受力曲线,及时记录施工工序,形成一整套合理的变形、受力规律。

6.3.7 初期支护及二次衬砌应力

1. 监测目的

初期支护钢格栅作为初期支护的主体,其受力状况直接影响结构的稳定性,研究其结构内力的动态变化趋势,特别是二次衬砌各步工序转换前后的动态变化,能把握施工过程中结构的安全状态。该测项比使用土压力盒监测更直接、更精确。

2. 监测点布设要求

该应力监测的测点一般沿钢拱架外缘或主筋弧长,每隔一定距离布设。在拱顶、拱腰、拱脚、墙中、墙角、仰拱中部等关键部位都应布点。监测断面应与第 5 测项(围岩压力及支护间接触应力监测)所设主测断面相对应。每个断面 5~11 个测点。用钢弦式应变计进行监测。

3. 监测作业方法

(1) 监测仪器。钢弦式应变计、频率接收仪,监测精度为 0.15%F.s。

(2) 量测计算方法。同第 3 节第 7 测项。

6.3.8 钢管柱受力

1. 监测目的

在钢管柱的整个施工过程中对其进行动态监测，根据读取的数据，计算频率变化，求出应力变化。了解钢支撑的实际工作状态，从钢支撑的性能曲线上可以确定在此压力作用下钢支撑所具有的安全系数，同时也考虑了钢管柱的偏心荷载情况。视具体情况确定是否需要采用加固措施。在整个施工过程中动态监测、动态控制、动态管理，以保证施工安全顺利进行。对钢管柱的监测，其主要目的是监测钢管柱的受力是否超过钢管的设计强度，同时也考虑了钢管柱的偏心荷载情况。

2. 监测点布设要求

对于浅埋暗挖车站，需要选择有代表性钢管柱进行应力监测，一般每个车站应对数量不少于4根钢管柱支撑进行监测；表面应力计安装必须对称布置，通常可在钢管柱的四周布设测点（每隔90°布一个测点），可用应变计或应变片。支撑轴力测点应尽量与沉降、位移测点布置成断面。布设位置如图6.3-11所示。

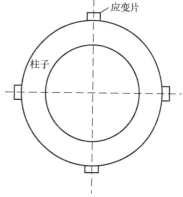

图 6.3-11 钢管柱横断面监测点位布设示意图

3. 监测作业方法

（1）监测仪器。表面应变计、频率接收仪，监测精度应不低于 0.15%F.S.。

（2）测点安装布设。

1）安装夹具。安装用于长期观测的表面应变计，应先将配好对的夹具安装试棒，安装时两夹具的底面应在同一平面上，两夹具紧固螺栓中心孔距应为100mm（仪器标距）。利用装好试棒的夹具上的4个孔（夹具下附带的安装板），在仪器固定位置（观测点）画点，在被测结构物画点的部位打孔，安装膨胀螺栓，然后将装有试棒的夹具组固定在被测结构物上，即完成仪器夹具的安装。

安装用于临时测量的表面应变计，一般是将夹具用胶粘贴在被测结构物上。首先将被测结构物需要安装夹具的部位整平打毛，将装有试棒的夹具底部的中间（在同一平面上）涂上 AB 胶（快干环氧树脂胶），沿夹具四周涂上 502 快干胶，随即粘贴在被测结构物整平打毛部位上，压紧 2min 左右即可松手，10min 左右即可粘贴牢固。

2）安装传感器。夹具固定后，轻轻拆下安装试棒，将表面应变计从夹具的一端放入，直到表面应变计各端面与夹具外边沿平齐为止。

表面应变计安装时应根据设计要求调整测量范围（调整初始值），方法是：在各应变计的前端座上有一个螺纹孔，可用专用拉杆进行拉、压调整。调整时先将有电缆一端的夹紧螺钉拧紧，连接读数仪监测仪器，利用调整拉杆进行拉或压调整，调整合适后将夹具另一端的拧紧螺钉拧紧，并卸下调整拉杆。

（3）作业方法。通过埋设传感器，用读数仪测读的方法进行监测。钢弦式传感器测试方法可分为手动和自动两类。目前工程中常用的为手动测试，即用手持式数显频率仪现场测试传感器频率。具体操作方法为：接通频率仪电源，将频率仪两根测试导线分别接在传感器的导线上，按频率仪测试按钮，频率仪数显窗口会出现数据（传感器频率），反复测试几次，观测数据是否稳定，如果几次测试的数据变化量在1Hz以内，可以认为测试数据稳定，取平均值作为测试值。由于频率仪在测试时会发出很高的脉冲电流，所以在测试时操作者必须使测试接头保持干燥，并使接头处的两根导线相互分开，不要有任何接触，不然会影响测试结果。

现场原始记录必须采用专用格式的记录纸，除记录下传感器编号和对应测试频率外，原始记录纸上还要充分反映环境和施工信息。

6.4 监测频率与周期

6.4.1 监测频率

矿山法工程监测频率的确定与暗挖结构工法形式、施工工况、工程所处的地质条件、周边环境条件，以及监测对象和监测项目的自身特点等密切相关。施工开挖部位前5倍洞径与后2倍洞径范围受开挖土体扰动及岩土体加固等扰动较明显，在此范围内需保证足够的监测频率。

同时，监测频率与投入的监测工作量和监测费用有关，在制定监测频率时既要考虑不能错过监测对象的重要变化时刻，也应当合理布置工作量，控制监测费用，选择科学、合理的监测频率有利于监测工作的有效开展。《城市轨道交通工程监测技术规范》（GB 50911—2013）对浅埋暗挖法隧道工程施工中隧道初期支护结构变形、周围岩土体和周边环境的监测频率要求见表6.4-1。

矿山法隧道工程监测频率　　　　　　表6.4-1

监测部位	监测对象	开挖面与监测断面的距离	监测频率
开挖面前方	周围岩土体和周边环境	$2B<L\leqslant5B$	1次/2d
		$L\leqslant2B$	1次/d
开挖面后方	初期支护结构、周围岩土体和周边环境	$L\leqslant1B$	(1~2)次/d
		$1B<L\leqslant2B$	1次/d
		$2B<L\leqslant5B$	1次/2d
		$L>5B$	1次/(3~7)d
		监测数据趋于稳定	1次/(15~30)d

注：1. B——矿山法隧道或导洞开挖宽度（m），L——开挖面与监测断面的水平距离（m）。
2. 当拆除临时支撑时应增大监测频率。
3. 监测数据趋于稳定后，监测频率宜为1次/(15~30d)。

在矿山法工程施工过程中，为保证工程施工的安全或方便施工，往往都要采用其他的辅助工法，如施工降水或注浆加固等。这些辅助工法的实施也会对周围岩土体及周边环境产生影响。当采用辅助工法时，根据环境对象的重要性程度和预测的变形量大小调整监测频率，周边环境对象较为重要且预测影响较大时，应适当提高监测频率。在结构受力转换阶段风险较大，如马头门施工、扣拱施工、变断面、挑高段等阶段要适当加密监测频率。

矿山法隧道结构初期支护结构的拱顶沉降、底板竖向位移和净空收敛监测频率，与初期支护结构的变形速率、监测点或监测断面距开挖面的距离密切相关。矿山法隧道工程的监测频率根据隧道或导洞开挖宽度、监测断面距开挖面的不同距离确定。在拆除临时支撑时或地质条件较差的情况下，初期支护结构容易出现较大的变形，为避免危险的发生，需要适当提高监测频率。

6.4.2 监测周期

城市轨道交通工程矿山法施工监测的周期一般是从工程开挖前或降水施工前开始，至工程二次结构施工完成，周边环境稳定为止，涉及产权单位的环境对象监测周期要求与明挖法要求相同。

矿山法监测变形的监测周期应以能系统地反应隧道结构自身及周边环境在施工建设期的变形过程，且又不遗漏其变化时刻为原则，应根据单位时间内变形量的大小及外界因素的影响程度来确定。当发现变形值较大或出现异常数据时，应及时增加观测次数及延长监测周期。根据工地实际情况，结合各方的意见，在监测数据位移量较小、变形趋于稳定时，观测间隔适当放宽，监测周期缩短。

另外，监测周期的长短直接涉及一定的经济效益，为了使投入在满足精度、工程安全需要的前提下尽量减少，合理地确定观测周期是工程监测的关键环节。

6.5 现场巡查与视频监控

6.5.1 现场巡查

1. 巡查目的

巡视观察法就是定期安排技术人员在工程范围内进行巡视观察并记录，从宏观和定性方面了解岩土体是否有异常变化。洞内施工巡视调查应紧跟掌子面的推进及时进行，主要察看围岩的岩性、结构的产状及充填物、地下水活动等及它们的变化。洞内巡视的目的：一是确定围岩分类；二是预测围岩的稳定和安全。洞外巡查主要是巡视调查隧道施工对周边环境变化的影响。

浅埋暗挖法隧道工程容易发生的工程事故多为掌子面坍塌，支护体系变形，周围建筑物沉陷、裂缝等。很多工程事故的发生都是在监测数据正常情况下发生的，监测点的数量有限，都分布于常见的重要位置，有时仅从监测数据上并不能预测到浅埋暗挖地下工程的个别部位。通过现场巡查往往能更及时地发现事故的前兆，特别是对土体的局部沉陷，地面与建筑的裂缝等的发现。仪器监测均是定量数据，从数据中发现的往往是量变的过程，而一些规范和工程经验的警戒限值都是大家长期沿用下来的安全底限，它是一个具体的量值。而直接导致工程事故或其前兆现象发生的量值具有很大的范围，有时会远远高于常规警戒值，有时甚至会低于常规警戒值。而目测有时则能及时发现质变的前兆，对现象做出定性结论。因此现场安全巡视是地下施工监测的重要工作之一。

2. 巡查内容

对施工开挖面地质状况巡查包括以下内容：①土层性质及稳定性。包括土层性质及稳定性（土质密实度、湿度、颜色等性质、分布情况，与地质勘察及踏勘结果和设计条件的差异情况）；开挖面土体渗漏水情况（渗漏水量、气味、颜色、是否伴有砂土颗粒、发生位置、发展趋势等）；工作面坍塌（坍塌位置、坍塌体大小、发展趋势、塌落原因等）。②降水效果。包括抽降水控制效果、降水井井位、出水量及含砂量、变化情形及持续时间、附近地面沉陷情况等。

对支护结构体系巡查包括以下内容：①支护体系施作及时性。②渗漏水情况。包括渗漏水量、水质、颜色、气味、是否伴有砂土颗粒、发生位置、发展趋势等。③支护体系开裂、变形变化情况。包括初期支护扭曲变形部位、变形程度、发展趋势、可能后果；喷混凝土出现裂缝及剥离长度、位置、宽度、发展趋势、可能后果；临时支撑脱开发生位置、周边变化、可能后果等。

3. 巡查方法

矿山法施工巡查方法与明挖法施工巡查方法基本一致，需要进行现场踏勘、工程资料研究、交底、现场掌子面观察描述记录、周边环境观察描述记录及对巡查的总结反馈等。

6.5.2 视频监控

矿山法隧道工程的岩土体开挖面、施工竖井、洞口、通道、提升设备等部位需开展视频监控工作。根据矿山法隧道工程风险情况和视频监控工作的特点，工程监测过程中视频监控重点关注内容主要包括：①地层变化情况；②是否有渗水；③是否有坍塌情况；④上台阶核心土留设情况；⑤台阶留设是否规范；⑥钢格栅安装情况；⑦锁脚锚杆打设情况；⑧网片铺设情况；⑨壁后回填注浆情况；⑩超前小导管打设情况；⑪分层喷射混凝土情况；⑫开挖面劳力组织和专职安全员到位情况；⑬施工竖井提升设备挂钩、吊装作业情况、井底作业情况；⑭当前施工是否规范；⑮现场风险处置情况等。

图 6.5-1 矿山法隧道视频监控实景

6.6 控制指标

1. 相关规范规定

(1) 北京市地方标准《地铁工程监控量测技术规程》DB 11/490 规定地铁浅埋暗挖法施工监控量测控制标准见表 6.6-1。

浅埋暗挖法施工监控量测控制标准　　　　　　　　　　　　　　表 6.6-1

序号	监测项目及范围		允许位移控制值 U_0（mm）	位移平均速率控制值（mm/d）	位移最大速率控制值（mm/d）
1	地表沉降	区间	30		
		车站	60		
2	拱顶沉降	区间	30	2	5
		车站	40		
3	水平收敛		20	1	3

注：1. 位移平均速率为任意 7d 的位移平均值；位移最大速率为任意 1d 的最大位移值。
　　2. 本表中区间隧道跨度为＜8m；车站跨度为＞16m 和≤25m。
　　3. 本表中拱顶沉降系指拱部开挖以后设置在拱顶的沉降测点所测值。

(2) 国家现行行业标准《铁路隧道施工规范（附条文说明）》（TB 10204—2002）规定埋深小于 50m 的隧道变形控制指标见表 6.6-2。

隧道初期支护极限相对位移（％）　　　　　　　　　　　　　表 6.6-2

围岩级别	单线隧道		双线隧道	
	拱脚水平相对净空变化值	拱顶相对下沉	拱脚水平相对净空变化值	拱顶相对下沉
Ⅴ	0.30～1.00	0.06～0.12	0.20～0.50	0.08～0.16
Ⅳ	0.20～0.70	0.03～0.07	0.10～0.30	0.06～0.10
Ⅲ	0.10～0.50	0.01～0.04	0.03～0.10	0.03～0.06

注：1. 硬岩取下限，软岩取上限。
　　2. 拱脚水平相对净空变化指两测点间净孔水平变化值与其距离之比；拱顶相对下沉指拱顶下沉值减去隧道下沉值后与原拱顶至隧底高度之比。
　　3. 墙腰水平相对净空变化极限值可按拱脚水平相对净空变化值乘以 1.2～1.3 后采用。

(3) 国家现行行业标准《公路隧道施工技术规范》（JTG F60—2009）规定以拱顶位移实测值与隧道宽度之比规定周边位移的允许值：围岩Ⅳ，覆盖层厚度＜50m，以拱顶位移实测值与隧道宽度之比 0.10～0.30。

(4) 国家现行标准《锚杆喷射混凝土支护技术规范》（GB 50086—2001）规定对于埋深＜50m 的隧道，以两测点间实测位移累计值与两测点间距离之比规定了隧道周边的允许位移相对值：Ⅲ级围岩 0.10～0.30，Ⅳ级围岩 0.15～0.50，Ⅴ级围岩 0.20～0.80。

适用于高跨比 0.8～1.2 的隧道，Ⅲ级围岩跨度不大于 20m；Ⅳ级围岩跨度不大于

15m；Ⅴ级围岩跨度不大于 10m。

（5）《天津地铁二期工程施工监测技术规定》规定净空收敛变形速率控制值为 3mm/d。

2. 相关研究成果

法国工业部制定的隧道位移基准值见表 6.6-3（隧道断面 50～100m²），可作为初选位移基准值的参考。

法国不同埋深的拱顶和地表容许下沉值　　　　表 6.6-3

隧道埋深(m)	洞内拱顶容许下沉（mm）		地表容许下沉（mm）	
	硬岩	软岩	硬岩	软岩
10～50	10～20	20～50	10～20	20～50
50～100	20～60	100～200	20～60	150～300
100～500	50～100		50～100	200～400
500～1000	40～120	200～400	40～120	300～600

日本"NATM 设计施工指南"提出按测得的总位移量值，或根据已测值预计的最终位移值，给出围岩的级别，然后确定与围岩相应的支护系统。表 6.6-4 给出了隧道施工中各类围岩允许收敛值。

日本"NATM 设计施工指南"不同围岩隧道位移基准值　　　　表 6.6-4

围岩类别	净空变化值（mm）	
	单　线	双　线
Ⅰ～Ⅱ	＞75	＞150
Ⅱ～Ⅲ	25～75	50～150
Ⅲ～Ⅴ	＜25	＜50

苏联学者通过对大量监测数据的整理，得出了用于计算对周边允许最大位移值的经验公式：

工点允许最大位移值 δ_1：$\delta_1 = 12 \dfrac{b_0}{f^{1.5}}$（mm）

边墙允许最大位移值 δ_2：$\delta_2 = 4.5 \dfrac{H^{1.5}}{f^2}$（mm）

式中，f 为普氏系数；b_0 为隧道跨度；H 为边墙自拱顶至底板的高度，m。

3. 实测结果统计分析

矿山法隧道地表沉降监测控制值专题研究收集了北京、西安、郑州和南京等 4 个城市的 8 条线路、37 个工点的实测资料。矿山法隧道地表沉降主要统计隧道轴线上方的地表监测点，统计实测结果表明，车站地表沉降变形最大，北京地区 11 个车站的最大地表沉降为－31.0～－112.2mm，平均值为－80.3mm。由于地质条件、开挖方式、单层或多层结构形式等因素的不同，矿山法隧道地表最终沉降差异较大，应结合相关标准和实测统计结果确定矿山法车站地表沉降控制值。

对北京和西安地区 21 个标准断面区间的实测统计结果见图 6.6-1，从图中可以看出，在350个监测点中约97.7%的监测点实测值在40mm以内。依据统计结果并结合相关规范，矿山法区间地表沉降按40mm进行控制对绝大多数工程都能够满足要求。

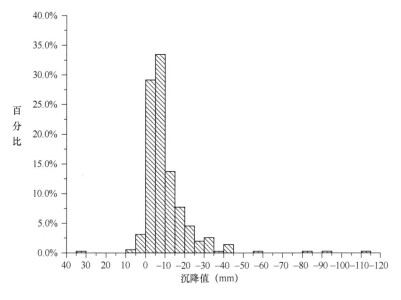

图6.6-1 22个标准断面矿山法区间最终地表沉降分布频率直方图（350个监测点）

4. 监测项目控制值

综合各类技术规范要求和实测数据统计分析，确定了矿山法隧道工程监测项目控制值，其中地表沉降按车站、区间分别确定监测项目控制值。

矿山法隧道其他监测项目控制值可结合国家现行标准《锚杆喷射混凝土支护技术规范》（GB 50086—2001）、《铁路隧道施工规范》（TB 10204—2002）和《公路隧道施工技术规范》（JTGF60—2009）等相关规范确定。

综上所述，《城市轨道交通工程监测技术规范》（GB 50911—2013）规定矿山法隧道支护结构变形、地表沉降控制值应根据工程地质条件、隧道设计参数、工程监测等级及当地工程经验等确定，当无地方经验时，可按表6.6-5和表6.6-6确定。

矿山法隧道支护结构变形监测项目控制值 表6.6-5

监测项目及区域		累计值（mm）	变化速率（mm/d）
拱顶沉降	区间	10～20	3
	车站	20～30	
底板竖向位移		10	2
净空收敛		10	2
中柱竖向位移		10～20	2

矿山法隧道地表沉降监测项目控制值 表6.6-6

监测等级及区域		累计值（mm）	变化速率（mm/d）
一级	区间	20～30	3
	车站	40～60	4

续表

监测等级及区域		累计值（mm）	变化速率（mm/d）
二级	区间	30～40	3
	车站	50～70	4
三级	区间	30～40	4

注：1. 表中数值适用于土的类型为中软土、中硬土及坚硬土中的密实砂卵石地层。
2. 大断面区间的地表沉降监测控制值可参照车站执行。

矿山法车站一般开挖断面较大，施工步序多，地表变形控制比矿山法区间隧道困难得多，应分别对区间隧道和车站给出不同的控制值，对于渡线段、风道、联络通道等隧道可根据工程具体情况参照选取相关的控制值。

第 7 章 建（构）筑物监测

7.1 概述

建（构）筑物是建筑物和构筑物的统称。建筑物一般指人们或为了其可观赏之形象，或为了其可使用之空间的，相对于地面固定且有一定存在时间的人造物（《维基百科》）。构筑物就是不具备、不包含或不提供人类居住功能的人工建造物，比如水塔、水池、过滤池、澄清池、沼气池等。

《民用建筑设计术语标准》（GB/T 50504—2009）中建筑物（building）的定义：用建筑材料构筑的空间和实体，供人们居住和进行各种活动的场所。构筑物（construction）的定义：为某种使用目的而建造的、人们一般不直接在其内部进行生产和生活活动的工程实体或附属建筑设施。

建筑物按其性质一般分为居住建筑、公共建筑、工业建筑和农业建筑（《百度百科》）。

(1) 居住建筑：是指供家庭或个人较长时期居住使用的建筑，又可分为住宅和集体宿舍两类。住宅再分为普通住宅、高档公寓和别墅；集体宿舍再分为单身职工和学生宿舍。

(2) 公共建筑：是指供人们购物、办公、学习、医疗、旅行和体育等使用的非生产性建筑，如办公楼、商店、旅馆、影剧院、体育馆、展览馆和医院等。

(3) 工业建筑：是指供工业生产使用或直接为工业生产服务的建筑，如厂房、仓库等。

(4) 农业建筑：是指供农业生产使用或直接为农业生产服务的建筑，如料仓、养殖场等。

住宅按层数分为低层住宅（1~3 层）、多层住宅（4~6 层）、中高层住宅（7~9 层）、高层住宅（10 层及以上）公共建筑及综合性建筑。总高度超过 24m 为高层，但不包括总高度超过 24m 的单层建筑。建筑总高度超过 100m 的，不论是住宅还是公共建筑总和性建筑均称为超高层建筑。

根据周边环境风险等级划分要求，工程周边主要影响区内存在重要建（构）筑物时，风险等级为一级。根据建（构）筑物层数分类，一般 10 层以上高层、超高层民用建筑物为重要建（构）筑物。

7.1.1 建筑结构

建筑结构是指建筑物中由承重构件（基础、墙体、柱、梁、楼板、屋架等）组成的体系，建筑物按结构一般分为砖木结构建筑、砖混结构建筑、钢筋混凝土结构建筑和钢结构建筑。

(1) 砖木结构建筑。这类建筑物的主要承重构件是用砖木做成的,其中竖向承重构件的墙体和柱采用砖砌,水平承重构件的楼板、屋架采用木材。这类建筑物的层数一般较低,通常在3层以下。古代建筑和五六十年代的建筑多为此种结构。

(2) 砖混结构建筑。这类建筑物的竖向承重构件采用砖墙或砖柱,水平承重构件采用钢筋混凝土楼板、屋顶板,其中也包括少量的屋顶采用木屋架。这类建筑物的层数一般在6层以下,造价低、抗震性差,开间、进深及层高都受限制。

(3) 钢筋混凝土结构建筑。这类建筑物的承重构件如梁、板、柱、墙、屋架等,是由钢筋和混凝土两大材料构成。其支护构件如外墙、隔墙等是由轻质砖或其他砌体做成的。特点是结构适应性强、抗震性好、耐久年限长。钢筋混凝土结构房屋的种类有框架结构、框架剪力墙结构、剪力墙结构、筒体结构、框架筒体结构和筒中筒结构。

框架结构是指由梁和柱以刚接或者铰接相连接而成,构成承重体系的结构,即由梁和柱组成框架共同抵抗使用过程中出现的水平荷载和竖向荷载。

框架—剪力墙结构也称框剪结构,是在框架结构中设置适当的剪力墙的结构。是高层住宅采用最为广泛的一种结构形式。剪力墙结构是用钢筋混凝土墙板来代替框架结构中的梁柱,能承担各类荷载引起的内力,并能有效控制结构的水平力,这种用钢筋混凝土墙板来承受竖向和水平力的结构称为剪力墙结构。

筒体结构是将剪力墙或密柱框架集中到房屋的内部和外围而形成的空间封闭式的筒体。其特点是剪力墙集中而获得较大的自由分割空间,多用于写字楼建筑。

筒中筒结构由心腹筒、框筒及桁架筒组合,一般心腹筒在内,框筒或桁架筒在外,由内外筒共同抵抗水平力作用。由剪力墙围成的筒体称为实腹筒,在实腹筒墙体上开有规则排列的窗洞形成的开孔筒体称为框筒;筒体四壁由竖杆和斜杆形成的桁架组成则称为桁架筒。框架筒体结构和筒中筒结构多用于高层、超高层建筑。

(4) 钢结构建筑。这类建筑物的主要承重构件均是用钢材构成,其建筑成本高,多用于多层公共建筑或跨度大的建筑。

7.1.2 建筑基础

(1) 按使用的材料分:灰土基础、砖基础、毛石基础、混凝土基础、钢筋混凝土基础。

(2) 按埋置深度分:浅基础、深基础。埋置深度不超过5m者称为浅基础,大于5m者称为深基础。

(3) 按受力性能分:刚性基础和柔性基础。

(4) 按构造形式可分为条形基础、独立基础、满堂基础和桩基础。满堂基础又分为筏形基础和箱形基础。

1) 条形基础:当建筑采用砖墙承重时,墙下基础常连续设置,形成通长的条形基础。

2) 刚性基础:是指抗压强度较高,而抗弯和抗拉强度较低的材料建造的基础。所用材料有混凝土、砖、毛石、灰土、三合土等,一般可用于6层及其以下的民用建筑和墙承重的轻型厂房。

3) 柔性基础:用抗拉和抗弯强度都很高的材料建造的基础称为柔性基础。一般用钢筋混凝土制作。这种基础适用于上部结构荷载比较大、地基比较柔软、用刚性基础不能满足要求的情况。

4）独立基础：当建筑上部为框架结构或单独柱子时，常采用独立基础。若柱子为预制时，则采用杯形基础形式。

5）满堂基础：当上部结构传下的荷载很大、地基承载力很低、独立基础不能满足地基要求时，常将这个建筑物的下部做成整块钢筋混凝土基础，成为满堂基础。按构造又分为筏形基础和箱形基础两种。

6）筏形基础：筏形基础形象于水中漂流的木筏。井格式基础下又用钢筋混凝土板连成一片，大大地增加了建筑物基础与地基的接触面积，单位面积地基土层承受的荷载减少了，适合于软弱地基和上部荷载比较大的建筑物。

7）箱形基础：当筏形基础埋深较大，并设有地下室时，为了增加基础的刚度，将地下室的底板、顶板和墙浇制成整体箱形基础。箱形的内部空间构成地下室，具有较大的强度和刚度，多用于高层建筑。

8）桩基础：当建造比较大的工业与民用建筑时，若地基的软弱土层较厚，采用浅埋基础不能满足地基强度和变形要求，常采用桩基。桩基的作用是将荷载通过桩传给埋藏较深的坚硬土层，或通过桩周围的摩擦力传给地基。按照施工方法可分为钢筋混凝土预制桩和灌注桩。

9）灰土基础：是由石灰、土和水按比例配合，经分层夯实而成的基础。灰土强度在一定范围内随含灰量的增加而增加。但超过限度后，灰土的强度反而会降低。这是因为消石灰在钙化过程中会析水，增加了消石灰的塑性。

10）砖基础：以砖为砌筑材料，形成的建筑物基础。是我国传统的砖木结构砌筑方法，现代常与混凝土结构配合修建住宅、校舍、办公等低层建筑。

11）毛石基础：是用强度等级不低于MU30的毛石，不低于M5的砂浆砌筑而形成。为保证砌筑质量，毛石基础每台阶高度和基础的宽度不宜小于400mm，每阶两边各伸出宽度不宜大于200mm。石块应错缝搭砌，缝内砂浆应饱满，且每步台阶不应少于两批毛石。毛石基础的抗冻性较好，在寒冷潮湿地区可用于6层以下建筑基础。

12）混凝土基础：是以混凝土为主要承载体的基础形式，分无筋的混凝土基础和有筋的钢筋混凝土基础两种。

7.2 影响机理

城市隧道工程施工所引起的地层移动与变形对地面建（构）筑物的损害可以分为直接开挖损害和间接开挖损害两种。直接开挖损害是指隧道施工主要影响范围内的建（构）筑物所受的损害；施工降水等个别情况下，在隧道施工主要影响范围以外较远地方，也存在与工程有关的建（构）筑物损害，称为间接开挖损害。

城市新建隧道地下工程施工可引起的建（构）筑物直接开挖损害主要表现为地面不均匀沉降带来的建（构）筑物差异沉降、倾斜（或局部倾斜）等。主要包括以下几个方面。

（1）地表沉降损害：地表的均匀沉降可使建（构）筑物产生整体的均匀下沉，对其上部结构影响不大,稳定性和使用条件不会产生太大影响。但沉降量过大时,可能造成室内地坪低于室外,引起雨水倒灌、管道断裂等问题。沉降量过大也往往产生不均匀沉降,建(构)筑物的差异沉降常常导致结构构件受剪扭曲而破坏,尤其框架结构对沉降差值较为敏感。

(2) 地表倾斜损害:地层不均匀沉降所导致的地表倾斜改变了地面的原始坡度,对于底面积小、高度大的建筑物影响较大,使其重心偏斜,导致结构应力发生变化而引起破坏,如烟囱、水塔、高压线塔等。它使高耸建(构)筑物的重心发生偏斜,引起应力重分布,使建(构)筑物出现非均匀荷重,而导致其结构内应力发生变化而引起破坏。普通楼房即使结构未受较大损害,过量倾斜也会使其使用功能受损。某些建筑内的精密仪器对倾斜更为敏感。

(3) 地表曲率损害:地表变形形成曲面,建(构)筑物处于地表相对下凹的负曲率时,基础犹如两端受支承的梁,中间悬空,上部受压、下部受拉,墙体易产生正"八"字和水平裂缝,建(构)筑物长度过大时可在重力作用下出现底部断裂;处于地表相对上凸的正曲率时,基础两端部分悬空,上部受拉、下部受压,墙体易产生倒"八"字裂缝,严重时出现屋架或梁的端部从墙体或柱内抽出,造成倒塌。

建(构)筑物因地表弯曲而导致的损害较为常见,它与开挖引起的地表变形形式和建筑地基的力学性质有关。当地表因开挖而产生弯曲时,地面建(构)筑物部分基础将悬空,从而将荷载转移到其余部分。地基相对上凸时,基础两端部分悬空,荷载向中央集中。因此,在地表相对上凸区(即正曲率作用区),建(构)筑物可能形成倒"八"形裂缝。而在相对凹区(即负曲率作用区),中央部分悬空,荷载向两端集中,地面建(构)筑物可能形成"八"形裂缝。这种八字形裂缝,均是由于地表移动与变形引起结构中附加的拉伸应力所引起的。

(4) 地表水平变形损害:地表水平变形指地表的拉伸和压缩。位于地表拉伸区的建(构)筑物基础底部受外向摩擦力作用,很小的拉伸变形足以使其开裂,尤其是砌体房屋。一般的建(构)筑物对压缩抗力较大,但压缩变形过大同样也可使其在结构薄弱处发生挤碎性破坏,例如夹在两坚固地面建(构)筑物之间的附加建筑便有可能因为地基的压缩变形而导致严重破坏,其损坏程度比拉伸更为严重。

隧道开挖引起的地层移动和变形对于地面建(构)筑物的破坏作用往往是几种变形同时作用的结果。在一般情况下,地表的拉伸和正曲率同时出现,而地表的压缩和负曲率同时发生。

对于隧道施工对建(构)筑物的损害程度,Buriand 等(1977)归纳为 3 类:外观损害(包括倾斜与裂隙)、使用功能损害和稳定性损害。

1) 外观损害:一般表现为填充墙或装修轻微变形或开裂石膏墙裂缝大于 5mm,砖混或素混凝土墙裂缝大于 1mm 都被认为是建筑破坏上限。同时,当结构单元偏离水平或竖直线 1/100 及挠度比大于 1/250,建筑物的外部形象将受到影响。

2) 使用功能损害:主要表现为门窗卡住、裂缝开展、墙和楼板斜等,经过与结构无关的修复即可恢复结构的全部功能。

3) 稳定性(安全性)损害:通常为主要承重构件如梁、柱、承重墙等产生较大的裂缝或变形。对于无筋结构,裂缝的出现预示着结构承载力可能不足,存在严重的问题;对于配筋结构，裂缝的存在及超限会引起钢筋锈蚀，降低耐久性，导致结构的承载力和建筑正常使用功能降低。

陈龙（2004）根据以前研究成果，将建筑物破坏状态分为美观破坏、功能破坏、结构破坏和倒塌4类。

1) 美观破坏：产生可见外部或美观上的损坏，一般情况下可能需要小修，建筑物可能会出现细小的裂缝、装饰材料脱落等。

2) 功能破坏：产生使用性或功能损坏，一般情况下可能需要中修，如墙壁开裂、水管破裂、地板倾斜等。

3) 结构破坏：产生结构或稳定性破坏，一般情况下需要大修，建筑物承载能力下降，已经不能正常使用，成为危房。

4) 倒塌：房屋部分或全部倒塌，需要重建。

7.3 监测目的

建（构）筑物变形监测的主要目的是掌握建（构）筑物的实际形状，科学、正确、及时地分析和反映工程施工扰动对建（构）筑物的影响，对工程建（构）筑物的结构病害防治提供依据，在发生结构破坏事故时提供鉴定数据。

建（构）筑物变形监测的意义主要表现在两个方面：首先是掌握工程建（构）筑物的稳定性，为安全运行诊断提供必要的信息，以便及时发现问题并采取措施；其次是科学上的意义，对变形机理的分析研究，完善工程设计理论，反馈设计以便改进设计模型。

7.4 监测项目及监测点布设

1. 监测项目

根据建（构）筑物不同的基础形式、结构形式、历史价值、功能特性、破坏后的社会影响及人员伤亡情况，需根据对建（构）筑物的现场调查及评估结果及专项设计要求，针对性确定对建（构）筑物的监测项目，城市轨道交通工程对建构筑的监测项目见表7.4-1。

建（构）物监测项目　　　　表7.4-1

监测对象	监测项目	工程影响分区	
		主要影响区	次要影响区
建（构）筑物	竖向位移	√	√
	水平位移	○	○
	倾斜	○	○
	裂缝	√	○

注：√——应测项目，○——选测项目。

2. 监测点布设原则

根据建（构）筑物基础形式及结构的自身特点以及城市轨道交通工程对其的影响程

度，需根据建（构）筑物的现场调查及评估结果及专项设计要求，针对性地确定对建（构）筑物监测的布点，以下主要对基本原则进行阐述。

（1）建（构）筑物竖向位移监测点布设应能反映建（构）筑物的整体沉降及不均匀沉降情况，并符合下列要求：

1）监测点应沿建（构）筑物的外墙布设，外墙转角处及拐角处应有监测点控制。应沿外墙按10～30m间距或每隔2～3根承重柱布设；

2）在高低悬殊或新旧建（构）筑物连接处、不同结构分界处、变形缝、严重开裂处、不同基础形式和不同基础埋深的两侧应布设监测点；

3）烟囱、水塔、高压电塔等高耸构筑物，应在其基础轴线上对称布设监测点，每一构筑物不应少于4个监测点；

4）风险等级较高的建（构）筑物应适当增加监测点数量。

（2）建（构）筑物水平位移监测点应布设在邻近基坑或隧道一侧的建（构）筑物外墙或承重柱上，在墙角、外墙中间、变形缝两侧以及其他有代表性的部位应布设监测点。

（3）建（构）筑物倾斜监测点布设应符合下列规定：

1）监测点宜布设在建（构）筑物角点、变形缝两侧的承重柱或外墙上；

2）监测点应沿主体结构顶部、底部上下对应布设，必要时中部加密监测点；

3）当由基础的差异沉降推算建（构）筑物倾斜时，监测点的布设应符合本节第1部分的规定；

4）每栋建（构）筑物倾斜监测点不宜少于2组，每组2个监测点。

（4）建（构）筑物裂缝宽度监测点布设应符合下列规定：

1）应根据裂缝的分布位置、走向、长度、宽度、深度、错台等参数，选取应力或应力变化较大部位的裂缝或宽度较大的裂缝布设监测点，监测裂缝宽度变化及发展趋势；

2）裂缝宽度监测点宜在裂缝的最宽处及裂缝首、末端按组布设，每组2个监测点，分别布设在裂缝两侧，且其连线垂直于裂缝。

7.5 监测方法及要求

建（构）筑物沉降常用几何水准测量方法、液体静力水准测量法进行监测，特殊建筑物也可采用数字近景摄影测量、三维激光扫描等方法进行。

建（构）筑物水平位移、倾斜根据现场观测条件和要求，常用几何平面测量方法、激光铅直仪法、垂准法、倾斜仪法或差异沉降法等方法进行。

建（构）筑物裂缝变化主要监测长度和宽度变化两项内容，宽度监测宜采用裂缝观测仪进行测读；或在裂缝两侧贴、埋标志，用千分尺或游标卡尺等设备直接量测；或用裂缝计、粘贴安装千分表等方法监测裂缝宽度变化。裂缝长度监测一般采用直接量测法。

除对建（构）筑物采用仪器定量监测外，在施工影响期间，尚需对建（构）筑进行日常巡查。

1. 建（构）筑物现场安全巡查

（1）首次巡查。在施工前对所影响的建（构）筑做首次巡查。首次巡查的重点是调查建（构）筑物现状，巡查该建（构）筑物有无裂缝、剥落状况，有地下室的建筑物须进入地下室察看有无渗水的情况。有裂缝的地方做好标识，记录裂缝的位置、形态，用游标卡尺或裂缝读数显微镜测量并记录裂缝的宽度；地下室出现渗水的地方也做好标识，记录渗水的位置、渗水量大小。对在施工影响前已经出现的裂缝、地下室渗水等异常情况，采用拍照的方式进行影像资料存档。

（2）日常巡查。巡查的内容包括：①建（构）筑物裂缝、剥落；②地下室渗水等。对在首次巡查中发现的既有裂缝测量其宽度并与初始宽度进行现场比较。发现建（构）筑物墙体、柱或梁新增裂缝或裂缝发展速率超过预警标准、地下室出现渗水、涌水等异常情况及时通报。巡查过程中，拍照存档，并填写现场安全巡查表。

在施工期间，应对周边建（构）筑物进行每天至少一次的巡查，城市轨道交通工程和建（构）筑物自身及其他周边环境出现监测预警、变形突变或巡查异常，暴风雨、暴雪等恶劣天气条件下，需加强对建（构）筑物的巡查工作。

2. 几何水准法监测沉降

（1）测点埋设方法。建（构）筑物测点标志根据不同监测对象采用不同的埋点形式，框架、砖混结构对象采用钻孔埋入标志测点，钢结构对象采用焊接式测点，特殊装修较好的对象采用隐蔽式测点形式。图7.5-1为钻孔埋入式沉降观测点埋设方式。

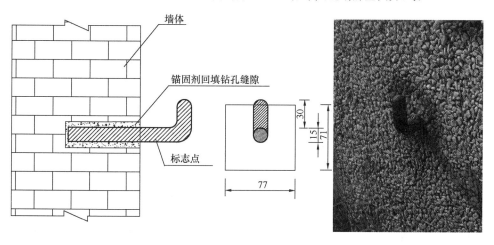

图7.5-1 钻孔埋入式测点标志埋设形式图（单位：mm）及实景照片

（2）埋设技术要求。监测点埋设时应注意避开如雨水管、窗台线、电器开关等有碍设标与观测的障碍物，并视立尺需要离开墙（柱）面和地面一定距离，一般应高于室内地坪0.2～0.5m。

3. 几何平面法监测水平位移

采用基于几何平面法进行建筑物变形监测，是一种传统方法，它主要包括极坐标、交会测量等方法，该类方法的主要特征是可以利用传统的大地测量仪器，理论和方法成熟，测量数据可靠，观测费用相对较低。但该类方法观测所需要的时间长，劳动强度高，观测精度受到观测条件的影响较多，不能实现自动化观测等。目前，该类方法的改进主要表现在：①利用高精度测距代替精密测角，以提高工作效率；②采用电子水准仪代替原来的光学水准仪观测，有效地提高观测数据的可靠性；③采用测量机器人代替原来的经纬仪观测,实现观测和数据处理的自动化和智能化。

(1) 测点埋设方法。

1) 控制点布置。采用前方交会方法的基准控制基线及观测图形,如图 7.5-2 所示。

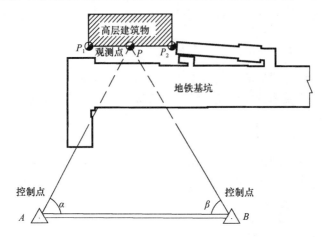

图 7.5-2　前方交会法监测控制网组成图

控制点布置的原则为:①按前方交会法布设的测站点,基线端点应布置在远离城市轨道交通基坑或隧道施工影响区的稳固的地面位置;②控制点选取宜使交会角在 60°～120°之间;③每个控制点临近应选取至少 2 个定向基点,以保证必要的检核条件。④控制点一般埋设在容易保存的场区密实的地表低压缩性土层上,或稳定的建筑物顶上;⑤控制点间及与监测点通视情况良好。⑥极坐标控制点要求与前方交会相似,但无控制点交会角的相关要求。

2) 监测点埋设。

①测点埋设形式。建(构)筑物测点标志根据不同监测对象采用不同的埋点形式,框架、砖混结构对象采用钻孔埋入标志测点,钢结构对象采用焊接式测点,装修较好或不允许破坏表面的对象,可采用贴反射片增加测试的方式。

倾斜测点标志埋设圆棱镜或粘贴反射片标志。埋设形式如图 7.5-3 所示。

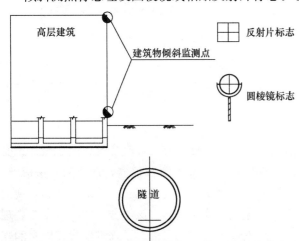

图 7.5-3　倾斜观测测点标志埋设形式图

②埋设技术要求。测点标志埋设时应注意避开有碍设标与观测的障碍物;棱镜或反射片标志应面向基准点并埋设或粘贴牢固;测点埋设完毕后,应在附近做明显标记。

(2) 作业方法。水平位移监测控制网主要技术要求应符合《城市轨道交通工程测量规范》(GB 50308—2008) 的有关规定。

倾斜观测使用满足精度要求的经纬仪或全站仪进行观测,采用多测回测角方式进行。

观测注意事项如下：①对使用的全站仪、觇牌应在项目开始前和结束后进行检验，项目进行中也应定期进行检验，尤其是照准部水准管和电子气泡补偿的检验与校正。②观测应做到三固定，即固定人员、固定仪器、固定测站；③仪器、觇牌应安置稳固严格对中整平；④按精度要求正确设置各项限差；⑤仪器温度与外界温度一致时方可开始观测；⑥观测在目标成像清晰稳定的条件下进行；⑦应尽量避免受外界干扰影响观测精度。

（3）数据处理及分析。建（构）筑物水平位移变形观测成果计算时，一般平差后，先计算测点的坐标，再通过与初始状态的比较，分别计算其沿X、Y坐标轴方向的变形值，从而了解建（构）筑物的水平位移。也可根据建（构）筑物的形状以及其在坐标系中的方位情况，归算至沿建筑物长边和垂直于建筑物长边等不同方向的变形情况。线路平差计算方法与桩墙顶水平位移计算方法相同，详见第4章第4节。

4. 游标卡尺或千分卡尺监测裂缝宽度变化

（1）裂缝宽度监测基本要求。裂缝宽度变化监测常采用裂缝观测仪直接测读或在裂缝两侧贴、埋标志，用千分尺或游标卡尺等工具直接量测，应用上述方法原理及操作简单，但需注意以下几点：

1）每条裂缝的监测部位应至少包含两端、最大宽度处3处。

2）进行监测时，需保证裂缝观测仪、千分卡尺或游标卡尺每次测量同一位置。

3）每次应监测不少于3次且互差在允许范围的合格数据，取其平均值作为最终结果。

（2）裂缝宽度测点埋设及现场监测。选择结构缝典型部位进行监测，测点布置示意图如图7.5-4所示。

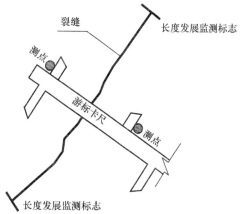

图7.5-4 裂缝宽度变化测点埋设及现场监测示意图

7.6 控制指标

随着城市轨道交通与其他市政地下工程建设的兴起，浅埋隧道邻近或下穿建（构）筑物的现象逐渐增多。工程建设不可避免会对周边地层产生扰动，引起地表沉降或隆起，从而引发建（构）筑物的沉降、差异沉降、倾斜等变形，过量时可导致其使用功能和承载能力的受损，危及人民生命财产安全。工程建设必须对周边建（构）筑物进行安全风险评估和控制，以确切的变形控制指标作为标准进行监控。

由于问题的特殊性和复杂性，对建（构）筑物可承受新建工程附加变形的研究很多，但实际制定的控制指标数值一般较为保守。建（构）筑物由于结构形式、基础类型、建筑尺寸、修建年代、使用功能、荷载情况、重要程度等的不同，对变形的控制要求也不同，有必要对其变形控制指标进行系统的研究，确定科学适宜的数值，进行有针对性的监控，防止盲目控制下的资金浪费。

目前，国内外学者主要采取定量参数评价的方法，根据实际监测数据与变形控制指标的比较评定工程建设带来的建（构）筑物损坏程度，确定是否进行加固、改造等控制措施。有关建（构）筑物变形控制指标的研究已经积累了一些研究成果和工程评价标准，变形控制指标主要包括沉降量、差异沉降量、倾斜量（角变量）、裂缝宽度等。

7.6.1 沉降

建（构）筑物沉降控制指标主要包括沉降量和差异沉降量，分别指建（构）筑物的整体沉降变形值、不同沉降点的差异变形值。沉降量和差异沉降量最早被用作建（构）筑物的变形控制参数。

日本建筑学会（1988）的建筑基础结构设计规范中也规定了建筑物容许最大沉降量和相对沉降量，见表7.6-1所示。

建筑物容许最大沉降量　　　　　表7.6-1

结构类别	基础类型	容许最大沉降量（mm）				相对沉降（mm）	
		压密沉降		瞬时沉降		压密沉降	
		标准值	最大值	标准值	最大值	标准值	最大值
混凝土结构	条形基础	20	40	15	20	10	20
钢筋混凝土结构	独立基础	50	100	20	30	15	30
	条形基础	100	200	25	40	20	40
	片筏基础	100~(150)	200~(300)	30~40	60~(80)	20~(30)	40~(60)

注：括号内数值适用于刚性较大的基础。

Rankin（1988）提出用建筑物的最大倾斜和最大沉降作为破坏特征，并建立了表7.6-2中的建筑物破坏表征、力学表现及破坏等级之间的关系。该方法简洁明了，被广泛应用于建筑物破坏的初步判断中。

建筑物破坏等级与最大倾斜和最大沉降的关系　　　　　表7.6-2

破坏等级	建筑物最大沉降（mm）	建筑物最大倾斜	破坏描述	损害种类
1	<10	<1/500	可忽略	视觉损害
2	10~50	1/500~1/200	轻	视觉损害
3	50~75	1/200~1/150	中	功能损害
4	>75	>1/150	高	结构损害

台北捷运局根据有关学者的研究成果并结合台北捷运工程施工的大量经验，建议开挖引起的容许沉降量见表7.6-3。

台北捷运工程之建筑物容许沉降量　　　　　表7.6-3

基础型式	最大沉降量（mm）	角变量	挠度比（上拱）	挠度比（凹陷）
RC筏板基础	45	1/500	0.0008	0.0012

续表

基础型式	最大沉降量（mm）	角变量	挠度比（上拱）	挠度比（凹陷）
RC独立基础	40	1/500	0.0006	0.0008
砖造独立基础	25	1/2500	0.0002	0.0004
临时建筑物	40	1/500	0.0008	0.0012

陆承铎（2000）在研究地基不均匀沉降造成房屋破坏时，提出建筑物的长高比是衡量砖墙承重结构建筑物刚度的主要指标，建筑物长高比越小，其整体刚度越大，调整不均匀沉降的能力就越强。反之，建筑物长高比越大，其整体刚度越小，调整不均匀沉降的能力就越弱。他通过软土地区数十栋建筑物实地调查发现：长高比小于2.5，最大沉降量小于12cm的建筑物均不出现裂缝；长高比在2.5～3.0，多数建筑物不出现裂缝，少数出现裂缝的建筑物一般无圈梁，与长高比无关；长高比大于3.0，最大沉降量大于12cm时，建筑物极易出现裂缝。

综合目前研究成果，表7.6-4为不同文献建议的建（构）筑物允许最大沉降量和差异沉降量。由表7.6-4可知，除日本建筑学会外，其他研究成果规定的最大沉降量和差异沉降量相差不大。黏土类地层使建（构）筑物沉降速率较为缓慢，其可逐渐调整应力状态，允许值较大；而砂土类地层局部沉降可能性较高，允许值相对较小。

建（构）筑物的允许沉降和差异沉降量　　表7.6-4

基础、结构	主要地层	最大沉降量（cm）	差异沉降量（cm）	文献来源
钢筋混凝土结构独立基础	砂土	2.5 5.0* 3.0	2.0 3.0*	Terzaghi & Peck（1948） Skempton & MacDonald（1956）* 日本建筑学会（1988）
	黏土	7.5 10.5		Skempton & MacDonald（1956）* 日本建筑学会（1988）
钢筋混凝土结构筏板基础	砂土	5.0 5.0～7.5 6.0～8.0	2.0 3.0 3.0	Terzaghi & Peck（1948） Skempton & MacDonald（1956）* 日本建筑学会（1988） Grant et al.（1974）*
	黏土	7.5～12.5 20.0～30.0	4.5 5.6	Skempton & MacDonald（1956） 日本建筑学会（1988） Grant et al.（1974）*
桩基础天然地基		5.0～7.5		Rankin（1988）
		1.0 3.0		《广州地区建筑基坑支护技术规定》（GJB 02—98）
		2.0～6.0		《基坑工程施工监测规程》（DG/TJ08—2001—2006）（上海）**
		1.0～6.0		《建筑基坑工程监测技术规范》（GB 50497—2009）**

续表

基础、结构	主要地层	最大沉降量（cm）	差异沉降量（cm）	文献来源
		2.5~4.5		易小明，张顶立等（2008）
		1.0~3.0		《城市轨道交通工程监测技术规范》（GB 50911—2013）

注：*对应角变量为1/300；**位移变化速率1~3mm/d时应报警。

国内地基基础设计类规范对建（构）筑物的地基变形允许值也进行了具体的规定，主要指建（构）筑物使用期限内（一般50年）长期稳定状态下的沉降与差异沉降允许值，由于基础、结构、地层等条件的不同，取值由2cm至40cm不等。城市新建地下工程对周边建（构）筑物的附加变形只是其允许变形值的一部分，一般建（构）筑物的已有变形、工程附加变形及其后续使用期限内变形值的总和才是地基基础设计允许变形值。监测类规范给出了变形监测的允许范围值，实际应用时则需要根据具体工程特点进行考虑。

7.6.2 倾斜

建（构）筑物的倾斜控制指标主要是指其角变量。角变量或相对倾角量是指两参考点之间连线相对于倾斜倾角的变化量，即考虑倾角的影响，一般适用于筏式或连续基础。独立基础等存在个别倾斜量时一般不考虑倾角，定义为差异沉降量与两点间距离的比值。角变量也是目前普遍采用的建（构）筑物变形控制参数。

Skempton和MacDonald（1956）根据98栋建筑物的损坏调查结果认为角变量大于1/300时承重墙及框架式建筑物的隔墙可能发生开裂，大于1/150时可能发生结构性破坏，建议以1/500作为角变量的控制指标。Bjerrum（1963）建议采用1/150、1/500作为一般框架结构建筑物结构性破坏与墙体出现裂缝的控制指标。Grant等（1974）进一步研究认为1/300作为建筑物出现裂缝的极限指标。

Cording等（1978）对于墙体与开挖垂直的情况总结了裂缝和脱落发生部位的规律（表7.6-5）：倾斜裂缝和脱落广泛发生于窗口附近的灰缝处，与剪切和拉伸变形有关；屋顶部位易出现竖向或接近竖向能贯穿砖和灰缝的裂缝，与上凸弯曲有关；建筑物底部出现的竖向或接近竖向的裂缝，主要与土体的水平应变有关。

与砖承重墙结构变形相关的损害　　表7.6-5

损害描述	地表角变形	水平应变
建筑损害限值	0.001	1/1000
门开关受阻，可能产生明显的裂缝集中现象，裂缝、分离宽度达（0.32~0.635cm）1/8~1/4英寸	0.001~0.003	1/1000~1/300
门窗不能开关，中墙板破坏，建筑的功能可能受限，裂缝、分离宽度达（1.27~2.54cm）（1/2~1）英寸，过梁不稳	0.003~0.007	1/300~1/150
外覆石材破碎并且外墙装饰脱落（沿承重墙产生差异位移）	0.003~0.007	1/150

注：1英寸=2.54cm。

许多学者对不同结构形式建筑物的临界拉应变及其与角应变的对应关系进行了研究，国外的其他文献对角变形的极限值给出了一些建议值，见表7.6-6。

建筑角变形建议值　　　　　　　表7.6-6

研究者	角变形	损害程度	结构类型
Terzaghi(1935)	1/285		砖墙
Thomas(1953)	1/400～1/300		砖墙、砖填充框架
Skempton 和 MacDonald(1956)	1/300(0.003)	出现裂缝	承重墙、框架的墙板
	1/150(0.007)	结构可能出现破坏	
	1/150(0.007)	防止裂缝出现的设计准则	
Meyerhof(1956)	1/1000		砖墙
Polshin 和 Tokar(1957)	砂土和硬黏土	塑性黏性	
	1/500(0.002)	1/500(0.002)	柱基础、钢和钢筋混凝土结构
	1/150(0.007)	1/1000(0.001)	砖做的柱基础
	1/200(0.005)	1/200(0.005)	柱基础、基础的不均匀沉降不会产生附加应变
Wood(1958)	1/100		钢架
	1/450～1/275		砖填充框架、砖墙
	1/1000		开洞砖墙
Bozuzuk(1962)	1/170～1/60		纤维板或木框架的夹
	1/270～1/150		外涂以灰泥的纤维板
	1/1000		结构的黏土瓦管、外涂以灰泥的混凝土板
	1/1000～1/500		用灰泥砌筑的黏土砖
Bjerrum(1963)	1/600(0.002)	危险	带对角撑的体系
	1/500(0.002)	无裂缝的安全极限	一般建筑
	1/300(0.003)	初次出现裂缝	隔墙
	1/150(0.007)	隔墙和砖墙出现明显的裂缝	隔墙
	1/150(0.007)	结构发生危险	一般建筑
	1/150(0.007)	安全极限	带对角撑的体系
O'rourke 等人(1976) Boscardin 等人(1978)	1/750～1/500		节间墙

根据资料实测，陈惠珠（1990）提出了倾斜度对建筑物的影响及其破坏准则（表7.6-7）。

周文波（2004）以差异沉降和最大沉降量作为指标，提出了盾构施工产生的地面沉降对地面建筑物影响程度取值，见表7.6-8。

倾斜度对建筑物的影响及其破坏准则　　　　　　　　　表 7.6-7

结　构	倾斜度	破坏程度
承重墙、框架结构的墙	1/300	可能开裂
	1/150	可能结构破坏
	1/500	抗裂设计标准
带斜撑的框架结构	1/600	危险
一般建筑	1/500	开裂的极限
	1/150	有结构破坏的危险
山墙	1/300	初次开裂
	1/150	山墙和砖墙严重开裂
柔性砖墙 $L/H>4$	1/150	安全极限

地面建筑物影响程度取值　　　　　　　　　表 7.6-8

建筑结构类型	沉降差极值（倾斜）	最大沉降（mm）	建筑物状态评价
一般砖墙承重结构，包括内有框架的结构	<1/1000	<20	破坏程度极其轻微，只有很细的裂缝，估计裂缝宽度为1mm，无建筑破坏
	1/1000～1/300	20～67	破坏程度轻微，有易填充的裂缝，有建筑破损，出现明显集中裂缝，裂隙为3～6mm
	1/300～1/150	67～133	破坏程度中等，有功能破损，不便居住，门窗压碎，设施破坏，裂隙达13～25mm
	>1/150	>133	分割墙及承重墙发生相当多裂缝，可能发生结构破坏
充填式框架结构	<1/500	<50	无裂缝
	1/500～1/300	50～83	开始出现裂缝
	1/300～1/150	83～167	有结构破坏可能
	>1/150	>167	发生严重变形，有结构破坏危险
开间式框架结构	<1/250	<100	无裂缝产生
	1/250～1/150	100～200	有结构破损可能
	>1/150		有结构破损危险
高层刚性建筑	>1/250		可观察到建筑物倾斜
有桥式行车的单层排架结构的厂房	>1/300		桥架式行车运行困难，不调整轨面水平难运行，隔墙有裂缝
有斜撑的框架结构	>1/600		处于安全极限状态
一般对沉降差反应敏感的基础	>1/850		机械使用可能困难，处于可运行的极限状态

陈龙（2004）在借鉴陆承铎（2000）研究的基础上，将建筑物分为大刚度建筑物和小刚度建筑物两类（表 7.6-9），并建议大刚度建筑物只用倾斜度表示其破坏，而小刚度建

筑物只用裂缝宽度作为其破坏指标。

建筑物破坏类型分类 表 7.6-9

结构类型	长高比<2.5		长高比在2.5~3.0		长高比>3.0	
	无桩	有桩	无桩	有桩	无桩	有桩
砖混结构	B	B	A	B	A	A
框架结构	B	B	B	B	A	B
高层建筑	B	B	B	B	B	B

注：1. A——小刚度建筑物。是指长高比大于3.0的砖混结构、长高比大于3.0的无桩框架结构，以及长高比为2.5~3.0的无桩砖混结构建筑物，用裂缝宽度来衡量建筑物破坏。
　　2. B——大刚度建筑物。其他类型建筑物均属于大刚度建筑物，用倾斜度（差异沉降）来衡量建筑物破坏；长高比$\beta=L/H$。在计算建筑物的长高比时，用与隧道通过方向垂直一侧作为长边进行计算。

通过91个发表在各类杂志上的建筑物破坏实例分析，陈龙（2004）提出了建筑物的倾斜折减系数（表7.6-10），倾斜折减系数与建筑物的刚度有很大关系，刚度越大折减系数也越大。在已知建筑物的差异变形情况下，应结合建筑物的结构类型采用合适的倾斜折减系数估算建筑物的倾斜。

不同建筑类型的倾斜折减系数 表 7.6-10

项　目	8层以下的砖混结构	8层以下的框架结构	8层以上的高层建筑物
倾斜折减系数	0.713	0.802	0.962

倾斜度（‰）定义为：$\delta=\Delta/H$，Δ为建筑物檐口偏移量（mm），H为建筑物高度（m）。根据建筑物广义破坏等级，给出了不同结构类型建筑物倾斜度的数值（表7.6-11）。

建筑物广义破坏等级与倾斜度的关系 表 7.6-11

结构类型	高度（m）		完好 δ_0/‰	美观破坏 δ_1/‰	功能破坏 δ_2/‰	结构破坏 δ_3/‰	倒塌 δ_4/‰
多层建筑物	钢筋混凝土框架结构	$H\leqslant24$	0	2.0	5.0	10.0	60.0
	砌体承重结构	$H\leqslant21$	0	1.0	4.0	10.0	50.0
高层建筑物	$24<H\leqslant60$		0	0.6	3.0	7.0	50.0
	$60<H\leqslant100$		0	0.4	2.5	5.0	30.0
	$H>100$		0	0.2	2.0	4.0	20.0
高耸结构	$H\leqslant20$		0	1.0	8.0	20.0	40.0
	$20<H\leqslant50$		0	0.5	6.0	15.0	30.0
	$50<H\leqslant100$		0	0.3	5.0	10.0	20.0
超高结构	$100<H\leqslant150$		0	0.2	4.0	8.0	16.0
	$150<H\leqslant200$		0	0.15	3.0	6.0	12.0
	$200<H\leqslant250$		0	0.1	2.0	4.0	10.0

注：表中给出的数值均是各级别破坏下的限值，高耸结构的指标仅供参考。

综合国内外对建（构）筑物允许角变量的研究成果，见表7.6-12、图7.6-1。

建（构）筑物的允许角变量　　　　　　　　　表 7.6-12

文献来源	结构出现损坏	墙体出现开裂	备 注
Skempton 和 MacDonald（1956）	1/150	1/300	建议 1/500
Meyerhof	1/250	1/500	
Polshin 和 Tokar（1957）	1/200	1/500	
Bjerrum（1963）	1/150	1/500	
Grant 等（1974）		1/300	
Breth 和 Chambosse（1975）	1/450		法兰克福 3~5 层建筑，无损害
Rankin（1988）	1/500~1/200		框架结构、独立或桩基础，轻微破坏、视觉损害
陈惠珠（1990）	1/150	1/500	
美国基础工程手册		1/500	不允许开裂的房屋
德国	0.0005~0.003		机械基础
苏联	0.004~0.006		
波兰建筑物破坏等级*	0.0025~0.005		仔细保护，允许易修理裂缝
煤炭开采规程（2000）*	0.003~0.006		需小型修缮
《建筑地基基础设计规范》	0.004~0.002		多层、高层建筑整体倾斜
	0.008~0.002		高耸结构基础的倾斜
《城市轨道交通工程监测技术规范》（GB 50911—2013）	0.001~0.002		

注：* 为地表变形倾斜值。

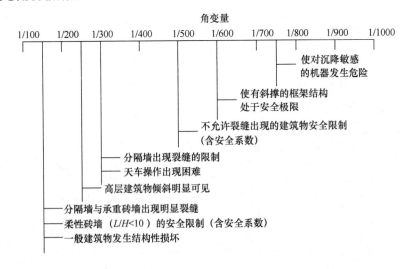

图 7.6-1　不同角变量下建（构）筑物的变形

由表 7.6-12、图 7.6-1 可知，一般建（构）筑物的角变量小于 1/500 时，不会有损坏出现，可认为其未受较大影响；大于 1/150 时，结构可能出现损坏，使用功能和承载能力都会受到影响。

吴锋波（2010）对 130 栋建筑变形资料的研究结果表明，倾斜量未超过 0.002 时，建筑一般受工程建设影响较小，可以0.002作为建筑倾斜的控制标准。

7.6.3 裂缝

裂缝宽度是评估建（构）筑物破坏情况的重要参数之一。根据差异沉降等造成的裂缝分布情况可判断工程建设对建（构）筑物的损坏程度，确定其承载结构是否受到损坏，使用功能、承载能力是否受到较大影响。

Burland（1974）等根据裂缝宽度将建筑物损坏程度分为6级（表7.6-13），认为裂缝宽度小于5mm时，建（构）筑物受到的影响程度为轻微。

建（构）筑物的破坏程度分级　　　　表 7.6-13

破坏程度	典型破坏症状描述	裂缝宽度（mm）
无损坏	毛细裂缝	<0.1
极轻微	裂缝可轻易装修处理，建筑物可能存在单独的轻微裂缝，外部墙体可近距离发现小裂缝	0.1～1.0
轻微	裂缝可轻易填补，内墙上出现数条裂缝，外墙裂缝可见且需嵌缝以防风雨，门窗开启稍受影响	1.0～5.0
中度	裂缝需要清理并修补，重新生成的裂缝可以用适当的衬材遮盖，外部砖墙可能需要重砌，门窗卡住，公共服务设施可能中断，需经常修补漏水	5.0～15.0，或数条≤3.0
严重	需大规模修补建筑物，包括拆除或置换部分墙体（尤其门窗之上），门窗外框扭曲，楼板显著倾斜，管道断裂	15.0～25.0，并与裂缝数量有关
极严重	建筑物需部分或全部重建，梁支承端松脱，墙倾斜严重并需要加支承，窗户因扭曲而破坏，结构有失稳的危险	>25.0，并与裂缝数量有关

Boscardin和Cording（1989）根据极限拉应变与最大裂缝宽度对应，来划分建筑物的破坏等级（表7.6-14）。

临界拉应变与建筑物的破坏等级　　　　表 7.6-14

破坏等级	影响程度	破坏性描述	最大裂缝宽度（mm）	极限拉应变 ε_{lim}（%）
0	可忽略	完好	0～0.1	0～0.05
1	非常轻微	建筑破坏	0.1～1.0	0.05～0.075
2	轻微	功能破坏	1.0～5.0	0.075～0.15
3	中等	结构破坏	5.0～15.0	0.15～0.30
4	严重	房屋倒塌	15.0～25.0	>0.30

苏联根据总变形指标 Δl 将建筑物的破坏等级划分如下（表7.6-15）。如果采用总变形指标 Δl 作为建筑物受开挖影响破坏程度的评定标准，总变形指标可以采用下面的公式进行计算：

$$\Delta l = l\sqrt{E_l^2 + (h/R)^2} \tag{7.6-1}$$

式中　l——建筑物长度，m；

h——建筑物高度，m；

R——地表曲率半径，m；

E_l——地表水平变形值，mm/m。

《民用建筑可靠性鉴定标准》(GB 50292—1999) 规定 5.0mm 为砌体结构构件的裂缝极限值，柱、板等主要承载结构的裂缝宽度不应大于 1.5mm；《危险房屋鉴定标准》(JGJ 125—99) 规定砌体结构受压墙、柱出现大于 2.0mm 裂缝或支撑梁或屋架端部的墙、柱出现多条超过 1.0mm 裂缝，混凝土结构构件出现 0.4～1.0mm 裂缝时房屋可能存在危险；《建筑物、水体、铁路及主要井巷煤柱留设与压煤开采规程》规定建筑物出现少量小于 4.0mm 的裂缝时，可不进行修缮；墙壁出现 4.0～15.0mm 裂缝时则需小修；《建筑基坑工程监测技术规范》(GB 50497—2009) 规定的建筑裂缝容许值为 1.5～3.0mm。

工程建设之前，应查明建（构）筑物的已有裂缝，根据裂缝发育情况判断安全现状。当工程建设过程中出现 1.0～3.0mm 的新裂缝时，应进行建（构）筑物安全状态的动态评定，确定是否采取必要的加固措施。对北京地铁国际机场线实测结果表明，建筑物墙体出现宽 34.9～50.0mm 的裂缝时，其承重结构出现开裂，影响建筑安全，应严格防止裂缝的出现和过量扩展。

砖结构建筑物按总变形指标 Δl 划分的破坏等级　　　　　表 7.6-15

建筑物名称	损害等级	裂缝平均宽度 (mm)	Δl (mm)（各种层数）		
			1～2	3	4～5
A. 特殊用途的公用建筑：剧院、文馆、体育馆、办公楼、手术室	I	1	70	90	130
	II	2	90	130	180
	III	7	150	220	290
	IV	18	210	300	400
	V	45	260	370	500
B. 学校、旅馆、住院部、幼儿园、商店、饭店、厨房、冷藏库、咖啡馆、面包房、牛奶房	I	2	90	130	180
	II	5	130	200	280
	III	10	170	260	340
	IV	40	250	360	480
	V	100	310	400	580
C. 除 A、B 规定之外的民房、公用和行政用房	I	2	90	130	180
	II	7	150	220	290
	III	18	210	300	400
	IV	45	260	370	500
	V	100	310	420	580
D. 附属性的房屋，生产的组装车间，生活服务部，服务行业的车间、仓库	I	3	120	160	230
	II	15	200	290	380
	III	30	230	340	460
	IV	50	270	400	520
	V	100	310	450	580

7.6.4 挠度

挠度控制指标主要是指建（构）筑物的挠度比。建（构）筑物的相对挠度 Δ 是指相对于相距 L 两点连线的位移量，挠度比 Δ/L 是指相对挠度与两点间距离的比值。最大挠度比一般适用于砌体结构，Polshin 和 Tokar（1957）考虑了建筑物长高比（L/H）和土层种类分别建议了极限值，见表 7.6-16。

砌体结构允许挠度比　　　　　　　　表 7.6-16

	Meyerhof	Polshin 和 Tokar	Burland 和 Worth	挠度比
地表负曲率	1/2500	$L/H<3$ 1/3 500（砂土）～1/2 500（黏土） $L/H>5$ 1/2 000（砂土）～1/1 500（黏土）	$L/H=1$ $L/H=5$	1/2500 1/1250
地表正曲率			$L/H=1$ $L/H=5$	1/5000 1/2500

砌体结构容许挠度比约为 1/5000～1/1500，随建筑物长高比（L/H）的减小而降低。一般建（构）筑物处于地表负曲率区时的允许挠度比约为地表正曲率区时的 2 倍。

此外，对于建（构）筑物的结构构件也有相关的挠度要求。一般楼（屋）主梁或桁架的容许挠度为 $L_0/250\sim L_0/350$，平台板为 $L_0/150$，支柱为 $L_0/400$，砌体墙的横梁为 $L_0/300$（L_0 为受弯构件跨度）。《危险房屋鉴定标准》（JGJ 125—99）规定混凝土结构构件梁板挠度大于 $L_0/150$ 或屋架挠度大于 $L_0/200$，钢结构梁板等构件挠度大于 $L_0/250$（或大于 45mm）或屋架挠度大于 $L_0/250$（或大于 40mm）时，房屋可能存在危险。

7.6.5 应变

为研究建筑物发生损坏的机制、原因及影响因素，Burland 和 Wroth 将建筑物简化为长 L 高 H 的简支梁模型，变形产生挠度后简支梁可能因弯矩而出现挠曲应变或因剪力而出现斜拉应变，当拉应变大于材料极限拉应变（ε_{lim}）时，开始出现开裂。简支梁出现裂缝的极限挠度与建筑物长高比（L/H）、弹性模量（E）和剪切模量（G）有关。根据弹性力学，单位厚度简支梁承受作用于中点的集中荷载（P）时，中点处挠度 Δ 为

$$\Delta = \frac{P}{48}\frac{L^3}{EI}\left(1+\frac{18}{L^2}\frac{I}{H}\frac{E}{G}\right) \qquad (7.6\text{-}2)$$

式中：I 为截面惯性矩，$I=H^3/12$。

若式（7-6.2）以最大挠曲应变 ε_{bmax} 表示，可写为：

$$\frac{\Delta_{lim}}{L}=\varepsilon_{bmax}\frac{L}{6H}\left(1+\frac{18}{L^2}\frac{I}{H}\frac{E}{G}\right) \qquad (7.6\text{-}3)$$

式中：Δ_{lim} 为梁的极限挠度。

若式（7-6.2）以最大斜拉应变 ε_{dmax} 表示，可写为：

$$\frac{\Delta_{\lim}}{L} = \varepsilon_{dmax}\left(1\frac{L^2}{18}\cdot\frac{H}{I}\cdot\frac{G}{E}\right) \tag{7.6-4}$$

令 $\varepsilon_{bmax} = \varepsilon_{\lim}$、$\varepsilon_{dmax} = \varepsilon_{\lim}$，即可分别求出简支梁由挠曲应变和斜拉应变开始产生裂缝的极限挠度比（$\Delta_{\lim}/L$）。由式（7-6.3）、（7-6.4）可知 $\varepsilon_{\lim}$ 为已知时，极限挠度比与 L/H、E/G 和中立轴的位置（I 的大小）有关。

许多学者对不同结构形式建筑物的临界拉应变及其与角应变的对应关系进行了研究，得出结论汇总如表 7.6-17 所示。

不同结构与材料的临界应变与角变形　　　　　表 7.6-17

研究者	水平应变/%	结构类型备注
Polshin 和 Tokar（1957）	0.05	砖结构
Base 等人（1966）	0.05	钢筋混凝土梁
Burhouse（1969）	0.038～0.06	砖墙＋钢筋混凝土梁
Burland 和 Worth（1974）	0.035	钢筋混凝土梁
Mainstone 和 Weeks（1970） Mainstone（1971）	0.081～0.137	砖填充框架
Littlejohn（1974a，b）	0.02～0.03	砖墙
Mainstone（1974）	0.02～0.03	砖填充框架
Burland 和 Worth（1974）	0.03～0.09	墙和面板

Cording 等（1989）认为砖石承重墙结构的极限应变为 0.1%、填充式框架结构为 0.15%。Burland（1995）认为砌体结构和钢筋混凝土结构发生裂缝的 ε_{lim} 分别为 0.05%～0.1% 和 0.03%～0.05%，一般砌体结构极限拉应变小于 0.15% 时不会导致建筑功能的丧失，达到 0.15%～0.3% 时应进行加固措施。S.J.Boone（2001）认为剪应变为 0.1% 时能够导致明显裂缝，临界剪应变大概是临界拉应变的 2 倍。国内外对建（构）筑物允许应变的研究成果见表 7.6-18。

建（构）筑物的允许应变值　　　　　表 7.6-18

国　别	压缩/（mm/m）	拉伸/（mm/m）	备　注
中国		2.0	
英国	1.0	1.0	30m 长建筑
德国	0.6	0.6	
波兰	1.5	1.5	
日本	0.5 1.0 5.0	0.5 1.0 5.0	混凝土基础 木板房 污水池
苏联	2.0 4.0	2.0 4.0	顿巴斯 卡拉干达
美国	0.8	0.4	

伦敦建筑结构工程师协会（BRE）在 Burland 等的研究基础上提出了表 7.6-19 所示的房屋破坏等级、表征及极限拉应变等之间的关系，这个关系对于判断较为复杂的建筑物破坏情况更为有用，也得到了广泛应用。

建筑物破坏等级与极限拉应变对应关系　　　　　表 7.6-19

破坏等级	严重性描述	破 坏 描 述	极限拉应变
0	可以忽略	微裂缝	0～0.0005
1	非常轻	装饰材料出现纤细裂缝，破坏开始影响内墙装饰，仔细检查可能会发现外的裂缝	0.0005～0.00075
2	轻微	裂缝易修补，可能需要重新装饰，出现的裂缝可用适当的衬砌掩盖，裂缝从外部可觉察到，可能会产生渗水	0.00075～0.0015
3	中等	变形增大，门窗可能要修理，给水管可能会破裂，漏雨情况加剧，需要重装饰砌砖并可能需替换部分砌砖	0.0015～0.003
4	严重	门窗框架歪曲，地板明显倾斜，墙体倾斜超过 1/100，明显鼓起，承载能减弱，给水管破裂	>0.003
5	很严重	基本丧失承载能力，墙体严重倾斜并需要外力支撑，窗子由于歪斜而破碎，可能需要局部或全部重建	>0.003

7.6.6 水平变形

水平变形控制指标主要包括水平位移与水平应变。水平位移是指建筑物在水平方向的变化量。水平应变是指水平位移差值与两点距离的比值。新建工程对建（构）筑物水平变形影响的研究较少，英国煤矿协会（1975）提出了建筑物损坏程度与长度、水平应变的关系。根据建筑物长度变化系数将建筑物的破坏分为 5 级（表 7.6-20、图 7.6-2）。

建（构）筑物水平变形损坏等级　　　　　表 7.6-20

建筑物长度变化量/m	损坏等级	典 型 损 坏 描 述
<0.03	极轻微	建筑物抹灰有细裂纹
0.03～0.06	轻微	建筑物内有若干小裂缝，门窗启闭有轻微不灵活感
0.06～0.12	中度	能够在建筑物外见到小裂缝（或1条大裂缝），门窗卡紧，上下水管道可能断裂
0.12～0.18	严重	管道断裂，结构物开裂后透风，需要修补；门窗框变形，地板明显倾斜，墙壁明显歪斜或鼓起，梁失去若干支承，受压缩时屋顶隆起，墙砌体产生水平裂缝而隆起
>0.18	极严重	破坏更严重，需部分或全部翻修，屋顶和地板梁脱离支座，需加支撑，窗户变形折断，受压缩时屋顶和墙壁严重弯曲和隆起

图 7.6-2 只考虑了水平应变单独发生的情况，未考虑水平和垂直应变的共同作用。水平应变会减少建（构）筑物对垂直应变的抵抗力，因此 Boscardin 和 Cording 进一步依据

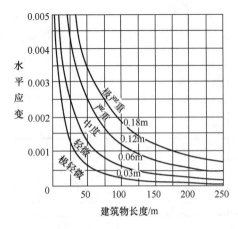

图 7.6-2 建(构)筑物损坏程度与长度变化量、水平应变的关系

简支梁模型研究了水平应变对砌体结构建筑的影响，得出极限角变量 $\beta_{\lim}$ 计算如下：

$$\beta_{\lim} = \frac{3\Delta_{\lim}}{L}\left[\frac{1+4\dfrac{E}{G}\dfrac{H^2}{L^2}}{1+6\dfrac{E}{G}\dfrac{H^2}{L^2}}\right] \quad (7.6\text{-}5)$$

Boscardin 等（1989）考虑中立轴位于梁下端且 $L/H=1$，由式（7-6.5）建议砌体结构承重墙损坏程度与水平应变、角变量的关系见图 7.6-3。

此外，韩煊等（2010）对城市轨道交通地下工程建设造成的建（构）筑物扭曲变形进行了初步研究，扭曲变形即基础平面变形前后两个角度变化之差与两个对边距离的比值。其以伦敦伊丽莎白大厦为例，研究表明最大正扭曲 $0.014\times10^{-3}/\text{m}$、最大负扭曲 $-0.023\times10^{-3}/\text{m}$ 时未发现建筑结构有明显损坏。

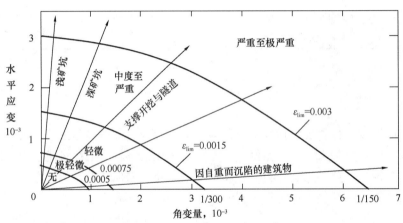

图 7.6-3 砌体房屋承重墙损坏程度与水平位移、角变量的关系

7.6.7 地表变形

建（构）筑物的损害也可由地表变形进行控制，国内外均有按地表变形进行的建筑物破坏等级划分标准，具体见表 7.6-21、表 7.6-22。

地表变形与建筑破坏等级　　　　　表 7.6-21

破坏等级	建筑物可能达到的破坏程度	地表变形值			处理方式
		倾斜 (mm/m)	曲率 (10^{-3}/m)	水平变形 (mm/m)	
Ⅰ	墙壁上不出现或者仅出现少量宽度小 4mm 的细微裂缝	≤3.0	≤2.0	≤2.0	不修
Ⅱ	墙壁上出现 4~15mm 宽的裂缝，门窗略有歪斜，墙皮局部脱落，梁支承处稍有异样	≤6.0	≤4.0	≤4.0	小修

续表

破坏等级	建筑物可能达到的破坏程度	地表变形值			处理方式
		倾斜(mm/m)	曲率(10^{-3}/m)	水平变形(mm/m)	
Ⅲ	墙壁上出现16～30mm宽的裂缝，门窗严重变形，墙身倾斜，梁头有抽动现象，室内地面开裂或鼓起	≤10.0	≤6.0	≤6.0	中修
Ⅳ	墙身严重倾斜、错动、外鼓或内凹，梁头抽动较大，屋顶、墙身挤坏，严重有倒塌危险	>10.0	>6.0	>6.0	大修、重建或拆除

注：本表适用于长度或者沉降缝区段小于20m的砖石结构建筑物，其他结构类型的建筑物可视具体情况参照执行。

波兰按照地表变形划分建筑物破坏等级　　　　表7.6-22

破坏等级	建筑物破坏特征描述	地表变形值		
		倾斜(mm/m)	曲率(10^{-3}/m)	水平变形(mm/m)
Ⅰ	建筑物不需要保护，允许墙上出现一些很小的无危害的裂缝	2.5	0.05	1.5
Ⅱ	建筑物需要采取简单的保护，允许墙上出现一些容易修理的较小的裂缝	5.0	0.083	3.0
Ⅲ	建筑物需要仔细保护，允许出现一些易修理的较大的裂缝	10.0	0.166	6.0
Ⅳ	建筑物需要专门的保护，允许出现一些易修理的破坏	15.0	0.25	9.0
Ⅴ	建筑物不可修复，地表可能出现较大的裂缝或塌陷坑	>15.0	>0.25	>9.0

综合已有研究成果，《城市轨道交通工程监测技术规范》（GB 50911—2013）规定建（构）筑物监测项目控制值的确定应符合下列规定：

① 建（构）筑物监测项目控制值应在调查分析建（构）筑物使用功能、建筑规模、修建年代、结构形式、基础类型、地质条件等的基础上，结合其与工程的空间位置关系、已有沉降、差异沉降和倾斜以及当地工程经验进行确定，并应符合现行行业标准《建筑地基基础设计规范》（GB 50007—2011）的有关规定；

② 对风险等级为一级、二级的建（构）筑物，宜通过结构检测、计算分析和安全性评估等确定建（构）筑物的沉降、差异沉降和倾斜控制值；

③ 当无地方工程经验时，对于风险等级较低且无特殊要求的建（构）筑物，沉降控制值宜为10～30mm，变化速率控制值宜为1～3mm/d，差异沉降控制值宜为0.001～0.002l（l为相邻基础的中心距离）。

第8章 地下管线监测

8.1 概述

地下管线是敷设在地下用于输送液体、气体或松散固体的管道，是指埋设于地下或水下各种管（沟、巷）道和电缆的总称。地下管线是城市的生命线，是城市赖以生存与发展的"神经"和"血管"。城市地下管线一般分为地下管道、地下电缆两大类。

地下管线按工作压力可分为无压管线和压力管线。常见的无压管线包括雨水、污水管线等；常见的压力管线包括埋自来水、燃气、供水、热力、输油管道等。燃气管道可按其所传输的燃气性质分为煤气、液化气和天然气；按燃气管道的压力 P 大小分为低压、中压和高压：低压 $P \leqslant 5kPa$；中压 $P > 5kPa$，$\leqslant 0.4MPa$；高压 $P > 0.4MPa$，$\leqslant 1.6MPa$。电力电缆可按其功能分为供电（输电或配电）、路灯，电车等；按电压的高低可分为低压、高压和超高压：低压 $V \leqslant 1kV$；高压 $V > 1kV$，$\leqslant 110kV$；超高压 $V > 110kV$。

地下管线分类见表8.1-1。

地下管线分类　　　　表8.1-1

基本分类	压力情况	功能	名　称
地下管道	重力管道	排水管道	污水管道、雨水管道、雨污合流管道、工业废水管道
	压力管道	给水管道	生活用水管道、消防用水管道、工业用水管道、农业灌溉管道
		燃气管道	煤气管道、天然气管道、液化石油气管道
		热力管道	热水管道、蒸汽管道
		工业管道	汽油管道、化工管道、排渣管道
地下电缆	高压电缆	电力电缆	动力电缆、照明电缆
	低压电缆	电信电缆	长话电缆、市话电缆、广播电缆、有线电视电缆、专用电缆

(1) 地下管线材质。

1) 给水管道一般分为金属管道和非金属管道两类。金属管道分为镀锌钢管、碳钢直板卷管及承插式灰口铸铁管；非金属管道分为硬聚氯乙烯管和承式预应力混凝土管两种。近年来，国家建设部正在要求推广使用400mm以下小口径给水管。

2) 排水管道一般分为混凝土管、钢筋混凝土管及钢筋混凝土渠箱三种。混凝土管及钢筋混凝土管又有承插式、企口式和平口式。

3) 煤气、天然气管道通常有无缝钢管、螺旋钢管、铸铁管及高密度聚氯乙烯塑料管。一般聚氯乙烯塑料管只用于小口径供气管，铸铁管只用于低压力供气管道上。城市道路下面多数为无缝钢管或螺旋钢管，管径小于或等于DN150时为无缝钢管，当管径大于或等于DN200时为螺旋钢管。

4）电力电缆除直埋外均敷设在电力专用管道内，目前常用的电缆管道有预制钢筋混凝土槽盒、电缆沟、塑料管和电缆隧道。

5）电信电缆的敷设有直埋和敷设在电信管道内两种，电信管道种类有混凝土预制管块、硬聚氯乙烯管、铸铁管、钢管等五种，早期多采用混凝土预制管块和石棉水泥预制管块，目前多采用硬聚氯乙烯管，个别地段（如过桥、穿越铁路、渠箱或障碍物时）使用铁管，引上管（如上杆、出入接线箱等）采用铸铁管[326]。

（2）地下管线接口形式。

1）螺纹连接：又称丝接，即在管端部分加工成外螺纹，在次外螺纹管端部分连接带有内螺纹的管线或带有内螺纹的法兰或阀门等，然后使带有外螺纹的另一管管端部分与已连接上的上述管件或阀门的内螺纹连接（图8.1-1）。

2）法兰连接：是一种承压的可拆卸管线紧密型连接方法，亦即用两片法兰将管道、阀门、设备连接成一个严密的管线系统（图8.1-2）。

图8.1-1　螺纹连接接口

图8.1-2　法兰连接接口

3）焊接：是钢管线连接的一种常用方法，常用于大口径钢管的连接（图8.1-3）。

4）承插连接：带有承口、插口的铸铁管、钢筋混凝土管、混凝土管、缸瓦管、陶瓷管、塑料管均采用承插连接方式。插口插入承口内，其间隙填充料进行封闭（图8.1-4）。

5）企口连接：采用管端榫头与另一管管端榫槽吻接方式连接。此种连接方式可以传递管件之间的荷载，增加密封性能。一般采用滑动胶圈进行密封止水（图8.1-5）。

6）平口连接：混凝土管与钢筋混凝土管管口有平口状，常采用平口连接方式（图8.1-6）。

图8.1-3　焊接接口

（3）地下管线敷设方式。

地下管线的安装按其敷设方式可分为地沟敷设、无沟敷设（又称直埋铺设）和隧道敷设等。

1）地沟敷设。

地沟按其构造可分为普通地沟和预制钢筋混凝土地沟；按其断面尺寸的大小可分为不通行地沟、半通行地沟和通行地沟。

图 8.1-4 承插连接接口

图 8.1-5 企口连接接口

图 8.1-6 平口连接接口

普通地沟为钢筋混凝土或混凝土沟底基础、砖或毛石砌筑的沟壁，钢筋混凝土盖板。预制钢筋混凝土地沟断面上部形状为椭圆形，在素土夯实的沟槽基础上，现场浇筑钢筋混凝土地沟基础，之后进行管道安装和保温，然后吊装预制的拱形管壳。

不通行地沟是指人员不能在地沟内通行，其断面尺寸以满足管道施工安装要求来决定；在半通行地沟内，维修人员能弯腰行走，能进行一般的管道维修工作，地沟净高不小于 1.2m；在通行地沟内工作人员可以自由通行，可保证检修、更换管道和设备等作业。

2）无沟敷设（又称直埋铺设）。

无沟敷设（又称直埋铺设）是指管线直接埋设于土壤中的敷设方式，分为无补偿敷设方式和有补偿敷设方式。将管道直接埋设在地下原土基础之上，不需要砌筑地沟和支承结构，既可缩短施工周期，又可节省投资。

3）隧道敷设。

隧道敷设是将电缆等地下管线敷设在地下隧道内的一种安装方式，用于地下管线线路较多和地下管线线路路径不易开挖的场所。一般为钢筋混凝土结构，也有砖砌或钢管结构等。隧道的修建方式一般包括盾构法、浅埋暗挖法、顶管法和定向钻法等。

根据周边环境风险等级划分要求，工程周边主要影响区内存在重要地下管线时，风险等级为二级。根据地下管线压力情况、功能和直径等分类，一般雨污水干管、中压以上煤气管、直径较大的自来水管、中水管等对工程有较大危害的地下管线等为重要地下管线。

8.2 影响机理

（1）地下管线的受力机理。

一般情况下，地下管线所受的主要负荷为内压力 P（工作压力和实验压力）和外压力（垂直土荷载、水平土荷载和地面活荷载等），径向应力 σ_r、纵向应力 σ_l 和环向应力 σ_θ，如图 8.2-1 所示。

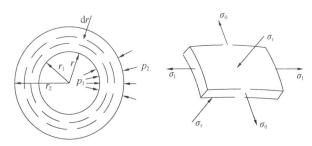

图 8.2-1 地下管线单元体受力分析

1）径向应力（σ_r）。

一般铸铁管线、混凝土管线的抗压强度很高，内压或外压在管体上引起的径向应力很小，实际也很少发生因径向压力致使管体压碎或发生破裂的情况。因此，地下管线的径向应力（σ_r）可不做研究。

2）纵向应力（σ_l）。

对于带有接头的压力管道，纵向应力（σ_l）主要来源于管内流体（水、煤气等）流过接头的弯头、丁字支管顶端、管堵顶端等处时，内压产生的外推力。当外推力达到一定数值时有可能把接口拉开，外推力的大小主要与管径和内压力有关。流体产生的外推力相对较小，管道设计中有考虑用支墩等进行平衡。

一般情况下，埋设管线可作为连续均匀地基上的连续梁来考虑，外压虽会产生一定的纵向应力，但对管线的正常使用影响不大。当隧道开挖时，工程影响范围内的管线周围的土体将受到扰动而引起管基变位下沉，管道将产生纵向弯曲效应，这种弯曲应力达到一定值则可能将管线拉裂或接头拉开。

3）环向应力（σ_θ）。

内压在管体上产生的环向应力（σ_θ）一般与内压和直径成正比，同管厚成反比，一般可按下式进行计算：

$$\sigma_\theta = Pd/2t \tag{8.2-1}$$

式中 P——内压，N；

d——管线的平均直径，mm；

t——管壁的厚度，mm。

外压有使管线压扁的倾向，将产生弯曲应力，它同外压大小以及管基、埋深密切关系。管线直径较小，内压引起的环向应力常常小于其抗拉压强度，又由于管线的环向抗弯刚度较大，因此，工程计算中对内、外压产生的环向应力可不予考虑。

综上所述，地下管线的实际受力状态为三维应力状态，当管径较小且埋深较浅时，内外压力引起的径向压力和环向压力相对较小，一般都小于其抗拉、抗压强度，而隧道开挖对其影响又很小，对管线的安全不起控制作用。在隧道工程的开挖过程中，可以只考虑开挖引起的管基不均匀沉降在管线中引起的纵向弯曲压力或接头的开裂应力。

(2) 隧道施工对周边地下管线的影响机理。

1) 刚性接口地下管线。

隧道施工与地下管线之间存在相互作用，管线的存在必然会对地层变形产生影响，地层变形也会使管线上产生弯矩。图 8.2-2 表示了具有连续刚性接头的管线所受弯矩的形式与它的位置的关系。采用非线性的研究方法很难研究隧道施工与地下管线之间的相互作用，采用线弹性方法研究需恰当地定义管线、管线接头及管线周围土体的强度和变形特性。

图 8.2-2 中的坐标系原点位于隧道开挖面正上方的管线处，x 轴平行于隧道轴线，正向为隧道掘进的方向，y 轴位于管线平面内与 x 轴垂直，平行于与隧道垂直的管线轴线，z 纵轴竖直向下，在管线平面内垂直于隧道轴线且通过开挖中心。同时，管线上产生的弯矩及其抵抗地层变形的能力受到接头位置、类型和刚度的影响。

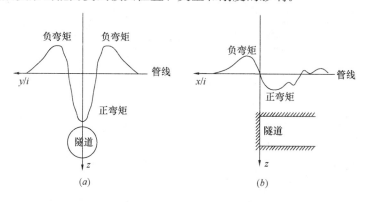

图 8.2-2 隧道开挖引起管道附加弯矩的分布特征
(a) 管线与隧道垂直；(b) 管道与隧道平行

隧道、管线及土体参数对管线弯应力和应变的影响见表 8.2-1。

隧道、管线和土体参数对管线弯应力和应变的影响　　　　表 8.2-1

参数变化	对管线弯应力和应变的影响		
	地层变形曲线光滑或具有不规则坡面，且在平行情况下 $1/\lambda > 1.0i$（λ 弹性地基梁变形系数），在垂直情况下 $1/\lambda > 0.7i$	地层变形曲线光滑或具有不规则坡面，且在平行情况下 $1/\lambda < 1.0i$（λ 弹性地基梁变形系数），在垂直情况下 $1/\lambda < 0.7i$	土层和管线系统非均匀
隧道埋深与直径的比值增加	沉降槽宽度增加、地层损失减小——最大沉降值减小——管线应力和应变减小		

续表

参数变化	对管线弯应力和应变的影响		
	地层变形曲线光滑或具有不规则坡面，且在平行情况下 $1/\lambda>1.0i$（λ 弹性地基梁变形系数），在垂直情况下 $1/\lambda>0.7i$	地层变形曲线光滑或具有不规则坡面，且在平行情况下 $1/\lambda<1.0i$（λ 弹性地基梁变形系数），在垂直情况下 $1/\lambda<0.7i$	土层和管线系统非均匀
隧道开挖面上的地层损失增加	沉降槽体积增加——最大沉降值增大——管线应力和应变增大		
管线允许弯应变增加	应力和应变减小		
d/t 为常数时管线直径增加	应力和应变增大	对应力和应变没有实际影响	应力和应变减小
管线弹性模量增加	管线应变减小，应力增大		
管线埋深增加	有效土体弹性模量增大、管线平面上最大沉降值增大、沉降槽宽度减小——管线应力和应变增大		
管线周围土体弹性模量增加	管线应力和应变增大		
土体屈服	与线弹性分析相比管线应力和应变减小		
管线屈服	与线弹性分析相比管线应力减小，总应变增大		
平行且偏离隧道轴线的管线与隧道轴线正上方的平行管线相比	管线位置处的径向地层变形最大值减小——对于简单管线，应力和应变减小，但在管网中可能造成高应力		
平行且偏离隧道轴线的管线与隧道轴线正上方的平行管线相比	管线应力和应变减小		增大对系统的扰动
平行隧道轴线管线与垂直隧道轴线管线相比	管线应力和应变减小		增大对系统的扰动
倾斜于隧道轴线的管线与隧道轴线的管线相比	管线应力和应变减小		

2) 柔性接口地下管线。

柔性接口地下管线的变形机理明显不同于采用平口、焊接、法兰等刚性接口形式的管线，对于承插接口等柔性地下管线而言，地基土层在竖向荷载作用下产生了一定的压缩量，管道基础随地基压缩而产生沉降，从而带动敷设于其上的管线产生一定的沉降。对于由若干节管道通过橡胶圈连接而成的承插接口管道（如球墨铸铁管、薄壁钢筒预应力混凝土管、钢筋混凝土管等），管材本身刚度较大，接口处一般都由 1~2 个橡胶圈连接，因而管节本身基本上不产生变形，管线竖向变形基本上都靠相邻接口处的相对转动来实现。当管线两端通过工作井、支墩等设施约束管线位移时，其沉降后的稳定情形为中间段均匀沉降、竖向位移等于最大沉降量，其余不均匀沉降段呈折线状，总变形量逐渐增大。

试验表明，对于敷设于同种土层中的管线而言，管线不均匀沉降段的相邻两节管道之间均存在一个大小相等的相对转角（转动方向可能不一致）。假设相邻两节管道之间接口的相对转角大小为 θ，第 i 节管道沉降后接口处的绝对转角量记为 i_θ，则相邻两节管道的绝对转角之间存在如下关系：

$$\theta_{i+1} = \theta_i \pm \theta \quad (8.2\text{-}2)$$

与刚性管线比较，柔性管线接头具有协调变形能力。相同条件下，柔性管线位移量大于刚性管线的位移量。同时，柔性管线的位移量虽然大，但其内力一般小于刚性管线。

8.3 监测目的

城市轨道交通多建设于繁华城市，地下管线密布，在城市轨道交通工程支护桩施工、降水、土方开挖等施工过程中，造成的地层损失都会对周围环境及地层产生一定的影响。过大管线变形甚至造成管线破坏，不仅影响其使用功能及使用寿命，也对城市轨道交通工程自身结构产生影响（如雨污水管开裂后，可能引起暗挖拱顶塌方，明挖桩间土垮塌等），同时也威胁人民生命财产安全（如带压管线爆裂可能引起人身伤害和财产受损）。

为确保地下管线的运行安全及施工的顺利进行，在进行城市轨道交通工程施工中必须对施工区附近的埋设管线进行变形监测，特别要加强对天然气（或煤气）管、供水、雨污水管、热力等带水、带压管线的监测，以有效指导施工、确保施工安全及管线安全，避免事故的发生。

8.4 监测项目及监测点布设

1. 监测项目

地下管线的监测项目见表 8.4-1。

地下管线监测项目　　　　　　　　　表 8.4-1

监测对象	监测项目	工程影响分区	
		主要影响区	次要影响区
地下管线	竖向位移	✓	○
	水平位移	○	○
	差异沉降	✓	○

注：✓——应测项目；○——选测项目。

2. 监测点布设原则

（1）监测点形式和布设位置应根据地下管线重要性、修建年代、类型、材质、管径、接口形式、埋设方式、使用状况，以及与工程的空间位置关系等综合确定。

（2）地下管线竖向位移监测点布设间距宜为 5～30m。

（3）监测点宜布设在地下管线的节点、转角点、位移变化敏感或预测变形较大的部位。

（4）地下管线宜布设直接监测点对管线变形进行直接监测；无法布设直接监测点时，可布设间接监测点对管线变形进行间接监测。

（5）隧道下穿污水、供水、燃气、热力等地下管线且风险较高时，应布设管线结构直接监测点及管侧土体间接监测点，进行竖向位移监测。

（6）水平位移监测点的布设位置和数量应根据地下管线特点和工程需要确定。

（7）地下管线密集、种类繁多时，应对重要的、抗变形能力差的、容易渗漏或破坏的管线进行重点监测。

8.5 监测方法及要求

地下管线监测中，通常进行竖向位移及差异沉降监测，个别情况下考虑进行水平位移监测。地下管线沉降及差异沉降监测中，所采用的监测方法主要为几何水准的方式，其基本原理、监测方法及要求等内容与建筑物沉降的要求相同，在此主要介绍管线点埋设方式及要求。

除对地下管线采用仪器定量监测外，在施工影响期间，尚需对地下管线进行日常巡查，以便于对地下管线安全状态有综合性的了解。

1. 地下管线现场安全巡查

（1）首次巡查。在施工前对所要巡查的地下管线做首次巡查。首次巡查的重点是调查地下管线现状，巡查该管线周围有无地面裂缝、渗水及塌陷情况、检查井等附属设施的开裂以及井内有无积水或积水的深度等情况。有裂缝的地方做好标识，记录裂缝的位置、形态，用游标卡尺或裂缝读数显微镜测量并记录裂缝的宽度；井内有积水的要记录积水的深度以及积水来源。对在施工影响前已经出现的地面裂缝、井内积水等异常情况，采用拍照的方式进行影像资料存档。

（2）日常巡查。巡查的内容包括：①管线沿线地面开裂、渗水及塌陷情况；②检查井等附属设施的开裂以及井内有无积水或积水的深度等情况。对在首次巡查中发现的既有裂缝测量其宽度并与初始宽度进行现场比较。发现地下管线持续漏水（气）、检查井内出现开裂或进水等异常情况及时通报。巡查过程中，拍照存档，并填写现场安全巡查表。

在施工期间，应对周边管线进行每天至少一次的巡查，城市轨道交通工程和地下管线自身及其他周边环境出现监测预警、变形突变或巡查异常，暴风雨、暴雪等恶劣天气条件下，需加强对管线的巡查工作。

2. 几何水准法监测管线沉降

（1）测点埋设方式。监测点埋设方式：①有检查井的管线应打开井盖直接将监测点布设到管线上或管线承载体上；②无检查井但有开挖条件的管线应开挖暴露管线，将观测点直接布到管线上；③无检查井也无开挖条件的管线可在对应的地表埋设间接观测点，对于具有特殊风险，或特殊重要的管线，需布设于管侧；④在管线上布设监测点时，对于封闭的管线可采用抱箍式埋点，对于开放式的管线可在管线或管线支墩上做监测点支架。

地下管线管顶监测点宜采用测杆形式放置于管线顶部结构上，测杆外加保护管，如图 8.5-1 所示。

地下管线管侧监测点宜采用测杆形式放置于管线底的侧面土体中，底部将测杆用混凝土与周边土体固定，测杆外加保护管，如图 8.5-2 所示。

保护井宜采用钢质井壁，井壁厚度宜为 10mm，井壁垫底宽度宜为 50mm，井深宜为

200~300mm，采用钢质井盖，井盖直径宜为150mm，井口标高宜与地面标高相同。

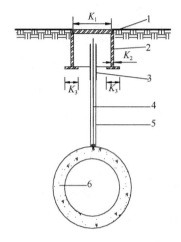

图 8.5-1 地下管线位移杆式直接监测点
1—地面；2—保护井；3—套管；4—测杆；
5—保护管；6—管线；
K_1—保护井盖直径；K_2—保护井
井壁厚度；K_3—井垫圈宽

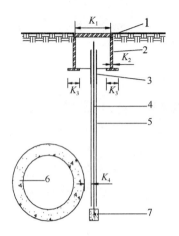

图 8.5-2 地下管线管侧
土体监测点
1—地面；2—保护井；3—套管；
4—测杆；5—保护管；6—管线；
7—混凝土块；
K_1—保护井盖直径；K_2—保护井
井壁厚度；K_3—井垫圈宽；
K_4—保护管与管线距离

（2）埋设技术要求。管线沉降监测测点埋设时应注意准确调查核实管线位置，确保测点能够准确反映管线变形，采用钻孔埋设方式测点埋设前应探明有无其他管线，确保埋设安全。

8.6 控制指标

在判别地下管线的安全性时，一般将管线分成刚性管线和柔性管线。刚性管线安全性可以由管道接口抗拔力、允许曲率半径或管节受弯应力判断。管节中的纵向弯曲应力应小于容许值，当弯曲应力小于容许值时，管道可安全使用，否则，管道可能产生断裂或泄漏。柔性管线安全性一般由管道的允许曲率半径和接头张角进行安全判别。

8.6.1 位移

承插接口铸铁管道和柔性接缝管道，每节许可差异沉降≤$L/1000$（L 为管节长度）。国内如北京、重庆等轨道交通施工总结的相关技术标准规定，地表最大斜率 2.55 mm/m。上海市政部门规定，煤气管线的允许水平位移为 10~15mm。德国建筑标准规定，管线允许水平变形为 0.6mm/m，容许倾斜变形为 1~2 mm/m。日本浅埋隧道管道控制值为，变形$(1~2)×10^{-3}$rad(弧度)，垂直位移±20~−40mm，污水管下沉 20mm。

O'Rourke 和 Trautman（1982）提出了一种管线损害评估的经验法，主要参考指标是管线可能损害处的地层移动坡角值 S_{max}/i。其中 S_{max} 为隧道开挖引起的最大地表沉降，i 为隧道中线到地表沉降槽反弯点的距离。在砂层中的浅埋隧道，规定了横向沉降槽的 S_{max}/i 限值，如表 8.6-1 所示。该方法没有考虑地层条件、管线种类等，不适用于脆性材质管线如灰色铸铁管。

横向沉降槽限值　　　　　　　　　　表 8.6-1

管线种类	允许坡角 S_{max}/i
相对刚性管，直径>200mm	0.012
相对柔性管，直径<200mm	0.012～0.040

Attewell 等（1986）提出的用于初步评价地下管线安全性的最大地表沉降值见表 8.6-2。表中定义的管线失效指突发事件导致的管道渗漏或者其他需立即维修的情况。脆性材料管道轴线到隧道顶部的距离必须大于两倍隧道跨度，隧道上覆硬黏土时，管道轴线到隧道顶部的最小距离为一倍隧道跨度。管道轴线到隧道顶部的最小距离为 3.5m。

地下管线最大地表沉降值　　　　　　表 8.6-2

地表最大沉降值 S_{max}（mm）	脆性材料、灰口铁、石棉水泥、黏土制品	延性材料（刚、延性铁、非受火压力容器、聚乙烯）
≤10	与其他原因（如安装、交通荷载、季节变化等）相比管线应力的增加并不显著	
>10	地层变形对管线的影响应详细评价	—
>25	管线应力肯定会有显著增加，小直径管线有可能损坏	—
>50	大直径管线有可能损坏	管线应力可能会有显著增加，地层变形对管线的影响应详细评价

原国家煤炭工业局制定的《建筑物、水体、铁路及主要井巷煤柱留设与压煤开采规程》（2003）对暖卫工程网管的地表（地基）允许和极限变形值的规定见表 8.6-3。

刘招伟等（2006）提出从考虑地下管线的安全角度来确定最大允许地表沉降值，然后由此控制地表最大沉降。地铁上方电缆隧道可视为受垂直荷载的梁。根据结构在正常使用时受到的应力小于其允许应变的设计应力：

$$[\varepsilon] = [\sigma]/E \tag{8.6-1}$$

式中，$[\varepsilon]$ 为允许拉应变；$[\sigma]$ 为允许拉应力，MPa；E 为材料弹性模量，MPa。

管线在地层沉降时产生的变形应小于（或等于）其允许应力的相应变形范围，由此可计算差异沉降允许值：

$$\Delta S = \sqrt{([\varepsilon]m + m)^2 - m^2} \tag{8.6-2}$$

式中，m 为计算长度，m。

赵文等（2009）选取施工现场改移的煤气铸铁管线进行试验，该管线运行了 20a，承插接口，内径 150mm，弹性模量 100GPa，长度 2m，壁厚 9mm，端头间距 0.8m，抗拉强度 110MPa。试验结果表明，管线变形曲率应≤0.0078 或差异沉降≤1/128，管线最大拉应力应≤71MPa，安全系数通常为 1.5，最大压应力应≤127.4MPa。研究认为地面沉降 50～80mm，地下管线处于安全状态。

暖卫工程网管的地表（地基）允许和极限变形值　　　　表 8.6-3

管网及特征			允许变形值			极限变形值		
			伸长 ε (mm/m)	倾斜 i (mm/m)	曲率半径 (km)	伸长 ε (mm/m)	倾斜 i (mm/m)	曲率半径 (km)
有接头的煤气管，接头与管体等强度	钢管材质为 3 号钢，铺设在	砂土上	2.5	—	—	—	—	—
		砂质黏土上	2.0	—	—	—	—	—
		中密实度黏土上	1.5	—	—	—	—	—
		密实黏土上	1.0	—	—	—	—	—
	钢管材质优于 3 号钢，铺设在	砂土上	3.5	—	—	—	—	—
		砂质黏土上	2.5	—	—	—	—	—
		中密实度黏土上	2.0	—	—	—	—	—
		密实黏土上	1.5	—	—	—	—	—
有接头输油管	地下干管，铺设在	砂土上	3.0	—	—	6.0	—	—
		砂质黏土和黏土上	2.0	—	—	4.0	—	—
供热管道	设于地沟内		6.0	6.0	—	10.0	12.0	—
	无地沟，铺设于	砂土上	4.0	5.0	—	7.0	8.0	—
		砂质黏土和黏土上	3.0	4.0	—	5.0	7.0	—
自来水管	地下钢质管道，铺设于	砂土上	5.0	—	—	8.0	—	—
		砂质黏土和黏土上	4.0	—	—	6.0	—	—
	分区地下管		[c]/L	—	—	—	—	—
	有整体混凝土和钢筋混凝土干管沟		1.0	—	20	—	—	—
排水管网	分区无压		[c]/L	—	—	—	—	—
	有接头的钢质压力管，接头和管道等强度，地下的，铺设于	砂土上	4.0	—	—	6.0	—	—
		砂质黏土和黏土上	3.0	—	—	5.0	—	—

注：1. [c]为接头的补偿能力；
　　2. L 为管节的长度，m。

国内各规范、规程和工程标准中地下管线位移控制指标见表 8.6-4。

地下管线位移控制指标		表 8.6-4
规范名称	地下管线控制指标	
天津地铁二期工程施工监测技术规定	煤气管线允许沉降 10mm，其他管线允许沉降 20mm	
基坑工程技术规程 (DB42/159—2004)(湖北)	煤气管道变形沉降或水平位移不超过 10mm，连续三天不超过 2mm/d；供水管道变形沉降或水平位移不超过 30mm，连续三天不超过 5mm/d	
基坑工程施工监测规程 (DG/T J08—2001—2006) (上海)	煤气、供水管线(刚性管道)位移累计值 10mm，变化速率 2mm/d；电缆、通信管线位移(柔性管道)位移累计值 10mm，变化速率 5mm/d	
广州地区建筑基坑 支护技术规定 (98—02)	采用承插式接头的铸铁水管、钢筋混凝土水管两个接头之间的局部倾斜值不应大于 0.0025；采用焊接接头的水管两个接头之间的局部倾斜值不应大于 0.006；采用焊接接头的煤气管两个接头之间的局部倾斜值不应大于 0.002	
建筑基坑工程监测技术规范 (GB 50497—2009)	刚性管道：压力，累计值 10～30mm，变化速率 1～3mm/d； 非压力，累计值 10～40mm，变化速率 3～5mm/d(直接观察点数据)； 柔性管线：累计值 10～40mm，变化速率 3～5mm/d	
城市轨道交通工程监测技术规范 (GB 50911—2013)*	燃气管道沉降累计值 10～30 mm，差异沉降 $0.3\% L_g$ mm； 雨污水管沉降累计值 10～20 mm，差异沉降 $0.25\% L_g$ mm； 供水管沉降累计值 10～30 mm，差异沉降 $0.25\% L_g$ mm； 变化速率均为 2mm/d	

注：1. *燃气管道的变形控制值适用于 100～400mm 的管径；
   2. L_g—管节长度。

《给水排水工程管道结构设计规范》(GB 50332—2002)规定柔性管道的变形允许值，应符合下列要求：①采用水泥砂浆等刚性材料作为防腐内衬的金属管道，在组合作用下的最大竖向变形不应超过 $0.02～0.03D_0$（圆形管道的计算内径）；②采用延性良好的防腐涂料作为内衬的金属管道，在组合作用下的最大竖向变形不应超过 $0.03～0.04D_0$；③化学建材管道，在组合作用下的最大竖向变形不应超过 $0.05D_0$。

对于刚性管道，其钢筋混凝土结构构件在组合作用下，计算截面的受力状态处于受弯、大偏心受压或受拉时，截面允许出现的最大裂缝宽度，不应大于 0.2mm。对于刚性管道，其混凝土结构构件在组合作用下，计算截面的受力状态处于轴心受拉或小偏心受拉时，截面设计应按不允许裂缝出现控制。

8.6.2 应力

对于刚性接头连接的管线来说，由于基础不均匀沉陷引起的弯曲应力很大，甚至会引起管线断裂。刚性管线的允许应力法判别公式如下：

$$\sigma_{\max} \leqslant [\sigma] \tag{8.6-3}$$

式中，$\sigma_{\max}$ 为管线横截面最大正应力，MPa；$[\sigma]$ 为管线材料的容许抗拉、压应力，MPa。

以煤气管道为例，铸铁管的允许应力计算公式为：

$$[\sigma] = K\varphi\sigma_s \tag{8.6-4}$$

式中，$[\sigma]$ 为允许应力，MPa；K 为设计系数，煤气站外取 0.72，油站内取 0.60；φ

为焊缝系数；σ_s 为铸铁管的最低屈服强度，MPa。钢管的最低屈服强度和焊缝系数应符合有关的规定。

对于柔性接口管道，安全性由管线接口抗拔力判断。柔性接头（承插式）管线，大都由橡胶密封圈密封，密封圈的存在使得管线内壁与之产生了摩擦力。摩擦力为防止管线位移时的管节发生脱离。这种抗拔力需经过抗拔试验得到。Singhal(1984)在试验的基础上得到了如下的抗拔力公式：

$$P_{\max} = \frac{5}{24}\pi\mu E_l A\varphi \frac{A - \frac{e-\varphi}{2}}{e-\varphi} \tag{8.6-5}$$

式中，μ 为橡胶密封圈与管道的摩擦系数，约为 0.1；E_l 为橡胶的等效弹性模量，约为 255MPa；A 为橡胶密封圈的直径，mm；e，φ 分别为管接头内径和管道外径，mm；$(e-\varphi)/2$ 为接头间隙，mm。

如果计算得到的管线接头处的拉力 $P < P_{\max}$，则管线处于安全状态，否则为不安全。

地下管线的管节中纵向弯曲应力对管线的受力起控制作用，故管节中的弯曲应力大于允许值时，管道可能产生断裂或泄漏。管线安全系数取为 5 时，允许拉应力为 $[\sigma_t] = 37.21$MPa，允许压应力为 $[\sigma_c] = 127.4$MPa。即需满足：$\sigma_t < [\sigma_t]$ 或 $\sigma_c < [\sigma_c]$。

Ahmed(1990)给出了美国常用的三种管线材料即铸铁管、球墨铸铁管和钢管的增量允许应力和增量允许应变值见表 8.6-5，其中表中数据适合于直径为 305～405mm 的管道，球墨铸铁管适用于内压力小于 0.7MPa 的情况。铸铁管和球墨铸铁管接头的允许变形量见表 8.6-6。

管材的允许应力和应变　　　表 8.6-5

管线材料	允许应力 σ_t	允许应变 ε_t
铸铁管	$\sigma_t \leqslant 0.4$UTS(极限抗拉强度)	0.05%
球墨铸铁管	$\sigma_t \leqslant 0.85\sigma_y$(屈服强度)	0.15%
钢管	$\sigma_t \leqslant \sigma_h - \sigma_{li} \pm \left(\sigma_y^2 - \frac{3}{4}\sigma_h^2\right)^{1/2}$	$\varepsilon_t \leqslant 1/E(\sigma_t - \upsilon\sigma_h)$

注：1. σ_h = 管线环向应力，MPa；
2. σ_{li} = 管节长度方向应力，MPa；
3. υ = 泊松比；E = 弹性模量，MPa。

管道的接头允许变形量　　　表 8.6-6

管线材料	接头的限值开口(mm)	接头的最大允许转角(°)
铅填缝接头的铸铁管	29	0.5
机械接口或承插接口的球墨铸铁管	25	2.5

8.6.3 应变

铸铁管对隧道开挖引起的拉应变比较敏感，一般压应变不起控制作用。受管线铸造质量等多种因素的影响，管线破裂时的拉应变值变化很大，一般在 4000～6000$\mu\varepsilon$。铸铁的缺陷会引起应力集中，在管壁相对较薄地方的拉应变可以降到 $2000\mu\varepsilon$。另外，其他原因导致地层移动而引起管线的应力集中也会导致铸铁的质量退化和腐蚀。Attewell 等（1986）提出了直接拉应力作用下总允许应变的限制范围，见表 8.6-7；如果考虑地层移动作用下管线的附加应变，允许值的选用应该更加保守，见表 8.6-8。

总允许应变　　　　　　　　　　　　　　　表 8.6-7

材料	总允许最大应变/$\mu\varepsilon$	
	受拉	受压
地坑灰色铸铁	370	1550
离心灰色铸铁	430～490	1770～2040
球墨铸铁（延性）	820	1020

地层移动附加应变允许值　　　　　　　　　表 8.6-8

材料	总允许最大应变/$\mu\varepsilon$	
	受拉	受压
灰色铸铁和离心灰色铸铁	100	1200
球墨铸铁	500	700

Herbert 和 Leach（1990）指出对于直径大于 300mm 的灰色铸铁管取 $200\mu\varepsilon$，直径小于 300mm 的灰色铸铁管取 $150\mu\varepsilon$ 是合理的；相对不利情况下，可将上述取值分别降低为 $150\mu\varepsilon$ 和 $100\mu\varepsilon$。

Hunter（2005）在分析非开挖施工对灰铸铁管影响时，限定最大拉应变为 $150\mu\varepsilon$，接口之间的转角不超过 $2.5°$。

8.6.4 转角

柔性管线一般设有接头和可适应一定开度的接缝填料，该类管线可从管节接缝张开值求得管线的允许变形，如图 8.6-1 所示。

图中管线变形曲率半径为 R，管节长度为 l，管线外径为 D，根据几何关系：$\dfrac{\delta}{D}=\dfrac{l}{R}$，得到 $\delta=\dfrac{lD}{R}$。若已知管线接头允许接缝张开值 $[\delta]$，则管线允许曲率半径为：$[R]=\dfrac{lD}{[\delta]}$。实际计算所得的曲率半径 R 大于允许曲率半径 $[R]$，则地下管线是安全

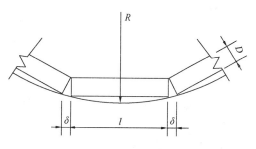

图 8.6-1　柔性管线变形几何图

的；否则，管线可能因变形过大而产生破裂或在接头处因接缝张开过大而漏水或漏气。

韩扬等（1999）根据对管线震害资料、试验数据的分析，接口破坏除了与允许变位有关外，还和接口抗开裂荷载有关。试验表明，接缝允许张开值 $[\Delta]$ 可取为 0.925mm，即直径为 D、管节长为 b 的管线在管线沉降曲线曲率最大处（$1/R$）接缝的张开值需满足：

$$\Delta = \frac{Db}{R} < [\Delta] \tag{8.6-6}$$

管线接口的抗拔力与管径基本上成正比,表8.6-9给出建议的允许变形值,表中 R_1 为开裂位移极限,R_2 为渗漏位移极限。

管道接头允许变形　　　　　　　表8.6-9

管 材	接头做法	R_1(mm) 均值	R_1(mm) 标准偏差	R_2(mm) 均值	R_2(mm) 标准偏差
铸铁	石棉水泥	0.20	0.16	1.85	1.12
钢筋混凝土	水泥砂浆	0.42	0.29	0.30	1.38
预应力混凝土	橡胶圈	5.00	2.00	38.6	4.13
石棉水泥	水泥砂浆	0.18	0.12	1.50	1.00
铸铁	胶圈石棉灰	4.50	1.88	50.0	5.70

Attewell(1986)给出了铸铁管在地层移动作用下接头转角与脱开的允许值(表8.6-10)。

允许接头转角与脱开值　　　　　　　表8.6-10

管线状态	允许最大转角(°)	允许最大脱开(mm)
煤气干管有渗漏史,铅线接头	0	0
煤气干管,铅线接头	1.0	10
供水干管,铅线接头	1.5	15
煤气、供水干管,橡皮垫圈接头	2.5	25

刘为民等(1998)对国内有代表性的4种接口形式的管子做了拉伸和弯曲试验,试验结果见表8.6-11。

管道接头位移　　　　　　　表8.6-11

管道及接口	开裂位移(mm)	有效位移(mm)	破坏位移(mm)
油麻水泥刚性口	0.105~0.44	—	0.89~1.74
热态铸铁管柔口	—	8.92~20.20	30.0~46.0
球墨铸铁柔口	—	21.87~40.80	41.0~49.16
自应力混凝土柔口	—	3.75~11.25	29.20~38.75

建设部标准额定研究所曾组织有关单位在北京进行了铸铁管接口的充水内压试验,目的是检验各种刚性接口的安全位移值,结果见表8.6-12。

接头的张开值　　　　　　　表8.6-12

接口填料	管径(mm)	安全位移(mm)	允许位移(mm)
3:7 石棉水泥	400	0.057	0.04
	600	0.060	
	800	0.068	
	1200	0.075	

续表

接口填料	管径(mm)	安全位移(mm)	允许位移(mm)
1:1自应力水泥砂浆	400	0.048	0.04
	500	0.037	
	600	0.052	
青铅	400	0.491	0.50
	600	0.508	
1:1水泥砂浆	400	0.071	0.04
	500	0.177	

焦国梁等对管径为1500mm铸铁管进行了三种接口做法的轴向拉伸试验：A组胶圈石棉砂浆；B组油麻石棉砂浆；C组自应力水泥砂浆。结果表明，接口弹性极限位移0.25～0.45mm，严重渗漏位移A组可达50mm，B、C组只为1mm左右。

韩阳等（2002）根据工程实践和近年来的实验成果，建议张开值见表8.6-13、表8.6-14。

接头的张开值 表8.6-13

管 材	接头做法	开裂位移(mm)	渗漏位移(mm)
铸铁	石棉水泥	0.32	2.65
	自应力水泥	0.58	2.88
	胶圈石棉灰	4.50	25.68
	胶圈自应力灰	5.59	24.98
钢筋混凝土	水泥砂浆	0.42	3.00
预应力混凝土	橡胶圈	5.00	38.6

地下管线接头转角 表8.6-14

管 材	破坏模式	接头形式	破坏转角(°)	允许转角(°)
铸铁	渗漏	螺纹填缝（铅嵌缝）	0.54～0.92	0.275
	管段金属接触	螺纹填缝（铅嵌缝）	5～6	3.5～4.5
		推入式（橡胶衬垫）	4～5	2.5～3.5
		法兰式（机械连接）	4	2.5
球墨铸铁	管段金属接触	推入式（橡胶衬垫）	3～5	1.5～3.5
		法兰式（机械连接）	2～8	0.5～6.5
		球窝式（销栓连接）	12.5～15	11～13.5

不同管径的混凝土地下管线的允许转角值见表8.6-15。

混凝土地下管线相对允许转角 表8.6-15

管材种类	公称直径(mm)	允许相对转角(°)
预应力混凝土管线	400～700	1.5
	800～1400	1.0
	1600～3000	0.5
普通混凝土管	100～800	1.5

《上海市基坑工程设计规程》(DBJ—61—97)各类地下管线接头的技术标准可参考表8.6-16。

各类管子接头的技术标准　　　　表8.6-16

管材尺寸	铸铁管								钢筋混凝土管			钢管	
	接头类型					管节长度(m)	管壁厚度(mm)	每100只接头允许漏水量(公升/15分)	管节长度(m)	承插接头接口间隙(mm)	每100只接头允许漏水量(公升/15分)	管壁厚度(mm)	焊接接头每100只接头允许漏水量(公升/15分,水压<7kg/cm²)
管内径(mm)	承压式接头				法兰接头								
	承口长度 P (mm)	调剂借转角 θ	限制开口 F (mm)	接口间隙 Δ (mm)	橡皮垫厚度 (mm)								
75	90	5°00′	8.1	3～5	3～5	3	9	—	—	—	—	4.5	—
100	95	4°00′	8.2	3～5	3～5	3	9	3.15	3	10	5.94	5	1.76
150	100	3°30′	10.3	3～5	3～5	4	9	5.27	3	15	8.91	4.5～6	2.63
200	100	3°05′	12.5	3～5	3～5	4	10	7.02	3	15	11.87	6～8	3.51
300	105	3°00′	16.9	3～5	3～5	4	11.4	10.54	4	17	17.81	6～8	5.27
400	110	2°28′	18.3	3～5	3～5	4	12.8	14.05	4.98	20	23.75	6～8	7.02
500	115	2°05′	19.2	3～5	3～5	5	14	17.56	4.93	20	29.63	6～8	8.78
600	120	1°49′	20.0	3～5	3～5	5	15.4	21.07	4.98	20	35.62	8～10	10.54
700	125	1°37′	20.8	3～5	3～5	5	16.5	24.58	4.98	20	41.56	8～10	12.20
800	130	1°29′	21.7	3～5	3～5	5	18.0	28.10	4.98	20	47.49	8～12	14.05
900	135	1°22′	22.5	3～5	3～5	5	19.5	31.61	4.98	20	53.43	10～12	15.80
1000	140	1°17′	23.3	3～5	3～5	5	22	35.12	4.98	20	59.37	10～12	17.55
1200	150	1°09′	25.0	3～5	3～5	5	25	42.15	4.98	20	71.24	10～12	21.07
1500	165	1°01′	27.5	3～5	3～5	5	30	52.63	—	—	89.05	10～12	23.34
1800	—	—	—	3～5	3～5	5	—	—	—	—	106.86	10～14	31.61
2000	—	—	—	—	—	5	—	—	—	—	118.73	10～14	35.12

注：1. 钢筋混凝土管：直径75～300mm为有应力钢筋混凝土管；直径400～1200mm为预应力钢筋混凝土管。管节接头用橡胶圈止水。

2. 铸铁管承插式接头中调剂借转角等参数如图8.6-2所示。承插接头中嵌缝材料用浇铅或石棉水泥。

3. 钢管材料一般为16Mn钢或A_3钢。

4. 接头是管线最易受损的部位，本表列出的几种接头技术标准，可作为管接头对差异沉降产生相对转角的承受能力的设计和监控依据。对难以查清的煤气管、上水管及重要通信电缆管，可按相对转角1/100作为设计和监控标准。

5. 本表是上海市政工程管理局于1990年对各类地下管线接头调研后列出的技术标准。有的地下管线年代已久，难以查清，但又易损坏，应予以重视。常见的地下管线每节长度在5m之内，1/100转角相当于0.6°，其标准高于表中列出的其他接头。

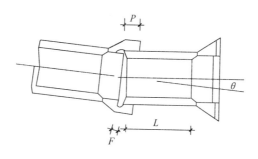

图 8.6-2 铸铁管承插式接头参数

《给水排水管道工程施工及验收规范》(GB 50268—2008) 规定铸铁、球墨铸铁管安管道沿曲线安装时,接口的允许转角,不得大于表 8.6-17 的规定;铸铁、球墨铸铁管管道安装允许偏差应符合表 8.6-18 的规定;预应力管、自应力混凝土管安装应平直、无突起、突弯现象,沿曲线安装时,管口间的纵向间隙最小处不得大于 5mm,接口转角不得大于表 8.6-19 的规定。

沿曲线安装接口的允许转角   表 8.6-17

接口种类	管径(mm)	允许转角(°)
刚性接口	75~450	2
	500~1200	1
滑入式T形、梯唇形橡胶圈接口及柔性机械式接口	75~600	3
	700~800	2
	≥900	1

铸铁、球墨铸铁管安装允许偏差   表 8.6-18

项 目	允许偏差(mm)	
	无压力管道	压力管道
轴线位置	15	30
高程	±10	±20

沿曲线安装接口允许转角   表 8.6-19

管材种类	管径(mm)	转角(°)
预应力混凝土管	400~700	1.5
	800~1400	1.0
	1600~3000	0.5
自应力混凝土管	100~800	1.5

台湾在实际工程采用的控制标准为混凝土管相对转角为 1/100rad(弧度),钢管、预铸管相对转角为 1/150rad。

综合已有研究成果,《城市轨道交通工程监测技术规范》(GB 50911—2013) 规定地下管线监测项目控制值的确定应符合下列规定:

(1) 地下管线监测项目控制值应在调查分析管线功能、材质、工作压力、管径、接口形式、埋置深度、铺设方法、铺设年代等的基础上，结合其与工程的空间位置关系和当地工程经验进行确定；

（2）对风险等级较高的地下管线，宜通过专项调查、计算分析和安全性评估确定其沉降和差异沉降控制值；

（3）当无地方工程经验时，对风险等级较低且无特殊要求的地下管线沉降及差异沉降控制值可按表 8.6-20 确定。

地下管线沉降及差异沉降控制值　　表 8.6-20

管线类型	沉降		差异沉降（mm）
	累计值（mm）	变化速率（mm/d）	
燃气管道	10～30	2	$0.3\%L_g$
雨污水管	10～20	2	$0.25\%L_g$
供水管	10～30	2	$0.25\%L_g$

注：1. 燃气管道的变形控制值适用于 100～400mm 的管径；

2. L_g——管节长度。

第9章 桥梁监测

9.1 概述

桥梁是架设在江河湖海上，使车辆行人等能顺利通行的建筑物，是为道路跨越天然或人工障碍物而修建的建筑物。桥梁一般由上部结构、下部结构和附属构造物组成，上部结构主要指桥面构造、桥跨结构和支座系统；下部结构包括桥台、桥墩和基础（挖井或桩基）；附属构造物则指桥头搭板、锥形护坡、护岸、导流工程等。桥面构造包括桥面铺装、防排水系统、栏杆、伸缩缝和灯光照明等。（摘自《百度百科》）

（1）桥梁结构。

桥梁按照结构体系划分，有梁式桥、拱桥、刚架桥、悬索承重（悬索桥、斜拉桥）四种基本体系。

1）梁桥一般建在跨度很大、水域较浅处，由桥柱和桥板组成，物体重量从桥板传向桥柱。梁桥以受弯为主的主梁作为主要承重构件的桥梁。主梁可以是实腹梁或者是桁架梁（空腹梁）。实腹梁外形简单，制作、安装、维修都较方便，广泛用于中、小跨径桥梁。包括钢桁梁桥、简支梁桥、T形钢结构桥、悬臂梁桥、连续梁桥和连续钢结构桥等。

2）拱桥一般建在跨度较小的水域之上，桥身成拱形，一般都有几个桥洞，起到泄洪的功能，桥中间的重量传向桥两端，而两端的则传向中间。

拱桥是以承受轴向压力为主的拱（称为主拱圈）作为主要承重构件的桥梁，包括木拱桥、混凝土拱桥、箱形拱桥、双曲拱桥、钢架拱桥、桁架拱桥、肋拱桥、桁式组合拱桥和斜腿刚架等。

3）悬桥是如今最实用的一种桥，桥可以建在跨度大、水深的地方，由桥柱、铁索与桥面组成。

（2）长度分类。

《公路工程技术标准》（JTG B01—2003）第五章桥涵分类规定如下。

特大桥：桥梁多孔跨径总长 $L>1000\text{m}$ 或单孔跨径 $L_k>150\text{m}$。

大桥：桥梁多孔跨径总长 $100\text{m}\leqslant L\leqslant 1000\text{m}$ 或单孔跨径 $40\text{m}\leqslant L_k<150\text{m}$。

中桥：桥梁多孔跨径总长 $30\text{m}<L<100\text{m}$ 或单孔跨径 $20\text{m}\leqslant L_k<40\text{m}$。

小桥：桥梁多孔跨径总长 $8\text{m}\leqslant L\leqslant 30\text{m}$ 或单孔跨径 $5\text{m}\leqslant L_k<20\text{m}$。

涵洞：单孔跨径小于5m。

（3）其他分类。

按用途分：公路桥、公铁两用桥、人行桥、舟桥、机耕桥、过水桥。

按跨径大小和多跨总长分：小桥、中桥、大桥、特大桥。

按行车道位置分：上承式桥、中承式桥、下承式桥。

按承重构件受力情况分：梁桥、板桥、拱桥、钢结构桥、吊桥、组合体系桥（斜拉桥、悬索桥）。

按使用年限分：永久性桥、半永久性桥、临时桥。

按材料类型分：木桥、混凝土工桥、钢筋混凝土桥、预应力桥、钢桥。

（4）桥梁桩基分类。

桩的类型可根据成桩方法、使用功能、荷载传递机理、桩径及桩材等进行分类。

1）根据使用功能分类。

根据桩的抗力性能和工作机理要求可分为以下四类。

a. 竖向抗压桩：主要承受竖向荷载的桩，根据其荷载传递特征，可分为摩擦桩、端承摩擦桩、摩擦端承桩和端承桩。

摩擦桩：竖向极限荷载作用下，桩顶荷载全部或绝大部分由桩侧阻力承受，桩端阻力小到可以忽略不计的桩。

端承摩擦桩：竖向极限荷载作用下，桩端阻力分担一定比例的荷载，但分担比例不大于30%的桩。

摩擦端承桩：竖向极限荷载作用下，桩顶荷载主要由桩端阻力承受，桩侧阻力分担荷载的比例不超过30%的桩。

端承桩：竖向极限荷载作用下，桩顶荷载全部或绝大部分由桩端阻力承受，桩侧阻力小到可以忽略不计的桩。

b. 竖向抗拔桩：主要承受竖向上拔荷载的桩。

c. 水平受荷桩：主要承受水平荷载的桩。

d. 复合受荷桩：主要承受竖向、水平荷载均较大的桩。

2）根据桩身材料分类，可分为木桩、混凝土桩（含钢筋混凝土桩和预应力钢筋混凝土桩）、钢桩和组合桩。混凝土桩是目前使用最广泛的桩，有预制混凝土桩和灌注混凝土桩两类。

3）根据成桩方法分类，可分为打入桩、灌注桩和静压桩三种。打入桩通过锤击、振动等方式将预制桩沉入地层设计要求标高形成的桩；灌注桩通过钻、冲、挖或沉入套管至设计标高后，灌注混凝土形成的桩；静压桩是将预制桩采用无噪声的机械压入至设计标高形成的桩。

4）根据成桩对土层的影响分类，可分为挤土桩、部分挤土桩和非挤土桩。挤土桩是在成桩过程中可造成大量挤土，使桩周围土体收到严重扰动，土的工程性质有很大改变的桩。部分挤土桩对土有部分挤土效应，非挤土桩则对周围土体基本没有扰动。

5）按承台位置对桩基分类，可以分为低承台桩基和高承台桩基。低承台桩基的承台底面位于地面或地面以下，桩在地基中作为支承上部结构的深基础，承台—桩—土是共同作用的，是桩—浅基的复合基础；高承台桩基的承台底面位于地面以上，桩基的桩身一部分沉入土中，起深基础作用，一部分外露在地面以上。

根据周边环境风险等级划分要求，工程周边主要影响区内存在重要桥梁时，风险等级为一级。根据桥梁长度、用途等分类，一般中桥、大桥、特大桥，以及城市高架桥、立交桥等为重要桥梁。

9.2 影响机理

工程施工扰动地层，使得周围土体力学性质及应力场发生变化，导致周围地层出现变形。地层变形传递到既有桩基后，桩周土体力学性质与应力场也发生相应改变，引起桩侧阻力和桩端阻力的变化，可使桩侧出现负摩阻力，使桩基产生沉降等变形。桩基变形传递到桥梁上部结构，使其出现差异沉降，形成结构内部较大的附加应力。同时，桥梁上部结构对桩基内力的改变也具有一定的约束作用。隧道等新建工程—周围土体—桩基—上部结构等四者之间相互影响、相互作用。

（1）工程施工对桥梁单桩的影响。

1）地层竖向变形。

隧道开挖引起的地层竖向变形传递到桥梁桩基，桩周土体出现应力重分布和沉降变形，桩土之间的相互作用导致桩侧摩阻力损失甚至出现负摩阻力，桩端阻力也发生一定的改变，使桩基承载力降低，桩基为了维持力学平衡产生了相应的附加沉降或隆起（图9.2-1）。当桥梁桩基在地层变形作用下产生沉降或隆起时，也将受到土层对其变形的约束作用，同时桩基的出现也对地层竖向变形沿水平方向传递起到了阻隔作用。

如果桥梁整个桩基位于隧道开挖影响范围内，地层竖向变形也可使桩端阻力出现部分或全部丧失而导致桩基产生沉降，尤其是隧道正下方穿越桩基的情况。

隧道开挖范围较大，开挖引起地下水变化时，桥梁将随地层出现均匀沉降。如果桥梁各个部位沉降值相等，各个构件不会产生附加应力，桥梁结构不会受到地层沉降的影响，但受开挖动态变形的影响，桥梁在竖直断面内线路出现凹状变形，会对桥梁产生不利影响。

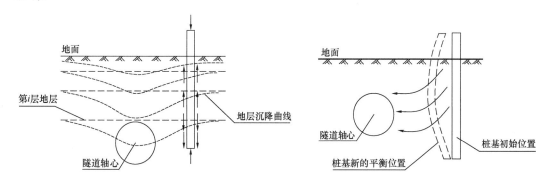

图 9.2-1 地层竖向变形与桩基之间的关系　　图 9.2-2 地层水平变形与桩基之间的关系

2）地层水平变形。

当地层水平变形传递到邻近桩基时，桩基的存在限制了桩身处土体变形的发展，导致桩基两侧地层之间出现压力差，桩基随之发生侧向变形和弯矩。隧道施工时，桩基侧向水平变形一般朝向隧道轴。桩基侧向变形使其两次土体对桩基的压力达到新的平衡，桩基侧向变形到一定程度后便停留到新的位置上（图9.2-2）。

桩基侧向变形可使桥梁重心和荷载出现偏移，进而造成桥梁墩台强度和稳定性的损害。桥梁构件和墩台基础出现应力状态改变，当墩台发生的纵、横向倾斜不一致时，桥跨结构将在对角线位置的支座上出现悬空现象，受到横向扭力作用，钢筋混凝土桥跨结构的连接梁上也可能出现裂缝。

地层横向水平位移可造成桥梁沿线路延伸方向的变化，纵向水平位移可引起桥梁受到挤压或拉伸破坏。

3）曲率变形。

曲率变形可使桥梁墩台地基发生弯曲变形，使地基反力重新分布，基础底面由水平面变为斜面，产生附加弯矩和剪力。在地表正曲率变形区（下凹区），墩台向桥梁跨外方向发生移动和倾斜；在地表负曲率变形区（上凹区），墩台向跨间方向发生移动，而桥跨阻止墩台移动，可导致桥梁结构的损害。

4）地表不连续变形。

地表出现不连续变形时，该区域桥梁结构将受到灾害性破坏，必须避免这种变形的出现。

5）地层变形对不同长度的桩基影响。

桩与隧道水平距离一定时，桩基长度对桩的沉降和侧向变形的大小有较大影响。根据桩端与隧道水平轴线竖向距离的不同，可分为短桩、中长桩及长桩三种。

a. 当桩端处于隧道拱顶上方时[图 9.2-3(a)]，桩身均处于隧道较大影响范围内，桩端及桩侧阻力均受影响，桩体几乎随地层同步下沉，桩体竖向位移较大，桩土之间相对位移较小。

b. 当桩端处于隧道断面水平轴线位置时[图 9.2-3(b)]，部分桩身处于隧道影响范围内，桩端阻力几乎不受影响，部分桩侧阻力受影响，桩体沉降量稍小，但水平位移较大。

c. 当桩端处于隧道断面水平轴线之下时[图 9.2-3(c)]，桩身大部分都处于隧道影响范围之外，桩端阻力不受影响，仅少部分沿桩身桩侧阻力受影响。桩体沉降量更小，而在隧道影响范围内桩基水平位移较大。

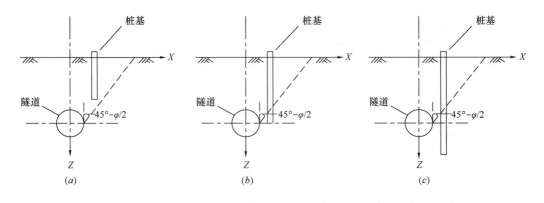

图 9.2-3　桩与隧道断面水平轴线以及影响线的空间位置关系（φ 为土体内摩擦角）
(a) 短桩；(b) 中长桩；(c) 长桩

一般增加桩长可明显减小隧道开挖引起的桩身竖向位移。桩长增大时，桩土之间的相对位移也逐渐增大。桩侧摩阻力与桩土间的相对位移、土的性质、桩的刚度、时间因素、土的应力状态以及施工方法等因素有关。随着桩长的增加，桩侧摩阻力增大，荷载分担比也随之增大。负摩阻力的作用范围随着桩基长度的增加而增加，中性点的位置随着桩基长度的增加而下移。

在竖向荷载作用下，由于桩土相对位移，桩间土对承台产生竖向抗力，成为桩基竖向承载力的一部分而分担荷载，即承台底土反力。承台底土反力的分布本身比较复杂，受承台底土层的性质、桩距、桩长、荷载水平等影响，一般隧道开挖前承台底土反力均分担较大的外荷载，隧道开挖后，承台底土反力的荷载分担比明显减小。

桩端阻力与土的性质、桩端位移、覆盖层厚度、桩径、桩底作用力、时间以及桩端进入持力层的深度有关。其中最重要的影响因素是桩端持力层的性质。桩端持力层的受压刚度和抗剪强度越大，桩端阻力就越大。隧道等开完前，桩端阻力及其荷载分担比随着桩长的增加而减少。受隧道开挖的影响，桩侧阻力产生损失，桩侧出现负摩阻力的作用，桩端阻力在隧道开挖后其荷载分担比较隧道开挖前大幅度的增加。

一般对于短桩而言，隧道开挖前后，由于桩侧出现负摩阻力作用，桩侧土体基本无法分担荷载，几乎所有的外荷载（包括负摩阻力）由承台底土和桩端土承担。对于长桩而言，由于其极限桩侧摩阻力较大，隧道开挖后，总桩侧摩阻力仍为正摩阻力，所有的外荷载（包括负摩阻力）由侧阻力、承台底土反力和桩端反力共同分担。

6) 地层变形对不同水平距离处桩基的影响。

隧道开挖引起的土体沉降是造成既有桩基的沉降的决定性因素，桩基在隧道破裂面正上方时，隧道正上方的土体沉降最大，而隧道开挖引起的桩身沉降也最大，随着桩基与隧道中心的水平距离的增加，隧道开挖引起既有桩身的沉降呈现减小的趋势。

随着桩与隧道水平距离的增加，隧道开挖引起单桩桩土相对位移、总荷载（含桩侧摩阻力）的增加量等逐渐减小，承台底土反力不断增加，荷载分担比也逐渐增加。

7) 地层变形对不同受力特性桩基的影响。

a. 摩擦桩。

摩擦桩的承载力主要由桩侧摩阻力所提供，在隧道施工和桩顶荷载复合作用下，桩基的位移分布呈现了不同于一般单纯竖向或横向荷载下的反应，该类桩基易受地层整体变形的影响，沿桩身范围内桩侧阻力发生变化，严重时会出现负摩阻力，导致桩基承载力降低。

b. 端承桩。

端承桩的承载能力主要由桩端阻力所提供，在端承桩与地层相互作用的体系里，由于桩侧摩阻力作用较小，桩周土体与桩基之间的相互作用要远远小于竖直方向上土体之间的相互连接，此类桩基易受抽冒式地层变形影响，桩端阻力迅速降低，桩基出现较大竖向位移。

c. 摩擦力和端承力同时发挥作用的桩。

在外部荷载作用下，桩侧与桩端阻力同时发挥作用，摩擦力和端承力所分担的比例，与桩径、桩长、土层的摩擦系数以及持力层的承载力有关。这类桩易受抽冒式地层变形影响，桩侧可能出现负摩阻力，桩身轴力加大，使桩基承载力降低，桩端易出现失稳。

(2) 工程建设对桥梁群桩的影响。

1) 桩身竖向位移。

在隧道开挖的影响下，群桩桩身竖向位移随着桩长的增加而逐渐减小。一般近侧桩受到的土体扰动比远侧桩大，这使得近侧桩的竖向位移大于远侧桩的竖向位移，且近侧桩及远侧桩的竖向位移最大值出现在桩顶。随着桩基与隧道水平距离的增加，隧道开挖引起桩基的竖向位移呈减小的趋势。

对于远侧桩的桩身竖向位移，在分布形式上与近侧桩相似，由于群桩遮拦效应的影响，明显小于近侧桩的桩身竖向位移。

2) 桩基承载力。

隧道开挖前桩侧摩阻力随着桩基长度的增加而增大，其荷载分担比也随之增大。隧道开挖后，由于桩身作用有负摩阻力，桩侧负摩阻力的作用范围随着桩基长度的增加而增加，中性点的位置下移。外荷载由桩侧摩阻力、承台底土反力和桩端反力共同分担。

对于远侧桩的桩侧摩阻力，在分布形式上与近侧桩相似，由于群桩遮拦效应的影响，明显小于近侧桩的桩侧摩阻力。

受隧道开挖的影响，桩侧摩阻力、承台底土反力和桩端阻力的荷载分担比例出现重新分配的现象。

3) 水平距离对群桩沉降的影响。

从桩顶沉降量和桩底沉降量差值来看，桩基离隧道水平距离越近，差异沉降量越大，这是由于两者水平距离越近，隧道开挖作用在桩基的附加荷载值沿桩身变化越大造成的。

4) 群桩桩间距对群桩沉降的影响。

在桩基最大沉降（即桩顶沉降）方面，可以看出其随桩间距的不断增大而减小。这是由于被遮拦桩离开挖隧道中轴线水平距离随之变远导致。

9.3 监测目的

桥梁是交通工程的重要组成部分，桥梁的建设与维护是城市基础建设的重要组成部分，桥梁结构的安全监测是保证桥梁安全运营的重要手段，对保证桥梁本身的安全、对确保车辆行车安全、对市民出行以及安全具有十分重要的意义，对桥梁进行监测更显得尤为重要。对桥梁进行变形监测能够达到以下的目的。

（1）监控桥梁安全，确保桥梁安全通行。确保运行安全与稳定，是城市桥梁、道路等市政设施运行的首要任务，因此城市桥梁变形监测的目的首先在于监视桥梁安全，确保桥梁安全畅通。

（2）指导桥梁安全运营。通过变形监测，可以了解桥梁结构部分的变化情况，根据其变形量的大小，可以分析比较变形量是否在设计允许范围内，如果某些部位的变形量超过设计允许值，则应重点加强现场监测和巡查，根据监测及巡查情况，指导设计、施工单位采取相应的技术措施加以固定和修复。

（3）从科学研究和验证工程设计与施工质量等方面考虑，需要进行变形监测，积累相关工程经验和科研数据，为后期类似工程提供借鉴。

9.4 监测项目及监测点布设

1. 监测项目

桥梁主要监测内容包括：①振动监测：以结构的振动、冲击、机械导纳以及模态参数为监测目标。②声学监测：以噪声、声阻、超声、声发射为监测目标。③温度监测：以温度、温差、温度场、热像为监测目标。④性能趋向监测：以结构的各种主要性能指标为监测目标。⑤强度监测：以力、应力、应变、扭矩为监测目标。⑥表面形貌监测：以变形、裂纹、斑点、凹坑等为监测目标。

城市轨道交通工程施工期间，对桥梁的监测项目见表 9.4-1。

桥梁监测项目　　　　　　　　　表 9.4-1

监测对象	监测项目	工程影响分区	
		主要影响区	次要影响区
桥梁	墩台竖向位移	√	√
	墩台差异沉降	√	√
	墩柱倾斜	√	√
	梁板应力	○	○
	裂缝	√	○

注：1. √——应测项目，○——选测项目；
2. 桥梁自身安全状态差、墩台差异沉降大或设计需要时，应进行梁板结构应力监测。

2. 监测点布设原则

根据桥梁结构不同的基础形式、结构形式、历史价值、功能特性、破坏后的影响、对桥梁的现场调查及评估结果及专项设计要求，以及城市轨道交通工程施工对桥梁的影响程度，需根据桥梁的现场调查及评估结果及专项设计要求，针对性的确定布点，基本原则如下。

（1）桥梁墩台竖向位移监测点布设应符合下列规定：
1）监测点布设在墩柱或承台上。
2）每个墩柱不应少于 1 个监测点或每个承台不宜少于 2 个监测点，群桩承台宜适当增加监测点。
（2）桥梁墩柱倾斜监测点应沿墩柱顶部、底部上下对应布设，每个墩柱监测点不应少于 1 组，每组 2 个监测点。
（3）桥梁结构应力监测点宜布设在桥梁梁板结构中部或应力变化较大部位。
（4）桥梁裂缝监测与建筑物相关监测要求一致。

9.5 监测方法及要求

城市轨道交通工程施工过程中，所进行的桥梁监测主要项目包括墩台柱竖向位移及差异沉降、墩台柱水平位移及倾斜、应力应变等内容。

桥梁应力应变监测常通过埋设应力计和应力计直接测读的方式进行，因原理及方法较简单，在此不再赘述。

对于墩台柱竖向位移及差异沉降、墩台柱水平位移、墩台柱倾斜等监测内容，与建（构）筑物监测的常规监测方法、基本原理、技术要求、数据处理及分析等内容基本相同，本节着重介绍采用微波干涉测量技术进行桥梁高精度监测的方法。

除对桥梁采用仪器定量监测外，在施工影响期间，尚需对桥梁进行日常巡查。

1. 桥梁现场安全巡查

（1）首次巡查。在施工影响前对所要巡查的桥梁做首次巡查。首次巡查的重点是调查桥梁现状，巡查该桥梁墩台周围有无地表裂缝、挡墙有无开裂的情况。有裂缝的地方做好标识，记录裂缝的位置、形态，用游标卡尺或裂缝读数显微镜测量并记录裂缝的宽度；对在施工影响前已经出现的地表裂缝、挡墙开裂等异常情况；巡查采用拍照的方式进行影像资料存档。

（2）日常巡查。巡查的内容包括：①墩台周围地面沉陷；②挡墙开裂；③混凝土外观、伸缩缝变化情况等。对在首次巡查中发现的既有裂缝，测量其宽度并与初始宽度进行现场比较。发现新增裂缝或裂缝发展速率超过预警标准、墩台周围地表明显隆陷等异常情况及时通报。巡查过程中，拍照存档，并填写现场安全巡查表。

在施工期间，应对工程临近桥梁进行每天至少一次的巡查，城市轨道交通工程和桥梁自身及其他周边环境出现监测预警、变形突变或巡查异常，暴风雨、暴雪等恶劣天气条件下，需加强对桥梁的巡查工作。

2. 微波干涉测量监测桥梁位移

（1）测点埋设方法。可对扫描到的整个桥面及墩柱进行连续监测，可在关键部位布设角反射器增强反射信号。

（2）现场监测。在现场能够扫描到桥梁监测面的部位架设仪器（实景照片如图9.5-1所示），对桥梁进行连续监测，监测结果可储存于现场电脑，或通过有线或无线的方式传送至服务器。

（3）数据处理。监测时间根据照准目标的形式、监测精度要求以及是否存在外界干扰而定。通过随机带的IBIS-S数据处理软件，获取距离向微变形数据。

图9.5-1 微波干涉测量实景照片

9.6 控制指标

（1）相关技术规范对墩台沉降的规定参见表9.6-1。

桥梁墩台沉降规定 表 9.6-1

规范名称	墩台沉降规定
城市桥梁养护技术规范 (CJJ 99—2003 J 281—2003)	(1) 简支梁桥的墩台基础均匀总沉降值大于 $2.0\sqrt{L}$ cm、相邻墩台均匀总沉降差值大于 $1.0\sqrt{L}$ cm 或墩台顶面水平位移值大于 $0.5\sqrt{L}$ cm 时，应及时对简支梁的墩台基础进行加固（总沉降值和总差异沉降值不包括基础和桥梁施工中的沉降，L 为相邻墩台间最小的跨径长度，以 m 计，跨径小于 25m 时仍以 25m 计） (2) 当连续梁桥墩台和拱桥的不均匀沉降值超过设计允许变形时，应查明原因，进行加固处理和调整高程
地铁设计规范 (GB 50157 修编送审稿)	高架结构区间桥梁墩台基础的沉降应按恒载计算。跨度≤40m 梁的相邻桥墩，其工后沉降量之差不应超过下列容许值：a. 有砟桥面为 20mm；无砟桥面为 10mm。b. 对于外静不定结构，其相邻墩台不均匀沉降量之差的容许值还应根据沉降对结构产生的附加影响来确定
地基基础设计规范 (DGJ 081—11—2010)	简支梁桥墩台基础中心最终沉降计算值不应大于 200mm，相邻墩台最终沉降差不应大于 500mm；混凝土连续桥墩台基础中心最终沉降计算值不应大于 100~150mm，且相邻墩台最终沉降计算值宜大致相等。相邻墩台不均匀沉降的允许值，应根据不均匀沉降对上部结构产生的附加内力大小而定
公路桥涵地基与基础设计规范 (JTG D63—2007)	墩台的均匀总沉降不应大于 $2.0\sqrt{L}$ cm（L 为相邻墩台间最小的跨径长度，以 m 计，跨径小于 25m 时仍以 25m 计）。对于外超静定体系的桥梁应考虑引起附加内力的基础不均匀沉降和位移
铁路桥涵设计基本规范 (TB 10002.1—2005 J460—2005)	墩台基础的沉降应按恒载计算。对于外静定结构，有砟桥面工后沉降量不得超过 80mm，相邻墩台均匀沉降量之差不得超过 40mm；明桥面工后沉降量不得超过 40mm，相邻墩台均匀沉降量之差不得超过 20mm。对于外超静定结构，其相邻墩台均匀沉降量之差的容许值应根据沉降对结构产生的附加应力的影响而定

(2)《公路桥涵养护规范》(JTG H11—2004)。

梁、拱、墩台裂缝的最大限值规定见表 9.6-2。裂缝超过表列数值时应进行修补或加固，以保证结构的耐久性。

裂 缝 限 值 表 9.6-2

结构类型	裂缝种类	允许最大缝宽（mm）	其他要求
钢筋混凝土梁	主筋附近竖向裂缝	0.25	
	腹板斜向裂缝	0.30	
	组合梁结构面	0.50	不允许贯通结合面
	横隔板与梁体端部	0.30	
	支座垫石	0.50	
预应力混凝土梁	梁体竖向裂缝	不允许	
	梁体纵向裂缝	0.20	
砖、石、混凝土拱	拱圈横向	0.30	裂缝高度小于截面高度一半
	拱圈纵向	0.50	裂缝长度小于跨径的 1/8
	拱波与拱肋结合处	0.20	

续表

结构类型	裂缝种类			允许最大缝宽（mm）	其他要求
墩台	墩台帽			0.30	不允许贯通墩身截面一半
	墩台身	经常受侵蚀性水影响	有筋	0.20	
			无筋	0.30	
		常年有水，但无侵蚀性水影响	有筋	0.25	
			无筋	0.35	
		干沟或有季节性河流		0.40	
		有冻结作用部分		0.20	

注：表中所列除特指适用于一般条件，对于潮湿和空气中含有较强腐蚀性气体条件下的缝宽限制要求严格一些，预应力混凝土梁指全预应力或部分预应力 A 类结构。

墩台基础的允许沉降：简支梁桥墩台基础的沉降和位移，超过以下容许限值或通过观察裂缝持续发展时，应采取相应措施予以加固。

a. 墩台均匀总沉降值（不包括施工中的沉降）：$2.0\sqrt{L}$（cm）；

b. 相邻墩台总沉降差值（不包括施工中的沉降）：$1.0\sqrt{L}$（cm）；

c. 墩台顶面水平位移值：$0.5\sqrt{L}$（cm）；

注：① L 为相邻墩台间最小跨径，以 m 计，跨径小于 25m 时仍以 25m 计算；② 桩、柱式柔性墩台的沉降，以及桩基承台上墩台顶面的水平位移值，可视具体情况确定，以保证正常使用为原则。

当墩台变位所产生的附加内力影响到桥梁的正常使用和安全，或桥梁墩台基础自身结构出现大的缺损使承载力不够时，必须进行加固处理。

（3）《铁路桥涵地基和基础设计规范》（TB10002.5—2005）。

桥涵基础的沉降应按恒载计算。对于静定结构，其墩台总沉降量与墩台施工完成时的沉降量之差不得大于下列容许值。

对于有砟桥面桥梁：墩台均匀沉降量为 80mm，相邻墩台均匀沉降量之差为 40mm；

对于明桥面桥梁：墩台均匀沉降量为 40mm，相邻墩台均匀沉降量之差为 20mm；

对于涵洞：涵身沉降量为 100mm；

对于超静定结构，其相邻墩台均匀沉降量之差的容许值，应根据沉降对结构产生的附加应力的影响而定。

（4）北京市地方标准《城市轨道交通设施养护维修技术规范》（DB11/T 718—2010）。

桥梁钢筋混凝土梁恒载裂缝限值　　　　表 9.6-3

梁　别	裂缝部位		最大裂缝限值（mm）
预应力混凝土梁	梁体	下缘竖向及腹板主拉应力方向	不允许
		沿预应力管道方向	不允许
		纵向及斜向	≤0.2
		横隔板	≤0.3
钢筋混凝土梁及框构		竖向裂缝	≤0.25
		腹板、底板横向裂缝	≤0.3
抗震销棒		水平裂缝	0.3

墩台恒载裂缝限值 表 9.6-4

结 构	裂缝部位		最大裂缝限值（mm）
墩台		顶帽	≤0.3
	墩身	经常受侵蚀性环境水影响	有筋 0.2 无筋 0.3
		常年有水单无侵蚀性	有筋 0.25 无筋 0.35
		干沟或季节性有水	≤0.4
		有冻结作用部分	≤0.2

(5) 北京市地方标准《穿越既有交通基础设施工程技术要求》(DB11/T 716—2010)。

控制值是指由于穿越工程施工造成的既有交通基础设施结构附加变形安全控制指标；预警值是指为保证既有交通基础设施的结构安全和正常运营，当穿越工程施工造成的其附加变形值达到该值时，应及时向有关部门报告；警戒值是指为保证既有交通基础设施的结构安全和正常运营，当穿越工程施工造成的其附加变形的达到该值时，应立即停止穿越工程施工。

a. 城市轨道交通简支梁桥。

对于简支梁桥，预警值与警戒值的控制需要同时满足表 9.6-5 中的 4 项指标。且墩台均匀总沉降及相邻墩台差异沉降每日调整量需小于 3mm。

b. 城市轨道交通连续梁桥。

连续梁桥结构的墩台沉降预警值与警戒值除满足表 9.6-5 的要求之外，还应该满足应力要求，结构应力控制值 U_0 由穿越工程前的评估单位和既有桥梁原设计单位给出，预警值和警戒值分别取 $0.6U_0$ 和 $0.8U_0$。

简支梁预警值与警戒值 表 9.6-5

项 目		墩台均匀总沉降（mm）	相邻墩台差异沉降（mm）	梁端绝对转角（rad）	梁端相对转角（rad）
预警值	碎石道床	18	9	1.2×10^{-3}	2.4×10^{-3}
	整体道床	12	3	0.6×10^{-3}	1.2×10^{-3}
警戒值	碎石道床	24	12	1.6×10^{-3}	3.2×10^{-3}
	整体道床	16	4	0.8×10^{-3}	1.6×10^{-3}

c. 当变形值达到预警值时，应发出预警并加强监测；采取相应技术措施之后，未能有效控制变形的发展而达到警戒值时，必须立即停工，进一步采取措施控制变形的发展，当沉降变形稳定后，方可继续施工；当变形超过警戒值后，应重新评估穿越施工方案的可行性，经专家论证确定合理应对措施。

(6)《铁路桥隧建筑物大修维修规则》(铁运〔1999〕146 号部令)。

混凝土工梁拱、墩台恒载裂缝宽度限值见表 9.6-6。

混凝土工梁拱、墩台恒载裂缝宽度限值 表9.6-6

梁 别	裂缝部位		最大裂缝限值（mm）
顶应力混凝土梁	梁体	下缘竖向及腹板主拉应力方向	不允许
		纵向双斜向	≤0.2
		横隔板	≤0.3
钢筋混凝土梁及框构		主筋附近竖向	≤0.25
		腹板竖向及斜向	≤0.3
石、混凝土拱		拱圈竖向及斜向	≤0.3
		拱圈纵向	≤0.5
墩 台		顶 帽	≤0.3
	墩身	经常受侵蚀性环境水影响	有筋0.2，无筋0.3
		常年有水但无侵蚀性	有筋0.25，无筋0.35
		干沟或季节性有水河流	≤0.4
		有冻结作用部分	≤0.2

（7）《北京市轨道交通工程建设监控量测控制指标参考资料汇编》。

城市桥梁重要性等级根据其功用、跨越对象和结构形式等确定，参见表9.6-7。不同重要性等级的城市桥梁监测控制指标参见表9.6-8。

城市桥梁重要性等级划分 表9.6-7

重要性等级	功用、跨越对象
Ⅰ	铁路桥梁、城市高架桥、立交桥主桥连续箱梁
Ⅱ	立交桥主桥简支T梁、异形板、立交桥匝道桥
Ⅲ	人行天桥及其他一般桥梁

注：城市轨道交通整体道床桥梁对变形要求严格，不在本表分类之内。

城市桥梁控制指标参考数值表 表9.6-8

重要性等级	桥梁墩台允许沉降控制值（mm）	纵向相邻桥梁墩台间差异沉降控制值（mm）	横向相邻桥梁墩台间差异沉降控制值（mm）	承台水平位移控制值（mm）
Ⅰ	≤15	2	3	3
Ⅱ	≤25	2	3	3
Ⅲ	≤30	3	4	4

综合已有研究成果，《城市轨道交通工程监测技术规范》（GB 50911—2013）规定桥梁监测项目控制值的确定应符合下列规定：

（1）桥梁监测项目控制值应在调查分析桥梁规模、结构形式、基础类型、建筑材料、养护情况等的基础上，结合其与工程的空间位置关系、已有沉降、差异沉降和倾斜以及当地工程经验进行确定，并应符合现行行业标准《城市桥梁养护技术规范（附条文说明）》（CJJ 99—2003）的有关规定。

（2）桥梁的沉降、差异沉降和倾斜控制值宜通过结构检测、计算分析和安全性评估确定。

第 10 章　高速公路和城市道路监测

10.1　概述

1. 道路等级

国家行业标准《公路工程技术标准》(JTG B01—2003)规定，公路根据功能和适应的交通量分为高速公路、一级公路、二级公路、三级公路和四级公路五个等级。高速公路为专供汽车分向分车道行驶并应全部控制出入的多车道公路。四车道高速公路应能适应将各种汽车折合成小客车的年平均日交通量25000～55000辆；六车道高速公路应能适应将各种汽车折合成小客车的年平均日交通量45000～80000辆；八车道高速公路应能适应将各种汽车折合成小客车的年平均日交通量60000～100000辆。

高速公路属于高等级公路。一般能适应120km/h或者更高的速度，路面有4个以上车道的宽度。中间设置分隔带，采用沥青混凝土或水泥混凝土高级路面，设有齐全的标志、标线、信号及照明装置；禁止行人和非机动车在路上行走，与其他线路采用立体交叉、行人跨线桥或地道通过。

城市道路是通达城市的各地区，供城市内交通运输及行人使用，便于居民生活、工作及文化娱乐活动，并与市外道路连接负担着对外交通的道路。国家行业标准《城市道路工程设计规范》(CJJ 37—2012)规定，城市道路应按道路在道路网中的地位、交通功能以及对沿线的服务功能等，分为快速路、主干路、次干路和支路四个等级，并应符合下列规定。

(1) 快速路应中央分隔、全部控制出入、控制出入口间距及形式，应实现交通连续通行，单向设置不应少于两条车道，并应设有配套的交通安全与管理设施。快速路两侧不应设置吸引大量车流、人流的公共建筑物的出入口。设计速度为60～100km/h。

(2) 主干路应连接城市各主要分区，应以交通功能为主。主干路两侧不宜设置吸引大量车流、人流的公共建筑物的出入口。设计速度为40～60km/h。

(3) 次干路应与主干路结合组成干路网，应以集散交通的功能为主，兼有服务功能。设计速度为30～50km/h。

(4) 支路宜与次干路和居住区、工业区、交通设施等内部道路相连接，应以解决局部地区交通，以服务功能为主。设计速度为20～40km/h。

根据周边环境风险等级划分要求，工程周边主要影响区内存在高速公路时，风险等级为二级；主要影响区内存在城市重要道路时，风险等级为三级。根据道路在道路网中的地位、交通功能以及对沿线的服务功能等分类，一般城市快速路、主干路等为城市重要道路。

2. 道路路基与路面

(1) 路基。

一般道路的下部为路基，上部为路面。路基是在地表按道路的线形（位置）和断面

（几何尺寸）的要求开挖或堆填而成的岩土结构物。根据路基设计高程和原地面的关系，通常把路基分为路堤（填方路基）、路堑（挖方路基）、填挖结合（半填半挖路基）和不填不挖路基四种基本类型（图 10.1-1）。

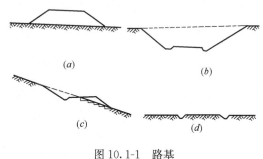

图 10.1-1 路基
(a) 路堤；(b) 路堑；(c) 半路堤半路堑；
(d) 不填不挖路基

路堤是指高于原地面的填方路基。路堤在结构上分为上路堤和下路堤，上路堤是指路面底面以下 0.8~1.5m 范围内的填方部分；下路堤是指上路堤以下的填方部分。路堤按填土高度可分为矮路堤、一般路堤和高路堤。填土高度低于 1~1.5m 的属于矮路堤；填土高度超过 20m（土质）或 30m（石质）的路堤属于高路堤；处于两者之间属于一般路堤。

挖方路基是指低于天然地面，全部为挖方的路基，即路堑。路堑常用的典型横断面形式包括直线形边坡横断面、设挡土墙或矮墙横断面、折线形边坡横断面和台阶形边坡横断面。

（2）路面。

路面是指用筑路材料铺在路基顶面，供车辆直接在其表面行驶的一层或多层的道路结构层。具有承受车辆重量、抵抗车轮磨耗和保持道路表面平整的作用。为此，要求路面有足够的强度、较高的稳定性、一定的平整度、适当的抗滑能力、行车时不产生过大的扬尘现象，以减少路面和车辆机件的损坏，保持良好视距，减少环境污染。

路面按其力学特征分为柔性路面、刚性路面和半刚性路面三种。柔性路面的抗弯强度较小，主要靠抗压强度和抗剪强度抵抗行车荷载作用，在重复荷载作用下会产生残余变形，如沥青路面、碎石路面等。刚性路面在行车荷载作用下能产生板体作用，具有较高的抗弯强度，如水泥混凝土路面。有些路面材料在修建早期具有柔性路面特性，后期近乎刚性路面特性，对这种路面称为半刚性路面，如石灰稳定土、水泥稳定土，石灰粉煤灰和石灰炉渣等材料建成的路面。路面结构见图 10.1-2。

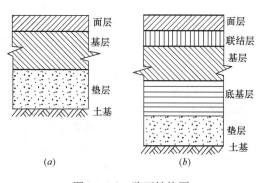

图 10.1-2 路面结构图
(a) 低、中级路面；(b) 高级路面

路面不但要承受车轮荷载的作用，而且要受到自然环境因素的影响，这些影响作用一般随深度而逐渐减弱，因而路面通常是多层结构，将品质好的材料铺设在应力较大的上层，品质较差的材料铺设在应力较小的下层，路面结构形式一般包括面层、基层和垫层。

面层位于整个路面结构的最上层。它直接承受行车荷载的垂直力、水平力以及车身后所产生的真空吸力的反复作用，同时受到降雨和气温变化的不利影响最大，能最直接地反映路面使用性能的层次。因此，与其他层次相比，面层应具有较高的结构强度、刚度和稳定性，并且耐磨、不透水，其表面还应具有良好的抗滑性和平整度。修筑高等级道路面层所用的材料主要有沥青混凝土和水泥混凝土等。

基层位于面层之下，垫层或路基之上。基层主要承受面层传递的车轮垂直力的作用，并把它扩散到垫层和土基，基层还可能受到面层渗水以及地下水的侵蚀。故需选择强度较高，刚度较大，并有足够水稳性的材料。用来修筑基层的材料主要有：水泥、石灰、沥青等稳定土或稳定粒料（如碎石、砂砾），工业废渣稳定土或稳定粒料，各种碎石混合料或天然砂砾。

垫层是介于基层与土基之间的层次，并非所有的路面结构中都需要设置垫层，只有在土基处于不良状态，如潮湿地带、湿软土基、北方地区的冻胀土基等，才应该设置垫层，以排除路面、路基中滞留的自由水，确保路面结构处于干燥或中湿状态。垫层主要起隔水（地下水、毛细水）、排水（渗入水）、隔温（防冻胀、翻浆）作用，并传递和扩散由基层传来的荷载应力，保证路基在容许应力范围内工作。强度不一定很高，但隔温、隔水性要好，一般以就地取材为原则，选用粗砂、砂砾、碎石、煤渣、矿渣等松散颗粒材料，或采用水泥、石灰煤渣稳定的密实垫层。

3. 道路挡墙

道路的挡土墙一般是用来支承路基填土或山坡土体，防止填土或土体变形失稳的一种构造物。在路基工程中，挡土墙用来稳定路基或路堑边坡，减少土石方工程数量和占地面积，防止水流冲刷路基，整治塌方、滑坡等路基病害。它广泛应用于支撑路堤或路堑边坡、隧道洞口、桥梁两端及河流岸壁等。

根据设置位置的不同，挡土墙可分为路肩墙（墙顶置于路肩时）、路堤墙（墙支撑于路堤边坡以上有一定的高度）、路堑墙（用于稳定路堑边坡）和山坡墙（用于整治滑坡的抗滑挡土墙）等类型，如图10.1-3所示。

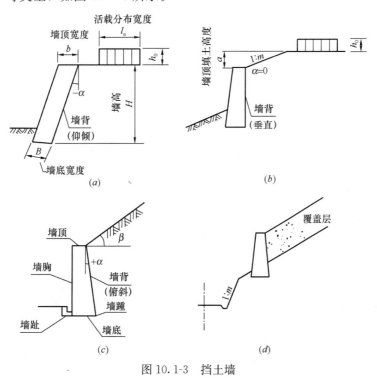

图 10.1-3 挡土墙

(a) 路肩挡土墙；(b) 路堤挡土墙；(c) 路堑挡土墙；(d) 山坡挡土墙

路肩墙或路堤墙设置在高填路要或陡坡路堤的下方，可以防止路边坡或基底滑动，确保路基稳定同时可收缩填土坡脚，可少减少填方数量，减少拆迁和占地面积，保护临近线路的既有重要建筑。

路堑挡土墙设置在堑坡底部，主要用于支撑开挖后不能自行稳定的边坡，同时可减少挖方数量降低边坡高度。山坡挡土墙设在堑坡上部，用于支挡山坡上可能坍滑的覆盖层，有的也兼有拦石作用。

挡土墙分类方法较多，按建筑材料可分为石砌挡土墙、混凝土挡土墙、钢筋混凝土挡土墙、砖砌挡土墙、木质挡土墙和钢板挡土墙等。按结构形式可分为重力式、半重力式、衡重式、悬臂式、扶壁式、锚杆式、拱式、锚定板式、主板式和垛式等。

10.2 影响机理

城市轨道交通地下工程多修建在城市道路之下，在既有道路下修建隧道时，地层初始应力状态的改变和土体的固结沉降等均可造成隧道周边地层的位移。地下工程开挖引起的附加应力、地层扰动、地层损失，以及地下水渗流引起的渗流压力等均可造成地层初始应力状态的改变，从而引起工程周围地层的弹塑性变形和地层位移。地下水位下降、孔隙水压力变化引起的固结沉降以及土体的次固结和流变等，可使土体骨架出现弹塑性变形，也可引发地层位移。

地下工程围岩发生应力重分布，出现的地层位移可引发上方道路路基的沉降，进而引起上部路面的沉降，使路面上部受压，下部受拉。路面的抗拉强度较低，如果路面沉降过大，路面底部的拉压力将超过其抗拉强度，从而引起路面开裂等现象。

隧道施工对路面造成的影响包括：大管棚逐渐等使路面出现隆起或地表沉降而出现大量裂缝；不均匀沉降造成沥青路面出现车辙等破坏；隧道围岩失稳导致里面出现沉陷、坑槽或坍塌等严重损害。

由于隧道等地下工程施工造成的岩土体变形可引发道路路基的沉降、差异沉降等变形，由于路面材料具有一定的抗变形能力，路面刚度较大时，与路基之间的变形协调性较差，路面与路基之间会出现脱离。当路基变形较大出现沉陷且面积较大，或者沉陷面积较小但上方路面受到车辆荷载作用时，可导致路面结构内部的附加应力过大而出现突然破坏，导致道路坍塌。已有道路坍塌的事故表明，工程监测工作应根据道路的结构特点，有针对性地布设监测点，同时监控道路路面和路基的变形，防止路基过量变形出现的安全隐患。

10.3 监测目的

随着城市轨道交通工程建设的加快，以及城市道路及高速公路等路网的不断延伸和加密，城市轨道交通对城市道路及高速公路的穿越工程越来越多。各种穿越及邻近工程，都将对道路下方土体进行扰动，进而影响道路基础、垫层，从而造成路面变形，甚至开裂、塌陷等事故。尤其是道路下方存在带水管线的情况，更增大了事故发生的概率以及事故的严重程度。为掌握穿越工程对城市道路的影响，并根据路面变形情况采取针对性控制措施，需要对路面进行沉降监测，并根据沉降监测结果推算出路面坡度变化。

10.4 监测项目及监测点布设

1. 监测项目

高速公路与城市道路的监测项目见表 10.4-1。

高速公路与城市道路监测项目　　　　　　表 10.4-1

监测对象	监测项目	工程影响分区	
		主要影响区	次要影响区
高速公路与城市道路	路面路基竖向位移	√	○
	挡墙竖向位移	√	○
	挡墙倾斜	√	○

注：√——应测项目；○——选测项目。

2. 监测点布设原则

（1）高速公路与城市道路路面和路基竖向位移监测点的布设应与路面下方的地下构筑物、地下管线及周围地表等的监测相结合，做到合理布设、相互协调。

（2）路面竖向位移监测应根据施工工法，按地表沉降监测点布设的规定，根据路面实际情况布设监测点和横向监测断面。高速公路和城市重要道路应适当增加横向监测断面。

（3）隧道下穿高速公路、城市重要道路时，应适当增加路基竖向位移监测点，且宜布设在路肩或绿化带上。

（4）道路挡墙竖向位移监测点宜沿挡墙走向布设，布设间距宜为 5~15m。

（5）道路挡墙倾斜监测点应根据挡墙的结构形式选择监测断面布设，每段挡墙不应少于 1 个监测断面，每个监测断面上、下监测点应布设在同一竖直面上。

10.5 监测方法及要求

常规道路监测工程中，往往采用常规水准测量的方式进行。该方式虽然精度很高，但需进行封路措施，并需要监测人员到达监测点才能进行。但该监测手段对路面交通正常运行带来一定影响的同时，也对施测人员人身安全带来一定威胁。本节在简要介绍几何水准监测布点要求的同时，主要介绍一种可用于城市道路的非接触监测技术。

对挡墙的倾斜监测，往往采用倾斜仪或全站仪进行，与建筑物监测方法类似，在此不再赘述。

除对高速公路及城市道路采用仪器定量监测外，在施工影响期间，尚需对其进行日常巡查，以便于综合掌握高速公路及城市道路的安全状态。

1. 道路、地面现场安全巡查

(1) 首次巡查。在施工前对所要巡查的道路、地面做首次巡查。首次巡查的重点是调查地面有无裂缝、地面隆陷情况。有裂缝的地方做好标识，记录裂缝的位置、形态，用游标卡尺或裂缝读数显微镜测量并记录裂缝的宽度，并采用拍照的方式对既有裂缝、地面隆陷等情况进行影像资料存档。

(2) 日常巡查。巡查的内容包括：①地面裂缝；②地面沉陷、隆起；③地面冒浆等。对在首次巡查中发现的既有裂缝测量其宽度并与初始宽度进行现场比较，发现新增地面裂缝或裂缝发展速率超过预警标准、地面隆陷、地面冒浆等异常情况及时通报，并拍照存档。巡查过程中，填写现场安全巡查表。

在施工期间，应对高速公路与城市道路进行每天至少一次的巡查，城市轨道交通工程和高速公路与城市道路自身及其他周边环境出现监测预警、变形突变或巡查异常，暴风雨、暴雪等恶劣天气条件下，需加强对道路的巡查工作。

2. 几何水准方法监测沉降

(1) 测点埋设方式。高速公路、城市道路的路面竖向位移监测点（图 10.5-1），路基竖向位移监测点的埋设（图 10.5-2），宜符合下列要求。

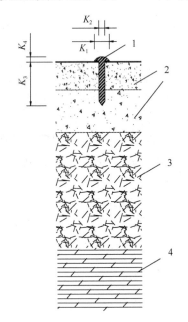
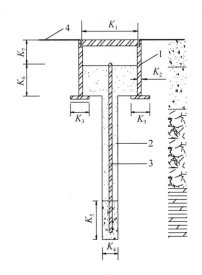

图 10.5-1 路面竖向位移监测点
1—钢帽钉；2—路面结构；3—路基垫层；
4—原状土；
K_1—钉帽直径；K_2—顶杆直径；
K_3—顶杆长度；K_4—钉帽高度

图 10.5-2 路基竖向位移监测点
1—保护井；2—钻孔回填细砂；3—螺纹钢标志；
4—路面；
K_1—保护井盖直径；K_2—保护井井壁厚度；
K_3—井垫圈宽；K_4—钻孔孔径；K_5—底端
混凝土固结长度；K_6—井圈面距测点顶部高度；
K_7—测点顶部距井盖顶高度

1) 高速公路、城市道路的路面竖向位移监测点宜打设钢帽钉作为标志，帽钉标志长度宜为 100mm，钉杆直径宜为 10mm，顶帽直径宜为 30mm，顶帽高宜为 3mm，钉杆钉入路面，顶帽露出路面。

2）高速公路、城市道路的路基竖向位移监测点宜采用钻孔方式埋设，螺纹钢标志点直径宜为18~22mm，钻孔直径不宜小于80mm，螺纹钢标志及钻孔深度宜根据工程需要确定，底部将螺纹钢标志点用混凝土与周边土体固定，上部孔洞用细砂回填。

3）路基竖向位移监测点的保护井宜采用钢质井壁，井壁厚度宜为10mm，井壁垫底宽度宜为50mm，井深宜为200~300mm，采用钢质井盖，井盖直径宜为150mm，井口标高宜与道路地表标高相同。

(2) 埋设技术要求。沉降监测测点应埋设平整，防止由于高低不平影响人员及车辆通行，同时，测点埋设稳固，做好清晰标记，方便保存。

3. 测量机器人空间交会技术监测沉降

测量机器人空间交会监测可通过空间交会测定监测点的三维坐标计算变形量，适用于不能到达需要非接触监测的对象如高速公路、处于危险区域的建筑物等对象的监测。

(1) 测点布设。

1）控制点布设。控制点与桩顶水平位移监测控制点布设方式要求相同。基于本监测方法的精度及网形要求，需保证每个架站范围内不少于4个控制点，且组成的多边形内角最小不应小于60°。

2）观测点布设。路面监测时，照准目标为布设于路面的铁钉，避免布设反射片带来的精度低且易破坏、棱镜无布设条件的难题。

(2) 监测方法及监测流程。

1）在高速公路需监测段的紧急停车带处任意架设两台全站仪并精确整平，利用联机测量系统软件联机，并对两台全站仪进行初始状态设定，如温度、气压参数等。

2）对两台全站仪精确互瞄，并同时测量基准尺，以此进行整个系统的相对和绝对定向，定向解算后建立全站仪测量坐标系。

3）两台全站仪同时测量至少三个控制点，并进行坐标转换，解算出两台全站仪在控制网坐标系下的三维坐标。

4）放样监测点，人工精确照准后测定每台全站仪的水平角和垂直角，解算并输出监测点的三维坐标。

测量系统的精度取决于诸多因素，如仪器测角精度、系统定向精度、脚架的稳定性、外界条件的影响、观测标志以及观测员的操作技能等。可通过采取一系列措施，保证较高的测量精度：①系统定向时，通过控制网分区和增加数据线长度等措施，可避免两台仪器过大或过小的交会角，一般在60°~120°，并且使基准尺与基线长度基本一致；②通过高精度的测量机器人对强制对中精密棱镜多测回测量，可提高控制点及基准尺的精度；③因系统软件可直接显示测点误差，当误差超限时，即进行重复测量，以提高保证测量精度；④目标的质量直接影响到测量精度，但实际条件限制，只能将钉入路面的铁钉作为照准标志，使得两台仪器从不同角度、不同距离照准同一目标变得很困难。为此，可固定观测人员以及仪器的大概位置及高度，尽可能地减少照准误差。

(3) 数据处理。直接通过专业软件进行数据处理及误差统计，得到监测点的三维坐标，通过对比不同测次的竖向变形得出测点的沉降变化。

(4) 主要优点。

1) 能够实现非接触测量。在特殊环境下既保证了作业人员的人身安全,又保证了道路交通系统的正常运行。

2) 能够同时获得高精度的三维坐标。既能高精度反映路面垂直变化,又能反映其水平方向偏移,对于研究沉降槽边缘常出现开裂的原因具有重要意义。

3) 自动化程度高,操作简单。

4) 仪器不需要对中,在自由灵活架设的同时消除了对中误差,提高了监测精度。

5) 实时性强。测量及结算工作都由软件完成,立即给出监测结果。

6) 仅进行角度监测,实施监测受路面车辆运行影响小。

10.6 控制指标

高速公路和城市道路控制指标的确定施工工法、地层性质、基坑深度(隧道覆土厚度)、地下水位变化、基坑周围荷载(隧道上部)荷载、隧道结构断面形式与大小、支护结构形式、地层损失、施工管理、道路等级、路基路面材料和养护周期等因素的影响。其控制指标一般包括路基的允许位移控制值、位移平均速率控制值、位移最大速率控制值,以及U形槽变形控制值和路堤、路堑倾斜控制值,也可对道路或地表纵横向曲率变化进行控制。目前,有关道路的施工质量验收规范、养护规范等,对道路的变形均有一定的要求,可作为城市道路变形控制指标的确定参考依据。

(1)《城镇道路工程施工与质量验收规范》(CJJ 1—2008)。

1) 现浇混凝土挡土墙允许偏差应符合表10.6-1的规定。

现浇混凝土挡土墙允许偏差　　　　　　表10.6-1

项目	规定值或允许偏差	检验频率		检验方法
		范围	点数	
垂直度	≤0.15%H且≤10mm	20m	1	用经纬仪或垂线检测

注:表中 H 为挡土墙板高度。

2) 装配式钢筋混凝土挡土墙板安装允许偏差应符合表10.6-2的规定。

挡土墙板安装允许偏差　　　　　　表10.6-2

项　目	允许偏差	检验频率		检验方法
		范围	点数	
墙面垂直度	≤0.15%H且≤15mm	20m	1	用垂线挂全高量测
直顺度(mm)	≤10		1	用20m线和钢尺量
板间错台(mm)	≤5		1	用钢板尺和塞尺量

注:表中 H 为挡土墙高度。

3) 砌筑挡土墙允许偏差应符合表10.6-3的规定。

砌筑挡土墙允许偏差　　　　　　　表 10.6-3

项目	允许偏差、规定值				检验频率		检验方法
	料石	块石、片石		预制块（砖）	范围	点数	
墙面垂直度	≤0.5%H 且≤20mm	≤0.5%H 且≤30mm	≤0.5%H 且≤30mm	≤0.5%H 且≤20mm	20m	2	用垂线检测
平整度（mm）	≤5	≤30	≤30	≤5		2	用2m直尺和塞尺量

注：表中 H 为构筑物全高。

4）加筋土挡土墙总体允许偏差应符合表10.6-4的规定。

加筋土挡土墙总体允许偏差　　　　　　　表 10.6-4

项目	允许偏差	检验频率		检验方法
		范围（m）	点数	
墙面倾斜度	≤+0.5%H 且≤+50① mm ≤-1.0%H 且≥-100① mm	20	2	用垂线或坡度板量
墙面板缝宽（mm）	±10		5	用钢尺量
墙面平整度（mm）	≤15		3	用2m直尺、塞尺量

注：1. ①示墙面倾斜度"+"指向外、"-"指向内；
　　2. 表中 H 为挡墙板高度。

（2）《城镇道路养护技术规范》（CJJ 36—2006）。

在经常性巡查中，当发现道路沉陷、空洞或大于100mm的错台以及井盖、雨水口箅子丢失等影响道路安全运营情况时，第一发现人应按应急预案处置，立即上报、设置围挡，并应在现场监视。

（3）《公路养护技术规范》（JTG H10—2009）。

1）砌块路面的养护标准，应符合表10.6-5规定。

砌块路面养护标准　　　　　　　表 10.6-5

项目	允许值	说明
平整度（mm）	≤10	用3m直尺量测
相邻块顶面高度差（mm）	≤5	用钢尺量测，取最大值
最大缝宽（mm）	≤10	用楔形塞尺量测，取最大值
横坡度（%）	±0.5	用水准仪测量
破损率（%）	≤1	量测每1000m² 中破损块的面积

2）砂石路面与路肩连接处，应保持平整，高差（错台）不得大于20mm。路面与桥涵衔接应平顺，防止跳车。

（4）《公路技术状况评定标准》（JTG H20—2007）。

1）沥青路面。

a. 块状裂缝。

轻：缝细、裂缝区无散落，裂缝宽度在3mm以内，大部分裂缝块度大于1.0m，损坏按面积计算。

重：缝宽、裂缝区有散落，裂缝宽度在3mm以上，主要裂缝块度在0.5～1.0m之间，损坏按面积计算。

b. 纵向裂缝。

与行车方向基本平行的裂缝。

轻：缝细、裂缝壁无散落或有轻微散落，无支缝或有少量支缝，裂缝宽度在3mm以内，损坏按长度计算，检测结果要用影响宽度（0.2m）换算成面积。

重：缝宽、裂缝壁有散落、有支缝，主要裂缝宽度大于3mm，损坏按长度（m）计算，检测结果要用影响宽度（0.2m）换算成面积。

c. 横向裂缝。

与行车方向基本垂直的裂缝。

轻：缝细、裂缝壁无散落或有轻微散落，裂缝宽度在3mm以内，损坏按长度计算，检测结果要用影响宽度（0.2m）换算成面积。

重：缝宽、裂缝贯通整个路面、裂缝壁有散落并伴有少量支缝，主要裂缝宽度大于3mm，损坏按长度计算，检测结果要用影响宽度（0.2m）换算成面积。

d. 沉陷。

大于10mm的路面局部下沉。

轻：深度在10～25mm之间，正常行车无明显感觉，损坏按面积计算。

重：深度大于25mm，正常行车有明显感觉，损坏按面积计算。

2）水泥混凝土路面。

a. 裂缝。

板块上只有一条裂缝，裂缝类型包括横向、纵向和不规则的斜裂缝等。

轻：裂缝窄、裂缝处未剥落，缝宽小于3mm，一般为贯通裂缝，损坏按长度计算，检测结果要用影响宽度（1.0m）换算成面积。

中：边缘有碎裂，裂缝宽度在3～10mm之间，损坏按长度计算，检测结果要用影响宽度（1.0m）换算成面积。

重：缝宽、边缘有碎裂并伴有错台出现，缝宽大于10mm，损坏按长度计算，检测结果要用影响宽度（1.0m）换算成面积。

b. 板角断裂。

裂缝与纵横接缝相交，且交点距板角小于或等于板边长度一半的损坏。

轻：裂缝宽度小于3mm，损坏按断裂板角的面积计算。

中：裂缝宽度在3～10mm之间，损坏按断裂板角的面积计算。

重：裂缝宽度大于10mm，断角有松动，损坏按断裂板角的面积计算。

c. 错台。

接缝两边出现的高差大于5mm的损坏。

轻：高差小于10mm，损坏按长度计算，检测结果要用影响宽度（1.0m）换算成面积。

重：高差大于10mm以上，损坏按长度计算，检测结果要用影响宽度（1.0m）换算成面积。

3）路基沉降。

深度大于30mm的沉降。损坏按处和长度（m）计算。长度小于5m为轻度损坏，5～10m之间为中度损坏，大于10m为重度损坏。

（5）《公路沥青路面养护技术规范》（JTJ 073.2—2001）

沥青路面破损类型及其严重程度描述见表10.6-6。

沥青路面破损分类分级 表10.6-6

破损类型		分级	外观描述	分级指标	计量单位
裂缝类	龟裂	轻	初期龟裂，缝细，无散落，裂区无变形	块度：20～50cm	m²
		中	裂块明显，缝较宽，无或轻散落或轻度变形	块度：<20cm	
		重	裂块破碎，缝宽，散落重，变形明显，急待修理	块度：<20cm	
	不规则裂缝	轻	缝细，不散落或轻微散落，块度大	块度：>100cm	m²
		重	缝宽，散落，裂块小	块度：50～100cm	
	纵裂	轻	缝壁无散落或轻微散落，无或少支缝	缝宽：≤5mm	m²
		重	缝壁散落重，支缝多	缝宽：>5mm	
	横缝	轻	缝壁无散落或轻微散落，无或少支缝	缝宽：≤5mm	m²
		重	缝壁散落多，支缝多	缝宽：>5mm	
松散类	坑槽	轻	坑浅，面积小（<1m²）	坑深：≤25mm	m²
		重	坑深，面积较大（>1m²）	坑深：>25mm	
变形类	沉陷	轻	深度浅，行车无明显不适感	深度：≤25mm	m²
		重	深度深，行车明显颠簸不适	深度：>25mm	
	拥包	轻	波峰波谷高差小	高差：≤25mm	m²
		重	波峰波谷高差大	高差：>25mm	

（6）《公路水泥混凝土路面养护技术规范》（JTJ 073.1—2001）。

1）水泥混凝土路面的养护质量标准应符合表10.6-7的规定。

水泥混凝土路面养护质量标准 表10.6-7

项 目		高速公路、一级公路	其他等级公路
平整度（mm）	平整度仪（σ）	2.5	3.5
	3m 直尺（h）	5	8
	IRI（m/km）	4.2	5.8
抗滑	构造深度 TD（mm）	0.4	0.3
	抗滑值 SRV（BPN）	45	35
	横向力系数 SFC	0.38	0.30
相邻板高差（mm）		3	5
接缝填缝料凹凸（mm）		3	5
路面状况指数（PCI）		≥70	≥55

2）水泥混凝土面层断裂类病害。

a. 纵向、横向或斜向裂缝和角隅断裂病害，按裂缝缝隙边缘碎裂程度和裂缝宽度，可分为以下3个轻重程度。

轻微——裂缝边缘无碎裂或错台的细裂缝，缝隙宽度小于3mm；或者，填缝良好、边缘无碎裂或错台的裂缝。

中等——裂缝边缘中等碎裂（或）错台小于10mm的裂缝，且缝隙宽度小于15mm。

严重——裂缝边缘严重碎裂或错台大于10mm，且缝隙宽度大于15mm。

b. 交叉裂缝和断裂板病害，按裂缝等级和板断裂的块数可分为下列3个轻重程度等级。

轻微——板被轻微裂缝分割成2~3块。

中等——板被中等裂缝分割成3~4块，或被轻微裂缝分割成5块以上。

严重——板被严重裂缝分割成4~5块，或被中等裂缝分割成5块以上。

3）水泥混凝土面层接缝类病害。

a. 纵向接缝张开病害，按接缝的张开量可分为以下2个轻重程度等级。

轻微——接缝张开10mm以下。

严重——接缝张开10mm以上。

b. 错台病害，按相邻板边缘的高差大小可分为以下3个轻重程度等级。

轻微——错台量小于5mm。

中等——错台量5~10mm。

严重——错台量大于10mm。

(7)《北京市轨道交通工程建设监控量测控制指标参考资料汇编》。

城市道路重要性等级根据道路在城市内部道路网中的地位和交通功能确定，参考表10.6-8进行划分。城市道路控制指标参见表10.6-9。U形槽变形控制值为50mm；路堤倾斜控制值为0.002；路堑倾斜控制值0.002。

城市道路重要性等级划分 表10.6-8

重要性等级	地位和交通功能
Ⅰ	停机坪、城市快速路、主干路、高速路
Ⅱ	城市次干路
Ⅲ	城市支路、人行道

城市道路控制指标参考数值 表10.6-9

重要性等级		允许位移控制值 (mm)	位移平均速率控制值 (mm/d)	位移最大速率控制值 (mm/d)
Ⅰ	停机坪	10	0.5	1
Ⅰ	快速路、主干路、高速路	≤20	1	2
Ⅱ	次干路	≤30	2	3
Ⅲ	支路、人行道	≤40	2	4

注：位移平均速率为任意7d的位移平均值；位移最大速率为任意1d的最大位移值。

综合已有研究成果,《城市轨道交通工程监测技术规范》(GB 50911—2013)规定高速公路与城市道路监测项目控制值的确定应符合下列规定。

1) 高速公路与城市道路监测项目控制值应在调查分析道路等级、路基路面材料、道路现状情况和养护周期等的基础上,结合其与工程的空间位置关系和当地工程经验等进行确定,并应符合现行行业标准《公路沥青路面养护技术规范(附条文说明)》(JTJ 073.2—2001)和《公路水泥混凝土路面养护技术规范(附条文说明)》(JTJ 073.1—2001)的有关规定。

2) 对风险等级较高或有特殊要求的高速公路与城市道路,宜通过现场探测和安全性评估等确定其沉降控制值。

3) 当无地方工程经验时,对风险等级较低且无特殊要求的高速公路与城市道路,路基沉降控制值可按表10.6-10确定。

路基沉降控制值 表10.6-10

	监测项目	累计值(mm)	变化速率(mm/d)
路基沉降	高速公路、城市主干道	10~30	3
	一般城市道路	20~40	3

第 11 章 既有轨道交通监测

11.1 概述

城市轨道交通工程主要包括土建工程和机电设备两部分，土建工程包括车站、隧道、桥梁、路基、轨道以及主变电所、集中冷站、控制中心及车辆基地的土建部分等；机电设备包括建筑设备（又称常规设备）和轨道交通系统设备。

城市轨道交通车站由车站主体（站台、站厅、生产与生活用房）、出入口与通道（乘客进行地面和地下换乘的必经之路）、通风道和地面风亭（一般布置在车站的两头端部）等三大部分组成。

城市轨道交通隧道是连接两个地下车站的建筑物，包括行车隧道、渡线、折返线、地下停车线、联络通道、集水泵房以及其他附属建筑物。轨道是指路基或结构面以上的线路部分，是由钢轨、轨枕、连接零件、道床、道岔和其他附属设备等组成的构筑物。路基是指按照线路位置和一定技术要求修筑的带状构筑物，一般位于地下隧道通往路面车辆段或停车场的线路上，包括路堤、路堑和附属结构。

根据周边环境风险等级划分要求，工程周边主要影响区内存在既有轨道交通设施时，风险等级为一级；次要影响区内存在既有轨道交通设施时，风险等级为二级。

11.2 影响机理

城市轨道交通既有线建成后，支护结构、二次衬砌结构等与围岩逐渐形成相对的稳定状态。随着既有线结构周围地质环境的长时间发展，围岩蠕变效应结束，既有线结构与围岩形成应力平衡。后期新建工程的施工对既有线围岩产生扰动，打破了既有线结构与围岩的应力平衡，形成既有线结构的变形、变化。

既有线结构变形的机理主要是新建工程开挖引起地层初始应力状态的改变（即二次应力场，是由于地层初始应力场与开挖引起的附加应力场叠加而成的应力场），开挖面的应力释放、附加应力等引起地层的弹塑性变形。造成地层应力发生变化的主要原因是地下工程施工引起的附加应力、施工所造成的地层扰动和地层损失以及施工导致地下水发生变化所产生的水位变化和渗透压力。

地下工程开挖后，增加了地层中的临空面，其开挖面由三向应力状态变为二向应力状态，造成开挖周围的应力集中。开挖首先对周围地层造成扰动，其应力状态发生变化，破坏了原有地层的应力线，并且集中在开挖面附近。

此时新建工程初期支护尚未发挥作用，所能提供的抗力较小，在此处只有切向应力和指向开挖面的径向应力，因此造成周围地层向开挖面的方向的位移，同时切向应力随着位移的增大而增大，进而引发应力向相邻地层的传递。当开挖面周围地层应力进行调整之后，相邻围岩也随之向开挖面方向位移，直到在切向力的作用下达到新的平衡状态。开挖所产生的应力应变通过周围地层向既有线结构传递，扰动通过夹层土体（新建结构与既有结构之间的土体称为夹层土体）传递到既有线结构上，使既有线结构受到影响，出现相应的变形、变化。

新建工程对既有线结构的影响程度受地质条件、线路结构形式、线路现状情况、新建工程施工方法、新建工程与既有线结构的空间位置关系（邻近方式、邻近程度等）等因素的影响。其他条件一定时，新建工程施工对周围地层的扰动程度越大，对既有线结构的影响越大；新建工程与既有线结构之间的距离越小，对既有线结构的影响也越大。

城市轨道交通既有地下线路的围岩条件复杂，相应受力环境也复杂，其变形过大后难于修复，是穿越工程关注的重点。新建工程与既有地下线路的空间位置关系是既有地下线路变形重要的影响因素，需重点关注。

新建工程与既有线结构的临近方式不同，工程施工所产生的二次应力状态不同，既有线结构所受影响也不同。对于隧道工程，新建隧道工程上、下穿既有隧道结构时，由于卸载作用，既有隧道结构周边围岩松弛，在新旧隧道交叉处，既有隧道结构会产生向上、下方向的变形。在交叉处变形值为最大值，变形情况向既有隧道结构两边递减，直至工程影响范围外变形值为零。

新建隧道工程与既有隧道结构交错时，既有隧道周边围岩松弛，使作用在其衬砌上的荷载增加，既有地铁结构向新建隧道方向发生拉伸变形。当新旧结构并未保持同水平时，可能由于新建隧道的施工对既有结构产生偏压作用。

新建隧道工程与既有隧道结构重叠时，当新建隧道在上方时，其开挖导致围岩松弛，既有隧道结构向上方变形，围岩成拱作用损伤，既有地铁衬砌结构所承受应力增加，造成既有结构变形。当新建隧道在下方时，其开挖过程使得既有隧道结构发生沉降变形。

隧道上穿既有隧道时，新建隧道开挖引起的底部土体隆起变形对既有隧道产生影响。如果二者间距较小，土体的隆起变形可能引起既有隧道结构的局部隆起，进而引起轨道的不平顺，影响列车的运营。

隧道下穿既有隧道时，新建隧道开挖引起夹层土体的沉降对既有隧道产生影响。既有隧道结构会随着地层沉降槽的变形趋势发生沉降变形，由于轨道结构和隧道结构的刚度大小不同，轨道结构和隧道结构可出现差异沉降变形，严重时可引起道床剥离等情况，影响列车的安全运营。

新建工程位于既有隧道结构中线水平面以上时，对既有隧道结构的影响较位于下方要小；同时新旧隧道结构正交时要比斜交影响小。

对于基坑工程，当在既有线结构上方开挖基坑时，由于结构上方土压解除，从既有线结构受力来看，上方竖向力减小，造成结构侧压增加，拱顶上方围岩的拱作用破坏，使产生向上的变形。当上方开挖基坑中心线与既有线结构断面中心线不对称时，既有线结构衬砌还会受到侧压作用。当所开挖的基坑工程位于既有地铁结构侧面时，同样由于卸载作用使得既有线结构产生变形，向着开挖方向产生拉伸变形。

11.3 监测目的

由于既有轨道交通运营线路的分割作用，存在许多新建城市轨道交通工程需要穿越既有轨道交通。新建城市轨道交通穿越既有轨道交通结构和线路时，其施工阶段和使用阶段会对既有轨道交通产生不利的影响，会使轨道交通结构产生一定程度的变形，使既有结构产生一定附加变形和应力变化，降低既有轨道交通的使用寿命。为保证既有轨道交通运营安全，往往会在影响区段采取列车限速。但这一措施，往往会较大地影响列车运营筹划，特别是如果一条线路存在多个穿越工程时问题更加突出。随着新型列车控制系统的普遍使用，列车限速则需要重新编写列车运行控制程序，需要投入较长的时间和更多的费用。

基于以上原因，有必要对既有轨道交通结构进行变形监测，确保既有线的结构变形在安全行车允许范围之内，并通过及时获取监测数据，指导施工采取合理的控制既有城市轨道交通结构变形的措施。同时，通过变形监测，能够使线路养护单位及时了解城市轨道交通隧道结构和轨道结构的变形变化情况，为线路养护提供详实可靠的基础数据。

11.4 监测项目及监测点布设

1. 监测项目

对既有轨道交通的监测主要考虑其隧道结构、轨道结构的变形及轨道设备的尺寸状态，具体监测项目见表 11.4-1。

既有轨道交通监测项目　　　　　　表 11.4-1

监 测 项 目	工程影响分区	
	主要影响区	次要影响区
隧道结构竖向位移	√	√
隧道结构水平位移	√	○
隧道结构净空收敛	○	○
隧道结构变形缝差异沉降	√	√
轨道结构（道床）竖向位移	√	√
轨道静态几何形位（轨距、轨向、高低、水平）	√	√
隧道、轨道结构裂缝	√	○

注：√——应测项目；○——选测项目。

2. 监测点布设原则

根据既有轨道交通自身不同的特点以及新建城市轨道交通对其影响程度，需根据对既有结构的现场调查及评估结果及专项设计要求，有针对性地确定对既有轨道交通监测的布点。

（1）既有轨道交通结构竖向位移、水平位移和净空收敛监测应按监测断面布设，在隧道结构顶部、两边侧墙均应布设监测点。既有隧道结构监测断面间距应为5～10m。

（2）既有轨道交通高架桥结构监测点布设与相关桥梁监测的要求一致。

（3）城市轨道交通地面线和既有铁路的路基竖向位移监测可按本节第1条的规定布设监测断面，每个监测断面每条股道下方的路基及附属设施均应布设监测点。

（4）整体道床或轨枕的竖向位移监测应按监测断面布设，监测断面与隧道结构或路基竖向位移监测断面宜处于同一里程。

（5）轨道静态几何形位监测点的布设应按城市轨道交通的工务维修、养护标准的要求确定。

（6）既有轨道交通附属设施监测点布设可按照建筑物的相关规定执行。

（7）既有轨道交通隧道结构、轨道结构的裂缝监测与建（构）筑物的要求相一致。

（8）既有轨道交通宜采用远程自动化监控系统进行监测。

11.5 监测方法及要求

对既有轨道交通的常规监测技术，与前述方法要求基本相同，在此主要介绍现场巡查特点和几种远程自动化监测技术。

1. 既有城市轨道交通现场安全巡查

（1）首次巡查。在施工前对既有城市轨道交通做首次巡查。首次巡查的重点是调查有无结构裂缝、道床裂缝、结构渗水，有裂缝的地方做好标识，记录裂缝的位置、形态，用游标卡尺或裂缝读数显微镜测量并记录裂缝的宽度；出现结构渗水的地方也做好标识。记录渗水的位置、渗水量大小。对在施工影响前已经出现的裂缝、结构渗水等异常情况，采用拍照的方式进行影像资料存档。

（2）日常巡查。由于既有城市轨道交通日常运营时间内无法进入进行安全巡查，故按照主管单位的要求随同该项目人工静态监测小组以及城市轨道交通配合工作人员在夜间列车停运、接触轨停电之后的规定时间内进入车站及隧道内进行安全巡查，安全巡查过程中须穿绝缘鞋、注意避让轨道车。安全巡查的内容包括：①结构开裂、剥落；②结构渗水；③道床开裂；④变形缝变化情况等。对在首次巡查中发现的既有裂缝，测量其宽度并与初始宽度、深度进行现场比较。发现新增结构裂缝或裂缝发展速率超过预警标准、结构渗水、道床开裂、变形缝明显错台、开合明显增大等异常情况及时通报。巡查过程中，拍照存档，并填写现场安全巡查表。

在施工期间，应对既有轨道交通进行每天至少一次的巡查，城市轨道交通工程和既有线路自身及其他周边环境出现监测预警、变形突变或巡查异常时，需加强对既有线路的巡查工作。

2. 液体静力水准测量法监测沉降

（1）测点布置。

1）基点、测点及采集箱埋设。隧道（轨道）结构沉降监测基准点与测点均为静力水准仪，布设于既有轨道交通隧道（轨道）结构上，组成一条测线（实景照片如图11.5-1所示），基准点需布设于变形影响范围之外。

采集箱一般布设于不影响行车限界的隧道结构上，实景照片如图 11.5-2 所示。

图 11.5-1　监测点实景照片

图 11.5-2　数据采集箱实景照片

2）埋设技术要求。在埋设前，要求对每一条测线支架进行抄平，支架应安装在同一水平面上，高度互差不得超过 3mm，如不能埋设在同一水平面应加设转点；管路连接密封性好，管路无压折，管内无气泡；管路、通信线、电缆连接不影响城市轨道交通设施安全以及城市轨道交通工作人员安全。监测仪器及数据采集箱要求不侵入行车界限。

（2）数据处理及分析。数据传输基于以上介绍采集系统，与用户接口由配套软件实现。

采集软件包括人工采集和自动化采集两部分。采集软件将静力水准传感器读出的电容比数据，与标定数据比较计算，解算出位移量，并自动存储入库、实时显示、生成数据报表。

3. 测量机器人监测技术

（1）测点布置。

1）控制点、测点埋设。隧道（轨道）结构沉降监测布设于既有轨道交通隧道（轨道）结构上，采用锚栓锚固棱镜的方式。控制点布设于影响范围之外（地下线路实景照片如图 11.5-3 所示，地面线路实景照片如图 11.5-4 所示。）

图 11.5-3　地下线路监测实景照片

图 11.5-4　地面线路监测实景照片

2）埋设技术要求。监测仪器及测点应安装牢固，不得侵入行车界限，不得影响城市轨道交通信号传输等，通信线、电缆连接不影响城市轨道交通设施安全以及城市轨道交通工作人员安全。

(2) 数据处理及分析。数据传输可采用无线传输和数据线传输的方式，与用户接口由配套软件实现。通过软件计算各监测点坐标，与初始坐标比较计算，解算出位移量，并自动存储入库、实时显示、生成数据报表。

11.6 控制指标

1. 技术规范规定

(1)《地铁设计规范》（修编送审稿）。

路堤：路基的工后沉降量应满足以下要求：有砟轨道线路不应大于20cm，路桥过渡段不应大于10cm，沉降速率均不应大于5cm/年；无砟轨道线路路基工后不均匀沉降量不应超过扣件允许的调高量，路桥或路隧交界处差异沉降不应大于10mm，过渡段沉降造成的路基和桥梁或隧道的折角不应大于1/1000。

(2) 北京市地方标准《城市轨道交通设施养护维修技术规范》（DB11/T 718—2010）。

1) 日常养护维修的线路轨道静态几何尺寸应符合表11.6-1和表11.6-2的标准。

日常养护维修线路轨道静态几何尺寸容许偏差管理值（mm）　　表11.6-1

项　目		整体道床		碎石道床	
		正线	其他线	正线	其他线
轨距		4、-3	7、-3	7、-4	8、4
水平		6	8	7	9
高低		6	8	7	9
轨向（直线）		6	8	7	9
三角坑（扭曲）	缓和曲线	6	8	7	9
	直线和圆曲线	6	8	7	9

注：1. 轨距偏差不含曲线上规定的轨距加宽值，但最大轨距（含加宽值和偏差）不得超过1456mm。
2. 轨向偏差和高低偏差为10m弦测量的最大矢度值。
3. 三角坑偏差不含曲线超高顺坡造成的扭曲量，检查三角坑时基长为6.25m，但在延长上需要保证动态基长范围内无超过表列的三角坑。

曲线正矢偏差　　表11.6-2

曲线半径(m)	缓和曲线的正矢与计算正矢差(mm)		圆曲线正矢连续差(mm)		圆曲线正矢最大与最小差值(mm)	
	正线	其他线	正线	其他线	正线	其他线
$R \leqslant 250$	7	8	14	16	21	24
$250 < R \leqslant 350$	6	7	12	14	18	21
$350 < R \leqslant 450$	5	6	10	12	15	18
$450 < R \leqslant 650$	4	5	8	10	12	15
$R > 650$	3	4	6	8	9	12

2) 日常养护维修的道岔轨道几何尺寸允许偏差应符合表11.6-3的规定。

日常养护维修道岔轨道静态几何尺寸容许偏差管理值（mm） 表 11.6-3

项 目			整体道床		碎石道床	
			正线	其他线	正线	其他线
道岔	轨距	一般位置	4、−2	4、−2	5、−3	5、−3
		尖轨尖端	±2	±2	±2	±2
	水平		5	7	6	8
	高低		5	7	6	8
	轨向	直线	5	7	6	8
		支距	3	3	3	3

3）日常养护维修接触轨轨距、水平应满足表11.6-4的规定。

日常养护维修接触轨静态几何尺寸容许偏差管理值（mm） 表 11.6-4

项 目	容许偏差管理值
轨距	±10
水平	±8

注：1. 轨距：接触轨中心距相邻走行轨内侧的最短水平距离（直线地段），标准为700mm。
　　2. 水平：接触轨顶面距相邻走行轨顶面的垂直距离（直线地段），标准为140mm。
　　3. 曲线地段：接触轨与走行轨共同倾斜，相对位置保持不变，轨距、水平随之倾斜。

4）中修应根据线路变化规律和特点，按照线路设施的维修周期，有计划地对轨道弹性、轨道几何尺寸进行全面调整，对失效的零部件进行全面维修或更换。中修计划的制定应根据线路、道岔、接触轨分项评定结果进行。

中修线路轨道静态几何尺寸容许偏差管理值应符合表11.6-5和表11.6-2的规定。

中修线路轨道静态几何尺寸容许偏差管理值（mm） 表 11.6-5

项 目		整体道床		碎石道床	
		正线	其他线	正线	其他线
轨距		4、−2	5、−2	6、−2	6、−2
水平		4	5	4	5
高低		4	5	4	5
轨向（直线）		4	5	4	5
三角坑（扭曲）	缓和曲线	4	5	4	5
	直线和圆曲线	4	5	4	5

注：1. 轨距偏差不含曲线上按规定设置的轨距加宽值，但最大轨距（含加宽值和偏差）不得超过1456mm。
　　2. 轨向偏差和高低偏差为10m弦测量的最大矢度值。
　　3. 三角坑偏差不含曲线超高顺坡造成的扭曲量，检查三角坑时基长为6.25m，但在延长上需要保证动态基长范围内无超过表列的三角坑。

中修道岔几何尺寸容许偏差管理值应符合表11.6-6的规定。

中修道岔轨道静态几何尺寸容许偏差管理值（mm） 表11.6-6

项　目			整体道床		碎石道床	
			正线	其他线	正线	其他线
道岔	轨距	一般位置	3、-2	3、-2	3、-2	3、-2
		尖轨尖端	±1	±1	±1	±1
	水平		3	4	4	5
	高低		3	4	4	5
	轨向	直线	3	4	4	5
		支距	2	2	2	2

中修接触轨轨距、水平容许偏差管理值应符合表11.6-7的规定。

中修接触轨静态几何尺寸容许偏差管理值（mm） 表11.6-7

项　目	容许偏差管理值
轨距	±8
水平	±6

注：1. 轨距：接触轨中心距相邻走行轨内侧的最短水平距离（直线地段），标准为700mm。
　　2. 水平：接触轨顶面距相邻走行轨顶面的垂直距离（直线地段），标准为140mm。
　　3. 曲线地段：接触轨与走行轨共同倾斜，相对位置保持不变，轨距、水平随之倾斜。

5）区间隧道：当隧道裂损劣化出现宽度大于5mm的纵向裂缝或宽度大于3mm的环向裂缝时需查明原因进行整治，必要时可采取专项评估、专项设计和专业施工队伍施工的方式进行病害整治。

(3)《北京市地铁运营有限公司企业标准：技术标准—工务维修规则》（QB（J）/BDY（A）XL003-2009）。

整体道床线路轨道静态几何尺寸容许偏差管理值见表11.6-8的规定；碎石道床线路轨道静态几何尺寸容许偏差管理值见表11.6-9的规定。

整体道床线路轨道静态几何尺寸容许偏差管理值 表11.6-8

项　目		计划维修（mm）		经常保养（mm）	
		正线	其他线	正线	其他线
轨距		+4、-2	+5、-2	+6、-3	+7、-3
水平		4	5	6	8
高低		4	5	6	8
轨向（直线）		4	5	6	8
三角坑（扭曲）	缓和曲线	4	5	6	8
	直线和圆曲线	4	5	6	8

注：1. 轨距偏差不含曲线上按规定设置的轨距加宽值，但最大轨距（含加宽值和偏差）不得超过1456mm。
　　2. 轨向偏差和高低偏差为10m弦测量的最大矢度值。
　　3. 三角坑偏差不含曲线超高顺坡造成的扭曲量，检查三角坑时基长为5m，但在延长18m的距离内无超过表列的三角坑。

碎石道床线路轨道静态几何尺寸容许偏差管理值　　　　表 11.6-9

项　目		计划维修（mm）		经常保养（mm）	
		正线	其他线	正线	其他线
轨距		+5、-2	+6、-2	+7、-4	+8、-4
水平		4	5	7	9
高低		4	5	7	9
轨向（直线）		4	5	7	9
三角坑（扭曲）	缓和曲线	4	5	7	9
	直线和圆曲线	4	5	7	9

注：1. 轨距偏差不含曲线上按规定设置的轨距加宽值，但最大轨距（含加宽值和偏差）不得超过 1456mm。
　　2. 轨向偏差和高低偏差为 10m 弦测量的最大矢度值。
　　3. 三角坑偏差不含曲线超高顺坡造成的扭曲量，检查三角坑时基长为 5m，但在延长 18m 的距离内无超过表列的三角坑。

整体道床道岔轨道静态几何尺寸容许偏差管理值见表 11.6-10 的规定；碎石道床道岔轨道静态几何尺寸容许偏差管理值见表 11.6-11 的规定。

整体道床道岔轨道静态几何尺寸容许偏差管理值　　　　表 11.6-10

项　目		计划维修（mm）		经常保养（mm）	
		正线	其他线	正线	其他线
轨距	一般位置	+3、-2	+3、-2	+4、-2	+4、-2
	尖轨尖端	±1	±1	±2	±2
水平		3	4	5	7
高低		3	4	5	7
轨向	直线	3	4	5	7
	支距	2	2	3	3

注：1. 支距偏差为现场支距与计算支距。
　　2. 导曲线下股高于上股的限值：计划维修为 0，经常维修为 1mm。

碎石道床道岔轨道静态几何尺寸容许偏差管理值　　　　表 11.6-11

项　目		计划维修（mm）		经常保养（mm）	
		正线	其他线	正线	其他线
轨距	一般位置	+3、-2	+3、-2	+5、-3	+5、-3
	尖轨尖端	±1	±1	±2	±2
水平		4	5	6	8
高低		4	5	6	8
轨向	直线	4	5	6	8
	支距	2	2	3	3

注：1. 支距偏差为现场支距与计算支距。
　　2. 导曲线下股高于上股的限值：计划维修为 0，经常维修为 2mm。

接触轨静态几何尺寸容许偏差管理值必须符合表 11.6-12～表 11.6-14 的规定。

低碳钢接触轨静态几何尺寸容许偏差管理值　　表 11.6-12

项　目	综合维修（mm）	经常保养（mm）
轨距	±8	±10
水平	±6	±8

注：1. 轨距：接触轨中心距相邻走行轨内侧的最短水平距离（直线地段），标准为 700mm。
　　2. 水平：接触轨顶面距相邻走行轨顶面的垂直距离（直线地段），标准为 140mm。
　　3. 曲线地段：接触轨与走行轨共同倾斜，相对位置保持不变，轨距、水平随之倾斜。

上接触式钢铝复合接触轨静态几何尺寸容许偏差管理值　　表 11.6-13

项　目	综合维修（mm）	经常保养（mm）
轨距	±5	±7
水平	±5	±7

下接触式钢铝复合接触轨静态几何尺寸容许偏差管理值　　表 11.6-14

项　目	综合维修（mm）	经常保养（mm）
轨距	±5	±7
水平	±5	±7

（4）北京市地方标准《穿越既有交通基础设施工程技术要求》（DB11/T 716—2010）。城市轨道交通路基预警值与警戒值如下。

1）施工监测的沉降变形预警值应根据沉降变形曲线和稳定沉降值确定。一旦达到预警值，施工方必须采取相应的技术措施，控制沉降变形的继续发展。

2）当沉降量达到预警值，在采取相应技术措施之后，未能有效控制沉降变形的发展而达到警戒值时，必须立即停工，进一步采取技术措施，控制沉降变形的发展。

3）路基面的预警值与警戒值应由前评估单位确定，在前评估单位无法确定预警值与警戒值的情况下，可参照表 11.6-15 确定。

路基面的预警值与警戒值　　表 11.6-15

项　目	平整度		路基顶面高程（mm）
	纵向不均匀沉降（mm）	横向不均匀沉降（mm）	
预警值	4.8	1.8	±15
警戒值	6.4	2.4	±20

（5）《深圳市地铁有限公司运营分公司企业标准：深圳地铁轨道线路维修规则》（Q/SZDY 0030—2004）。

轨道线路静态几何尺寸容许偏差管理值。

a. 轨道静态几何尺寸容许偏差管理值，按行车速度、线路类别、作业类别确定。

轨道几何尺寸管理值中，作业验收管理值为纠正性维修、经常保养、临时补修作业的质量检查标准；经常保养管理值为轨道应经常保持的质量管理标准；临时补修管理值为应及时进行轨道整修的质量控制标准。超过临时补修管理值的处所，应及时处理。

b. $V \leqslant 80 \mathrm{km/h}$ 线路轨道静态几何尺寸容许偏差管理值见表 11.6-16 的规定。

线路轨道静态几何尺寸容许偏差管理值　　　　　表 11.6-16

项　目		作业验收（mm）		经常保养（mm）		临时补修（mm）	
		正线	车厂线	正线	车厂线	正线	车厂线
轨距		+6 −2	+6 −2	+8 −4	+9 −4	+9 −4	+10 −4
水平		4	5	6	8	10	11
高低		4	5	6	8	10	11
方向		4	5	6	8	10	11
三角坑 （扭曲）	缓和曲线	4	5	6	7	7	8
	直线和圆曲线	4	5	6	8	9	10

轨距偏差不含曲线按规定设置的轨距加宽值，但最大轨距（含加宽值和偏差）不得超过 1456mm。

轨向偏差和高低偏差为 10m 弦测量的最大矢度值。

三角坑偏差不含曲线超高顺坡造成的扭曲量，检查三角坑时基为长 6.25m，但在延长 18m 距离内无超过表列的三角坑。

试车线按正线办理。

c. $V \leqslant 80$ km/h 道岔轨道静态几何尺寸容许偏差管理值见表 11.6-17 的规定。

道岔轨道静态几何尺寸容许偏差管理值　　　　　表 11.6-17

项　目		作业验收（mm）		经常保养（mm）		临时补修（mm）	
		正线	车厂线	正线	车厂线	正线	车厂线
轨距		+3 −2	+3 −2	+5 −3	+5 −3	+6 −3	+6 −3
水平		4	6	6	8	9	10
高低		4	6	6	8	9	10
方向	直线	4	6	6	8	9	10
	支距	2	2	3	3	4	4

1) 支距偏差为现场支距与计算支距之差。导曲线下股高于上股的限值：作业验收为 0，经常保养为 2mm，临时补修为 3mm。试车线按正线办理。

2) 线路检查和道岔主要几何尺寸（轨距、水平、方向、高低、三角坑、正矢、支距、查照间隔、护背距离等）状态分为正常、接近超限和超限三类。

3) 为确保行车安全、便于控制，将几何尺寸超限按程度分为三个级别，Ⅰ级、Ⅱ级和Ⅲ级超限。

4) 轨道工班工班长应对检查记录手册中Ⅱ级和Ⅲ级超限处所进行勾画标注并汇总统计。

5) 轨道线路几何尺寸静态检查超限分类见表 11.6-18。

线路几何尺寸静态检查超限分类表（单位 mm）　　　　表 11.6-18

类别		轨距	水平	高低	方向（直线）	三角坑（缓和曲线）	三角坑（直线和圆曲线）
接近超限	正线	+6 -2	4	4	4	4	4
	车厂线	+6 -2	5	5	5	5	5
Ⅰ级	正线	+7 -3	5～6	5～6	5～6	5	5～6
	车厂线	+8 -3	6～8	6～8	6～8	6	6～8
Ⅱ级	正线	+8 -4	7～9	7～9	7～9	6	7～8
	车厂线	+9 -4	9～10	9～10	9～10	7	9
Ⅲ级	正线	+9 及以上 －4 及以下	10 及以上	10 及以上	10 及以上	7 及以上	9 及以上
	车厂线	+10 及以上 －4 及以下	11 及以上	11 及以上	11 及以上	8 及以上	10 及以上

轨距容许偏差不含规定加宽值；试车线按正线办理。

6）道岔几何尺寸静态检查超限分类见表 11.6-19。

道岔几何尺寸静态检查超限分类表（单位 mm）　　　　表 11.6-19

类别		轨距	水平	高低	方向（直线）	方向（支距）
接近超限	正线	+3 -2	4	4	4	2
	车厂线	+3 -2	6	6	6	2
Ⅰ级	正线	+4	5～6	5～6	5～6	
	车厂线	+4	7～8	7～8	7～8	
Ⅱ级	正线	+5 -3	7～8	7～8	7～8	3
	车厂线	+5 -3	9	9	9	3
Ⅲ级	正线	+6 及以上 －3 及以下 <1391 >1348	9 及以上	9 及以上	9 及以上	4 及以上
	车厂线	+6 及以上 －3 及以下 <1391 >1348	10 及以上	10 及以上	10 及以上	4 及以上

导曲线下股高于上股的限值：综合维修（作业验收）为 0，经常保养为 2mm，临时补修为 3mm。轨距容许偏差不含规定加宽值；试车线按正线办理。

7）轨道工班根据超限分类进行划撬，按照"先严重，后一般"的处理超限原则组织对超限处所进行消除作业，对Ⅲ级超限超过临时补修允许偏差管理值或危及行车安全的超限处所应立即组织在 24h 内消除。

（6）《上海市地铁沿线建筑施工保护地铁技术管理暂行规定》（沪市政法（94）第 854

号）。

地铁保护技术标准：由于深基坑高楼桩基、降水、堆载等各种卸载和加载的建筑活动对地铁工程设施的综合影响限度，必须符合以下标准。

a. 在地铁工程（外边线）两侧的邻近3m范围内不能进行任何工程。

b. 地铁结构设施绝对沉降量及水平位移量≤20mm（包括各种加载和卸载的最终位移量）。

c. 隧道变形曲线的曲率半径 $R \geqslant 15000$m。

d. 相对变曲≤1/2500。

e. 由于建筑物垂直荷载（包括基础地下室）及降水、注浆等施工因素而引起的地铁隧道外壁附加荷载≤20kPa。

f. 由于打桩振动、爆炸产生的振动对隧道引起的峰值速度≤2.5cm/s。

监护单位按上述标准对隧道进行监测工作。

(7)《北京市轨道交通工程建设监控量测控制指标参考资料汇编》。

既有线重要性等级应考虑结构部位和相对地面位置，参见按表11.6-20进行划分。不同重要性等级的既有线隧道结构控制指标或既有线轨道、道床控制指标分别参见表11.6-21和表11.6-22。

既有线重要性等级划分　　　　　　　　　　表11.6-20

重要性等级	结构部位和相对地面位置
Ⅰ	地下区间轨道岔区
Ⅱ	地下车站、地下区间其他部位、地面车站
Ⅲ	通风竖井、风道、联络通道、地下车站出入口

既有线隧道结构控制指标参考数值表　　　　　　　　　　表11.6-21

重要性等级	隧道结构允许沉降控制值 (mm)	隧道结构允许上浮控制值 (mm)	隧道结构允许水平位移控制值 (mm)	差异沉降控制值 (mm)	位移平均速率控制值 (mm/d)	最大速率控制值 (mm/d)
Ⅰ	≤5	≤5	≤3	≤1	1	1.5
Ⅱ	≤10	≤5	≤4	≤2	1	1.5
Ⅲ	≤20	≤5	≤5	≤4	1	1.5

既有线轨道、道床控制指标参考数值表　　　　　　　　　　表11.6-22

控制指标	参考数值
轨道坡度允许控制值	1/2500
道床剥离量允许控制值	1mm
结构变形缝开合度	5～7mm
轨道结构允许垂直位移控制值	5～10mm

2. 其他研究成果

(1) 轨道变形基准值。

轨道变形以不超过轨道管理基准值为基准。依据《铁路线路维修规定》：线路轨道前

后高低差用 $L=10m$ 弦量测的最大矢度值不应超过4mm。轨距增宽不大于6mm，轨距减窄不大于2mm，单线两轨高差不大于4mm。如日本规定的标准（表11.6-23）

轨道面容许值、管理值的设定　　　　表11.6-23

位移方向	列车速度（km/h）	错动值（mm）	折角（1/1000）			
			平行移动		折曲	
			$L<30m$	$30m\leqslant L$	$L<30m$	$30m\leqslant L$
垂直	70	2	9	9	9	9
	110		7.5	9	9	9
	160		5	6	6.5	7
	210		4.5	4	5.5	4.5
	260		3.5	3	4	3
水平	70	2	6	6	6	6
	110		4	5.5	5	6
	160		3	3	3.5	3
	210		2.5	2	3	2.5
	260	1.5	2	1.5	2.5	2

注：表中的错动、平行移动、折角见图11.6-1。

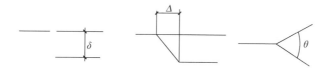

图11.6-1　轨道面的错动、平移和折角

（2）日本的筑波、三之轮隧道变形管理值。

纵向下穿地表既有地铁时，规定地表铁路线沿轨道纵向10m内变位管理值见表11.6-24和表11.6-25。

JR货运线规定管理值　　　　表11.6-24

	轨间距增量	沿轨道纵向沉降量	轨道侧向平移	两轨道高差
警戒值	±5.0	±9.0	±9.0	±7.0
停工值	±9.0	±13.0	±13.0	±12.0

JR常盘线规定管理值　　　　表11.6-25

	轨间距增量	沿轨道纵向沉降量	轨道侧向平移	两轨道高差
警戒值	±5.0	±5.0	±6.0	±7.0
停工值	±9.0	±10.0	±10.0	±12.0
限界值	±14.0	±15.0	±15.0	±18.0

日本给出了统一的变形控制标准值，要求地铁沉降变形的极限值为5mm，施工单位必须采取措施保证变形不超过控制标准。

225

(3) 意大利横向下穿 RAVONE 铁路站场的隧道工程。

根据意大利国家铁路规范要求,在时速达 80km/h 的铁路线下进行隧道施工的情况下,轨道变位管理标准值规定见表 11.6-26。

既有铁路变位管理值　　　　表 11.6-26

	纵向 40m 长度内轨道沉降(mm)	轨道差异沉降(‰)		
		纵向 3m 长度内	纵向 7m 长度内	纵向 10m 长度内
警戒值	20	2.5	2.0	1.0
报警值	30	5.0	4.0	3.0

(4) 俄罗斯在《地铁线路和接触轨日常维护细则》中规定,在轨道和横向坡度位置的标高上,允许与规定标准有 4mm 的偏差。

(5) 广州地铁运营有限公司将地铁隧道结构横向水平位移的评判标准定为±8mm,即线路轴线法线方向变化控制在±8mm 之内,可以认为没有发生水平位移变化。

综合已有研究成果,《城市轨道交通工程监测技术规范》(GB 50911.4—2013)规定城市轨道交通既有线监测项目控制值的确定应符合下列规定。

1) 城市轨道交通既有线监测项目控制值应在调查分析地质条件、线路结构形式、轨道结构形式、线路现状情况等的基础上,结合其与工程的空间位置关系、当地工程经验,进行必要的结构检测、计算分析和安全性评估后确定。

2) 城市轨道交通既有线路结构及轨道几何形位监测项目控制值应符合现行国家标准《地铁设计规范》(GB 50157—2013)的有关规定,并应满足线路维修的要求。

3) 当无地方工程经验时,城市轨道交通既有线隧道结构变形控制值可按表 11.6-27 中的确定。

城市轨道交通既有线隧道结构变形控制值　　　　表 11.6-27

监测项目	累计值(mm)	变化速率(mm/d)
隧道结构沉降	3~10	1
隧道结构上浮	5	1
隧道结构水平位移	3~5	1
隧道差异沉降	$0.04\%L_s$	—
隧道结构变形缝差异沉降	2~4	1

注:L_s——沿隧道轴向两监测点间距。

第 12 章 监测方法和仪器选型

12.1 监测方法概述

城市轨道交通工程监测内容主要包括明挖、暗挖及盾构工程结构与周边岩土体、工程周边环境对象的变形、内力等，监测方法及仪器的选择需根据工程结构设计要求、环境对象安全保护要求、监测对象实际状况、现场监测条件、现有监测技术手段与仪器条件、工程管理等要求综合确定。要求监测方法、手段及仪器元件满足监测目的、监测精度、监测频率等要求，保证可靠性好，经济合理，能够适应所监测的环境。

目前，一般可用于城市轨道交通工程的监测方法主要有以下几大类。

12.1.1 几何测量方法

几何测量方法主要包括几何水准测量、三角高程测量、方向和角度测量、距离测量等手段。在变形监测中，高程测量多采用精密水准测量或精密三角高程测量精确测定监测点的高程，并通过不同监测期次之间的高程计算其变化。平面测量一般通过方向、角度和距离测量计算确定具体监测对象的平面或空间坐标，并根据不同监测期次的坐标变化计算求得一定方向上的位移变化。

几何测量方法在竖向位移、水平位移监测方面应用广泛，观测手段成熟，作业灵活性大，能够适用于不同的精度要求、不同类型的变形体和不同的外界条件，能够提供变形体整体的变形状态，缺点是外作业强度较大。

12.1.2 仪器测试方法

测试仪器测试方法是指采用各类测试传感器的测试手段，如对应力、倾斜、位移等物理量采用测试仪器进行的测试，该方法容易实现连续、自动监测以及遥测，而且相对精度较高，但提供的是局部的变化信息。用测量应变的方法来检测工程中结构物的微变形，可以了解工程结构的工作状态，随时提供相关信息以便预报工程险情。

12.1.3 监测新技术

监测新技术主要有摄影测量、遥感与激光扫描测量等方法，采用近景摄影测量法、三维激光扫描技术可实现对监测对象三维变化信息的采集，可以提供变形体面状变化特征，并可提取表面上任意点的变形，但目前仪器精度比城市轨道交通工程监测的要求低；地面激光扫描有类似于摄影测量的优点，目前的仪器能够达到的精度为毫米级。

1. 数字近景摄影测量方法

数字近景摄影测量方法观测变形时，首先在变形体周围安置高精度数码相机，对变形体进行摄影，然后通过数字摄影测量处理获得变形信息。与其他方法相比较，数字近景摄影测量方法具有以下特点。

（1）信息量丰富，利用率高。可以同时获得变形体上大批目标点的变形信息，对变形前后的信息做各种后处理后、通过底片可以获得变形体的任意一位置的状态；

（2）摄影影像完整记录了变形体各时期的状态，便于后续处理；

（3）外业工作量小，效率高，劳动强度小；

（4）可用于监测不同形式的变形，如缓慢、快速或动态的变形；

（5）观测时不需要接触被监测的变形体。

地面摄影测量适宜对较小范围的物体（如建筑物、桥梁、局部道路等）进行监测。

2. 激光扫描方法

采用地面三维激光扫描可获得变形体表面的精确模型，可通过不同期次模型的求差获取变形信息。与其他传统方法相比较，三维激光扫描方法具有以下特点。

（1）信息丰富。地面三维激光扫描系统以一定间隔的点对变形体表面进行扫描，形成大量点的三维坐标数据。与单纯依靠少量监测点对变形体进行变形监测研究相比，具有信息全面和丰富的特点。

（2）实现对变形体的非接触测量。测量三维激光扫描系统采集点云的过程中完全不需要接触变形体，仅需要站与站之间拼接时，在变形体周围布置少量的标靶。

（3）便于对变形体进行整体变形的研究。地面三维激光扫描系统通过多站的拼接可以获取变形体多角度、全方位、高精度的点云数据，通过去噪、拟合和建模，可以方便地获取变形体的整体变形信息。

（4）便于对变形体的保护。采用几何水准、静力水准等技术，需要对变形体进行布点监测，造成对变形体装修或结构的破坏，尤其是对于文物、重要道路、重要建（构）筑物等变形体，而三维激光扫描方式可避免布点对结构的影响。

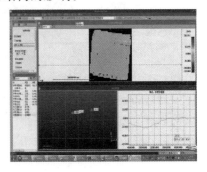

图 12.1-1　激光扫描实景及数据处理图

3. 合成孔径雷达干涉测量方法

合成孔径雷达干涉测量（INSAR）技术使用微波雷达成像传感器进行主动遥感成像，采用一系列数据处理方法，从雷达影像的相位信号中提取监测对象的变形信息。INSAR

方法可采用空间或地面方式，应用于变形监测的主要优点如下。

(1) 覆盖范围大，可远距离遥测，最远距离可达 2km。

(2) 不需要建立监测网，高采样频率，可实现实时监测。

(3) 设备安装便捷，操作简单。

(4) 测量精度高（具备安装角发射器条件的，精度可达 0.01~0.1mm，不具备此条件的精度也可达 1mm）。

(5) 可同时获得全监测范围的变形情况，监测效率高，且更有利于分析监测对象的变形规律。

(6) 内业处理效率较高。

根据城市轨道交通工程监测要求，在设计监测方案时，一般应根据工程实际情况综合考虑各种手段的应用，取长补短，互相校核。

12.2 几何测量监测方法

12.2.1 常规几何水准测量

几何水准测量手段可取得各类监测对象监测点的绝对或相对高程值，可应用于城市轨道交通工程明挖法、矿山法、盾构法施工的支护结构竖向变形与周边地表竖向变形，周边环境对象如既有轨道交通设施、建（构）筑物、桥梁、管线、道路等的结构竖向变形监测。

1. 仪器设备

(1) 水准仪。水准仪作用是提供一条水平视线，按精度水准仪可分为 DS05、DS1、DS3、DS10 等几个等级，DS05——每千米水准测量的全中误差为±0.5mm，DS1——每千米水准测量的全中误差为±1.0mm。

水准仪由照准部和基座两部分组成：①基座。用于支撑照准部，上有三个脚螺旋，其作用是整平仪器。②照准部。由望远镜、水准器和控制螺旋等组成，能绕水准仪的竖轴在水平面内做全圆转。

电子数字水准仪将编码了的水准尺影像进行处理，由传感器从望远镜中获得在刻有二进制条码的专用水准尺上的测量信号，由微处理器自动计算水准尺上的读数及仪器到水准尺的水平距离，所测数据可显示，也可存储在 PCMCIA 卡上。

(2) 水准尺。水准尺是水准测量中用于高差量度的标尺。精密水准尺材料框架用木料制成，分划部分用镍铁合金做成带状。尺长多为 2m、3m，两根为一副。在尺带上有左右两排线状分划，分别称为基本分划和辅助分划，格值 1cm。用于电子水准仪读数的采用二进制条码的专用水准尺。

(3) 尺垫。水准测量中有许多地方需要设置转点（中间点），为防止观测过程中尺子下沉而影响读数的准确性，应在转点处放一尺垫。尺垫一般由平面为三角形的铸铁制成，下面有三个尖脚，便于踩入土中，使之稳定。上面有一突起的半球形小包，立水准尺于球顶，尺底部仅接触球顶高的一点，当水准尺转动方向时，尺底的高程不会改变。

水准仪的使用方法如下。

①安置：在安置仪器之前，应选择合适的地点放好仪器的三脚架，其位置应位于两标尺中间。高度适中，架头大致水平，上架后的仪器要立即用中心螺钉固定于三脚架上，脚架要踩实。

②粗平：转动脚螺旋，使圆水准器气泡居中，称为粗平。

③瞄准：松开制动螺旋，先用望远镜的外瞄准器瞄准水准尺，制动照准部，调焦使水准尺成像清晰，调目镜使十字丝清晰，消除视差，该过程称粗略瞄准。在望远镜内找到水准尺像，再用微动螺旋使十字丝的竖丝与水准尺的一边重合，称为精确瞄准。

④精平：调节微倾螺旋，使水准管观察孔中的两半部分气泡精确吻合，此时望远镜的视准轴精平。

⑤读数水准仪精平后，应立即读取十字丝的中横丝在水准尺上读数。读数时先看估读的毫米数，然后以毫米为单位报出四位读数。

2. 作业原理

水准测量是采用水准仪和水准尺测定待测物两点间高差的方法，通过在两点间安置水准仪，观测竖立在两点上的水准标尺，按尺上读数推算两点间的高差。组成线路的水准测量是由水准基准点出发，沿选定的水准路线逐站测定各观测点的高程。水准测量原理图如图 12.2-1 所示。

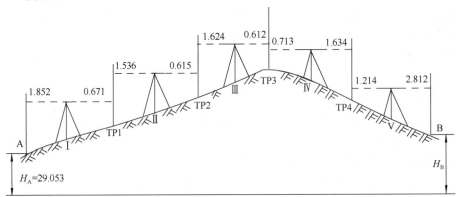

图 12.2-1　水准测量原理图

由图 12.2-1 中的几何关系可知，对于一个测站观测 A、B 两点间的高差为：

$$h_{AB} = a - b \tag{12.2-1}$$

对于多个测站观测 A、B 两点间的高差为：

$$h_{AB} = \Sigma a - \Sigma b \tag{12.2-2}$$

B 点的高程 H_B 为：

$$H_B = H_A + h_{AB} \tag{12.2-3}$$

3. 基点及测点设置

为保证监测水准网有足够的起算数据检核条件，纳入基准网或观测网中的基准点与工作基点数量应各不少于 3 个，布设的基准点设置于工程影响区外的稳定地段，其分布区域能够控制监测范围，便于进行监测网形设计与观测。

水准基准点埋设深埋金属标，并设置保护井保护，具体埋设的要求如下：

（1）保护井壁宜采用砖砌，井壁厚度宜为240mm，井底垫圈宽度宜为370mm，井深宜为1000mm，井底垫圈面距监测点顶部高度宜为700mm；井盖宜采用钢质材料，井盖直径宜为800mm；井口标高宜与地面标高相同。

（2）基准点分为内管和外管，外管直径宜为75mm，内管直径宜为30mm，基准点顶部距离井盖顶宜为300mm，井底垫圈面距基准点顶部高度宜为700mm。

（3）基准点宜采用钻机钻孔的方式埋设，基准点底部埋设深度应至相对稳定的土层，钻孔底封堵厚度宜为360mm，基点底靴厚度宜为1000mm。

深埋金属标埋设形式如图12.2-2所示。

为便于观测，工作基点可在场地相对稳定的地段埋设，可采用地表基准点或建筑物上基准点形式。

沉降监测点标志根据需监测对象如工程支护结构、工程永久结构、周边建（构）筑物、地下管线形式的具体特点埋设，具体埋设方式见相应章节。

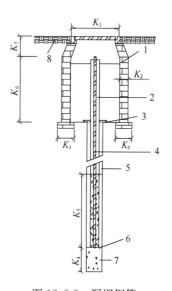

图12.2-2 深埋钢管水准基准点标石
1—保护井；2—外管；3—外管悬空卡子；4—内管；5—钻孔（内填）；6—基点底靴；7—钻孔底；8—地面；
K_1—井盖直径；K_2—井壁厚度；K_3—井底垫圈宽度；K_4—钻孔底封堵厚度；K_5—基点底靴厚度；K_6—井底垫圈面距基准点顶部高度；K_7—基准点顶部距井盖顶高度

4. 观测方法

采用水准测量方法，水准路线形式有闭合水准路线、附合水准路线、支水准路线等形式，高程系统采用城市轨道交通工程建设的高程系统，也可采用独立的假定高程系统。基准网一般布设成闭合或附合水准路线形式，将竖向变形监测点纳入其中进行观测。为保证有足够的起算数据检核，纳入基准网或观测网中的基准点与工作基点数量应各不少于3个。

考虑监测对象竖向变形监测控制指标及监测作业的经济性，监测精度一般要求达到控制指标的1/10~1/20。竖向变形监测点相对基准点的精度达到±1mm时一般可满足大多数的监测要求。对基准网与监测网的组网，可综合考虑使用的仪器精度与基准点、监测点的分布来进行网形设计，以满足监测精度要求。

一般情况下，水准网观测的基准网按《工程测量规范（附条文说明）》（GB 50026—2007）二等垂直位移监测网技术要求观测，监测网按《工程测量规范（附条文说明）》（GB 50026—2007）三等垂直位移监测网技术要求观测，有特殊要求时可提高观测等级。二等、三等垂直位移网主要技术要求见表12.2-1和表12.2-2。

垂直位移基准网观测主要技术指标及要求　　表12.2-1

序 号	项 目	限 差
1	相邻基准点高差中误差	0.5mm
2	每站高差中误差	0.15mm
3	往返较差及环线闭合差	$\pm 0.3\sqrt{n}$ mm（n为测站数）
4	检测已测高差较差	$\pm 0.4\sqrt{n}$ mm（n为测站数）

续表

序　号	项　目	限　差
5	视线长度	30m
6	前后视的距离较差	0.5m
7	任一测站前后视距差累计	1.5m
8	视线离地面最低高度	0.5m

监测点观测主要技术指标及要求　　　表 12.2-2

序　号	项　目	限　差
1	监测点与相邻基准点高差中误差	1.0mm
2	每站高差中误差	0.30mm
3	往返较差及环线闭合差	$\pm 0.6\sqrt{n}$ mm（n 为测站数）
4	检测已测高差较差	$\pm 0.8\sqrt{n}$ mm（n 为测站数）
5	视线长度	50m
6	前后视的距离较差	2.0m
7	任一测站前后视距差累计	3m
8	视线离地面最低高度	0.3m

5. 数据处理

水准网观测成果高程计算时先以一点起算，沿观测路线计算各点概略高程值，通过推算至基准点的高程推算值与已知值进行比较，进行计算闭合差计算，根据测站数（或线路长），计算相应作业等级的闭合差允许值，并对观测精度进行评定。

高差闭合差限差 $f_{h容}$ 用来衡量成果的精度。若 $f_h \leqslant f_{h容}$，则成果符合精度要求，可进行高差闭合差的调整与高程计算；否则检查原因，返工重测。

闭合差的调整方法是：按与距离或测站数成正比反符号分配。

$$v_i = -(f_h / \Sigma L) L_i \tag{12.2-4}$$

或：
$$v_i = -(f_h / \Sigma n) n_i \tag{12.2-5}$$

校核：
$$\Sigma v_i = -f_h \tag{12.2-6}$$

高差平差值：
$$(h_i) = h_i + v_i \tag{12.2-7}$$

检核：
$$\Sigma h_i = \Sigma h_{理} \tag{12.2-8}$$

目前，水准测量已实现电子仪器采集作业，对水准仪观测的原始采集成果传输至计算机，检查合格后使用平差软件进行严密平差，得出各监测点高程值。平差计算要求如下。

（1）成果平差采用专用平差计算软件进行，应检核输入的观测数据，确认观测数据准确可靠，检核合格后选择严密平差的计算方法。

（2）使用稳定的基准点为起算点进行概算，并检核独立闭合差及与 3 个以上的基准点高程相互附合差满足精度要求条件，之后进行平差处理。

（3）对平差成果各监测点点位高程中误差进行核查，检查是否满足监测精度要求。

12.2.2　常规几何平面测量

几何平面测量手段可取得各类监测对象监测点的绝对或相对平面坐标值，可应用于各类监测对象的水平变形监测，如工程支护结构、既有轨道交通设施、建（构）筑物、桥梁、管线等的结构水平变形监测等。

1. 仪器设备

用于几何平面测量的仪器有经纬仪、测距仪与全站仪等。近年来全站仪已在工程应用中普及。全站仪是一种集光、机、电为一体的高技术测量仪器，是集水平角、垂直角、距离（斜距、平距）测量功能于一体的测绘仪器系统。因其一次安置仪器就可完成测站与已知点、待测点角度距离关系全部测量工作，故称之为全站仪。

全站仪的发展经历了从组合式即光电测距仪与光学经纬仪组合，或光电测距仪与电子经纬仪组合，到整体式即将光电测距仪的光波发射接收系统的光轴和经纬仪的视准轴组合为同轴的整体式全站仪等几个阶段。

电子全站仪由电源部分、测角系统、测距系统、数据处理部分、通信接口、显示屏、键盘等组成。同电子经纬仪、光学经纬仪相比，全站仪增加了许多特殊部件，因而使得全站仪具有比其他测角、测距仪器更多的功能，使用也更方便。全站仪具有角度测量、距离（斜距、平距、高差）测量、三维坐标测量、导线测量、交会定点测量和放样测量等多种用途。内置专用软件后，功能还可进一步拓展。

全站仪的数据通信是指全站仪与电子计算机之间进行的双向数据交换。全站仪与计算机之间的数据通信的方式主要有两种：一种是利用全站仪配置的 PCMCIA（personal computer memory card internation association，简称 PC 卡或存储卡）卡进行数字通信，特点是通用性强，各种电子产品间均可互换使用；另一种是利用全站仪的通信接口，通过电缆进行数据传输。全站仪具有丰富的机载程序开放的用户自编程序平台。

随着硬件功能与软件功能的进一步发展，智能型电子全站仪发展为测量机器人，具备了以下特点。

（1）倾斜角补偿功能：设有双轴倾斜传感器，可测定仪器纵轴在视准轴方向和横轴方向的倾角；对于垂直角的指标差，可自行消除。

（2）视准差改正功能：在高精度测角中，可计算出视准差并自动对方向监测值进行改正。

（3）自动识别、照准、跟踪目标功能。

（4）数据存储和调出（输入/助出）功能：可记录（存储）和调出仪器参数数据，测量数据、测站数据、坐标数据和特征码等。

（5）可在机载软件或通过联机、远程无线计算机系统控制下采用有线或无线方式传输数据，能够实现自动记录与计算，数据分析处理自动化，自动生成数据库，实现测量工作的自动化。

2. 作业原理

（1）导线测量。将测区内相邻控制点连成直线而构成的折线，称为导线。这些控制点，称为导线点。导线测量就是依次测定各导线边的长度和各转折角值；根据起算数据，推算各边的坐标方位角，从而求出各导线点的坐标。导线测量一般用于平面控制测量。

导线可布设成下列三种形式。

1）闭合导线。起讫于同一已知点的导线，称为闭合导线。

2）附合导线。布设在两已知点间的导线，称为附合导线。

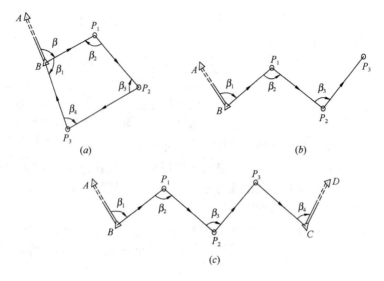

图 12.2-3 导线的基本形式

3）支导线。由一已知点和一已知边的方向出发，既不附合到另一已知点，又不回到原起始点的导线，称为支导线。

导线测量计算各点坐标公式如下：

$$x_i = x_{i-1} + D_i \cos\alpha_i$$
$$y_i = y_{i-1} + D_i \sin\alpha_i \tag{12.2-9}$$

闭合差计算及分配如下所述。

1）角度闭合差的计算与调整。由于观测角不可避免地含有误差，致使实测的内角之和不等于理论值，从而产生角度闭合差：

$$f_\beta = \alpha_{始} + \Sigma\beta_{左} - n180° - \alpha_{终} \tag{12.2-10}$$

导线角度闭合差超过容许值，则说明所测角度不符合要求，应重新检测角度；若不超过容许值，可将闭合差反符号平均分配到各观测角中，根据起始边的已知坐标方位角及改正角推算其他各导线边的坐标方位角。

2）坐标闭合差调整及坐标计算。闭合导线纵、横坐标增量代数和的理论值应为零，实际上由于量边的误差和角度闭合差调整后的残余误差，往往不等于零，而产生纵坐标增量闭合差与横坐标增量闭合差，即：

$$f_x = \Sigma\Delta x_{测} - (x_{始} - x_{终})$$
$$f_y = \Sigma\Delta y_{测} - (y_{始} - y_{终}) \tag{12.2-11}$$

导线全长闭合差为：

$$f_D = \sqrt{f_x^2 + f_y^2} \tag{12.2-12}$$

导线全长相对误差为：

$$K = \frac{f_D}{\Sigma D} = \frac{1}{\Sigma D/f_D} \tag{12.2-13}$$

坐标增量改正数计算：

$$V_{xi} = -\frac{f_x}{\Sigma D} D_i$$

$$V_{yi} = -\frac{f_y}{\sum D} D_i \quad (12.2\text{-}14)$$

各点坐标推算：

$$x_{前} = x_{后} + \Delta x_{改} \quad (12.2\text{-}15)$$
$$y_{前} = y_{后} + \Delta y_{改}$$

（2）极坐标测量法。极坐标测量是通过使用全站仪在已知点或测定的点设站，观测设站点至监测点的角度、距离，计算测定监测点坐标的方法。

极坐标计算公式计算每周期各变形点的坐标如下：

$$\left.\begin{array}{l} X_P = D_P \cos H_{ZP} + X^0 \\ Y_P = D_P \sin H_{ZP} + Y^0 \\ Z_P = \Delta h_P + Z^0 \end{array}\right\} \quad (12.2\text{-}16)$$

式中 X^0, Y^0, Z^0 ——监测站的坐标值。

若以变形点第一周期的坐标值（X_P^1, Y_P^1, Z_P^1）作为初始值，则各变形点相对于第一周期的变形量为：

$$\left.\begin{array}{l} \Delta X_P = X_P - X_P^1 \\ \Delta Y_P = Y_P - Y_P^1 \\ \Delta Z_P = Z_P - Z_P^1 \end{array}\right\} \quad (12.2\text{-}17)$$

式中 $\Delta X, \Delta Y, \Delta Z$ ——监测点的坐标变化值。

（3）前方交会法。如果在监测对象周边能够布设稳定的基准点，且具备通视条件，可采用这种方法。如图 12.2-4 所示，A、B 为平面基准点，P 为变形点，由于 A、B 的坐标为已知，在观测了水平角 α、β 后，即可依下式求算 P 点的坐标。

$$\left.\begin{array}{l} x_p = \dfrac{x_A \cot\beta + x_B \cot\alpha - y_A + y_B}{\cot\alpha + \cot\beta} \\ y_p = \dfrac{y_A \cot\beta + y_B \cot\alpha + x_A - x_B}{\cot\alpha + \cot\beta} \end{array}\right\} \quad (12.2\text{-}18)$$

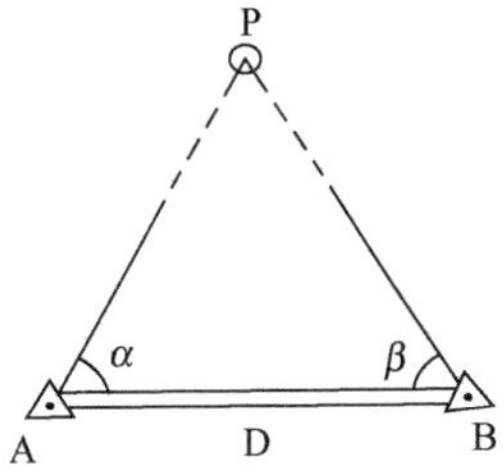

图 12.2-4 前方交会法原理图

点位中误差 m_p 的估算公式为：

$$m_p = \frac{m_\beta'' D \sqrt{\sin^2\alpha + \sin^2\beta}}{\rho'' \sin^2(\alpha + \beta)} \quad (12.2\text{-}19)$$

式中 m_β'' ——测角中误差；

D ——两已知点间的距离；

ρ'' ——206265″。

采用这种方法时，交会角宜在 60°～120°之间，以保证交会精度。

3. 基点及测点埋设

平面基准点选设于城市轨道交通工程开挖影响范围外的稳定地段，并根据监测对象位置、场地布置围挡条件合理分布，一般每个单位工程不少于 4 个，能够满足组成合理观测网形引测至场地的条件。平面基准点埋设标石形式如图 12.2-5 所示。

（1）保护井壁宜采用钢质材料，井壁厚度宜为 10mm，井底垫圈宽度宜为 50mm，井深宜为 200～300mm；井盖宜采用钢质材料，井盖直径宜为 200mm，井口标高宜与地面

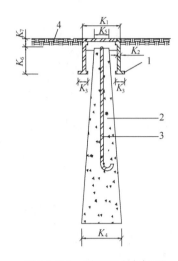

图 12.2-5 平面基准点标石
1—保护井；2—混凝土底座；
3—钢标志点；4—地面；
K_1—井盖直径；K_2—井壁厚度；
K_3—井底垫圈宽度；K_4—混凝土
基石底直径；K_5—混凝土基石顶直径；
K_6—井底垫垫圈面距监测点顶部高度；
K_7—基准点顶部距井盖顶高度

标高相同。

(2) 平面基准点标志采用加工成"L"形的钢筋置入混凝土基石中，钢筋直径宜为 25mm，顶部可刻划成"十"字或镶嵌直径 1mm 的铜芯；混凝土基石上部直径宜为 100mm，下部直径宜为 300mm，基准点顶部距离井盖顶宜为 50mm。

(3) 平面基准点可采用人工开挖或钻机钻孔的方式埋设，基准点底部埋设深度应至相对稳定的土层。

水平位移监测点标识可根据观测要求设置强制对中标志，为便于观测可固定观测棱镜，具体形式可根据需监测对象实际情况设置。

4. 作业方法

水平位移监测基准网一般采用导线网，平面基准以城市轨道交通工程施工平面坐标系统为基准建立，采用附合或闭合导线形式，将场地附近用于观测监测点的设站点纳入其中，测点监测一般采用极坐标法。

导线网形设计时要进行精度估计，对待监测点的中误差进行计算，合理分配基准点、设站点与监测点的位置与距离关系，并根据监测精度要求、监测仪器的性能等确定观测测回数。

可按以下公式估算导线相邻点的相对点位中误差：

$$M_U = \pm\sqrt{M_T^2 + M_U^2} \qquad (12.2\text{-}20)$$

$$M_T = \pm\frac{1}{T}S \qquad (12.2\text{-}21)$$

$$M_U = \pm\frac{m_\beta}{\rho}S \qquad (12.2\text{-}22)$$

式中 S ——导线平均边长；
m_β ——测角中误差（″）；
$\dfrac{1}{T}$ ——测距相对中误差（mm）。

水平位移监测仪器可使用带马达驱动目标自动识别的智能全站仪，仪器配备观测软件进行观测。一般情况下水平位移监测点相对基准点的精度达到 ±1～±2mm 时可满足大多数的监测精度要求。因此，控制网及监测点观测一般可按《工程测量规范》(GB 50026—2007) 二等水平位移监测网技术要求观测，有特殊要求的可提高观测等级。二等水平位移监测网主要技术要求见表 12.2-3。

观测主要技术指标及要求　　表 12.2-3

序 号	项 目	指标或限差
1	水平角观测测回数	6
2	测角中误差	1.0s

续表

序 号	项 目	指标或限差
3	测边相对中误差	≤1/100000
4	每边测回数	往返各 4 测回
5	距离一测回读数较差	1mm
6	距离单程各测回较差	1.5mm
7	气象数据测定的最小读数	温度 0.2℃，气压 50Pa

5. 数据处理

平面观测完成计算坐标时先以一点坐标、该点定向边方位起算，沿观测路线概算各点坐标值，通过推算至已知点与已知边的坐标与方位与已知值进行比较，进行计算坐标闭合差与方位闭合差计算，根据测站数（或线路长），计算相应作业等级的闭合差允许值，合格后对闭合差进行分配平差，并对观测精度进行评定。

目前，平面测量已实现电子仪器采集作业，对全站仪观测的原始采集成果传输至计算机，检查合格后使用平差软件进行严密平差，得出各监测点坐标值。平差计算要求如下。

（1）成果平差宜采用专用平差计算软件进行，应检核输入的角度、距离、点名、测点拓扑关系等数据，确认观测数据准确可靠，检核合格后选择严密平差的计算方法。

（2）使用稳定的基准点与基准方位为起算点进行概算，并检核计算坐标闭合差与方位闭合差满足精度要求条件，之后进行平差处理。

（3）对平差成果各监测点点位坐标中误差进行核查，检查是否满足监测精度要求。

监测点坐标计算完成后，根据其坐标成果计算本期观测与初始观测、上次观测的矢量位移，再根据坐标系统与监测对象夹角关系，将矢量位移投影至垂直于需分辨监测对象位移方向。

12.2.3 测量机器人空间交会测量

该技术可以实现对监测对象三维坐标的非接触监测，可以应用于诸如轨道交通结构、城市道路与高速路、机场停机坪、烟筒、塔尖等不能、不安全或不方便到达的部位的监测。

1. 作业原理

该系统的测量原理是空间前方交会的原理。空间前方交会测量是基于两台或两台以上高精度全站仪的空间角度前方交会测量，通过角度前方交会测量来求出空间点的三维坐标。

以两台全站仪构成的系统为例来说明系统的基本原理。如图 12.2-6 所示，两台全站仪为 A 和 B，以全站仪 A 的中心（轴系交点）为坐标原点，A、B 连线在水平方向的投影为 X 轴，过经纬仪 A 的中心的铅垂线方向为 Z 轴，以右

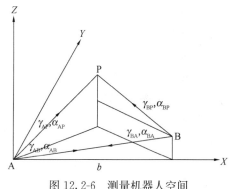

图 12.2-6 测量机器人空间交会系统原理图

手法则确定 Y 轴，由此构成测量坐标系。

A、B 互瞄及分别观测目标 P 的观测值（水平方向值、垂直方向值）分别为：γ_{AB}，α_{AB}，γ_{BA}，α_{BA}，γ_{AP}，α_{AP}，γ_{BP}，α_{BP}。设水平角 A、B 为：$A = \gamma_{AB} - \gamma_{AP}$，$B = \gamma_{BP} - \gamma_{BA}$。则 P 点的三维坐标为：

$$X = \frac{\sin B \cos A}{\sin(A+B)} b \tag{12.2-23}$$

$$Y = \frac{\sin B \sin A}{\sin(A+B)} b \tag{12.2-24}$$

$$Z = \frac{1}{2}\left[\frac{\sin B \cos\alpha_{AP} + \sin A \cos\alpha_{BP}}{\sin(A+B)} b + h\right] \tag{12.2-25}$$

$$h = \frac{1}{2}(\cos\alpha_{AB} - \cos\alpha_{BA}) b \tag{12.2-26}$$

式中，b 为基线长，即全站仪 A 和 B 的水平间距；h 为两台全站仪的高差。上式中 γ_{AB}，α_{AB}，γ_{BA}，α_{BA}，b 等五个参数是系统参数，其中起始方向值 γ_{AB}，α_{AB}，γ_{BA}，α_{BA} 通过互瞄内觇标或外觇标直接测定，也可用间接的方法测定。尺度基准 b 可通过用两台经纬仪对基准量进行测量来反算求得。

2. 基点及测点设置

基于本监测方法的精度及网形要求，需保证每个架站范围内不少于 4 个控制点，控制点一般设置强制对中的圆棱镜。监测点布设可在监测对象上设置可精确识别的标志。

3. 作业方法

（1）在需监测对象附近的合适位置架设两台全站仪并精确整平，利用联机测量系统软件联机，并对两台全站仪进行初始状态设定，如温度、气压参数等。

（2）对两台全站仪精确互瞄，并同时测量基准尺，以此进行整个系统的相对和绝对定向，定向解算后建立全站仪测量坐标系。

（3）两台全站仪同时测量至少 3 个控制点，并进行坐标转换，解算出两台全站仪在控制网坐标系下的三维坐标。

（4）放样监测点，人工精确照准后测定每台全站仪至同一监测点的水平角和垂直角，解算并输出监测点的三维坐标。

注意事项如下。

（1）该测量系统的精度取决于诸多因素，如仪器测角精度、系统定向精度、脚架的稳定性、外界条件的影响、观测标志以及观测员的操作技能等，以保证较高的测量精度。

（2）系统定向时，避免两台仪器过大或过小的交会角，一般在 60°～120°，并且应使基准尺与基线长度基本一致。

（3）通过高精度的测量机器人对强制对中精密棱镜多测回测量，可提高控制点及基准尺的精度。

（4）通过软件系统可查看测点误差，当误差超限时，即进行重复测量，以提高保证测量精度。

（5）目标的质量直接影响到测量精度，要使得两台仪器从不同角度照准同一目标点部位一致，尽可能地减小照准误差。

4. 数据处理

直接通过软件进行数据处理及误差统计,得到监测点的三维坐标,通过对比不同测次的竖向变形得出测点的沉降变化。

5. 技术优势

测量机器人空间交会法适用于难以到达的监测对象,主要优点如下。

(1) 能够实现非接触测量。在特殊环境下既能保证作业人员的人身安全,又能保证监测对象的正常运行。

(2) 能够同时获得监测点高精度的三维坐标。

(3) 自动化程度高,操作简单。

(4) 仪器不需要对中,在测站自由灵活架设的同时消除了对中误差,提高了监测精度。

(5) 实时性强。测量及解算工作都由软件完成,现场给出监测结果。

(6) 仅进行角度监测,实施监测受干扰影响小。

12.2.4 测量机器人三维变形测量

测量机器人技术成熟,可通过控制程序,进行远程实时监测,获得较高精度的三维坐标,应用于既有轨道交通结构、既有建筑物变形等监测工作。

1. 作业原理

徕卡公司推出的 TCA 系列全站仪,是采用马达驱动和软件控制的 TPS(Total station Positioning system)系统,它是智能型全站仪结合激光、通信及 CCD 技术,集自动目标识别、自动照准、自动测角、自动测距、自动跟踪目标、遥控、自动记录数据于一体的测量系统。TCA 系列智能全站仪又称"测量机器人",它以其独特的智能化、自动化性能应用于既有轨道交通变形监测中,可轻松获取变形观测数据,及时进行监测预报。采用该仪器组建的城市轨道交通自动变形监测系统由系统硬件和系统软件两部分构成。

(1) 系统的硬件构成。变形监测系统如图 12.2-7 所示,由五部分组成:监测站、控制计算机房、基准点、变形点和测量机器人。

1) 监测站:根据现场条件,选择自动变形监测系统监测站。该站需建观测墩,安置测量机器人。为了仪器防护、保温等需要,并保证有较好的通视条件,最好专门设计、建造观测房。

2) 控制计算机房:一般选设在办公区附近,有较好的供电等条件。机房内的计算机通过通信电缆或数据电台和监测站全站仪相联。在控制机房

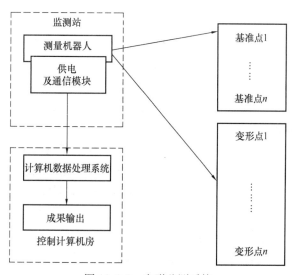

图 12.2-7 变形监测系统

能实时了解监测站全站仪的运行情况。另外，通过埋设于机房与监测站的专用电缆给全站仪供电并通信。

3) 基准点：在变形区以外，需建至少 3 个稳定的基准点。

4) 变形点：根据实际需要，在变形体上选择若干变形监测点，每个监测点上安置有对准监测站的单棱镜。

5) 自动化全站仪：徕卡 TCA 全站仪有马达驱动，在望远镜中安有同轴自动目标识别装置 ATR（Automatic Target Recognition），能自动瞄准普通棱镜进行测量。可采用电子气泡精确整平仪器，并采用图形和数字形式显示垂直轴的纵、横向倾斜量，只需将仪器整平至 10″ 即可，具有纵、横轴自动补偿器，提高了仪器整平精度。数据可用通信电缆或数据电台与计算机连接，由计算机存储同时由计算机在线控制全站仪。

（2）系统的软件构成。配套测量机器人自动变形监测系统用于控制测量机器人进行自动变形监测以及对监测所采集的数据进行管理与处理的软件。该系统将自动测量、实时显示测量成果、实时显示变形趋势等功能合为一体。

2. 测点布置

基点的照准标志为配套棱镜，且设置固定觇标。布设于变形影响范围外，每个测站至少观测 3 个基准点。对于地下线路，可锚固于影响范围外的结构边墙。

监测点的照准标志为配套棱镜，按设计位置直接锚固于需监测部位。监测点标志埋设时应保证与工作基站的通视，测点埋设完毕后，做明显标记。

3. 观测方法

在工程施工前，按照方案设计，完成仪器及配套设备布设，并完成软件系统构建后，手动获取初始值，之后通过软件系统进行控制，按照设定的频次和周期进行监测。

4. 数据处理

为了充分发挥 TCA 智能全站仪的优越性，减少作业人员的工作量，测距时不进行温度和气压的测定，直接得到变形点的三维坐标。采用极坐标法进行施测，然后对施测结果进行差分处理。即：按极坐标的方法测量测站点（基准点）至其他基准点和变形点的斜距、水平角和垂直角，将测站点至具有代表性气象条件的基准点测量值与其基准值（基准网的测量值）相比，求得差值。由于变形观测采用同样的仪器和作业方法，并且基准点均埋设在稳定地段，认为基准点是稳定的，故将这一差值认为是受外界条件影响的结果。每站观测可以在短时间内完成，并且是基准点和变形点同时观测，可以认为外界条件对基准点和变形点的影响是相关的，可把基准点的差异加到变形点的观测值上进行差分处理，计算变形点的三维位移量。

（1）距离的差分改正。在极坐标变形监测系统中，必须考虑大气条件的变化对距离测量的影响。一般情况下，为了准确求得距离的大气折射率改正，需要测定大气中的气象元素。但是，如果利用监测站与各基准点间的已知距离信息，可实现无需测定气象元素，而得到距离的实时差分改正。

设监测站至某基准点的已知斜距为 d_j^0，在变形监测过程中，某一时刻实测的斜距为 d_j'，两者间的差异可以认为是因气象条件变化引起的，按下式可求出气象改正比例系数 Δd：

$$\Delta d = \frac{d'_J - d_J^0}{d'_J} \tag{12.2-27}$$

如果同一时刻测得某变形点的斜距为 d'_P，那么经气象差分改正后的真实斜距为：

$$d_P = d'_P - \Delta d\, d'_P \tag{12.2-28}$$

为了保证距离气象改正比例系数 Δd 的可靠性和准确性，可取多个基准点测定的距离气象改正比例系数 Δd 的中数用于变形点距离测量的差分气象改正，但要特别注意"代表性"问题。

(2) 球气差的改正。为了准确测定变形点的三维坐标，在极坐标的单向测量中，必须考虑球气差对高差测量的影响。监测站与各基准点之间经精密水准测量，高差 Δh^0 是已知的。如上述的距离测量一样，如果某一时刻测得监测站与某基准点间的单向三角高差 h_J 为：

$$h_J = d_J \sin\alpha + i_J - a_J \tag{12.2-29}$$

式中　α——垂直角；

　　　i_J——仪器高；

　　　a_J——棱镜高。

那么，根据下式可求出球气差改正系数 c：

$$c = \frac{\Delta h^0 - h_J}{d_J^2 \cos^2\alpha} \tag{12.2-30}$$

因监测站至基准点的视线范围覆盖整个变形监测区，故取多个基准点按式（12.2-30）求得球气差改正系数 c 的中数，能较好地得到变形监测区域的大气垂直折光模型。

在每周期变形点的监测过程中，由于测量时间较短，可以认为 c 值对基准点与变形点的影响是相同的，故按式（12.2-31）可求出变形点与监测站之间经球气差改正的三角高差 Δh_P：

$$\Delta h_P = d_P \sin\alpha + c d_P^2 \cos^2\alpha + i_P - a_P \tag{12.2-31}$$

求得监测站与各变形点间的斜距 d_P 和高差 Δh_P 后，按下式可求出监测站至变形点间的平距 D_P：

$$D_P = \sqrt{d_P^2 - \Delta h_P^2} \tag{12.2-32}$$

(3) 方位角的差分改正。在长期的变形监测过程中，难以保证仪器的绝对稳定。因水平度盘零方向的变化和大气水平折光等因素的影响，需考虑水平方位角差分改正。在实际变形监测中，所求的变形量一般是相对第一周期而言的，故可把基准点第一次测量的方位角 H_{ZJ}^0 作为基准方位角，其他周期对基准点测量的方位角 H'_{ZJ} 与基准方位角相比，有一差异 ΔH_Z：

$$\Delta H_Z = H'_{ZJ} - H_{ZJ}^0 \tag{12.2-33}$$

这一差异主要是因仪器不稳定引起的水平度盘零方向的变化、大气水平折光等对方位角的影响而引起的。此差异对变形点的测量有同等的影响，故在变形点每周期的方位角测量值 H'_{ZP} 中，实时加入由同期基准点求得的 ΔH_Z 改正值，可准确求得变形点的方位角 H_{ZP}：

$$H_{ZP} = H'_{ZP} - \Delta H_Z \tag{12.2-34}$$

(4) 变形点三维坐标和变形量的计算。综合以上各项差分改正，按极坐标计算公式可准确求得每周期各变形点的三维坐标。

$$\left.\begin{array}{l}X_P = D_P \cos H_{ZP} + X^0 \\ Y_P = D_P \sin H_{ZP} + Y^0 \\ Z_P = \Delta h_P + Z^0\end{array}\right\} \quad (12.2\text{-}35)$$

式中 X^0, Y^0, Z^0 ——监测站的坐标值。

若以变形点第一周期的坐标值（X_P^1, Y_P^1, Z_P^1）作为初始值，则各变形点相对于第一周期的变形量为：

$$\begin{array}{l}\Delta X_P = X_P - X_P^1 \\ \Delta Y_P = Y_P - Y_P^1 \\ \Delta Z_P = Z_P - Z_P^1\end{array} \quad (12.2\text{-}36)$$

5. 技术优势

测量机器人三维变形测量系统用于变形监测可以实现全自动化，具有以下明显的特点和优势。

（1）无人值守，完全自动。系统能对各个监测点进行全自动（定时或连续）长期监测，无论酷暑严冬、刮风下雨、白天黑夜从不间断，不丢失信息。

（2）监测精度高。系统能以目前大地测量方法所能达到最高精度——毫米级精度测定监测点的位移。如此高的精度对尽早发现异常，分析变形规律，及时进行预警和预报非常必要。

（3）实时处理，可视化显示。系统经计算机采集的数据是实时处理和可视化显示的。监测点三维坐标测量的结果实时处理，而不是多少个小时的数据处理结果。这可保证及时反映现场情况，便于分析变化趋势，能给决策提供科学依据。

（4）可靠性高，运行成本低。系统构成主要由全站仪、计算机和它们之间的通信、供电电缆组成。控制软件可以按无人值守长期连续工作方式运行，还可以按半自动、人工操作方式运行。系统维护比较方便，运行成本较低。仪器可自动处理停电后续测、数据永久存储等。

（5）变形点增减灵活，成本低廉。监测项目的加减，变形点的取舍，监测重点和频率的改变可根据需要随时灵活处置。

12.3 仪器测试方法

针对应力、应变、振动、土压、深层水平位移、分层沉降、地下水位等测项，一般是采用布设传感器测读或使用仪器测试。

12.3.1 测斜仪

测斜仪适用于桩体水平位移监测、土体深层水平位移监测项目。

1. 作业原理

测斜仪是一种能有效且精确地测量深层水平位移的工程监测仪器。应用其监测土体、临时或永久性地下结构（如桩、连续墙、沉井等）的深层水平位移。测斜仪有固定式和活动式两种。固定式是将测头固定埋设在结构物内部的固定点上；活动式即先埋设带导槽的测斜管，间隔一定时间将测头放入管内沿导槽滑动测定斜度变化，计算水平位移。

2. 分类及特点

活动式测斜仪按测头传感器不同，可细分为滑动电阻式、电阻应变片式、钢弦式及伺服加速度计式4种。目前，使用较多的是电阻应变片式和伺服加速度计式测斜仪，电阻应变片式测斜仪的优点是产品价格便宜，缺点是量程有限，耐用时间不长；伺服加速度计式测斜仪的优点是精度高、量程大和可靠性好等，缺点是伺服加速度计的抗震性能较差，当测头受到冲击或受到横向振动时，传感器容易损坏。

3. 测斜仪的组成

测斜仪由以下4大部分组成。

（1）探头：装有重力式测斜传感器。

（2）测读仪：测读仪是二次仪表，需和测头配套使用，其测量范围、精度和灵敏度，根据工程需要而定。

（3）电缆：连接探头和测读仪的电缆起向探头供给电源和给测读仪传递监测信号的作用，同时也起到收放探头和测量探头所在测点与孔口距离。

（4）测斜管：一般由塑料管或铝合金管制成。常用直径为50～75mm，长度每节2～4m。管口接头有固定式和伸缩式两种，测斜管内有两对相互垂直的纵向导槽。测量时，测头导轮在导槽内可上下自由滑动。

4. 作业方法

测斜管应在工程开挖前15～30天埋设完毕，在开挖前的3～5天内复测2～3次。待判明测斜管已处于稳定状态后，取其平均值作为初始值，开始正式测试工作。每次监测时，将探头导轮对准与所测位移方向一致的槽口，缓缓放至管底，待探头与管内温度基本一致、显示仪读数稳定后开始监测。一般以管口作为确定测点位置的基准点，每次测试时管口基准点必须是同一位置，按探头电缆上的刻度分划，均速提升。每隔500mm读数一次，并做记录。

图12.3-1 CX-06A型测斜仪

待探头提升至管口处。之后将仪器旋转180°，再按上述方法测量，以消除测斜仪自身的误差。注意事项如下。

（1）因测斜仪的探头在管内每隔0.5m测读一次，故对测斜管的接口位置要精确计算，避免接口设在探头滑轮停留处。

（2）测斜管中有一对槽口应自上而下始终垂直于基坑边线，若因施工原因致使槽口转向而不垂直于基坑边线，则须对两对槽口进行测试，同一深度取其垂直于基坑边线的矢量和。

（3）测点间距应为0.5m，以使导轮位置能自始至终重合相连，而不宜取1.0m测点间距，导致测试结果偏离。

5. 数据处理

（1）计算原理。通常使用的活动式测斜仪采用带导轮的测斜探头，探头两对导轮间距 500mm，以两对导轮之间的间距作为一个测段。每一测段上、下导轮间相对水平偏差量 δ 可通过式（12.3-1）计算得到。

$$\delta = l\sin\theta \tag{12.3-1}$$

式中 l ——上、下导轮间距；
θ ——探头敏感轴与重力轴夹角。

测段 n 相对于起始点的水平偏差量 Δ_n，由从起始点起连续测试得到的 δ_i 累计而成，即：

$$\Delta_n = \sum_{i=0}^{n} \delta_i = \sum_{i=0}^{n} l\sin\theta_i \tag{12.3-2}$$

式中 δ_0 ——起始测段的水平偏差量（mm）；
Δ_n ——测点 n 相对于起始点的水平偏差量（mm）。

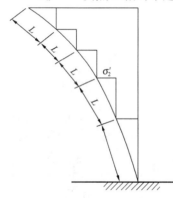

图 12.3-2 斜管形状曲线图

1) 斜管形状曲线。测斜仪单次测试得到的是测斜仪上、下导轮间相对水平偏差量，按式（12.3-2）计算得到的是测点 n 相对于起始点的水平偏差量，如果将起始点设在测斜管的一端（孔底或孔口），以上、下导轮间距（0.5m）为测段长度，则将每个测段 Δ_n 沿深度连成线就构成了测斜管形状曲线（图12.3-2）。

2) 测斜管水平位移曲线（侧向位移曲线）。若将测段 n 第 j 次与第 $j-1$ 次的水平偏差量之差表示为 VX_{nj}（$VX_{nj} = \Delta_n^j - \Delta_n^{j-1}$），则 VX_{nj} 即为测段 n 本次水平位移量，VX_{nj} 沿深度的连线就构成了测斜管本次水平位移曲线。

若将测点 n 第 j 次与初次的水平偏移量之差表示为 ΔX_n（$VX_n = \Delta_n^j - \Delta_n^0$），则 ΔX_n 即为测段 n 累计水平位移量，ΔX_n 沿深度的连线就构成了测斜管累计水平位移曲线。用公式可表示为：

$$\Delta X_n = \Delta_n^j - \Delta_n^0 = l\sum_{i=0}^{n}(\sin\theta_i - \sin\theta_0) \tag{12.3-3}$$

式（12.3-3）即为以测斜管底部测斜仪下导轮为固定起算点（假设不动）深层侧向变形计算公式。如果以测斜管顶部为固定起算点，因为测斜仪测出的是以测斜管顶部上导轮为起算点，因此，深层侧向变形计算还要叠加上导轮（管口）水平位移量 X_0。计算公式为：

$$\Delta X_n = X_0 + l\sum_{i=0}^{n}(\sin\theta_i - \sin\theta_0) \tag{12.3-4}$$

（2）实际计算。在实际计算时，因读数仪显示的数值一般已经是经计算转化而成的水平量，因此只需按仪器使用说明书中告知的计算式计算即可，不同厂家生产的测斜仪其计算公式各不相同。要注意的是，读数仪显示的数值一般取 $l=500$mm 作为计算长度。

12.3.2 轴力计与锚索测力计

1. 轴力计

轴力计又称振弦式反力计，是一种振弦式载重传感器，具有分辨力高、抗干扰性能强，对集中载荷反应灵敏、测值可靠和稳定性好等优点，能长期测量基础对上部结构的反力，对钢支撑轴力及静压桩试验时的载荷，并可同步测量埋设点的温度。

(1) 轴力计埋设与安装。

1) 安装架圆形钢筒上没有开槽的一端面与支撑的牛腿（活络头）上的钢板电焊焊接牢固，电焊时必须与钢支撑中心轴线与安装中心点对齐。

2) 待冷却后，把轴力计推入焊好的安装架圆形钢筒内并用圆形钢筒上的4个M10螺钉把轴力计牢固地固定在安装架内，保证支撑吊装时轴力计不会滑落下来。

3) 测量一下轴力计的初频是否与出厂时的初频相符合，然后把轴力计的电缆妥善地绑在安装架的两翅膀内侧，保证钢支撑在吊装过程中不损伤电缆。

4) 钢支撑吊装到位后，即安装架的那一端（空缺的那一端）与支护墙体上的钢板对上，轴力计与墙体钢板间最好再增加一块 250mm×250mm×25mm 的钢板，防止钢支撑受力后轴力计陷入墙体内，造成测值不准等情况发生。

5) 在施加钢支撑预应力前，把轴力计的电缆引至方便正常测量位置，进行轴力计的初始频率的测量，并记录。

施加钢支撑预应力达设计标准后，即可开始正常测量。

变化量的确定：一般情况下，本次支撑轴力测量与上次同点号的支撑轴力的变化量，与同点号初始支撑轴力值之差为本次变化量。并填写成果汇总表及绘制支撑轴力变化曲线图。

(2) 数据处理。计算公式为：

$$P = K\Delta F + b\Delta T + B \qquad (12.3\text{-}5)$$

式中 P——支撑轴力（kN）；

K——轴力计的标定系数（kN/F）；

ΔF——轴力计输出频率模数实时测量值相对于基准值的变化量（F）（$\Delta F_1 + \Delta F_2 + \Delta F_3$）/3；

b——轴力计的温度修正系数（kN/℃）；

ΔT——轴力计的温度实时测量值相对于基准值的变化量（℃）；

B——轴力计的计算修正值（kN）。

注：频率模数 $F = f^2 \times 10^{-3}$。

2. 锚索测力计

(1) 仪器组成。振弦式锚索测力计（锚索计）由弹性圆筒、密封壳体、信号传输电缆、振弦及电磁线圈等组成。

(2) 工作原理。当被测载荷作用在锚索测力计上，将引起弹性圆筒的变形并传递给振弦，转变成振弦应力的变化，从而改变振弦的振动频率。电磁线圈激振钢弦并测量其振动频率，频率信号经电缆传输至振弦式读数仪上，即可测读出频率值，从而计算出作用在锚索测力计的载荷值。为了减少不均匀和偏心受力影响，设计时在锚索测力计的弹性圆筒周边内平均安装了三套振弦系统，测量时只要接上振弦读数仪就可直接读数三根振弦的频率平均值。

（3）锚索计安装与使用。根据结构设计要求，锚索计安装在张拉端或锚固端，安装时钢铰线或锚索从锚索计中心穿过，测力计处于钢垫座和工作锚之间。

安装过程中应随时对锚索计进行监测，并从中间锚索开始向周围锚索逐步加载以免锚索计的偏心受力或过载。

（4）测量。振弦式锚索测力计（锚索计）的测量振弦频率读数仪完成。测量方法按相应读数仪的使用要求操作，测量完成后，记录传感器的频率值（或频率模数值）、温度值、仪器编号、设计编号和测量时间。

（5）数据处理。计算公式如下：

$$P = K\Delta F + b\Delta T + B \tag{12.3-6}$$

式中　P——被测锚索荷载值（kN）；

　　　K——仪器标定系数（kN/F）；

　　　ΔF——锚索测力计（锚索计），三弦实时测量频率模数的平均值相对于基准模数的平均值的变化量（F），$(\Delta F_1 + \Delta F_2 + \Delta F_3)/3$；

　　　b——锚索测力计（锚索计），的温度修正系数（kN/℃）；

　　　ΔT——锚索测力计的温度实时测量值相对于基准值的变化量（℃）；

　　　B——锚索测力计（锚索计）的计算修正值（kN）；

注：频率模数 $F = f^2 \times 10^{-3}$。

12.3.3　钢筋计

钢筋计又称钢筋应力计，用以测量钢筋混凝土内的钢筋应力。将不同规格的钢盘计两端对接，焊在与其端头直径相同的预测钢盘中，直接埋入混凝土中，可以测得钢筋一段长度的平均应变，从而确定钢筋受到的应力。

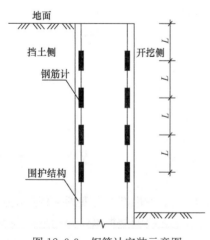

图 12.3-3　钢筋计安装示意图

1. 钢筋计的安装

钢筋计焊接在钢筋笼主筋上（图 12.3-3），当作主筋的一段，焊接面积不应少于钢筋的有效面积。在焊接钢筋计时，为避免热传导使钢筋计零漂增加，需要采取冷却措施（图 12.3-4），用湿毛巾或流水冷却是常采用的有效方法。

在开挖侧与挡土侧的主筋对应位置都安装钢筋计，钢筋计布置的间距一般为 2000～4000mm，视结构的重要性和监测需求而定。

2. 钢筋计的原理

钢筋计有振弦式和电阻应变式两种，接收仪分别为频率仪和电阻应变仪。

振弦式钢筋计的工作原理是：当钢筋计受轴力时，引起弹性钢弦的张拉拢变化，改变钢弦的振动频率，通过频率仪测得钢弦的频率变化即可测出钢筋所受作用力的大小，换算而得混凝土结构所受的力。

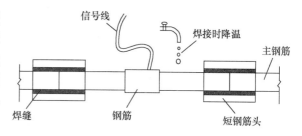

图 12.3-4 钢筋计焊接与冷却示意图

电阻应变式钢筋计的工作原理是：利用钢筋受力后产生的变形，粘贴在钢筋上的电阻片产生变形，从而测出应变值，得出钢筋所受作用力的大小。

3. 钢筋计的用途和数据处理

钢筋计的用途如下：

①可用于测量支护结构沿深度方向的应力，换算为弯矩。②基坑支撑结构的轴力、平面弯矩。③结构底板所受弯矩。

钢筋计主要用来测量支护结构的弯矩，结构一侧受拉，一侧受压，相应的钢筋计一只受拉，另一只受压。测得钢筋计钢弦频率，然后由频率换算成钢筋应力值再核算成整个混凝土结构所受的弯矩。

$$M = d(\sigma_1 - \sigma_2) \times 10^{-5} = \frac{E_c}{E_s} l_c (\sigma_1 - \sigma_2) \times 10^{-5} \quad (12.3\text{-}7)$$

式中 M——弯矩（t·m/m）；

σ_1、σ_2——开挖面、挡土面钢筋应力（kg/cm²）；

E_s——钢筋的弹性模量（kg/cm²）；

E_c——混凝土结构的弹性模量（kg/cm²）；

l_c——结构断面惯性矩；

d——开挖面、挡土面钢筋计间的中心距离（cm）。

4. 钢筋计的操作要点

钢筋计的操作要点如下：①做好钢筋计传感部分和信号线的防水处理。②仪器安装前必须做好信号线与钢筋计的编号，做到一一对应。③钢筋计焊接必须保证质量。④钢筋计安装好后，浇混凝土前测一次初值，基坑开挖前测一次初值。⑤测数时，同时用温度计测量气温，考虑温度补偿。

12.3.4 应变计

建筑物及岩土体内部应力应变观测的目的，在于了解其应力的实际分布，求得拉应力、压应力和剪应力的位置、大小和方向，核算是否超越材料强度的允许范围，以便估量结构强度的安全程度。但是观测应力是个十分复杂的技术难题，迄今还没有研制出能直接观测拉、压应力的实用而有效的仪器。因此，长期以来，应力应变的观测，主要还是利用应变计观测应变，再通过力学计算，求得应力分布。

从某种意义上说，应变计是混凝土应力应变观测的重要手段。常用的应变计有埋入式应变计、无应力式应变计和表面应变计。从工作原理分，有差动电阻式、钢弦式、差动电感式、差动电容式和电阻应变片式等。国内多采用差动电阻式应变计。配合埋设无应力应变计，进行混凝土应力应变观测。差动电阻式应变计经国内近 40 年长期使用，是一种性能可靠的仪器。近年来也使用钢弦式应变计，它与其他型式的应变计相比，长期稳定性较好，分辨率高，且不受传输电缆长度的影响。

1. 差动电阻式应变计

（1）用途：应变计埋设混凝土内或表面观测其应变，也可用来测量浆砌块石、建筑物或基岩内的应变。通过改装，还可用于测量钢板应力。差阻式应变计可以同时兼测埋设点的温度。

（2）结构形式：差动电阻式应变计，主要由电阻传感器部件、外壳和引出电缆三部分组成。如图 12.3-5 所示。

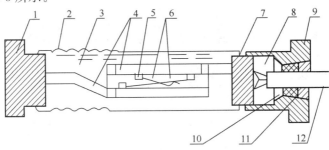

图 12.3-5　差动电阻式应变计结构示意图
1—上接座；2—波纹管；3—中性油室；4—方铁杆；5—高频瓷子；
6—电阻钢丝；7—接线座；8—密封室；9—接线套筒；10—橡皮圆；
11—压圈；12—引出电缆

（3）工作原理。

1）当仪器温度不变而轴向受到应变量为 ε 的变形时，电阻比变化 ΔZ 与 ε 具有 $\varepsilon = f\Delta Z$ 的线性关系，f 为仪器小读数。

2）当仪器两端标距不变，而温度增加 Δt 时，电阻比变化 $\Delta Z'$，表明仪器存在应变量 ε'，且 $\varepsilon' = f\Delta Z'$ 是由温度变化产生的。由实验知 $\varepsilon' = f\Delta Z' = -b\Delta t$，常数 b 为仪器的温度修正系数（$10^{-6}/℃$）。

3）埋设在混凝土建筑物内部的应变计，受变形和温度双重作用应变的计算公式为：

$$\varepsilon_m = f\Delta Z + b\Delta t^3$$

式中　ε_m——混凝土应变量。

4）仪器内部总电阻 $R_t = (R_1 + R_2)$ 与仪器温度 t 有如下关系：当 $60℃ \geqslant t \geqslant 0℃$ 时 $t' = \alpha'(R_t - R'_o)$，当 $0℃ \geqslant t \geqslant -25℃$ 时 $t' = \alpha''(R_t - R'_o)$，式中 t——埋设点的温度，℃；R_t——仪器总电阻值 $(R_t = R_1 + R_2)$，Ω；R'_o——仪器计算冰点电阻 Ω，由厂家给出；α'——仪器零点温度系数（℃/Ω），由厂家给出；α''——仪器零下温度系数（℃/Ω），由厂家给出。

2. 钢弦式应变计

（1）用途。直接埋入混凝土内的钢弦式应变计，通常用于测量基础、桩、桥、坝、隧道衬砌等混凝土的应变值。

（2）结构形式。钢弦式应变计主要由端头、应变管、钢弦、电磁激励线圈和引出导线等组成。低弹模混凝土使用的应变计的应变管多采用波纹管（图 12.3-6）。高弹模混凝土用的应变计则采用薄壁钢管作为应变管。

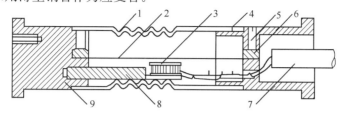

图 12.3-6　波纹管应变传感器
1—波纹管；2—钢弦；3—电磁激励线圈；4—端头 1；5—止头螺钉；
6—紧销；7—导线；8—线圈架；9—端头

（3）工作原理。埋入式应变计被固定在混凝土结构物中，通过两端的端头与混凝土紧密嵌固，中间受力的应变管布缠绕，与混凝土隔开，当混凝土产生应变时，则由端头带动应变管产生变形，使钢弦内应力发生变化，用频率测定仪测钢弦受力变形后的频率值，即可求得混凝土真正应变值。

3. 表面应变计

（1）用途。表面应变计主要用于混凝土、钢筋混凝土及钢结构的桥、墩、桩、隧道及坝表面的表面应变的测量。国外多采用钢弦式传感器，而国内一般用电阻应变片式直接粘贴在结构物表面设计规定位置，经防水防潮处理后，进行量测。

（2）结构形式。以下介绍表面安装型钢弦应变计和点焊型钢弦应变计。

1）VSM-400 型钢弦应变计（图 12.3-7），在两块钢块之间张拉一根钢弦，把钢块焊

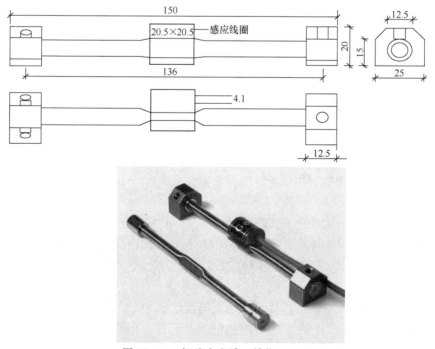

图 12.3-7　钢弦应变计（单位：mm）

接在待测的钢表面，当表面产生变形时，将改变钢块相对位置，钢弦的张力也发生相应变化，用电磁线圈激发钢弦振动并测出共振频率，即求得表面应变大小。

2) 点焊型钢弦应变计。把预先受一定应力的钢弦点焊在一块薄钢片上 [图 12.3-8（a）] 或两块钢片上 [图 12.3-8（b）]，钢片用点焊或环氧方法固定在被测钢件成混凝土表面。将覆盖式感应线圈盒放在钢弦上，通电使线圈盒内电磁线圈激振钢弦，测出弦的振动频率，由读数仪把频率变化转换为应变变化并显示出来。

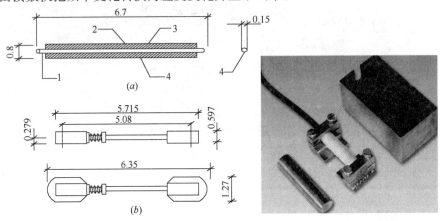

图 12.3-8　点焊型钢弦应变计（单位：cm）
1—应变计；2—焊接片；3—焊点；4—土压力计

12.3.5　土压力计

1. 用途

土压力观测是土力学理论和实验研究的一个重要方面，是工程测试的重要内容。除在特定条件下，通过测定土体支撑结构物的变形来换算土压力外，一般采用土压力计来直接测定。土压力计按埋设方法分为埋入式和边界式两种。埋入式土压力计是埋入土体中，测量土中应力分布，也称土中压力计或介质式土压力计。边界式土压力计是安装在刚性结构物表面，受压面面向土体，测量接触压力。这种土压力计也称界面式或接触式土压力计。

单只土压力计一般只能测量与其表面垂直的正压力，3~4 只土压力计成组埋设，相互间成一定角度，即可用应力状态理论求得观测点上的大、小主应力和最大剪应力。

2. 结构形式

土压力计有立式、卧式和分离式三种结构形式，均应满足以下要求。

（1）压力计直径（D）与其工作面中心挠度（δ）之比：$D/\delta > 2000$。

（2）压力计直径（D）与其厚度（H）之比：$D/H > 10 \sim 20$（边界式土压力计可不受此限）。

（3）压力计刚度要大，其等效模量大于土的模量 5~10 倍。

（4）压力计工作面受力产生的过程应尽量接近于实际过程．且只对受力方向的力反应灵敏，而不受侧向压力的影响。

为了满足上述要求，埋入式土压力计均设计成分离式结构（图 12.3-9）。主要由压力盒、压力传感器、油腔、承压膜、连接管和屏蔽电缆等组成。

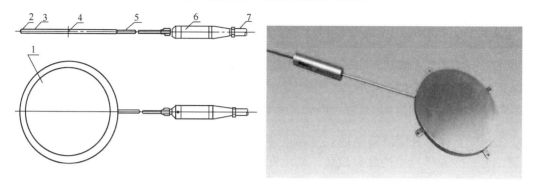

图 12.3-9 钢弦式土压力计（埋入式）
1—膜盒；2—橡皮边；3—承压膜；4—油腔；5—连接管；6—传感器；7—屏蔽电缆

竖式与卧式土压力计均设有连接管。以钢弦式土压力计为例，竖式土压力计［图 12.3-10（a）］的钢弦垂直于受压板的中心，一端固定在受压板上，另一端则固定在与受压板连成一体的刚性构架上。因此，当传感器受力后使钢弦松弛，频率降低。卧式土压力计［图 12.3-10（b）］的钢弦则平行于受压板，钢弦固定支架垂直于受压板。因此，受压板受力后使钢弦拉紧，频率增高。

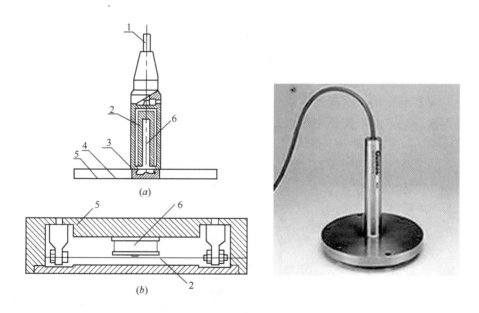

图 12.3-10 钢弦式土压力计结构示意图（边界式）
(a) 竖式；(b) 卧式
1—屏蔽电缆；2—钢弦；3—压力盒；4—油腔；5—承压膜；6—磁芯

3. 工作原理

以分离式土压力计为例，当土压力作用于压力盒承压膜（一次膜）上，承压膜即产生微小挠性变形，使油腔内液体受压，因液体不可压缩特性而产生液体压力，通过接管传到压力传感器的受压膜即二次膜上，或使钢弦式传感器的自振频率发生变化，或使差动电阻式传感器的电阻比和电阻值发生变化。对电阻应变片式传感器而言，则使四个桥臂的电阻发生变化。通过测读仪表，测出相应的变化值，经换算即可求得所测土压力值。

12.3.6 分层沉降仪

1. 用途

适用于土体的分层沉降量的观测，以及路堤、地基处理过程中的堆载试验。基坑开挖或回填作业中引起的隆起和沉降的测量。

2. 结构形式

仪器由测头、三脚架、钢卷尺和沉降管组成（图12.3-11）。

3. 工作原理

埋入土体的沉降管要按设计需要隔一定距离设置一铁环，当土体发生沉降时该环也同步沉降，利用电磁探头测出沉降后铁环的位置，与初始位置相减，即可算出测点的沉降量。

电磁式沉降仪测头的工作原理如图12.3-12所示，在振荡线圈末接近铁环时，振荡器产生振荡后，经放大整流，施加于触发器上，使触发器无输出，执行器不工作。当振荡器接近铁环时，由于铁环中产生涡流损

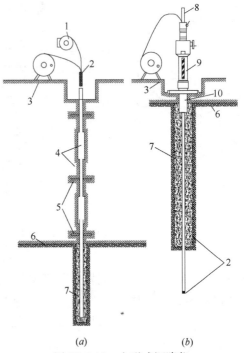

图 12.3-11　电磁式沉降仪
1—测尺；2—测头；3—回填土；
4—伸缩式接管；5—铁环；6—天然土；
7—灌浆；8—测杆；9—显读测尺；
10—基准环

耗，大量吸收了振荡电路的磁场能量，从而使振荡器振荡减弱，直至停止振荡。此时放大器无输出，触发器翻转，执行器（继电器）动作，晶体音响器便发出声音。在声响刚发出的一瞬间，确定铁环位置，并立即在钢卷尺读上读出铁环所在深度。

图 12.3-12　电磁沉降仪原理框图

4. 测读方法

(1) 三脚架支在测孔上方，放平稳。测头挂在钢卷尺端部，用螺钉销紧。

(2) 测头慢慢放入管中，同时电缆跟进。

(3) 接通滚筒面板上的电源开关。

(4) 测头下降到铁环中间时，音响立即发出声音找准发音的确切位置。让钢卷尺与脚

架中的基准尺对齐，即读出该环所在深度。

（5）每次观测时用水准仪测出孔口高程，测得铁环深度，即可换算出高程，观测点沉降量等于测点初始高程减去观测时测点高程。

12.3.7 水位计

钢尺水位计通常用于测量井、钻孔及水位管中的水位，特别适合于土建工程中地下水位的观测。本仪器可在施工期间使用，也可作为工程的长期监测使用。

1. 原理结构

水位变化量的测读由以下两大部分组成。

（1）地下材料埋入部分，由水位管和底盖组成。

（2）地面接收仪器——钢尺水位计，由测头、钢尺电缆、接收系统和绕线盘等组成。

1）测头部分：不锈钢制成，内部安装了水阻接触点，当触点接触到水面时，便会接通接收系统，当触点离开水面时，就会关闭接收系统。

图 12.3-13　钢尺水位计

2）钢尺电缆部分：钢尺和导线采用塑胶工艺合而为一，既防止了钢尺锈蚀，又简化了操作过程，测读更加方便、准确。

3）接收系统部分：由音响器、指示灯和峰值指示器组成。音响器发出连续不断的蜂鸣声响，指示灯点亮，峰值指示为电压表指示。

2. 使用方法

测量时，让绕线盘自由转动后，按下电源按钮，把测头放入水位管内，手拿钢尺电缆，让测头缓慢的向下移动，当测头的接触点接触到水面时接收系统的音响器会发出连续不断的蜂鸣声。此时读出钢尺电缆在管口处的深度尺寸，即为地下水位离管口的距离。（若在噪声比较大的环境中测量时，蜂鸣器听不见，可观测指示灯和电压表。）

在测读时必须注意以下两点。

（1）当测头的触点接触到水面时，音响器会发出声音，指示灯亮，电压表指针转动。此时应缓慢的放钢尺电缆，以便仔细地寻找到发音或指示瞬间的确切位置后读出该点距孔口的深度尺寸。

（2）读数的准确性，决定于及时地判断蜂鸣器或指示的起始位置，测量的精度与操作者的熟练程度有关。

12.3.8 孔隙水压力计

1. 差动电阻式孔隙水压力计

（1）用途。用以测量岩土体内的渗透水压力，也可以兼测埋设位置的介质温度；配备动态测试仪表，也可用以测量水流的脉动压力或动态水位。

（2）结构形式。某厂生产的差动电阻式孔隙水压力计如图 12.3-14（a）所示，由前盖、透水石、弹性感应板、密封壳体、传感部件和引出电缆等组成；传感部件为差动电阻

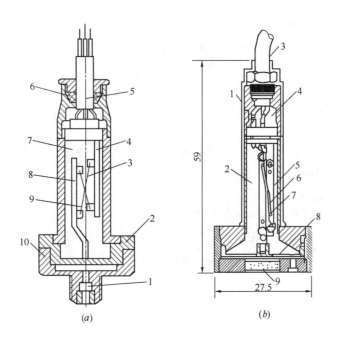

图 12.3-14 差动电阻式孔隙水压力计测头结构示意
(a) SG 型孔隙压力计
1—透水石；2—感应板；3、9—电阻铁丝；
4、8—方铁杆；5—引出电缆；6—止水橡皮圈；
7—变压器油；10—前盖
(b) RST 孔隙水压力计
1—泡沫橡胶；2—油；3—电缆引线；
4—止水材料；5—应变单元；6—弹性弦；
7—陶瓷线轴；8—内部薄膜；9—多孔不锈钢

式感应组件。

(3) 工作原理。渗透水流通过孔隙压力计的进水口经透水石作用于感应板，使其变形并推动传感器，引起传感组件上两组铁丝电阻变化，测出电阻比值和电阻值，就可计算出埋设点的渗透压力和介质温度。

2. 钢弦式孔隙水压力计

(1) 用途。钢弦式孔隙水压力计因传输信号为频率，不受电缆电阻、接头电阻及接地漏电等因素影响，允许长电缆数据传输，而且灵敏度高，能在恶劣条件下长期稳定工作，因此，广泛用于监测土坝、混凝土建筑物、岩基、钻孔（井）、基础、管道及压力容器内孔隙水压力、水位或液体压力。

(2) 结构形式。钢弦式孔隙水压力仪由透水板（体）、承压膜、钢弦、支架、线圈、壳体和传输电缆等构成（图 12.3-15），图 12.3-15 (a) 为钻孔埋入式，图 12.3-15 (b) 为填方埋入式。

(3) 工作原理。钢弦式孔隙水压力计将一根振动钢弦与一灵敏受压膜片相连，当孔隙水压力经透水石传递至仪器内腔作用到承压腹上，承压膜连带钢弦一同变形，测定钢弦自振频率的变化，即可把液体压力转化为等同的频率信号测量出来。

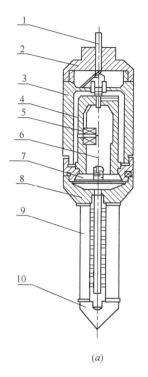

图 12.3-15 钢弦式孔隙水压力仪测头结构示意图
(a) 钻孔埋入式；(b) 填方埋入式
1—屏蔽电缆；2—盖帽；3—盖体；4—支架；5—线圈；6—钢弦；
7—承压膜；8—底盖；9—透水体；10—锥头

12.3.9 倾角计

1. 主要用途

倾角计又叫点式倾斜仪，是一种监测结构物和岩土的水平倾斜或垂直倾斜（转动）的快速便捷的观测仪器。可以是便携式，也可以固定在结构物表面，使倾斜计的底板随结构一起运动；这是一种经济、可靠、测读精确、安装和操作都很简单的仪器。

2. 结构形式

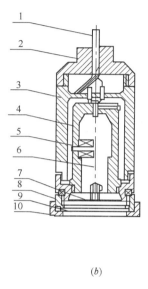

图 12.3-16 钢弦式孔隙水压力仪测头

倾角计由传感器、倾斜板和读数仪三部分组成：①传感器。便携式倾角计的传感器是采用两只闭环、力平衡式伺服加速度度计，互成 90°放置在直径 152mm、高 89mm 的铝外壳内。传感器安装在坚固的框架中，其外形尺寸为 152mm×89mm×178mm。安装架的底面和侧面均经过机械加工，以便与倾斜板能精密地定位。其底面与水平安装倾斜板相配，侧面与垂直安装倾斜板相配。②倾斜板。用特殊配方烷结的陶瓷板，也可用铸造青铜板，两者都具有良好的尺寸稳定性和抗气候性。倾斜板固定在被监测物表面，同时作测量基准面。因此，表面有 4 只径向间距为 102mm 的传感器定位销。青铜板还配有4个安装螺栓的孔，并附有保护盖和地脚燎检。陶瓷板外形尺寸为 $\phi 42mm \times 31mm$。青铜板为 $\phi 140mm \times 24mm$。

3. 读数仪

可用数字式指示仪，也可用数字式数据记录仪。前者操作简单，直接指示倾角，量程大，对水平倾角可到 $\pm 30°$，垂直倾角可达 $\pm 53°$。指示仪由充电电池供电。

4. 工作原理

力平衡式伺服倾角仪由非接触位移传感器、力矩马达、误差和放大电路、反馈电路、悬臂质量块5部分组成。悬臂质量块与力矩马达的电枢连接在一起。非接触位移传感器用于检测质量块的位移和方向。当整个传感器发生倾斜时，悬臂质量块便离开原来的平衡位置，非接触位移传感器检测出该变化后，将位置信号送入误差和放大电路，一方面传感器输出与倾角成一定比例的模拟信号；另一方面，该信号经反馈电路送入力矩马达的线圈，此时，力矩马达会产生一个与悬臂质量块运动方向相反、大小相等的力矩，力图使悬臂质量块回到原来的平衡位置。这样经过一定的时间后，悬臂质量块就停留在一个新的平衡位置上，这时，传感器输出的信号才是真正有效的信号。该输出信号一般为直流电压信号，也可内置 V/I 转换，输出 4～20mA 信号。但无论是输出电压或者电流信号，都与用度来表示的角度值成正弦关系。也就是说，要直接以度、分、秒为计量单位来表示角度值是多少，必须将传感器输出的电压或电流信号进行反正弦运算。

12.3.10 静力水准仪

采用液体静力水准测量法可监测变形对象的竖向位移，常用于轨道交通既有结构、重要建（构）筑物、桥梁等的竖向位移监测，可将其软硬件及传输系统组建远程自动化监测系统。

1. 作业原理

（1）监测仪器部分。如图 12.3-17 所示，监测仪器由主体容器、连通管、电容传感器等部分组成。当仪器主体安装部位发生高程变化时，主体容体产生液面变化，引起装有中间极的浮子与固定在容器顶的一组电容极板间的相对位置发生变化，通过测量装置测出电容比的变化即可计算得测点的相对沉降。

该方法及所选用的仪器依据连通管原理的方法，用电容传感器，测量每个测点容器内液面的相对变化，再通过计算求得各点相对于基点的相对沉降量。

如图 12.3-18 所示，设共布设有 n 个测点，1号点为相对基准点，初始状态时各测量安装高程相对与（基准）参考高程面 ∇H_0 间的高差为：Y_{01}，Y_{02}，…，Y_{0i}，… Y_{0n}（i 为测点代号，$i = 0, 1, …, n$）；各测点安装高程

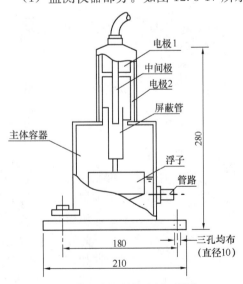

图 12.3-17 静力水准的构造图（单位：mm）

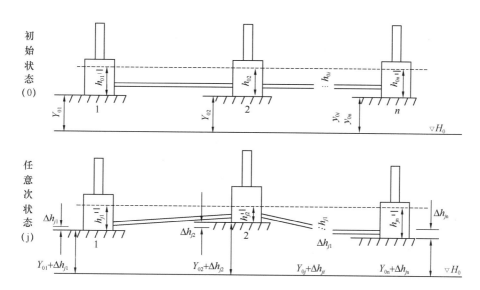

图 12.3-18 静力水准测量原理示意图

与液面间的距离则为 h_{01}，h_{02}，h_{0i}，…，h_{0n}，则有：

$$Y_{01} + h_{01} = Y_{02} + h_{02} = \cdots Y_{0i} + h_{0i} = \cdots Y_{0n} + h_{0n} \tag{12.3-8}$$

当发生不均匀沉降后，设各测点安装高程相对于基准参考高程面 ∇H_0 的变化量为：Δh_{j1}，Δh_{j2}，…，Δh_{ji}，…，Δh_{jn}（j 为测次代号，$j=1$，2，3，…）；各测点容器内液面相对于安装高程的高差为 h_{j1}，h_{j2}，…，h_{ji}，…，h_{jn}。由图可得：

$$(Y_{01} + \Delta h_{j1}) + h_{j1} = (Y_{02} + \Delta h_{j2}) + h_{j2} = (Y_{0i} + \Delta h_{ji}) + h_{ji} = (Y_{0n} + \Delta h_{jn}) + h_{jn} \tag{12.3-9}$$

则 j 次测量 i 点相对于基准点 1 的相对沉降量 H_{i1}：

$$H_{i1} = \Delta h_{ji} - \Delta h_{j1} \tag{12.3-10}$$

由式（12.3-9）可得：

$$\Delta h_{j1} - \Delta h_{ji} = (Y_{0i} + h_{ji}) - (Y_{01} + h_{j1}) = (Y_{0i} - Y_{01}) + (h_{ji} - h_{j1}) \tag{12.3-11}$$

由式（12.3-8）可得：

$$(Y_{0i} - Y_{01}) = -(h_{0i} + h_{01}) \tag{12.3-12}$$

将式（12.3-12）代入式（12.3-11）得：

$$H_{i1} = (h_{ji} - h_{j1}) - (h_{0i} - h_{01}) \tag{12.3-13}$$

即只要用电容传感器测得任意时刻各测点容器内液面相对于该点安装高程的距离 h_{ji}（含 h_{j1} 及首次的 h_{0i}），则可求得该时刻各点相对于基准点 1 的相对高程差。如把任意点 g（1，2，…，i，n）作为相对基准点，将 f 测次作为参考测次，则可求出任意测点相对 g 测点（以 f 测次为基准值）的相对高程差 H_{ij}：

$$H_{ig} = (h_{ij} - h_{ig}) - (h_{fj} - h_{fg}) \tag{12.3-14}$$

（2）数据采集单元部分。现场共设置智能型数据采集单元，内置智能数据采集模块，防雷隔离电源模块，纳入静力水准传感器。现场设置通信模块，无线通信模块，数据采集单元、智能数据采集模块、防雷隔离电源模块、通信模块和防雷净化电源构成一个完整的分布式数据采集系统。

（3）数据采集管理部分。信息管理系统由台式计算机及数据采集管理软件组成。台式计算机用作监控主机，软件系统将实际采集的各测次仪器电容比，按照标定参数转换成各仪器位移变化量，计算基准点与各监测点间的相对沉降量，实现远程在线监测并用于监测数据的处理和监测成果的输出等功能。

2. 测点布置

（1）基点、测点及采集箱埋设方法。基点及测点均埋设静力水准传感器，仪器可布设于待监测对象侧壁、顶部、底部等稳定且易于仪器布设及保护的区域，安装埋设步骤如下：

1）检查各测墩顶面水平及高程是否符合设计要求。
2）检查测墩预埋钢板及三根安装仪器螺杆是否符合设计要求。
3）预先用水和蒸馏水冲洗仪器主体容器及塑料连通管。
4）将仪器主体安装在测墩钢板上，用水准器在主体顶盖表面垂直交替放置，调节螺杆螺钉使仪器表面水平及高程满足要求。
5）将仪器及连通管系统连接好，从末端仪器徐徐注入 SG 溶液，排除管中所有气泡。
6）将浮子放于主体容器内。
7）将装有电容传感器的顶盖板装在主体容器上。
8）安装仪器、连通管、电缆等保护装置。

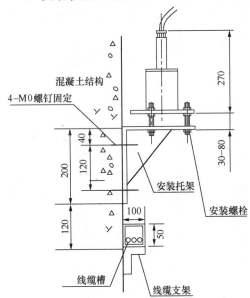

图 12.3-19　侧壁结构静力水准沉降监测点埋设示意图

仪器及静力水准管路安装完毕后，用专用的 3 芯屏蔽电缆与电容传感器焊接，并进行绝缘处理。3 芯屏蔽电缆的红芯接测量模块的信号接线端口，白、黄芯接激励（桥压）接线端口。当容器液位上升时，电容比测值应变小，否则将白、黄芯接线位置互换。

数据采集单元与静力水准仪器一道，布置在侧壁、顶端或底部的稳定区域，安装位置要考虑仪器接入，维护方便，用 4 个地脚螺栓连接，安装后机箱平整，仪器进线整齐、标识明确，信号线、通信线、电源线与接线端子的接头均用镀银冷压接头，以保证可靠性。将机箱的接地端子连接到观测站地线上。

（2）埋设技术要求。在埋设前，要对每一条测线支架进行抄平，支架应安装在同一水平面上，高度互差不得超过 3mm，如不能埋设在同一水平面应加设转点；管路连接密封性好，管路无压折，管内无气泡；管路、通讯线、电缆连接不影响结构及设施安全。

3. 观测方法

（1）观测方法及仪器。监测系统为仪器配套的分布式监测系统。系统一般由传感器、数据采集单元、计算机、数据采集管理软件构成。各测量控制单元对所辖的仪器按照监控

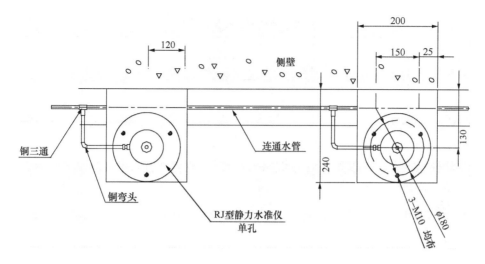

图 12.3-20　侧壁结构静力水准沉降监测点管路安装示意图

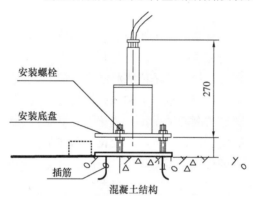

图 12.3-21　顶部结构静力水准测点安装示意图

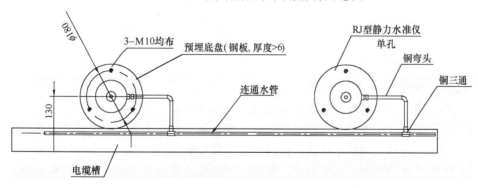

图 12.3-22　顶部结构静力水准测点管路安装示意图

主机的命令或设定的时间自动测量,并转换为数字量,暂存于数据采集单元中,并根据系统监控主机的命令向主机传送所测数据。监控主机根据软件设定的判断标准对实测数据进行检查和在线监控。

（2）观测方法及数据采集技术要求。静力水准系统按《工程测量规范》（GB 50026—2007）中的静力水准二等观测监测网技术要求进行观测。

静力水准观测主要技术要求　　　表 12.3-1

序　号	项　　目	要　　求
1	仪器类型	接触式
2	两次观测高差较差	0.30mm
3	测线附合差	$0.3\sqrt{n}$ mm（n 为高差个数）

4. 数据处理

采集软件包括人工采集和自动化采集两部分。采集软件将读出的静力水准传感器电容比数据，与标定数据进行比较计算，解算出位移量，并自动存储入库、实时显示、生成数据报表。

12.4　监测仪器元件选型

由于地铁工程通常修建于复杂的岩土体内，岩土力学又是一门新的科学，存在半经验半理论的性质。因此，在时间和空间上对岩土工程的安全状态作出准确的判断非常困难，有关岩土工程安全问题的解决，更多地是依靠测试和观测，因此，人们越来越多地把工程安全情况的判断，寄希望于工程建设过程中和竣工后的原位监测。通过监测保证工程的施工、运行安全；同时，又通过监测验证设计，优化设计和提高设计水平。岩土工程的失稳破坏，都有从渐变到突变的发展过程，微小的变化一般单凭人们的直觉是难以发现的，必须依靠设置精密的监测仪器进行周密监测。

为了做到这一点，首先要做出符合实际的监测设计，然而，准确地做出一项监测布置和选择工程监测的仪器类型是很困难的，特别是对工程安全有控制作用的仪器更为困难。因为仪器的选择要考虑整个工程的地质条件、工程结构特点和工程技术性质。

12.4.1　仪器选型应遵循的原则

仪器选型应按照以下一般原则进行。

（1）根据确定的监测项目选择相应的仪器，仪器数量宜少而精。

（2）监测仪器的精度和量程应满足具体工程的要求，此要求应根据计算值或模型试验值等进行的预测的最大和最小值确定仪器的精度和量程。

（3）仪器应准确可靠，坚固耐用，能适应在潮湿甚至涌水、爆破振动和粉尘等恶劣环境下工作。

（4）仪器轻便，布置简单，埋设安装快捷，操作读数方便，对施工干扰少。

（5）现场使用的仪器设备必须成熟、可靠，数量满足监测工作要求；使用的仪器需具有有效的检定合格证书，仪器使用必须在有效期内。

（6）现场监测仪器设备安装完毕，应对仪器设备进行测试，率定和校正，并记录其观测系统的各个仪器设备在工作状态下的初始设置。所有监测仪器、设备应定期进行检校和维护，以保证其处于良好的工作状态。

12.4.2 监测仪器的选择

常用监测仪器及元件见表 12.4-1～表 12.4-4。常用监测仪器元器件及其技术指标见本书附录。

明挖法常用监测元器与仪器表　　　　表 12.4-1

序号	监测对象	监测项目	主要监测元件与仪器
1	支护桩墙	桩（墙）、边坡顶部水平位移	全站仪
		桩（墙）顶竖向位移	水准仪
		桩（墙）体水平位移	测斜仪
		桩（墙）结构应力	钢筋应力计、频率仪
2	立柱	立柱结构竖向位移	水准仪、全站仪
		立柱结构倾斜	全站仪
		立柱结构应力	钢筋应力计或应变计、频率仪或应变仪
3	支撑、锚杆、锚索、土钉	支撑轴力	钢筋应力计或应变计、频率仪或应变仪
		锚杆、锚索拉力	轴力计、频率仪
		土钉拉力	钢筋应力计或应变计、频率仪或应变仪
4	盖挖顶板结构	顶板应力	钢筋应力计或应变计、频率仪或应变仪
5	竖井井壁支护结构	净空收敛	钢尺收敛计
6	基坑内外岩土体	地表沉降	水准仪
		土体深层水平位移	测斜仪
		土体分层竖向位移	分层沉降仪
		坑底隆起（回弹）	水准仪
		支护墙侧向土压力	土压力盒、频率仪
7		水位	钢尺，或钢尺水位计和水位探测仪
		孔隙水压力	孔隙水压力计、频率仪

矿山法常用监测元器与仪器表　　　　表 12.4-2

序号	监测对象	监测项目	监测仪器
1	支护结构	拱顶（部）下沉	水准仪
		净空收敛	收敛计、全站仪
		围岩压力及支护间接触应力	土压力盒、频率接收仪
		钢筋格栅钢架应力	钢筋计、测力计、频率接收仪
		初期支护、二次衬砌内应力	应变计、频率接收仪
		钢管柱内力	应力计、表面应变计、频率接收仪

续表

序号	监测对象	监测项目	监测仪器
2	隧道周边岩土体	地表沉降	水准仪
		土体分层沉降及水平位移	分层沉降仪、测斜仪、多点位移计（洞内观测）
		地下水位	电测水位计、PVC塑料管

盾构法常用监测元器与仪器表 表 12.4-3

序号	监测对象	监测项目	主要监测元件与仪器
1	管片结构	管片结构竖向位移	水准仪
		管片结构水平位移	全站仪
		管片结构净空收敛	收敛计、全站仪、断面扫描仪
		管片结构应力	钢筋应力计、频率仪、压力盒
		管片连接螺栓应力	应变片
2	隧道周边岩土体	地表沉降	水准仪
		土体深层沉降和深层位移监测	分层沉降仪、水准仪、测斜仪、多点位移计
		孔隙水压力	孔隙水压力计、频率仪
		土片衬砌和地层的接触应力	土压力盒、频率读数仪

周边环境常用监测元器与仪器表 表 12.4-4

序号	监测对象	监测项目	主要监测元件与仪器
1	建（构）筑物	竖向位移	水准仪
		水平位移	全站仪、经纬仪
		倾斜	倾斜仪、全站仪、经纬仪
		裂缝	裂缝计、游标卡尺、千分卡尺
2	桥梁	墩台竖向位移	全站仪、经纬仪
		墩台差异沉降	水准仪
		墩柱倾斜	倾斜仪、全站仪、经纬仪
		梁板应力	应力计
		裂缝	裂缝计、游标卡尺、千分卡尺
3	地下管线	竖向位移	水准仪
		水平位移	测斜仪、多点位移计
		差异沉降	水准仪
4	高速公路及城市道路	路面路基竖向位移	水准仪、全站仪
		挡墙竖向位移	水准仪、全站仪
		挡墙倾斜	测斜仪、全站仪、经纬仪

续表

序号	监测对象	监测项目	主要监测元件与仪器
5	既有轨道交通	隧道结构竖向位移	水准仪、静力水准仪
		隧道结构水平位移	全站仪、经纬仪、测量机器人
		隧道结构净空收敛	全站仪、收敛计
		隧道结构变形缝差异沉降	水准仪、静力水准仪
		轨道结构（道床）竖向位移	水准仪、静力水准仪
		轨道静态几何形位（轨距、轨向、高低、水平）	轨距尺
		隧道、轨道结构裂缝	裂缝计、游标卡尺、千分卡尺

第 13 章 监测预警管理

13.1 概述

我国城市轨道交通建设工程事故时有出现，如何及时发现工程安全隐患，防止工程事故发生；如何应对工程建设过程中的突发安全事故，保证工程建设的顺利进行，这些都已成为急待解决的问题。

目前，安全风险意识已经深入人心，城市轨道交通主要修建城市相继建立了自己的安全风险预测预警系统。在综合设计、施工、监理、监测等多种信息的基础上，力图及时掌控工程安全状态，发现工程安全隐患，通过风险分析、预测进行预警、报警，以协助工程的各级管理部门及参建各方及时处理和降低工程安全风险。

国内轨道交通建设城市的安全风险预警、报警水平存在较大的差异，罗富荣、金淮等组织编写的《北京轨道交通工程安全风险管理体系》(2013) 将工程监测预警作为重要的安全保障手段进行了详细的论述，在预警技术指标、预警管理方面都有详细的规定。上海、广州等较大城市在工程监测预警方面也已开展了卓有成效的工作，但工程监测预警工作缺乏全国性的系统管理，工程监测预警技术和管理方法仍需深入研究和不断完善。

工程监测是城市轨道交通工程安全风险评判和预警的基础和关键内容，需加强工程监测预警技术和预警管理两方面的研究，研究反映工程自身和周边环境安全的具体监测预警指标，建立畅通有效的预警上报和反馈机制，以指导国内轨道交通建设的监测预警管理，形成科学决策和严密管理的安全预警体系。

13.2 国内外预警体系研究现状

13.2.1 预警基础理论

1. 预警思想及研究进展

预警思想古已有之，但"预警"一词最早出现于军事领域。由于军事的特殊地位和作用，预警在军事领域得到了深刻的发展和完善。二战后，美国将预警理论应用于经济领域，形成了经济预警理论，为美国宏观经济稳健运行提供了有效的决策支持。在我国，对宏观经济监测预警的研究始于 20 世纪 80 年代，国家有关部门建立了"宏观经济动态监测预警体系"，学术界也开展了相关的研究。经济预警是经济研究中的一个重要领域，它向内不断优化系统的结果和功能，逐步实现了预警指标的综合化、预警方法的多元化以及预警系统的趋善化。同时，经济预警向外不断拓展系统的应用领域，国际性经济监测预警系统脱颖而出。

灾害预警也是预警思想发展的一个重要方面。灾害有突发性和不稳定性的一面，更有一个孕育的过程和质量互变的契机；有必然发生不可抗拒的一面，更有准确监测预警和合理决策减灾的一面。灾害预警系统在防灾抗灾中具有重要的地位和作用，在减灾中具有显著的效益和威力，各类灾害预警系统在世界范围内遍地开花。1987年12月11日第42届联合国大会通过第169号决议，提倡在发展中国家建立灾害预警系统。工程建设造成的灾害日益严重，我国地下工程建设事故频发，给国家经济和人民生命财产造成重大损失，对于此类灾害的预测与控制越来越引起人们的重视，国家已将其列入"十五"期间重点资助的科研课题之一。灾害预警系统已经从一般定性的或单纯的台站监测预警发展到定量和利用3S（遥感RS、地理信息系统GIS和全球定位系统GPS）技术、计算机网络进行四维时空监测预警网络，从一般的预防救灾发展到对抗和综合治理。灾害预警从系统论的综合性角度出发，达到了灾害机理、规律的定性和定量互补的研究。

我国积极开展了各行各业安全预警的研究，建立了具有行业特点的预警体系。在国家战略、交通灾害、地质灾害、税收、农田生态安全、公共卫生、金融危机、石油安全、可持续发展等，均有安全预警体系的建立。安全预警已经深入到国内经济、社会生活的方方面面。

目前，国内轨道交通建设城市积极开展了安全预警研究。2009年初，随着北京市轨道交通建设管理有限公司科研项目"北京市轨道交通工程建设安全风险技术管理体系及信息化平台建设总体研究"的圆满完成，北京城市轨道交通工程远程监控系统正式启动，黄色、橙色和红色三级预警系统正式投入应用。武汉、南京、广州、上海等城市在轨道交通在建线路中积极使用远程监控系统，取得了显著的效果。城市轨道交通安全预警系统的建立成为各大轨道交通建设城市的重要研究内容。具有综合性的覆盖国内城市轨道交通建设特点的安全预警体系建立已经迫在眉睫。

2. 预警基本内容

预警是指在灾害或灾难以及其他需要提防的危险发生之前，根据以往的总结的规律或观测得到的可能性前兆，向相关部门发出紧急信号，报告危险情况，以避免危害在不知情或准备不足的情况下发生，从而最大程度的减低危害所造成的损失的行为。预警所涉及的基本内容包括警情、警源、警兆、警度、警区和警点等。

（1）警情。

警情又名警义，系统发展过程中出现的异常情况称为"警情"，它是在预警时确定需要监测和预报的内容。

（2）警源。

警源是指产生某种警情发生的根源是什么，它既是分析警兆的基础，也是排除警患的前提。从发生学角度看，警源一般可分为外在警源和内在警源。外在警源是从系统外输入的警源，这些外在警源的作用机理也是十分复杂的；内在警源则是系统自身运行状态及机制。

（3）警兆。

警兆又称先导指标或先行指标，它是预警指标体系的主体，是唯一能够直接提供预警信号的一类预警指标。由于警情在爆发之前必然有警兆，所以分析警兆及其报警区间便可预报预测警情。如果说警源是警情产生的原因，那么警兆就是警源演变成警情的外部表现。警兆可以是警源的扩散，也可以是警源扩散过程中产生的其他相关现象，分析警兆是预警过程中的关键环节。

（4）警度。

警度又称为警级，指警情的轻重程度，它既是社会预警的最终产出形式，也是预警的定量分析结果。警度不仅反映警情指标数值实际变化的程度或强度，并间接反映警情可能造成的危害程度。一般地，在进行预警时，可以采用把几类警情指标综合为几个预警指标的方式进行警度预报。即将警情指标分为两个层次：第一个层次是定量描述，找出警情指标的数量特征标志；第二层次是定性处理，把警情指标的最大值与最小值之间的可能区间分为若干性质不同的区间即不同的警限。不管哪一类警情，其警限一般可用 5 个级别来表示：无警、轻警、中警、重警和巨警，在预警图上可分别以蓝色、绿色、黄色、橙色和红色表示。

（5）警区。

警区即预警区间，是指警兆指标的变化范围。警区的确定是危机预警中难度最大、最为重要的一项工作。确定警区通常是运用各种定性与定量方法划定其静态或动态的安全变化区间即安全警限，实际数值超过特定的区间就表明警情出现。

（6）警点。

警点即确定预警的分界点，由量变转化为质变（警情）的临界点，也就是恩格斯所说的"极限"，它是横亘于安全与危险之间的一条警戒线。

警区和警点统称为警限。警限针对具体的警情指标而言就是"警戒线"。相对于不同警情指标有各种警戒线。

3. 预警方法

根据不同的分类标准，预警方法可以有不同的类型划分。依据预警机制，可以分为黑色预警方法、黄色预警方法、红色预警方法、绿色预警方法、白色预警方法。其中，黄色预警是最常见的预警方法。依据预警手段，黄色预警方法具体可以分为指数预警、统计预警和模型预警；其中的模型预警方法，依据是否采用计量模型方法，又可以分为计量模型预警和非计量模型预警。

（1）依据预警机制的分类。

预警的方法依据其机制不同，可以分为：黑色、黄色、红色、绿色和白色预警方法等 5 种，具体比较见表 13.2-1。

依据预警机制划分的预警方法比较　　　　　　表 13.2-1

预警方法	基本含义	主要特点	应用范围	具体方法与步骤
黑色预警方法	根据警素的时间序列波动规律进行直接预警	不引入警兆等自变量，只考察警素指标的时间序列变化规律，包括循环波动长度及递增或递减特点	主要应用于具有循环波动特性的经济预警，如农业、工业预警	各种商业指数、预期合成指数、商业循环指数、经济扩散指数、经济波动图等是此方法的应用

续表

预警方法	基本含义	主要特点	应用范围	具体方法与步骤
黄色预警方法	依据警兆的警级预报警素的警度	是一种由内因或外因到结果的分析,称之为灰色分析	应用范围很广	指数预警 统计预警 模型预警
红色预警方法	依据警兆以及各种环境社会因素进行估计	是一种环境社会分析方法,其特点是重视定性分析	应用范围很广	对影响警素变动的有利因素与不利因素进行全面分析,然后进行不同时期的对比研究,最后结合预测者的直觉、经验及其他有关专家学者的估计进行预警
绿色预警方法	依据警素的生长态势进行经济预测预警	主要借助于遥感技术	农村农业经济预警	依据农作物生长的绿色程度(绿色指数)预测经济及农业的未来状况
白色预警方法	在基本掌握警情的条件下用计量技术进行预测	属于计量预警	目前还处于探索阶段	—

(2) 依据预警手段的分类。

依据在进行预警时采取的手段不同,常用的预警方法主要分为 3 种方法,即指数预警、统计预警和模型预警。

1) 指数预警。该类方法是通过制定综合指数来评价监测对象所处的状态,用来预测监测对象安全状态的变化情况,即利用警兆的某种反映警级的指数进行预警。由于对应某一个警素往往有若干个警兆指标,因此就需要对警兆进行综合。综合形式有两种:一是扩散指数,二是合成指数。扩散指数是指全部警兆指标个数中处于上升的警兆指标数所占的比重。当指数大于 0.5 时,表示警兆指标中有半数以上处于上升,因而预兆警素指标也将上升;如小于 0.5,表示半数以上警兆指标下降,预兆警素指标也将下降。合成指数是编制警兆总指数,即对所有警兆指标的变动值进行标准化加权综合处理,根据警兆合成指数的升降就可判断警素的升降。

2) 统计预警。该类方法主要通过统计方法来发现监测对象的波动规律。它的使用变量少,数据收集容易,操作比较简便,如多元判别分析法、Logistic 回归分析等。这种预警方式是对警兆与警素之间的相关关系进行统计处理,然后根据警兆的警级预测警素的警度。首先对警兆与警素进行时差相关分析,确定其先导长度、先导强度,然后依据警兆变动情况确定警兆的警级,结合警兆的重要性进行警级综合,最后预报警度。统计预警强调入选为警兆指标的统计显著性检验,其综合方法则不求规范;而指数预警对入选警兆指标的条件较为宽泛,其综合则比较程序化、规范化。

3) 模型预警。该类方法是通过建立数学模型来评价监测对象所处的状态,即在指数预警或统计预警方式基础上对预警的进一步分析,其实质是建立以警兆为自变量的滞后模型进行回归预测。因而在监测点比较多、比较复杂时广泛用到,该类模型分为线性和非线性模型。主要变量之间有明确的数量对应关系时就可用线性模型预警,非线性预警模型则对处理复杂的非线性系统具有较大的优势，但如何对监测对象的复杂表现状况进行有效预警评价是目前在预警方法领域中的难点。

依据预警手段划分的黄色预警方法比较　　　　　　　　　　　　表 13.2-2

预警方法	基本含义	主要原理与特点	应用范围	具体方法
指数预警	通过制定综合指数来评价监测对象所处的状态	利用警兆的某种反映警级的指数进行预警	主要应用于宏观经济领域，用来预测经济周期的转折点和分析经济的波动幅度	景气指数法
统计预警	主要通过统计方法来发现监测对象的波动规律	使用变量少，数据收集容易，操作比较简便	在企业财务危机预警中应用很广泛	多元判别分析法、Logistic回归分析等
模型预警	通过建立数学模型来评价监测对象所处的状态	主要监测变量之间有明确的数量对应关系时就可用线性模型预警；非线性预警模型则对处理复杂的非线性系统具有较大的优势	在监测点比较多、比较复杂时广泛用到	线性模型预警、线性预警模型

城市轨道交通工程监测预警一般采用超值预警或对监测数据进行回归分析等处理后预测预警，采取统计预警方法较多。工程应用过程中可根据监测工作的特点，结合指数预警或模型预警方法，建立预警模型，对应不同的警级给出模型的取值范围进行预警。一些重点的安全隐患的警兆可直接进行较高级别的预警。

13.2.2　各行业预警研究现状

环境安全、社会管理、地质灾害、气象、建筑基坑、公路铁路隧道等其他行业在预警体系建设方面已经取得了一定的成绩，对其研究成果的分析可以提取优秀因素，为城市轨道交通工程监测预警所借鉴、吸收。

1. 环境安全预警

环境安全预警指就工程建设、资源开发、国土整治等人类活动或各种自然灾害对生态环境系统所造成的外界影响进行预测、分析与评价；确定区域生态环境质量和生态系统状态在人类活动影响下的变化趋势、速度以及达到某一变化阈值的时间等，并按需要适时地提出恶化或危害变化的各种警戒信息及相应的对策措施。

农业地质环境安全预警指标体系见图 13.2-1。

预警分级采用点预警和区域预警相结合的方法。点预警采用单因子预警（根据环境质量标准分别确定采样点的污染指标警度级别）或综合预警（采用综合污染指数法分别确定采样点的污染综合指数）。警度划分见表 13.2-3：

预警等级确定　　　　　　　　　　　　表 13.2-3

采样点警度级别	理想	良好	一般	较差	恶劣
指标	<0.1	0.1～0.4	0.4～0.7	0.7～1.0	>1.0

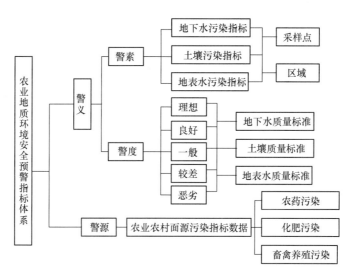

图 13.2-1　农业地质环境预警指标体系

区域预警采用空间插值法进行插值得到区域面状数据，并叠加行政单元数据取得区域警素数据，进行小区域的预警分析，预警等级同上。

2. 社会管理预警

社会管理预警项目主要包括客观评价指标体系和主观评价指标体系两大类，客观评价指标包括反映社会客观现实的富裕化指数、稳定化指数、集约化指数、城市化指数等一级指标，人均 GDP、恩格尔系数、人均收入、失业率、城乡收入差距等二级指标。主观评价指标包括综合预警、组织预警和居民预警等一级指标，对经济社会总体运行状况满意度、对物价水平的满意度、对社会保障满意度等二级指标。指标体系基本反映了社会管理的方方面面。

社会管理预警根据各个指标的不同特点，将指标进行量化划分，分为很安全、无警、轻警、中警和重警五个警级，对应颜色为蓝、绿、黄、橙和红色区。

社会预警管理基本流程如下。

（1）界定预警区域范围：界定潜藏着社会风险的预警区域，建立社会危险源分布数据库。

（2）分析社会运行现状：根据具有强警戒性的相关指标信息，分析社会运行状态。

（3）界定社会发展常态：通过经验数据给出社会发展常态指标及其评判标准。

预警模型主要包括以下几类：

1）阈值预警模型。限定社会发展强警戒性指标的数据量阈值，一旦日常监测数据超过该阈值，系统自动报警。

2）联动预警模型。主要是根据社会各子系统间的相关特性，建立产生联动效应的预警模型。

3）综合预警模型。是综合性社会预警，一般由应急指挥中心根据各行业、各城区数据的特性，对潜在社会事件的发展做出相关预测模型。

4）辨识社会发展异常：社会运行现状指标与社会发展常态指标两相比较，辨识出社会发展异常（警兆分析）。

5）诊断社会发展问题：深入分析引发社会发展异常现象的警源（警源分析）。

6）设置预警管理预案：根据引发异常的各种警源设计出相应解决方案，并分别提出调控对策。

7）有效维护社会稳定：对相应指标进行动态监控和在线监测，采取相应措施维护社会稳定。

8）评估社会预警效果：根据警戒性指标及评价标准判断各项措施是否达到预期效果。

9）预警管理信息反馈：根据各种反馈信息对政策、对策进行适当调整。

社会预警管理流程控制如图 13.2-2 所示。

社会预警管理策略见表 13.2-4。

3. 地质灾害预警

地质灾害的爆发与它所在的地质环境有着密切的关系，根据地质灾害内在影响因素与地质灾害关系的理论分析，采用主成分分析法赋予各因素以权重值，再对各权重系数进行相关数学运算，从而得到地质灾害易发等级的定量依据。

以广东省为例，依据其地质环境特点，选择了5个主要因子：地形、地貌、地层岩性、地质构造、水系流域。根据多年实地调查地质灾害发生的地质环境方面的经验，确定了预警模型孕灾因子概率取值（表 13.2-5）。

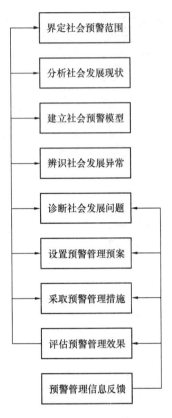

图 13.2-2　社会预警管理流图

社会预警管理策略　　　　　表 13.2-4

预警信号	指标警级	警源分析	警兆分析	警情分析	预警对策
蓝色	无警	安全	安全	安全	安全，关注相应指标的动态变化
绿色	轻警	主要警源	主要警源	主要警情	注意，关注相应指标的动态变化
黄色	中警	重点关注	重点关注	重点关注	重点关注，编制应急管理预案
红色	重警	遏制警源	监控警兆	化解警情	有效遏制，启动应急管理预案
黑色	巨警	遏制警源	监控警兆	遏制警情	应急对策，实施应急管理预案

预警模型孕灾因子概率取值表　　　　　表 13.2-5

孕灾因子类型	名称	概率取值
地形类型	平地	0.1
	缓坡	0.2
	较陡坡	0.8
	陡坡	0.4

续表

孕灾因子类型	名称	概率取值
地貌类型	湿地	0.09
	平原	0.12
	台地	0.12～0.24
	丘陵	0.24～0.36
	山地	0.54～0.84
地层岩性	坚硬岩	0.12
	较坚硬岩	0.24
	较软岩	0.48
	软岩	0.618
	极软岩	0.09
地质构造	宽缓褶皱带	0.15
	次紧密褶皱带	0.35
	紧密褶皱带	0.45
	断裂密集带	0.68
水域类别	上游	0.36
	中游	0.24
	下游	0.09

对预计指标进行标准化处理，得出各孕灾因子的贡献率和累计贡献率，根据5个孕灾因子的贡献率，对广东省地质灾害点进行综合评价，将评价值作为易发等级划分的标准，分为高、中、低三个易发等级。根据降雨量、灾害发生特征等将降雨危险性等级划分为Ⅰ、Ⅱ、Ⅲ、Ⅳ和Ⅴ5级，综合确定地质灾害预警等级见表13.2-6。

地质灾害预警等级表　　　　表13.2-6

易发程度	降雨危险性等级				
	Ⅰ	Ⅱ	Ⅲ	Ⅳ	Ⅴ
高	2级预警区	2级预警区	3级预警区	4级预警区	5级预警区
中	1级预警区	2级预警区	3级预警区	3级预警区	4级预警区
低	1级预警区	1级预警区	1级预警区	2级预警区	2级预警区

4. 气象预警

预警信号分为台风、暴雨、高温、寒潮、大雾、雷雨大风、大风、沙尘暴、冰雹、雪灾、道路积冰等11类。预警信号总体上按照灾害的严重性和紧急程度分为4级（Ⅳ，Ⅲ，Ⅱ，Ⅰ级），每级都有详细的数值界定，对应预警颜色为蓝色、黄色、橙色和红色，同时以中英文标识，分别代表一般、较重、严重和特别严重。根据不同的灾种特征、预警能力等，确定不同灾种的预警分级及标准。当同时出现或预报可能出现多种气象灾害时，可按照相对应的标准同时发布多种预警信号。

例如：台风预警信号根据逼近时间和强度分4级，分别以蓝色、黄色、橙色和红色表示。

（1）蓝色：24小时内可能受热带低压影响，平均风力可达6级以上，或阵风7级以上，或者已经受热带低压影响，平均风力为6～7级或阵风7～8级并可能持续。

(2) 黄色：24 小时内可能受热带风暴影响，平均风力可达 8 级以上或阵风 9 级以上，或者已经受热带风暴影响，平均风力为 8~9 级或阵风 9~10 级并可能持续。

(3) 橙色：12 小时内可能受强热带风暴影响，平均风力可达 10 级以上或阵风 11 级以上，或者已经受强热带风暴影响，平均风力为 10~11 级或阵风 11~12 级并可能持续。

(4) 红色：6 小时内可能或者已经受台风影响，平均风力可达 12 级以上，或者已达 12 级以上并可能持续。

5. 建筑基坑监测预警

建筑基坑监测项目主要包括支护体结构监测、土体系统监测、地下水系统监测和周边环境监测。支护体结构监测的目的在于验证支护设计计算的合理性，根据监测数据推算设计参数或修正系数，确定破坏预警值。监测内容包括支护体结构的内力监测和位移监测，即支护体系的支撑轴力、圈梁弯矩，支护桩的水平位移、沉降等；土体系统监测内容包括支护结构外围及内侧主动土压力、被动土压力，基坑外土体水平位移与沉降，基坑开挖后坑内土体隆起。

基坑开挖过程中对地下水系统的监测是指对地下水的水位、水量、水质、水温、流速等在人为降低地下水位、疏干基坑积水以及采取的基坑支护、回灌等工程措施影响下，随时间的变化规律的监测，包括降水过程中地下水的水位升降变化、地下水含砂量的变化等。

周边环境监测包括基坑附近地面、相邻房屋、地下管线的沉降、位移、裂缝情况，以及周边地貌变化情况。基坑开挖对邻近建（构）筑物及管线影响的监测包括：建（构）筑物及管线的水平位移及垂直位移、建（构）筑物裂缝、建（构）筑物主体倾斜等。

对监测数据的分析评价主要包括下列方面。

(1) 对支护结构的水平位移进行定量分析。包括位移速率和累计位移量的计算，绘制位移随时间变化的曲线，对引起位移速率增大的原因进行分析。

(2) 对沉降及沉降速率进行计算分析。土体沉降要区分是由支护结构水平位移引起的还是由地下水位降低等原因引起的。同时，邻近建筑物的沉降观测结果要与有关规范中的沉降限制比较。

(3) 对各监测结果进行综合分析并相互验证和比较。用新的监测资料与原设计预计情况进行比较，判断现有设计施工的合理性，必要时调整施工方案。

(4) 根据监测资料分析基坑开挖对周边环境的影响和基坑支护的效果，通过反分析查明工程事故的技术原因。

(5) 用数值模拟法分析基坑施工期间支护结构位移变化规律，进行稳定性分析，用反分析方法推算岩土体的特性参数，检验原设计计算方法的适宜性，预测后续开挖工程中可能出现的问题。

(6) 进行险情分析，及时提出险情预报和处理措施。

在确定预警值时，通常应考虑如下因素：①基坑的工程地质条件；②基坑支护设计的水、土对策；③基坑周围的环境条件；④基坑的规模，包括基坑开挖的深度、面积、几何形状等；⑤基坑的施工周期；⑥基坑支护结构类型及结构平面布置等。

监测预警值确定原则：①满足设计计算的要求，不能大于设计值；②满足监测对象的安全要求，达到保护的目的；③对于相同条件的保护对象，应该结合周围环境的要求和具体的施工情况综合确定;④满足现行的有关规范、规程的要求;⑤在保证安全的前提下,综合考虑工程质量和经济等因素,减少不必要的资金投入。

根据相关规程规范及经验,建筑基坑报警级别划分为4级,分别为:一级(抢险报警),二级(紧急报警),三级(警告报警),四级(注意报警),见表13.2-7所示。

基坑变形报警级别　　　　表13.2-7

报警等级	报警级别	裂缝宽度(mm)
一级	抢险	≥50
二级	紧急	10～20
三级	警告	有裂缝痕迹
四级	注意	无

达到预警值的80%时,在日报表上做上预警记号,并报告管理人员;达到预警值的100%时,在日报表上做上报警记号,写出书面报告面交管理人员;达到预警值的110%时,在日报表上做上紧急报警记号,写出书面报告外,开现场会。

6. 公路、铁路隧道预警

公路、铁路山岭隧道施工安全风险预警系统包括预警分析子系统和预控对策子系统,根据公路、铁路山岭隧道施工安全风险预警系统的定义和构建原则,隧道施工安全风险预警系统的基本框架如图13.2-3所示。

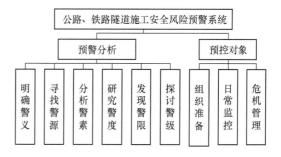

图13.2-3　公路、铁路隧道施工安全风险预警系统的基本框架

从生产机制看,公路、铁路山岭隧道施工安全风险警源分为以下3大类。

第一类,地质警源。包括岩溶、崩塌与岩堆、泥石流、流砂、采空区、强震区、地震液化、涎流冰、瓦斯地层。这些地质因素如发生异常而不采取有效措施,必将造成严重的自然灾害,其后果可能不堪设想。

第二类,自然环境警源。包括地震、严寒、台风、暴雨、洪水。一旦发生,不但不能继续施工,而且会摧毁已经建成的工程,很可能造成物损、机毁、人亡的严重后果。

第三类,也是最重要的一类,即施工过程中安全风险。包括围岩的坍塌、变形,衬壁的开裂、腐蚀,水灾、火灾、冻害等。

公路、铁路山岭隧道施工安全风险预警指标体系包括施工组织指标体系、安全措施指标体系、地质水文指标体系。施工组织指标体系包括技术分析安全指标和施工管理安全指标;安全措施指标体系包括排水措施安全指标、照明措施安全指标、通风措施安全指标和意外灾害安全指标;地质水文安全指标体系包括不良地质安全指标、特殊性岩土安全指标和自然环境安全指标。

根据警级设置原则、公路铁路山岭隧道施工安全风险的特征,以及人类的习惯,预警系统将采用三级法来设置警情的等级,分别为警情一般(正常)、警情小、警情大,并且设置3种与之相对应的预警信号,用数学方式描述如下:

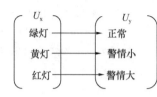

图 13.2-4 预警信号和警级映射

设预警信号的论域为 U_x,警级的论域为 U_y,f 是 U_x 到 U_y 上的一个映射,记为 $Y=f(X)$。预警信号和警级的映射关系如图 13.2-4 所示。

从公路、铁路山岭隧道结构可靠度、施工工序及其涉及的相关因素出发,选择安全度(Ps)—可靠度(Ps)作为衡量公路、铁路山岭隧道施工安全的预警指标。预警指标(Ps)与公路、铁路山岭隧道施工风险成反比关系,即 Ps 越大,公路、铁路山岭隧道施工安全风险就越小,反之风险越大。

公路、铁路山岭隧道施工安全风险预警指标警限表 表 13.2-8

预警信号 警限	绿灯	黄灯	红灯
	正常	警情小	警情大
特长隧道	Ps≥95	95>Ps≥90	Ps<90
长隧道	Ps≥90	90>Ps≥85	Ps<85
中、短隧道	Ps≥85	85>Ps≥80	Ps<80

根据公路、铁路山岭隧道施工安全风险的特征,其他定性指标采用专家调查法确定预警指标警限,见表 13.2-9 所示。

公路、铁路山岭隧道施工安全风险预警指标警限表 表 13.2-9

警限	0~6	6~8	8~10
预警信号	绿灯	黄灯	红灯
警级	正常	警情小	警情大

综上所述,环境安全、社会管理、地质灾害、气象、建筑基坑、公路隧道、铁路隧道等其他行业的预警,在技术上,以基本警情为内容,根据警源、警兆的分析,选用反应本行业特点的科学、合理的预警指标,划分警度(警级),采用适宜的预警模型进行警情预警、预报;在管理上,根据本行业的管理特点建立适宜的预警预报体系,取得了积极的安全控制效果。

城市轨道交通工程监测预警体系的建立,可以积极借鉴其预警体系建设思路、预警方法,在技术上选取科学的监测项目,划分工程监测预警等级,制定适宜的监测预警标准,建立工程监测预警技术体系;在管理上,根据我国城市轨道交通建设的管理特点,建立相应的工程监测预警信息的采集、上报、响应和处置的管理系统,将工程监测预警管理责任落实到具体人员,根据畅通、及时、有效的预警管理体系对工程建设进行安全控制工作。

13.2.3 城市轨道交通工程监测预警研究现状

1. 国外研究现状

国外于 20 世纪 60 年代开始在奥斯陆和墨西哥城软土深基坑中使用仪器进行监测,拉开了深基坑工程预警系统得到实现的序幕。隧道施工监测也有很早的历史,随着新奥法施工的开展,监测是重要的安全保障手段,可以很好地提供预警预测和施工参数反馈,如慕尼黑地铁设计中数解法得出的喷射混凝土厚度为30cm，实际监测修改为15cm，监测成为设计工作的重要组成部分。

20世纪90年代出现电脑数据采集系统后，国外进行支护设计和施工技术研究的同时，逐步对监测分析、信息反馈及预测报警的自动化开展研究，以满足现代"信息化施工技术"对监测及险情预报工作提出的及时、准确、可靠的要求。

Delnetrious C. Koutsoftas等（2000）通过旧金山地铁建设项目的施工过程，说明了信息化施工中监测的重要性。J. B. Burland和J. R. Standing（2002）总结了伦敦地铁Jubilee线延伸段隧道施工对周围建筑物影响的风险评估方法，并根据工程风险管理系统对建筑物进行监测预警预报。Chungsik Yoo、Jae-Hoon Kim等（2006）对韩国大邱地铁2号线周边的建筑物安全控制进行了研究，建立了相应的监测控制标准，并通过远程监控系统TURISK进行预警预报。

目前，安全风险管理已经在国外取得了全面、系统的发展。自2004年以来，安全、费用与风险已成为国际隧协每年年会的主题。地下工程安全风险管理在地下工程中的应用研究在美国、欧洲正在积极开展，欧共体行政院于1992年，意大利政府于1996年由总统签字发布了相应的指令。有些国家已编写出隧道工程风险管理的规范和法规。英国隧协和保险业协会于2003年9月联合发布了《英国隧道工程建设风险管理联合规范》；国际隧协在2004年由Work Group Ⅱ 的Soren Degn Eskesen和Per Tengborg等撰写了《Guidelinesfor tunneling riskmanagement》，为隧道工程风险管理提供了一整套参照标准和方法。国际隧道工程保险集团（ITIG）于2006年1月发布了《隧道工程风险管理实践规程》。在实际工程应用方面，主要由各个岩土工程咨询公司进行，意大利GeoDATA公司针对地下工程施工风险管理推出了名为GDMS（Geodata Master System）的信息化管理平台。

国外城市轨道交通建设过程中应用了安全管理的理念，注重工程建设的安全性，在相关法律、法规中制定了安全保护的内容，对工程建设的监测、预警等也进行了详细的规定。作为安全风险管理的重要部分，安全风险预警一般与工程风险等级相结合进行预警预报，主要由施工单位进行相关监测、预警工作，发现警情时上报业主、政府，向设计、咨询单位等相关参建单位进行通报。工程警情得到处理，回复安全时取消相应的预警，以达到对工程安全的监控。所采用得远程监控系统较早实现了实时预警和远程控制，保障了工程建设的安全。

2. 国内研究现状

随着我国城市轨道交通建设的不断开展，工程监测预警方法有了很大提高，监测手段不断多样化，监测多层次化，监测仪器逐渐先进化，对于监测数据的分析处理也有了新的进展，如通过监测数据反演土体力学参数，以修改原设计方案，或通过对监测数据的拟合回归分析，找出变化规律，并预测预报未来时段内工程系统安全变化情况，从而对保障工程安全建设、指导施工具有积极的作用。

信息化施工就是在施工过程中，通过设置各种测量元件和仪器，实时收集现场实际数据并加以分析，根据分析结果对原设计和施工方案进行必要的调整，并反馈到下一施工过程，对下一阶段的施工进行分析和预测，从而保证工程施工安全、经济地进行。信息化施工技术是在现场监测技术、计算机技术以及安全风险管理技术的基础上发展起来的，工程监测及其预警是其重要组成部分。

目前，对于城市轨道交通建设、运营过程中引发的安全管理问题的研究也越来越丰富。但是由于研究起步较晚，相关数据收集困难，国内对这个问题的研究还比较薄弱，相关文献和报道较少。建设部地铁与轻轨研究中心发布了《城市轨道交通安全保障体系研究纲要》，纲要规划了目前城市轨道交通安全研究的重点：一是通过具体项目的实施，建立和完善城市轨道交通系统的安全政策和技术标准体系；二是建立城市轨道交通建设和运营过程的安全评价体系和方法，为我国城市轨道交通领域建立安全评价制度提供理论依据；三是建立城市轨道交通安全监测、预警信息管理系统；四是提出城市轨道交通应对不同灾害的应急处置预案和救援机制，并将开发出一批安全检测、监测、评估、预警、修复和救援的成套技术与装备。

国内在城市轨道交通工程建设安全风险管理和工程监测预警管理系统建设方面取得了很大的成绩。上海同济大学刘国彬等研发的轨道交通建设远程监控管理系统于2001年8月中旬，在明珠线二期（4号线）各个车站先后安装，开始实施远程监控管理。目前该系统在轨道交通1号线北延伸（共和新路线）、轨道交通6号线、轨道交通8号线中得到了全面的推广应用。该系统由5个部分组成：车站远程监控管理系统、隧道远程监控管理系统、网络远程办公系统、网络视频远程监控系统、自动监测系统。

上海地铁运营有限公司、上海时空软土工程研究咨询中心（2002）研究的地铁工程远程监控管理系统有车站、隧道远程监控管理系统、网络文档管理系统、网络视频远程监控系统。各部分根据各自功能的不同，在不同的场合及应用环境下进行使用，相互配合，互补长短，共同完成远程监控管理的目的，作为一个整体，远程监控管理系统主要的功能就是网络化功能和预警功能。

北京交通大学隧道研究中心王梦恕院士（2004）提出在北京地铁的修建过程中应建立施工阶段安全风险技术平台和管理系统。通过信息管理平台，政府和建设管理部门可通过信息中心及时、形象、自由地获得各项工程周围环境的状况、所承担的安全风险及程度、采用的技术措施及其有效性。该管理系统分为岩土资料管理系统、监测资料管理系统及预警系统、施工资料管理系统、分析资料管理系统、图文管理系统、文件管理系统等。

杜年春（2006）建立了"地铁施工监测信息管理及安全预警系统"，该系统具有系统用户及日志管理、地铁线路和站点基坑管理、Web GIS信息管理、施工监测数据管理、预警预报信息管理和信息交流等功能。以变形情况进行时间序列分析，提供可视化的变形监测图形报表，实现预警信息的多路实时发布，为领导和主管提供决策支持。

贺跃光等（2009）通过分析地铁施工特点、地铁施工监测的内容与监测精度，介绍了地铁施工监测信息管理及安全预警系统的设计过程，以及该系统用于城市轨道交通线路和车站土建工程施工的监测——作业——管理3方信息互联互动模式。

范斌等（2010）在本体论、控制论、信息论的指导下，完成了地铁工程建设安全预警系统的总体框架设计与构建，对安全预警系统建设的关键技术和开发技术路线做了系统分析论证。

目前，国内主要轨道交通建设城市均建立了自己的安全风险管理体系，工程监测预警作为其中的重要组成部分也有详细的说明。《北京轨道交通工程安全风险管理体系》（2013）对工程监测预警分级、监测项目确定、预警信息上报、预警响应和处置、消警、预警管理各方的职责等均有详细的规定。同时，以安全风险监控系统为平台，很好地实现了工程监测预警。

北京城市轨道交通工程建设对自身风险工程和环境风险工程进行了定性分级，自身风险工程根据工程特点分为一、二、三级，环境风险工程根据工程特点和周边环境特点分为特、一、二、三级，在此基础上进行分级管理。将施工过程中风险工程安全状态的预警分为监测预警、巡视预警和综合预警三类，监测预警根据监测控制指标（变化量、变化速率）的超值情况分为黄色、橙色和红色三级预警；巡视预警根据安全隐患或不安全状态分为黄色、橙色和红色三级预警，并对巡视预警的内容、方法、程序和相关要求做出了具体的附件规定；综合预警根据现场参与各方的监测、巡视预警及核查、综合分析和专家论证等相应分为黄色、橙色和红色三级预警。

其中，《工程预警、处置及消警管理办法》根据预警状态的不同，对工程风险预警的相关方责任和义务、预警信息报送内容及形式、预警信息发布、消警等的具体内容和要求等做出了具体的规定。

风险监控管理信息平台建立方面，风险管理体系对系统的资料录入内容及要求、工程风险管理相关单位的使用权限以及利用信息平台进行预警管理的具体职责、工作内容等均有详细的规定。通过北京城市轨道交通在建线路——九号线、十号线二期、六号线一期、八号线二期、大兴线、亦庄线、房山线、昌平线一期等工程的具体应用，进行了及时的工程风险预警、预报，建立了畅通有效的预警、预报系统，为控制工程建设风险、保证工程建设安全发挥了积极有效的作用。

国内其他轨道交通建设城市，如上海、广州、深圳、武汉等也相继开展了安全风险体系建设和工程监测预警系统的建立，通过具体工程实际的应用，取得了很好的工程安全监控效果，也积累了工程监测预警的相关经验。

13.3 工程监测预警管理

国家相关法律法规和规范性文件等对突发性事件的应对做出了具体的规定，对城市轨道交通工程施工异常情况的预警预报及响应也有相关的要求。城市轨道交通工程应当根据工程特点、监测项目的控制值、当地施工经验、工程管理及应急能力，制定工程监测预警管理制度，其中包括监测预警等级、分级标准及不同预警等级的警情报送对象、时间、方式、流程及分别采取的相对措施等。工程监测异常情况的预警，可根据事故发生的紧急程度、发展势态和可能造成的危害程度由低到高进行分级管理。

因此，《城市轨道交通工程监测技术规范》（GB 50911—2013）规定城市轨道交通工程监测应根据监测预警等级和预警标准建立预警管理制度，预警管理制度应包括不同预警等级的警情报送对象、时间、方式和流程等。

城市轨道交通工程监测预警管理体系主要包括组织机构与职责（各个管理主体组成、管理主体的责任和义务等）、预警分类与分级、预警标准、预警发布、预警响应以及消警等内容。

13.3.1 工程监测管理模式

为更好地为信息化施工和施工安全控制服务，除实行施工监控量测外，各地建设单位加大了监测投入，均不同程度地开展了第三方监测工作。深圳在地铁一期工程建设中率先在国内实施第三方监测，上海、北京、广州、西安等城市的轨道交通建设中也逐步推行了第三方监测工作，北京等城市还建立了第三方监测技术规程。

国内各大城市因自身需求不同，城市轨道交通工程建设监测模式各有特点。主要包括以下几种类型。

（1）施工单位工程监测＋第三方环境监测模式。

这种监控量测模式有利于工程结构和环境监测数据得到复核，责任主体较明确，数据上报和报警及时、准确。缺点是第三方监测不全面，监测工作量与施工监测重复较多，费用较高。

（2）施工单位全面监测＋第三方监测咨询模式。

施工单位对工程自身和周边环境进行全面监测，业主委托监测咨询机构进行部分重大环境和工程结构的抽测。南京市主要采用这种模式，其中业主委托的咨询机构对施工监测数据进行监督、抽查监测，发现问题及时上报。类似的有成都、苏州、无锡等城市。

（3）施工单位工程监测＋第三方监测模式。

施工单位负责对工程自身和周边环境全面监测，业主委托第三方监测单位负责周边环境和部分工程结构关键部位的复核监测。北京、广州、西安、武汉、深圳等城市采用这种模式。北京还要求第三方监测单位进行巡视和预警咨询管理，对局部重要周边环境自动化实时监测，并通过"安全风险监控管理信息系统"进行上报、分析、预警和反馈。

这种监测模式有利于施工监测数据得到复核，责任主体较明确，数据上报和报警及时、准确。缺点是监测工作量有重复，环境监测数据得不到复核，指导施工直接性较有限。

（4）施工专业化监测模式。

监测队伍专业性较强，主要为施工单位自主选定、委托专业化的监测队伍进行监测，业主备案，或业主选定。监测范围包括工程自身和周边环境的两大部分。台湾、香港主要采用这种模式。台湾的监测质量监督还依靠设计单位的专业工程师现场督导、监测审核和管理；香港的监测质量监督是通过业主委托的专业顾问来进行资质审查、监督和现场检查。

这种监测模式的监测专业性强，有利于监控分析、信息化施工和安全控制；缺点是监测数据得不到复核，责任主体不明确，数据上报和报警受控于施工单位。

13.3.2 预警信息的管理方法

随着城市建设的发展，尤其是近几年城市轨道交通建设的高速推进，高风险施工越来越多，工程监测作为保证轨道交通建设安全生产的一个手段，越来越受到重视。根据监测方法的不同，工程监测一般分为人工监测和自动化监测两种。自动化监测可以克服人工监测的缺点，能够在轨道交通建设高风险地段或不便布设人工监测测点的地段进行远程实时监测，自动化监测正逐步得到推广。

（1）常规监测预警信息管理。

各城市轨道交通建设城市都有系统的监测预警管理办法，一般工程监测发现异常现象或测点变化异常时，施工监测单位、监理单位、第三方监测单位将警情上报建设管理单位，同时报送设计单位。由建设管理单位组织专家、参建各方等进行专家会议，商讨解决办法。之后，建设管理单位将处理措施下达给施工单位，由专家评定后决定是否消除警戒。此外，重大预警也应上报政府管理部门裁定。

常规监测预警信息管理实效性较差，层层上报、下达处理措施，需要较长的时间且过程较为繁琐，不利于安全隐患的及时解决。

（2）远程监控信息系统。

为提高安全风险管控的工作效率，提高监测数据、工程进度与现场施工等信息的传递速度，实现安全管理的信息化、网络化和标准化，提高安全保障能力，作为建设单位督促工程其他参建方加强安全风险管理的重要工具，北京、上海和广州等国内主要轨道交通建设城市组织研发并应用了远程监控信息系统，为建设管理方与其他各参建方搭建一个协同处置工程安全隐患、突发事件的工作平台，有利于确保轨道交通工程建设的安全顺利推进。

远程监控信息系统主要采用了现代化的信息传输、网络化、短信平台等技术，可实现风险源（工程）及相关基础资料文档化管理、监测数据及时分析与预警通报、现场风险巡视情况的及时报送与查阅、重大风险预报、预警及处理情况跟踪监控、配套视频监控与会商管理等功能。

（3）盾构实时监控系统。

近年来，随着盾构施工工法在城市轨道交通工程建设中的不断应用，盾构实时监控系统也应运而生，北京、上海和广州等轨道交通建设一线城市均不同程度的采用盾构实时监控系统对盾构法施工全过程进行实时监控，但对盾构施工中对周边环境影响情况未纳入监控范围。

盾构实时监控系统是运用现代传感技术、计算机技术与现代网络通信技术，对盾构/TBM施工全过程进行远程实时监控，通过分析盾构/TBM施工参数，查找施工中出现的各种问题，实现风险预告、风险提醒，为管理者掌控区间整体风险分布状况、明确管控重点服务。

（4）网络视频监控系统。

北京、上海、南京、宁波等多个城市已经或拟采用网络视频监控及视频电话会议系统，视频监控系统形象图如图13.3-1所示。

以北京为例，北京市轨道交通建设建立了三级视频监控系统：其中包括在公司层（安全监控中心）设计视频总控中心；在项目管理层（风险监测部）设立视频分控中心；在工点实施层（监控室）设立工点控制中心。详见图13.3-2。

各级配备专职监控人员，在超过5m的明挖基坑、暗挖作业面等危险性较大的施工现场，所有施工掌子面安装具有可变焦、转向功能的摄像系统，设置有图案记录和摄像头转向控制功能进行实时监控。为事故发生原因分析或施工现场存在的安全隐患分析提供了宝贵的资料。

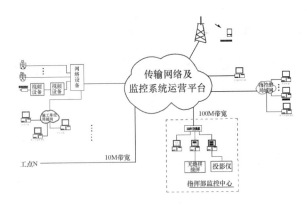

图 13.3-1　视频监控系统形象示意图

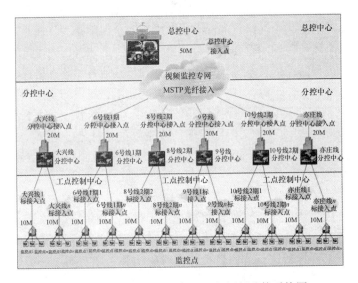

图 13.3-2　北京轨道交通工程三级视频监控系统图

图 13.3-3　北京轨道交通工程矿山法隧道施工现场
视频实时监控效果

远程监控信息系统、盾构实时监控系统、网络视频监控系统等自动化监测手段使得监测预警的报送向实时化方向发展。常规文件预警报送程序进行的同时，快速的自动化预警通道使得工程建设过程中出现的警情可以及时上报，便于领导和专家研究对策，进行警情治理。

13.3.3 预警组织机构与职责

城市轨道交通工程监测预警管理主体主要包括政府相关管理部门、建设管理单位、岩土工程勘察单位、环境调查单位、总体设计单位、工点设计单位、检测评估单位、监理单位、施工单位和第三方监测单位等。

"关于加强地铁建设安全管理工作的紧急通知"（建质电［2006］4号）和"关于进一步加强地铁建设安全管理工作的紧急通知"（建质电［2008］118号）都提出了第三方监测，第三方监测单位也应考虑进去。发生施工突发风险事件时，应与相关政府部门联系，进行必要的预警预报。

同时，"关于进一步加强地铁建设安全管理工作的紧急通知"（建质电［2008］118号）还要求"充分利用信息网络技术进行远程监控，根据采集信息实行动态评估和预警"，且国内主要轨道交通建设城市大都建立了远程实时监控系统，城市轨道交通工程监测预警组成单位应以远程实时监控系统为基础，明确相关责任进行预警预报。

目前，北京市轨道交通工程建设安全风险技术管理采用三层管理，主要包括公司层（安全监控中心）、项目管理层（项目管理单位）和实施层，进行预警预报。上海市采用三层管理，主要包括集团层面（设立总监控中心服务器）、项目公司层面（设立分监控中心服务器）和实施层（总包、设计、监测、监理），进行预警预报。

南京市采用三层管理，主要包括地铁总公司（远程监控总中心）、建设分公司（远程监控中心）和现场执行小组（监测、项目工程师、施工、监理），进行预警预报。杭州市采用三层管理，主要包括指挥层（集团公司、专家组）、中间管理层（远程监控管理中心）和现场执行小组（业主代表、设计、施工、监理、第三方监测），进行预警预报。国内主要城市轨道交通建设城市多采用三层管理模式，依托远程实时监控系统，进行工程监测预警。

工程监测预警一般以三层管理为主要模式进行预警分层、分级管理。分层即指建设管理层（建设主管部门及相关政府管理部门、建设单位）、现场监管层（监理单位、建设单位委托的现场工程安全咨询机构）和监测预警实施层（土建施工单位、第三方监测单位和设计单位）；分级即指各层根据工程监测预警类型及等级的不同，进行相应的信息上报、响应和处置（图13.3-4）。

政府相关管理部门一般负责监督工程参建各方的预警实施及管理

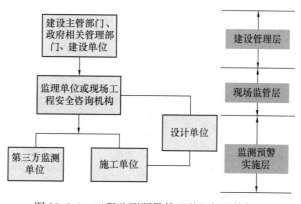

图13.3-4 工程监测预警管理的组织机构框图

工作，工程出现重大突发事件时按照有关规定进行应急组织、处置与救援工作。建设单位是监测综合预警发布、响应与处置的监督管理和组织协调主体，一般负责组织制定工程监测预警管理标准、汇总、反馈和上报（必要时上报建设主管部门和政府相关管理部门）监测综合预警信息、监督预警工作落实情况。其他参建单位在工程监测预警中担负有不同的责任和义务，各个城市的规定不尽相同。

北京市建立了较为系统的工程监测预警管理组织机构，对相关单位的职责进行了详细的规定。工程预警、响应及消警实行分级管理，即由公司安全监控中心（依托安全风险咨询单位）、项目管理单位（依托第三方监测单位）和项目实施单位（施工、监理单位）共同和各方其责进行工程预警、响应和消警，具体要求如下。

（1）安全监控中心对全网的预警、响应及消警的管理负总责，其主要职责如下：

1）指导、监督和检查项目管理单位、安全风险管理咨询单位（包括总体咨询组、专业咨询组）、平台维护单位、第三方监测单位的预警、响应及消警工作。

2）参与重大风险工程高级别预警的预警响应。

3）管理"北京轨道交通工程施工安全风险监控系统"（以下称"信息平台"），并依托其开展预警、响应及消警等管理工作。

（2）项目管理单位是其所辖线路安全风险预警、响应及消警的管理责任主体，其主要职责如下：

1）指导、监督和检查施工单位、监理单位、第三方监测单位的预警、响应及消警工作。

2）建立所辖线路安全风险管理台账（含预警、响应及消警动态管理台账）。

3）依据工程风险状况发布巡视预警、综合预警。

4）参与预警事务的分析和论证，监督施工单位对相关措施的落实。

5）督促施工单位对满足消警条件的工点提出消警申报，参与相应等级的消警分析会及消警申请的审批。

（3）安全风险咨询单位总体咨询组协助安全监控中心对安全风险预警、响应及消警进行全面管理，其主要职责如下：

1）对预警、响应及消警的信息进行跟踪、汇总，并建立管理台账。

2）汇总上报的预警、响应及消警技术及管理文件。

3）协助安全监控中心参与重大风险工程和预警级别较高的风险工程的预警响应。

4）协助安全监控中心定期对项目管理单位、专业咨询组、第三方监测单位的预警、响应及消警工作进行评价。

5）协助安全监控中心管理"信息平台"。

（4）安全风险咨询单位协助安全监控中心对在建工程的预警、响应及消警工作进行技术支持，并可根据工程状态发布预警。其主要职责如下：

1）对工点的预警、响应及消警信息建立动态管理台账。

2）依据工程风险状况发布巡视预警或提出预警建议。

3）为安全监控中心、项目管理单位提供预警、响应及消警工作的专业咨询意见或建议。

4）为总体组提供相关预警、响应及消警信息，提供本组汇报文件。

5）参与重大风险工程高级别预警的预警响应。

6）协助安全监控中心对项目管理单位、第三方监测单位的预警、响应及消警工作进行评价。

（5）第三方监测单位是所辖线路安全风险预警、响应及消警的技术责任主体。其主要职责如下：

1）为项目管理单位对所辖线路安全风险工程的预警、响应及消警管理工作提供技术支持，为施工单位、监理单位提供安全风险管理的技术指导。

2）第三方监测单位是所辖线路安全风险工程的预警责任主体，依据工程风险状况发布监测预警、巡视预警，提出综合预警建议。

3）建立所辖线路安全风险管理台账（含预警、响应及消警的动态管理台账），并定期上报安全风险咨询单位。

4）参与预警现场分析会、专家论证会，并依据监测数据和巡视信息提供咨询意见，参与消警现场分析会，协助项目管理单位进行消警审批。

5）核实并响应安全风险咨询单位发布的巡视预警或预警建议，并将现场状态或各单位的响应信息反馈到信息平台，履行相应消警程序。

6）跟踪施工单位、监理单位的预警、响应及消警的工作情况。

（6）施工单位是其所辖标段的安全风险预警、响应及消警的责任主体。其主要职责如下：

1）建立安全风险管理台账（含预警、响应及消警的动态管理台账），并定期上报第三方监测单位。

2）依据工程风险状况，对所辖工程发布巡视预警，提出综合预警建议。

3）分析出现预警的工程部位（或点位）的监测数据，发现异常及时处置并向建设单位、监理单位反馈。

4）依据预警情况及时参加现场分析会或专家论证会，并及时落实针对性处置措施。

5）对符合消警条件的工程，编制消警建议报告，并提出消警申请。

（7）监理单位是所辖标段的安全风险预警、响应及消警的监督主体。其主要职责如下：

1）建立安全风险管理台账（含预警、响应及消警的动态管理台账）。

2）依据工程风险状况发布巡视预警，提出综合预警建议。

3）依据预警情况及时召集相关单位召开现场分析会或专家论证会，并主持研究风险处置方案，监督落实。

4）检查施工监测点的布置和保护情况。比对、分析施工监测和第三方监测数据及巡视信息，发现异常时，及时向建设、施工单位反馈，并督促施工单位采取应对措施。

5）依据预警情况组织消警现场分析会，审查施工单位上报的消警申请。

（8）设计单位是制定所辖标段的监测控制标准的责任单位，参与预警响应及方案的确定，其主要职责如下：

1）依据相关规范、评估报告及类似工程经验，结合实际情况确定监测控制指标，必要时根据工程状况、信息反馈情况调整监测控制指标。

2）参与预警工程的专题分析与响应，必要时进行变更设计。

3)参与消警分析会。
(9)勘察单位是所辖标段的安全风险工程预警响应及消警的工程地质、水文地质技术支持单位。其主要职责如下:
1)根据项目管理单位要求参与预警工程的分析与响应。
2)对比分析勘察资料与现场揭露的实际工程地质、水文地质情况。
3)针对现场可能存在的不良地质情况,提出相关建议。
4)必要时依据工程需要进行补充或专项勘察。

13.3.4 预警分类与分级

工程监测预警是整个监测工作的核心,通过监测预警能够使相关单位对异常情况及时做出反应,采取相应措施,控制和避免工程自身和周边环境等安全事故的发生。工程监测预警需有一定的标准,并要按照不同的等级进行预警,因此,城市轨道交通工程监测应当制定工程监测预警等级和预警标准。

目前,我国城市轨道交通工程在建城市中,由于各地的建设管理水平、施工队伍的素质和施工经验,以及工程地质条件和施工环境不同,对工程监测预警的分级不尽相同,每级的分级标准也不完全一致。另外,由于城市轨道交通工程线路比较长,往往都要划分为若干个标段进行施工,为了便于预警工作的统一管理,通常由建设单位组织设计单位、施工单位、监理单位及相关专家,根据工程特点、监测项目控制值、当地施工经验等,研究制定监测预警等级和预警标准。

因此,《城市轨道交通工程监测技术规范》(GB 50911—2013)规定城市轨道交通工程监测应根据工程特点、监测项目控制值、当地施工经验等制定监测预警等级和预警标准。

工程监测预警的分类和分级可由各个城市根据自己的实际情况进行综合确定,以便于预警工作的管理。北京市在工程监测预警方面研究成果较多,可作为一定的参考依据。预警一般分为监测数据预警、现场巡查预警、监测综合预警3类和黄色、橙色和红色3个等级。工程实施中应依据风险工程级别、风险等级与类型不同,实施分层次响应、处置及消警管理。

1. 监测数据预警

监测数据预警是依据施工过程中监测点的实际监测值与设计单位提出的监测控制值(包括变形量、变化速率"双控"值)进行对比,确定监测对象(工程自身或周边环境)不安全程度的预警。按照实际监测值与监测控制值的接近或超出程度,由小到大分为黄色、橙色和红色三级监测预警。各级监测预警包括如下内容:

(1)黄色监测预警:"双控"实测值均超过相应监测控制值的70%时,或双控值之一超过相应监测控制值的85%时。

(2)橙色监测预警:"双控"实测值均超过相应监测控制值的85%时,或双控值之一超过相应监测控制值时。

(3)红色监测预警:"双控"实测值均超过相应监测控制值,或实测变化速率出现急剧增长时。

2. 现场巡查预警

现场巡查预警是施工过程中通过现场巡视、检查和分析，对工程自身或周边环境因存在安全隐患或处于不安全状态而进行的预警。根据其严重程度大小由小到大分为黄色、橙色和红色三级巡视预警。

3. 监测综合预警

监测综合预警是通过进一步分析监测数据预警和现场巡查预警的级别、数量及分布范围等情况，综合判定出风险工程总体不安全状态而进行的预警。按严重程度由小到大分为黄色、橙色和红色三级综合预警。综合预警宜通过现场核查、会商和专家论证等确定。其分级标准参考表13.3-1进行判定。

综合预警分级判定参考表　　　　　　　　　　表 13.3-1

预警级别	判 定 条 件		
	监测预警	巡视预警	风险状况评价
黄色	橙色或红色	黄色	存在风险隐患
橙色	橙色或红色	橙色	存在风险隐患，且出现危险征兆
红色	橙色或红色	红色	风险不可控或出现严重危险征兆

注：1. 综合预警的判定应同时具备监测预警、巡视预警、风险状况评价3列中的状态。
　　2. 监测数据缺失或无巡视预警的情况下，但工程出现危险征兆也应发布综合预警。其预警等级由发布单位依据风险状况及专业经验直接判定。

13.3.5 预警标准

1. 监测数据预警

（1）变形预警标准确定。

工程监测预警应在监测项目控制指标确定的基础上，取其数值的百分比进行预警、预报。目前，北京地区预警值一般取控制值的70%为预警值，80%为报警值，《地铁工程监控量测技术规程》（DB 11/490—2007）的具体规定见表13.3-2。

三级预警状态判定表　　　　　　　　　　表 13.3-2

预警级别	预警状态描述
黄色预警	实测位移（或沉降）的绝对值和速率值双控指标均达到极限值的70%~85%时；或双控指标之一达到极限值的85%~100%而另一指标未达到该值时
橙色预警	实测位移（或沉降）的绝对值和速率值双控指标均达到极限值的85%~100%时；或双控指标之一达到极限值而另一指标未达到时；或双控指标均达到极限值而整体工程尚未出现不稳定迹象时
红色预警	实测位移（或沉降）的绝对值和速率值双控指标均达到极限值，与此同时，还出现下列情况之一时：实测的位移（或沉降）速率出现急剧增长；隧道或基坑支护混凝土表面已出现裂缝，同时裂缝处已开始渗流水

注：对于桥梁监测，表中双控指标应为横向差异沉降值和纵向差异沉降值。

规定黄色预警时，监测组和施工单位应加密监测频率，加强对地面、建筑物，尤其是对雨污水管和有压管线的动态观察；橙色预警时，还应根据预警状态的特点进一步完善预警方案，对施工方案、开挖进度、支护参数、工艺方法等做检查和完善；红色预警时，应立即报警，立即采取补强措施，并经设计、施工、监理和建设单位分析和认定后，改变施工程序或设计参数，必要时应立即停止开挖，进行施工处理。

上海地区《上海地铁基坑工程施工规程》（SZ—08—2000）规定监测变形警戒值可按如下方法确定：

第一步：设计单位根据房屋管理部门、管线单位的规定，并针对周围建构（筑）物和管线的结构特点、地质条件、新旧情况等，通过分析计算提出整个开挖期间的最大变形允许值 $[\delta]$。

第二步：结合支护结构设计计算，制定各施工阶段的最大变形警戒值 $[\delta_i]$ 和变形速率警戒值 $[v_i]$：

$$[v_i] = \frac{[\delta_i] - [\delta_{i-1}]}{t} \quad (\text{mm/d，或每班次})$$

式中，$[\delta_i]$——本道工序下的最大变形警戒值；

$[\delta_{i-1}]$——上一道工序下的最大变形警戒值；

$[v_i]$——本道工序下的变形速率警戒值；

t——本道工序所需的天数或班次数。

广州、深圳地区警戒值取容许值的 80%。天津地区《天津地铁二期工程施工监测技术规定》的预警值取极限值的 80%～90%。其他城市也有相应的取值。北京地区在监测预警体系建设方面具有很好的经验，可以其取值为标准进行预警和预报。

对于复杂的风险等级较高的工程，如下穿既有线，一般将控制指标细分到各个施工步骤之中，工程监测预警时可取各个工序的控制指标数值的 70%～80%作为预警值进行预警。如首都国际机场线东直门站上跨下穿既有折返线工程监测中对施工关键工序进行隧道结构分步沉降控制与差异沉降控制，控制指标见表 13.3-3。

隧道结构变形控制指标　　　　表 13.3-3

关　键　工　序	沉降控制（mm）			差异沉降控制（mm）		
	预警	报警	控制	预警	报警	控制
折返线两侧基坑开挖	1.4	1.6	2.0	0.3	0.4	0.5
折返线上方土体开挖	−1.1	−1.2	−1.5	−0.3	−0.4	−0.5
折返线下侧导洞开挖	1.1	1.2	1.5	0.3	0.4	0.5
侧导洞内做桩、托梁	0.3	0.4	0.5	0.0	0.0	0.0
开挖中导洞并条基、托梁	2.1	2.4	3.0	0.7	0.8	1
导洞间土体开挖	0.7	0.8	1.0	0.3	0.4	0.5
拆除临时隔壁，施做顶板	1.1	1.2	1.5	0.6	0.7	0.8
顶板下盖挖完成下部结构	2.8	3.2	4.0	1.1	1.2	1.5
总沉降	9.4	10.8	13.5	—	—	—

（2）内力预警标准确定。

工程支护结构力学的控制值一般取设计允许内力值的 80%，也可根据设计允许内力值与实测值的比值大小划分为危险、注意和安全三个状态进行判别。如《基坑工程手册》（第二版 2009）中的划分（表 13.3-4）。

工程支护结构力学控制值预警状态表　　　　表 13.3-4

监测项目	判别的内容	预警状态				
		判别标准	安全	黄色预警	橙色预警	红色预警
墙体内力	钢筋拉应力	F_1＝实测（或预测值）拉应力/钢筋抗拉强度	$F_1<0.7$	$0.7 \leqslant F_1<0.85$	$0.85 \leqslant F_2<1.0$	$F_1>1.0$
支撑轴力	允许轴力	F_3＝实测（或预测值）轴力/允许轴力	$F_3<0.7$	$0.7 \leqslant F_3<0.85$	$0.85 \leqslant F_3<1.0$	$F_3>1.0$

注：支撑允许轴力为其在允许偏心下，极限轴力除以≤1.4 的安全系数。

警情报送是工程监测的重要工作之一，也是监测人员的重要职责，通过警情报送能够使相关各方及时了解和掌握现场情况，以便采取相应措施，避免事故的发生。

当监测数据达到预警标准时应进行警情报送，这就要求外业监测工作完成后，应及时对监测数据进行内业整理、计算和分析，发现监测项目的累计变化量或变化速率无论达到任何一级预警标准都要进行警情报送。

因此，《城市轨道交通工程监测技术规范》（GB 50911—2013）规定城市轨道交通工程施工过程中，当监测数据达到预警标准时，须进行警情报送。

2. 现场巡查预警

城市轨道交通工程监测应能够掌握工程建设整体性状的变化，能对工程安全状态做出迅速、及时的评价，进行实时安全监控。除了进行常规仪器监测以外，还应进行巡视监测。因为只有仪器监测和巡视监测相结合，才能全面掌握工程整体的变化规律。除及时对仪器监测资料进行处理、分析和评价外，巡视监测往往还能更迅速发现问题，从而能更加及时地采取措施解决问题，巡视监测是城市轨道交通安全监测的重要组成部分。

总结以往工程失事的经验和教训，不难发现仪器监测对城市轨道交通工程监测是绝对重要的，但不能仅仅满足于仪器监测本身，还须进行巡视监测以便相互补充。仪器监测在空间上和时间上是不连续的，会因此而不可避免地使一些工程安全隐患在仪器监测的范围和时间以外漏掉。仪器监测只能重点设置，仪器的埋设部位一般是人们事先分析、判断的工程关键部位或重要部位。但事实往往并不完全这样，险情很可能并不正好出现在有监测设备的部位；即使仪器监测到了可能存在的险情，也须及时整理分析观测资料，否则也难以及时预测事故的发生。因此，利用仪器监测时，无论是监测断面选择还是测点布置和测点数量都是有限的，而有限的监测断面和测点不可能完全涵盖整个工程的安全状态。

在工程实际中，各方面条件十分复杂，有时出现异常或疑点的部位有可能没有观测设备或漏测，或局部异常未能引起工程监测系统的反应，以至于没有捕捉到异常或疑点的前兆信息；另一方面仪器监测在时间上测读次数是间断的，险情发展迅速时不可能及时监测出来。但安全隐患在一定程度上会在外观上呈现出来，巡回检查可以发现工程裂缝是否发展，工程外表缺陷是否有突变等，这些都在提示着工程可能存在危险。工程实际表明，很多工程异常现象和安全隐患是由有经验的技术人员在现场巡视检查时发现的，而监测仪器的数据分析结果可能存在滞后性，不能及时发现险情而进行有效的处理。因此，巡视监测和仪器监测有着同等重要性和不可替代性，只有把巡视监测和仪器监测两者有效结合起来，才能更好地监控工程的安全状态。

人工巡视检查资料是事物的宏观反映，其中蕴涵了问题的本质，是预防城市轨道交通工程事故非常简便、经济而又有效的方法。为能完全监控整个工程体系的安全，掌握工程建设体系的安全状态和变化规律，除进行仪器监测外，还须由有丰富经验的技术人员进行巡视监测工作，以保证工程建设的安全、顺利开展。

《城市轨道交通工程监测技术规范》(GB 50911—2013)规定现场巡查过程中出现下列警情之一时，应根据警情紧急程度、发展趋势和造成后果的严重程度按预警管理制度进行警情报送：

（1）基坑、隧道支护结构出现明显变形、较大裂缝、断裂、较严重渗漏水、隧道底鼓，支撑出现明显变位或脱落、锚杆出现松弛或拔出等。

（2）基坑、隧道周围岩土体出现涌砂、涌土、管涌，较严重渗漏水、突水，滑移、坍塌，基底较大隆起等。

（3）周边地表出现突然明显沉降或较严重的突发裂缝、坍塌。

（4）建（构）筑物、桥梁等周边环境出现危害正常使用功能或结构安全的过大沉降、倾斜、裂缝等。

（5）周边地下管线变形突然明显增大或出现裂缝、泄漏等。

（6）根据当地工程经验判断，出现其他必须进行警情报送的情况。

3. 监测综合预警

监测综合预警应根据工程监测数据预警和现场巡视预警情况，结合工程及其周边环境的重要性、安全度等，按照预警事件发生的紧急程度、发展势态和可能造成的危害程度由大到小分为一级、二级、三级和四级，分别用红色、橙色、黄色和蓝色表示，一级为最高级别。

监测综合预警等级应考虑监测数据预警测点的数量、分布、工况工序、监测对象的重要程度等因素，结合现场巡视预警级别，并采用现场核查、综合分析和专家论证等手段进行综合判断确定，并决定是否先期采取险情处置或应急救援措施。

监测综合预警等级的划分标准应由地方政府组织有关部门、建设单位制定，并充分考虑各地城市轨道交通工程的特点、建设管理经验、社会经济水平和可接受能力等因素。

工程监测的综合预警，应在考虑工程风险等级的基础上，根据监测预警和巡视预警的情况进行分析判断，综合确定工程的预警等级。

监测预警的等级确定需考虑测点变形和变形速率是否超值、预警测点的数量多少、监测项目的重要程度、各监测项目的预警等级分布以及工程风险等级情况。可用下式表示：

$$D = \beta f_1(l_1, l_2, l_3)^{\alpha_1} f_2(l_1, l_2, l_3)^{\alpha_2} \cdots f_n(l_1, l_2, l_3)^{\alpha_n}$$

式中　　　　D——监测预警等级；

　　　　　　β——工程风险等级影响因子；

$f_1, f_2, \cdots, f_n$——不同的监测项目；

$\alpha_1, \alpha_2, \cdots, \alpha_n$——不同的监测项目的权重；

　　　　l_1, l_2, l_3——黄色、橙色和红色预警测点的数量。

监测预警中某个监测项目、监测测点的预警主要是针对具体的监测对象监测测点的预警，类似西医的"对症下药"，而考虑各个影响因素的整体监测结果预警是较为全面的工程安全监测预警，类似中医的"望、闻、问、切"整体性诊断和医治。作为重要手段，巡视预警（"望、闻"）是对监测预警的有机补充，在综合监测预警和巡视预警的基础上，根据工程的风险等级，综合确定是否预警，以及预警的具体等级。

13.3.6 预警发布

一般情况下，城市轨道交通工程监测预警信息应逐级往上报送，由监测预警实施层→建设单位项目管理层→建设单位公司（集团）层；上一级监控或管理层根据具体情况选择往下反馈，反馈信息：建设单位公司层→建设单位项目管理层→监测预警实施层，由监测预警实施层进行警情处理。

如北京市规定监测数据预警由信息平台依据设计控制值、预警标准与第三方监测单位的上传数据进行比对后自动发布。

现场巡查预警由施工、监理、第三方监测及安全风险咨询单位独立发布。一方发布预警后，在预警期内其他单位不得针对同一工程部位发布同类别、同等级的预警。

监测综合预警由项目管理单位依据风险工程的监测数据、现场巡视信息及风险状况评价，同时参考相关方提出的综合预警建议，经综合判定后发布。

现场巡查预警和监测综合预警均通过信息平台发布，发布时，发布单位应明确发布预警的具体工程部位、现场风险状况、初步原因分析、可能诱发的风险事件、处置建议等，并附相关工程部位的现场照片。

出现风险事件后，不得对发生风险事件的工程部位发布现场巡查预警或监测综合预警，但若风险事件可能引发次生灾害、邻近部位可能导致风险状况时，可发布预警。

现场巡查预警、监测综合预警现场确认后应及时以电话方式通知相关单位，并及时经信息平台等途径发布。

13.3.7 预警响应

工程监测预警发布后，相关单位应进行预警响应，及时采取相关控制措施，对警情进行处置，防止安全风险事故的发生、发展。如北京市规定相关各方应对已发布预警的工程部位及工程周边环境加强监测和巡视，施工单位应对预警部位及时采取必要措施，避免风险事件的发生。

各级风险工程发布预警后应对应进行响应，同时各相关方应将预警、响应及消警信息反馈到当期的日报、周报、月报中，并及时通过信息平台等途径发布。

若预警由安全风险咨询单位发布，安全风险咨询单位应参加现场分析会（第三方监测单位代为通知）。现场分析会应核实分析以下内容：核实预警信息；分析预警原因，包含技术因素、环境因素、管理因素等；判断风险工程的安全状态；确定具体的工程处置方案。

预警发布后，施工单位落实现场分析会商定的处置措施，监理单位监督，第三方监测单位等跟踪处置效果。各级风险工程依据预警的类别、等级实施相应的响应流程，详见图13.3-5～图13.3-7。

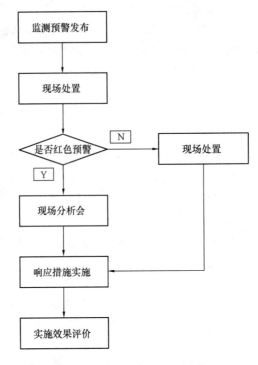

图 13.3-5 监测预警响应流程

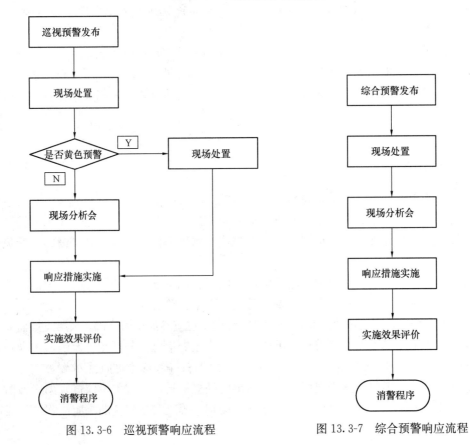

图 13.3-6 巡视预警响应流程　　图 13.3-7 综合预警响应流程

13.3.8 消警

工程实施过程中,通过相关技术措施与管理手段,达到消除工程隐患且具备解除警戒条件的,可进行消警。工程消警一般分为监测数据预警消警、现场巡查预警消警、监测综合预警消警三类。

北京市规定监测预警的消警分为两类:一类为信息平台自动消警(黄色、橙色、红色预警);另一类为人工消警(即阶段消警)。

监测数据预警的阶段消警、现场巡查预警消警、监测综合预警消警应在履行消警审批程序后,由预警发布单位在信息平台执行消警操作。安全风险咨询单位发布的预警,由第三方监测单位消警。

(1) 监测数据预警的阶段消警条件。

1) 明挖法:单层结构的结构封顶,双层或多层结构的负一层底板施工完成。

2) 盖挖法:盖挖顺作的负一层底板施工完成,盖挖逆作的结构施工完成。

3) 矿山法。

a. 区间及其附属结构。

标准断面(台阶法开挖):初支完成后,地表沉降收敛,且连续 14d 平均沉降速率<0.1mm/d。

标准断面(设临时支撑或临时仰拱):二衬施工完成后,地表沉降收敛,且连续 14d 平均沉降速率<0.1mm/d。

大断面多导洞施工:二衬施工完成后,地表沉降收敛,且连续 14d 平均沉降速率<0.1mm/d。

b. 车站主体。

PBA 法、洞柱法:二衬扣拱结束,地表沉降收敛,且连续 14d 平均沉降速率<0.1mm/d。

多导洞工法(CRD、双侧壁导坑等工法):二衬施工结束,地表沉降收敛,且连续 14d 平均沉降速率<0.1mm/d。

c. 车站附属结构。

结合断面尺寸及施工方法,参照上述矿山法中的消警条件执行。

4) 盾构法。

a. 区间:盾构通过后,地表沉降收敛,且连续 14d 平均沉降速率<0.1mm/d。

b. 区间联络通道:参照矿山法的区间及其附属结构的消警条件执行。

5) 特殊工法:根据工法特点及结构分析确定消警条件。

(2) 监测数据预警的阶段,消警由施工单位编写监测阶段消警申请,报监理单位审查后,并经项目管理单位批准后实施。消警流程见图 13.3-8。具体要求如下。

1) 预警消警后,相应工程尚未完工,施工单位及第三方监测单位仍应按监测方案进行监测和巡视,直至工程完工且沉降稳定。

2) 涉及产权单位的建(构)筑物阶段消警后,各单位应继续关注监测数据的变化,确保安全。

3) 阶段消警后,若后续施工导致监测项目发生监测数据异常,应再次预警。再次预

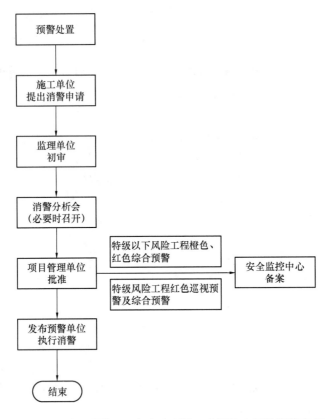

图 13.3-8 阶段消警、现场巡查预警、监测综合预警消警流程

警可由第三方监测或施工单位通知监理单位,并报项目管理单位后重新预警。

(3) 现场巡查预警、监测综合预警的消警应同时具备以下两个条件。

1) 导致发布预警的因素已得到妥善处置;

2) 周边环境、地铁自身结构处于安全状态。

(4) 现场巡查预警的消警由施工单位编写消警申请,经监理单位审查后,根据不同风险及预警等级,履行以下的审查程序。

1) 特级以下风险工程消警:项目管理单位批准后实施,消警流程见图 13.3-7。

2) 特级风险工程消警:项目管理单位批准后实施;红色预警的消警,须报安全监控中心备案,消警流程见图 13.3-8。

3) 消警单位需将消警申请、会议纪要及现场整改后照片等资料上传信息平台后,执行相关消警操作。

(5) 监测综合预警的消警由施工单位编写消警申请,报监理单位审查,由监理单位召集并主持消警分析会。各等级综合预警的消警,在监理单位初审后,须严格执行以下程序。

1) 特级以下风险工程监测综合预警的消警:项目管理单位批准后实施;橙色和红色综合预警,须报安全监控中心备案,消警流程见图 13.3-8。

2) 特级风险工程的监测综合预警的消警:项目管理单位批准后实施,安全监控中心备案,消警流程见图 13.3-8。

3) 项目管理单位将消警申请等资料上传信息平台后,执行相关消警操作。

第 14 章　线路结构变形长期监测

14.1　概述

当前随着城市轨道交通工程的迅猛发展，中国投入运营的线路里程超过了 1700km。运营地铁线路的质量安全问题也日益显现。北京、上海、广州等地方相继出现了一些隧道不均匀沉降、开裂、渗漏等工程问题，这些问题大多与地质条件有关。

对城市轨道交通工程而言，地质体具有双重性，其既是工程的载体，又是工程施工改造的对象。对于百年工程而言，地质条件是基础，是重中之重。地质条件对工程结构的风险作用主要包括以下方面。

（1）地基变形导致地铁结构损害。

隧道开挖挖除土的重量一般大于隧道结构本身的重量，其地基承载力不是问题，但隧道的地基问题不仅仅是强度问题，还包括变形问题。变形问题包括不均匀沉降和过大沉降，可导致隧道结构的变形错位、隧道开裂、防水破坏、隧道渗水，严重时影响行车安全。

北京地铁 1、2 号线经过几十年的运行，受地基不均匀沉降和周边施工扰动影响，已经出现多处结构裂缝和渗漏水现象。上海投入运营的几条地铁隧道全线发生轴线变形和地面沉降，1 号线某区段隧道轴线沉降量已超过 30cm，造成地铁隧道管片破裂、渗水、漏泥等现象，影响了地铁的正常运营。

目前，隧道地基不均匀沉降导致的隧道结构开裂和渗漏水，已经成为影响运营地铁隧道结构质量安全的主要问题。经分析，地铁隧道沉降产生的原因主要有土体自然固结沉降、周边降水引起地面沉降、周边高楼大厦或地面超载引起地面沉降、周边临近施工扰动导致地层损失引起地面沉降、地铁列车运营振动引起地面沉降等几个方面，这几个方面均与地质基础密切相关。

（2）周边施工扰动导致结构隧道遭受破坏。

目前，地铁线路周边工程施工扰动，已经成为影响地铁隧道结构安全的重要问题，运营线路的保护问题越来越突出，相关案例不断出现。

某房地产开发商在地铁隧道侧边开挖基坑，导致隧道位移管片开裂。隧道结构水平位移累计变化量 46.7mm，十天变化量达 13mm。某地铁线路由于隧道上部堆载了 7m 高的煤炭，导致隧道管片破裂。某盾构隧道地面上方大面积堆土，堆土高度普遍为 4～5m 左右，个别位置达到 10m。左线轨道最大沉降量为 47mm，右线轨道最大沉降量为 56mm，出段线轨道最大沉降量为 139mm。多处隧道管片出现裂纹及漏水，最大缝宽达到了 2mm。某开发商在隧道上部开挖基坑，地质体卸荷回弹导致地铁隧道结构上浮。

由于软土具有灵敏度高、抗变形能力差等特点，周边施工造成的地层扰动较其他地区更大，使地铁结构容易出现过大的变形，严重时可导致隧道结构的开裂、渗漏。因此，软土地区更应注意运营线路周边的施工扰动问题。

(3) 地下水作用导致地铁结构损害。

地下水作用包括物理作用和化学作用，主要作用方式为地下水对地铁结构的浮力、压力和腐蚀作用。目前比较突出的是浮力作用，地下水位埋深较浅时，地下水的浮力可导致地铁结构的上浮。

如南方某城市地铁施工中就发生过因注浆不及时，隧道结构在地下水作用下产生上浮；南方某城市曾发生过受高承压水影响，地铁隧道产生道床隆起事件；北京地区也曾发生过未施工完成的地下车库因地下水位上升引起上浮，在地下水作用下上浮 1m 多的现象。

因此，应注重抗浮设防水位的研究工作。抗浮设防水位是地下工程设计的一个重要参数，涉及地下工程结构的安全、工期和造价。抗浮设防水位与地下水埋藏条件、地下水位、补给、排泄及地下水开采、大气降水、地层组合关系、施工回填质量等因素有关，确定难度较大，各地尚未形成统一标准，需开展系统、深入的研究工作。

(4) 不良地质作用对地铁结构的危害。

地裂缝、地面沉降等不良地质作用可对地铁结构造成较大的危害。地裂缝可使地铁结构出现较大差异变形、开裂；区域地面沉降可导致工程结构的整体沉降，在变形漏斗区的边缘可使结构出现较大的差异沉降。因此，地铁运营线路应重视不良地质作用的影响。

综上所述，受工程地质条件、施工方法和施工过程中诸多不确定因素的影响，以及运营期间列车动荷载和邻近工程施工的影响，城市轨道交通线路结构在其施工及运营期间会发生不同程度的位移变形，往往会影响到线路结构安全和列车运营安全。因此，城市轨道交通工程施工及运营期间，应对其线路中的隧道、高架桥梁、路基和轨道结构及重要的附属结构等进行竖向位移监测，必要时还应对隧道结构进行净空收敛监测。

线路结构的变形监测主要为保证线路结构安全和运营安全提供监测数据资料，监测方案的编制应满足线路结构安全和运营安全管理的实际要求。线路结构变形监测应根据线路结构形式、地质与环境条件，结合运营安全管理的要求编制监测方案。监测方案的内容也应包括监测项目、监测范围、布点要求、监测方法、监测期与频率、现场监测作业时段、人员设备进出场要求等。监测方案中宜考虑监测工作的连续性、系统性，宜包括施工阶段延续的监测项目，作为运营阶段线路结构的监测项目。

遇到下列情况时，应对相关区段的线路结构进行变形监测，并应编制专项监测方案：

1) 不良地质作用对线路结构的安全有影响的区段；

2) 存在软土、膨胀性土、湿陷性土等特殊性岩土，且对线路结构的安全可能带来不利影响的区段；

3) 因地基变形使线路结构产生不均匀沉降、裂缝的区段；

4) 地震、堆载、卸载、列车振动等外力作用对线路结构或路基产生较大影响的区段；

5) 既有线路保护区范围内有工程建设的区段；

6) 采用新的施工技术、基础形式或设计方法的线路结构；

7) 其他需要监测的区段或部位。

14.2 监测内容和技术要求

14.2.1 监测基准点

考虑到监测数据的连续性、变形可对比性和监测工作的经济性，应充分利用施工阶段的监测点开展延续项目的监测工作。监测基准点也应尽量利用施工阶段布设的基准点，当基准点的位置或数量不能满足现场观测要求时可重新埋设，其位置和数量要根据整条线路情况统筹考虑。线路结构变形监测中采用的监测点应保证可靠、稳定，基准点或监测点被破坏时要及时恢复。因此，基准点的位置或数量应根据整条线路情况统筹考虑，利用施工阶段布设的基准点时，应检查基准点的可靠性。

14.2.2 隧道结构及路基监测

1. 隧道结构和路基竖向位移及差异沉降

隧道结构和路基监测项目主要为竖向位移、差异沉降等，应及时发现其过量沉降和过大差异沉降，防止隧道结构不均匀沉降、开裂、渗漏，影响行车安全。隧道、路基的竖向位移监测点主要布设在容易产生竖向位移或差异沉降的位置，一般应布设在如下位置：

（1）在直线地段宜每100m布设1个监测点。

（2）在曲线地段宜每50m布设1个监测点，在直缓、缓圆、曲线中点、圆缓、缓直等部位应有监测点控制。

（3）道岔区宜在道岔理论中心、道岔前端、道岔后端、辙叉理论中心等结构部位各布设1个监测点，道岔前后的线路应适当加密监测点。

（4）线路结构的沉降缝和变形缝，车站与区间衔接处，区间与联络通道衔接处，附属结构与线路结构衔接处应有监测点或监测断面控制。

（5）隧道、高架桥梁与路基之间的过渡段应有监测点或监测断面控制。

（6）地基或围岩采用加固措施的轨道交通线路结构或附属结构部位应布设监测点或监测断面。

（7）线路结构存在病害或处在软土地基等区段时，应根据实际情况布设监测点。

（8）地下车站主体结构：监测点布设在道床上，每个车站布设3个监测断面，每个断面左、右线各布设一个沉降监测点。

标准长度车站（160～200m）：在地下车站站台层纵向的1/4、1/2和3/4处各布设1个监测横断面，每个断面的左、右线上各布设一个监测点，点位布设在道床轨道中间。车站长度大于200m时，按50m间距增设沉降监测点。

对于采取高等减振措施、特殊减振措施（钢弹簧浮置板）的结构区段来说，由于特殊减振措施自身会有一定的变形发生，在道床上布设监测点的同时，应在同一横断面的结构上布设监测点。

（9）区间隧道主体结构：监测点布设在道床上。

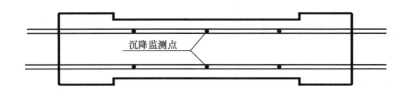

图 14.2-1　标准长度车站结构沉降监测点布置示意图

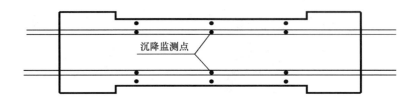

图 14.2-2　特殊减振地段地下结构沉降监测点布置示意图

对于铺设一般道床的地段而言，沉降监测点应布设在整体道床上，并位于线路中心线上的两根轨枕中间。

监测点标志采用φ8mm膨胀螺栓，按设计位置钻孔埋入。埋设形式如图14.2-3所示。监测点埋设不得影响地铁设施，测点埋设稳固，做好清晰标记，方便保存。

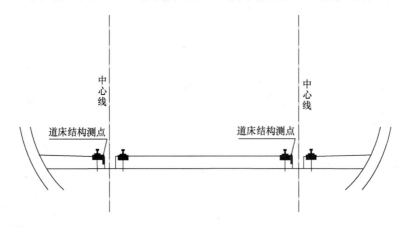

图 14.2-3　监测点埋设形式图

监测点埋设应注意：监测点位于两根轨枕中间，避开道床伸缩缝、隧道结构变形缝，避开管片接缝；监测标志避开道床上层钢筋，不影响管片上其他重要管线的通过。

对于采取高等减振措施、特殊减振措施（钢弹簧浮置板）的地段，除了在道床上布设监测点外，应在同一横断面的行车方向右侧盾构隧道结构上布设监测点，以便更进一步掌握隧道结构的沉降情况。

（10）车站与隧道交接处：对运营线路控制差异沉降尤为重要，因此，在车站结构、

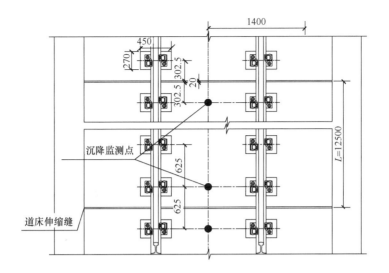

图 14.2-4 盾构隧道沉降监测点布设示意图

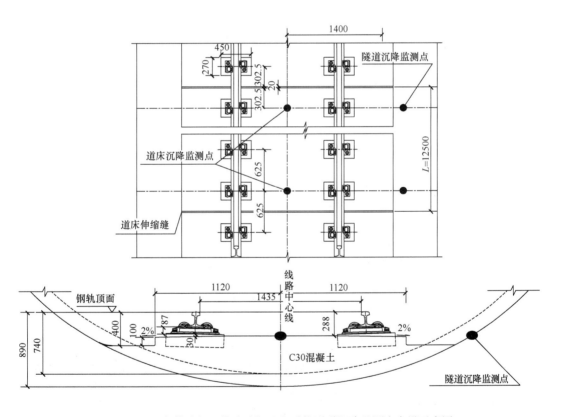

图 14.2-5 高等减振、特殊减振地段盾构隧道沉降监测点布设示意图

明挖矩形隧道与区间盾构隧道交接处、明挖结构和隧道变形缝处两侧道床轨道中间，应各布设一个监测点，左、右线各布设 1 对，对于地下车站每座车站共布设 4 对。

（11）联络通道沉降监测点布设：每个联络通道布设两个沉降监测点，且和联络通

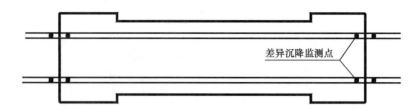

图 14.2-6 车站与隧道交接处结构差异沉降测点布置示意图

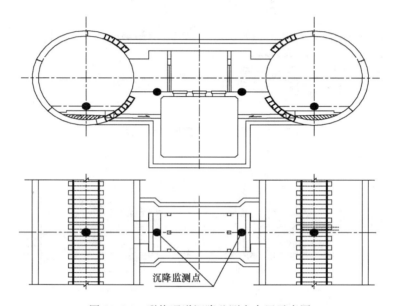

图 14.2-7 联络通道沉降监测点布置示意图

道中心相交的隧道中心处应布设一个沉降监测点,便于监测联络通道和隧道的差异沉降值。

2. 隧道结构净空收敛

需开展隧道结构净空收敛监测时,监测点一般布设在隧道结构拱顶、拱底、两侧拱腰处,隧道拱顶、拱底的净空收敛监测点可兼作竖向位移监测点。净空收敛测线宜为1~3条。车站监测断面间距宜为5~10m,区间监测断面间距宜为10~15m,也可根据工程实际需要确定。净空收敛监测可采用收敛计、全站仪或红外激光测距仪等方法。

隧道净空收敛监测点以膨胀螺钉固定在管片左右两腰,利用收敛仪测出两点间的距离。根据不同断面形式及行车限界,在断面上选择与行车密切相关的位置或设计提出的位置,测定其与线路中线的关系。隧道形式有圆形、马蹄形、矩形,其断面测量位置如图14.2-8、图14.2-9所示。

隧道净空收敛监测可采用解析等方法进行测量,也采用不低于Ⅲ级全站仪或三维激光扫描仪进行测量。

(1) 全站仪测量方法是将平面坐标引测到中板平面控制点上,在控制点上设站,用全站仪解析法对车站和区间隧道的结构横断面进行测量,分别量取一定里程上的线路中线3个不同高度到边墙的距离,计算其差值;以及板底、板顶高程。

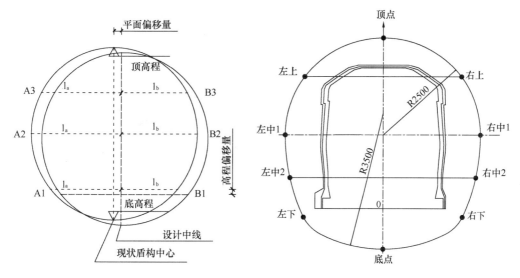

图 14.2-8 圆形、马蹄形隧道净空断面测量点位示意图

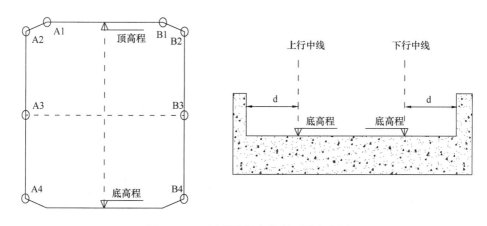

图 14.2-9 矩形隧道净空断面测点位置

（2）三维激光扫描仪测量方法是将离散点云聚合，构建模型。依据设计数据对模型进行任意间距的剖切（例如 1m），得到一组若干条断面线，间距为 1m，输出断面即可得到该里程下任意高度的线路中线到边墙的距离，以及板顶、板底高程。如图 14.2-10 所示。

隧道净空收敛监测精度要求为：①断面位置里程误差应不大于±50mm；②断面测量误差应小于±10mm；③断面点高程的测量误差应小于±10mm。

14.2.3 地面建筑及高架桥监测

附属设施、车辆基地的重要厂房等建（构）筑物的监测项目主要为竖向位移、水平位移、倾斜和裂缝，应根据实际需要明确具体的监测项目，严格按照建（构）筑物的监测要求开展监测工作，相关监测要求应符合国家现行标准《建筑变形测量规范（附条文说明）》（JGJ 8—2007）的有关规定。

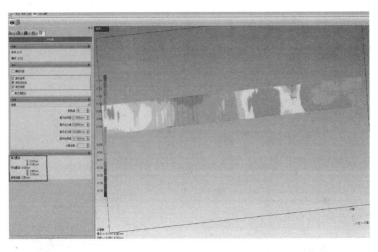

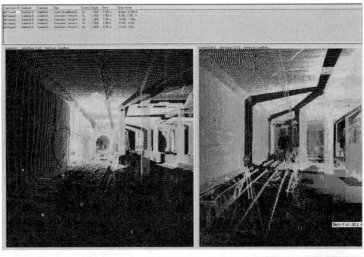

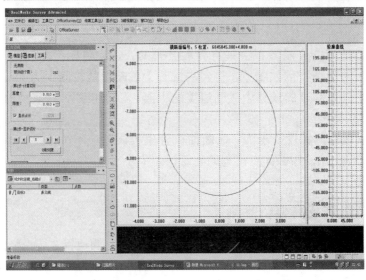

图 14.2-10 三维激光扫描仪测量

城市轨道交通高架桥梁监测项目主要为墩台竖向位移、墩台差异沉降、墩柱倾斜、梁板应力、裂缝等，也应根据实际需要明确具体的监测项目，严格按照城市桥梁的监测要求开展监测工作。一般墩台竖向位移监测要求每一桥墩均宜布设监测点。

隧道结构的变形监测一般需在列车停运的时间段进行，难以反映列车运营时隧道结构的变形情况。同时，由于人工监测频次的限制，很难满足一些特殊监测的需要。远程自动化监测具有数据采集和传输快、精度高、稳定性强，安装灵活，不受环境条件限制，可实现24小时全天候监测等特点，可以弥补人工监测的不足。对于存在较大安全风险、特别重要地段的城市轨道交通线路结构监测宜采用远程自动化的监测方法，以实时监测线路结构的变形变化情况。

14.2.4　现场巡视

现场巡查工作也是城市轨道交通线路结构变形监测的重要手段，一般隧道结构变形应巡查盾构法修建隧道已安装管片的变形、破损、开裂、错台、渗漏水情况，矿山法修建隧道二次衬砌结构的变形、开裂、剥离、掉块、渗漏水情况，以及隧道结构变形缝差异沉降等。轨道结构（道床）应巡查沉降、水平位移、扭曲、开裂等变形情况。此外，还应巡查隧道装修装饰、运营设备变形、渗漏水情况等。

地面建筑、高架桥等应巡查裂缝位置、数量和宽度，混凝土剥落位置、大小和数量，设施能否正常使用等。

对于线路保护区内的建（构）筑物、桥梁等也应开展巡查工作，巡查周边路面或地表的裂缝、沉陷、隆起等情况，巡查工程周边开挖、堆载、打桩等可能影响线路结构安全的生产活动等。

14.2.5　监测频率

因地质条件、结构型式、周边环境及施工方法的不同，各地及不同区段等轨道交通线路结构达到完全稳定的持续时间有很大的差异，沉降速率和最终沉降量也各不相同。因此，线路结构的监测频率可以根据各自的实际情况确定，以能够及时、准确、系统地反映线路结构变形为确定原则。一般要求线路结构监测频率如下所述。

（1）线路结构施工和试运行期间的监测频率宜为1～2个月监测1次，当线路结构变形较大或地基承受的荷载发生较大变化时，应增加监测次数。

（2）线路运营初期第一年内的监测频率宜为每3个月监测1次，第二年宜为每6个月监测1次，以后宜每年监测1～2次。

（3）线路结构存在病害或处在软土地基等区段时，应根据实际情况适当提高监测频率。

第15章 监测成果及信息反馈

15.1 概述

城市轨道交通工程建设过程中，为保证地下工程施工和周边环境的安全，需要建立一套严密、科学的监测体系，在施工过程中对工程支护结构和周边环境对象开展监测工作，及时分析、判断、预测施工中可能出现的情况，并采取相应的安全控制措施，将施工对周边环境对象的影响程度降低到最低，实现城市轨道交通工程建设的信息化设计和施工。监测成果整理和信息反馈工作是工程监测的核心技术内容，信息反馈的主要目的如下：

（1）将工程监测的地下工程围岩和支护结构稳定状况及时提供给设计单位和施工单位，以便于采取有效的控制措施，确保地下工程施工的安全。

（2）根据工程监测获得周边建（构）筑物、城市桥梁、地下管线和城市轨道交通既有线等环境对象的变形、变化情况，判断施工对周边环境对象的影响程度和周边环境对象自身的安全状态，以制定合理的环境对象保护措施。

（3）为设计、施工和监理等单位提供信息化通道，以确保地下工程信息化设计与施工工作的开展。

（4）为城市轨道交通地下工程信息化设计与施工工作积累资料，提高地下工程的设计和施工水平。

15.2 监测成果整理与分析

城市轨道交通工程监测成果主要包括现场实测资料和室内数据处理成果两大类。通过仪器监测、现场巡查和远程视频监控等手段获得各类现场实测资料后，需及时进行计算、分析和整理工作，将现场实测资料转化为完整、清晰的分析处理成果。室内数据处理成果可以采用图表、曲线等直观且易于反映工程安全问题的表现形式，同时对相关图表、曲线也应附必要的文字说明。在某个阶段或整个过程的监测工作完成后，应形成书面文字报告，对该阶段或整个监测工作进行总结、分析，提出相关分析结论和建议。

现场监测资料宜包括外业观测记录、现场巡查记录、记事项目以及仪器、视频等电子数据资料。外业观测记录、现场巡查记录和记事项目应在现场直接记录在正式的监测记录表格中。工程现场仪器监测应将不同监测项目的实测结果记录到规定的表格中，以便于监测数据的清晰记录和后续的计算、对比和分析。全站仪等可以自动记录现场监测数据的监测仪器，应保存相应的电子数据资料，以便于实测数据的复核和比对，防止实测出现纰漏。现场巡查工作应填写巡查记录表格，将实际巡视检查结果言简意赅地进行记录。远程视频监控应保存好视频监控录像资料，填写相关视频成果保存记录，便于远程视频监控成果的查找和调用。

现场监测资料应与工程实际情况相结合，描述线路名称、合同段、工点名称、施工工法、施工进度等工况资料，以使监测成果与实际工程情况更好地结合，便于分析监测对象的安全状态。因此，监测记录表格中应有相应的工况描述。

现场监测工作会受自然环境条件变化（气候、天气等）和人为因素（施工损坏监测点等）的影响，仪器监测成果可能因为监测仪器、设备、元器件和传感器等问题出现偏差，当传感器受施工影响出现故障或损坏时，可能给出错误的监测数据。因此，完成现场监测后，应对各类资料进行整理、分析和校对。当发现监测数据波动较大时，应分析是监测对象实际变化还是监测点或监测仪器问题所致。难以确定原因时，应进行复测，防止错误的监测数据影响监测成果的质量。因此，取得现场监测资料后，应及时对监测资料进行整理、分析和校对，监测数据出现异常时，应分析原因，并宜进行现场核对或复测。

对监测数据应及时计算累计变化值、变化速率值，并绘制时程曲线，必要时绘制断面曲线图、等值线图等，并应根据施工工况、地质条件和环境条件分析监测数据的变化原因和变化规律，预测其发展趋势。

监测数据的时程曲线可直观、形象地反映监测对象的位移或内力的发展变化趋势及过程，依此判断监测对象的安全状态和发展变化情况。因此，各类监测数据均应及时绘制成相应的时程曲线。监测断面曲线图、等值线图等可以反映监测断面或监测区域的整体变化，以及不同监测部位之间的相互联系及内在规律，对整体分析工程安全状态起着很好的作用。

目前，监测信息分析和预报的方法很多，但主要的可分为经验统计分析预测法和力学模型分析预报法等两大类。经验统计分析预测法，是以现场监测数据为基础，借助于各种数理统计方法建立预报模型，以实现对反馈信息进行分析和今后变化趋势进行预测的一类方法。经验统计预报法是一类传统的常用的方法。在现行的监测信息分析和预报法中，相当一部分都属于这一类方法。

力学模型分析预报法，是指将围岩变形、破坏的发展过程视为某种力学模型的变化，从而建立起围岩的预报模型，并以此来预报监测对象变化趋势的一类方法。对于利用力学模型来分析实测数据和预报被监测对象在今后的发展变化来说，最大问题是具体的力学模型和力学参数是否符合实际。但要选择比较符合实际情况的力学模型和相应参数却非常困难。在这种情况下，反演方法将起重要作用。

正因为监测信息分析和据此进行预测预报十分重要，所以国内外的研究成果很多。被提出的具体方法也很多，而且新的方法还在不断地被提出来。目前较常用的几种监测信息分析和预报方法包括散点图法（监测曲线形态判断法）、回归分析、灰色系统、时间序列分析、位移时空综合分析法和反演正算综合预测法等。其中，属于力学模型分析预报的方法很少，如反演正算。

15.2.1 散点图法

散点图法即基于监测物理量与时间关系曲线的监测曲线形态判断法。地下工程地质条件和施工工序的复杂性以及具体监测环境的不同，施工导致围岩与支护结构的变形并不是单调的增加，因受地质条件和施工工艺的影响，围岩与结构变形随时间的变化，在初始阶段是呈波动的，然后逐渐趋于稳定。在监测数据整理中，可将监测结果与时间的对应关系绘制成位移-时间曲线的散点图。

图中纵坐标表示位移量，横坐标表示时间。在图中应注明监测时工作面施工工序和开挖工作面距监测断面的距离，以及工程的具体条件，如埋深、地质条件、支护参数等，以便分析不同埋深、地质条件、支护参数等情况下，各施工工序、时间、空间与监测数据的关系。

根据不同工程的具体情况，也可将通过计算求得的监测间隔时间、累计监测时间、监测位移值、累计位移值、当日位移速率、平均位移速率等列成表格并绘制成图，根据围岩（支护结构）位移-时间曲线，找出不同时刻围岩（支护结构）的位移值和位移发展趋势，预测围岩与支护结构可能出现的位移最大值，进而判断其安全性和是否侵入净空。同时对位移速率进行分析，判断围岩与支护结构的稳定性和支护结构的可靠性。

一般而言，当某段曲线接近水平时，说明该被监测对象在该段时间内处于稳定或基本稳定状态；如曲线逐渐向上抬起或向下弯曲，则说明该处岩土体有所变化，而且曲线变化越陡说明其变化越激烈。但如果曲线发生突然变化，那么这一现象有可能是即将发生塌方的重要前兆。显然，大幅度的突变，将预示着大的变化。这就是根据被监测物理量与时间关系曲线进行监测信息分析和发展趋势预报的曲线形态判断法。该法通常是依靠有经验的工程师们的目测进行的。但也将借助于曲线各点的斜率（即变化速率）及其变化趋势来进行预测。

时间-位移曲线和距离-位移曲线的正常曲线和反常曲线见图 15.2-1。

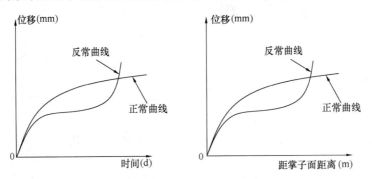

图 15.2-1 时间-位移曲线和距离-位移曲线正常与反常趋势图

正常曲线中位移的变化随时间和掌子面距离向前推进而渐趋稳定，说明围岩处于稳定状态，支护系统是有效、可靠的；反常曲线中出现了反弯点，说明位移出现反常的急剧增长现象，表明围岩和支护结构已呈不稳定状态，应立即采取相应措施，并加强监测频率，以确保安全。

15.2.2 回归分析

由于偶然误差的影响使监测数据具有离散性，根据实测数据绘制的位移随时间而变化的散点图出现上下波动，很不规则，难以据此进行分析。回归分析法是一种研究变量之间相关关系的统计方法。在大量监测数据的基础上，找出变量之间的内部规律，相应的计算方法和理论称为回归分析。根据各应变量之间的不同关系，回归分析还可分为线性回归分析和非线性回归分析等两类。

1. 一元线性回归分析

一元线性回归分析是研究两个变量呈线性变化的问题。在对一组监测结果进行数据处理时，通过回归分析找出两个变量的函数关系的近似表达式，即经验公式。

首先将实测位移（y 轴）与对应的时间（x 轴）列表并作散点图。如果这些点近似在一条直线上，就可以认为位移随时间的变化是线性的，即 $y=f(x)$ 是线性函数，可用 $y=ax+b$ 函数进行回归，用最小二乘法求回归系数 a、b。

最小二乘法原理如下：

$$M = \sum_{i=1}^{n} (y_i - \overline{y_i})^2 = \sum_{i=1}^{n} (y_i - a - bx_i)^2$$

如果上式取最小值，显然有：

$$\frac{\partial M}{\partial a} = -2 \sum_{i=1}^{n} [y_i - (a + bx_i)] = 0$$

$$\frac{\partial M}{\partial b} = -2 \sum_{i=1}^{n} (y_i - a - bx_i) x_i = 0$$

得回归系数 a, b，计算式（15.2-1）和式（15.2-2）。

$$a = \overline{y} - b\overline{x} \tag{15.2-1}$$

$$b = \frac{\sum_{i=1}^{n} x_i y_i - \frac{1}{n} \sum_{i=1}^{n} x_i \sum_{i=1}^{n} y_i}{\frac{1}{n} \sum_{i=1}^{n} x_i^2 - \frac{1}{n} (\sum_{i=1}^{n} x_i)^2} \tag{15.2-2}$$

判断回归方程的拟合性，除靠专业技术人员的经验外，还要分析回归方程的相关性或精度。用式（15.2-3）计算剩余标准差 s 和用式（15.2-4）计算相关系数 r，r 的绝对值越接近 1，则线性关系越好，剩余标准差 s 越小，则回归精度越高。

$$s = \sqrt{\frac{1}{n-2} \sum_{i=1}^{n} (y_i - \overline{y_i})^2} \tag{15.2-3}$$

$$r = b \sqrt{\frac{\sum_{i=1}^{n} (x_i - \overline{x_i})^2}{\sum_{i=1}^{n} (y_i - \overline{y_i})^2}} \tag{15.2-4}$$

2. 非线性回归分析

如果两个变量之间不是线性关系，则处理两个变量间的关系问题属于一元非线性回归问题。一元非线性回归的步骤是：根据监测数据的散点图的特征，选择某一曲线函数，如指数函数、对数函数等进行回归。如果函数能变换为线性函数的形式，则回归时先将上述函数进行数学变换后，使其变为线性函数的形式；然后用一元线性回归的方法。

如果函数不能变换为线性函数的形式进行回归，可用最小二乘法进行迭代回归，方法简述如下：

$$Y = f(x, \{b\})$$

式中，z 为变量；$\{b\} = [b_1, b_2, \cdots, b_n]^T$ 为欲求的回归系数。设 $\{b_0\}$ 为 $\{b\}$ 的初始近似

值，将 $Y = f(x, \{b\})$ 用泰勒级数展开，并取其近似值。

$$f(x, \{b\}) \approx f(x, \{b_0\}) + \sum_{j=1}^{m} \frac{\partial \rho_0}{\partial b_j} \delta_j$$

其中

$$\delta_j = b_j - b_{j_0} \quad j = (1, 2, \cdots, m)$$

即 $\{\delta\} = \{b\} - \{b_0\}$，$\rho_0 = f(x, \{b_0\})$，当 $x = x_i$ 时，相应函数值为

$$f(x_i, \{b\}) = f(x_i, \{b_0\}) + \sum_{j=1}^{m} \frac{\partial f_{i0}}{\partial b_j} \delta_j$$

其中

$$\frac{\partial f_{i0}}{\partial b_j} = \frac{\partial f_0}{\partial b_j} \bigg| x = x_i$$

对于给定的一组实测数据 $(\{x_i\}, y_i)(i = 1, 2, \cdots, n)$ 要求选取合适的回归系数 $\{b\}$，使得

$$Q = \sum_{i=1}^{n} [y_i - f(x, \{b\})]^2 = \min$$

式中：$\{b\}$ 即为所求的回归系数。

$$Q = \sum_{i=1}^{n} \left[y_i - f(x, \{b_0\}) - \sum_{j=1}^{m} \frac{\partial f_{i0}}{\partial b_j} \delta_i \right]^2$$

令 $\frac{\partial Q}{\partial \delta_k} = 0 \quad k = (1, 2, \cdots, m)$，对于 $k = 1 \sim m$，均可写出

$$\sum_{j=1}^{m} \left[\delta_j \sum_{i=1}^{n} \frac{\partial f_{i0}}{\partial b_k} \left(\frac{\partial f_{i0}}{\partial b_j} \right) - \sum_{i=1}^{n} \frac{\partial f_{i0}}{\partial b_k} [y_j - f(x_i, \{b_0\})] \right] = 0$$

引入记号：$a_{kj} = \sum_{i=1}^{n} \frac{\partial f_{i0}}{\partial b_k} \left(\frac{\partial f_{i0}}{\partial b_j} \right) k = (1, 2, \cdots, m), c_k = \sum_{i=1}^{n} \frac{\partial f_{i0}}{\partial b_k} [y_j - f(x_i, \{b_0\})]$

则可写出 $[a_{kj}]\{\delta_j\} = \{c_k\}$。

求解线性方程组的 $\{\delta\}$

令 $\{b_1\} = \{b_0\} + \{\delta\}$

其中，b_1 即为回归系数的第一次近似，若不能满足精度要求，用 $\{b_1\}$ 取代 $\{b_0\}$ 重复前面的计算，直至求解出 δ 足够小为止。

回归时应注意以下几点：

（1）回归分析要有足够多的数据，一般应在连续监测 1 个月以后进行。

（2）实际发生位移的时间 t_0 都在埋设测点前（地表沉降除外），t_0 是未知的，应考虑 t_0 的影响，使函数拟合的更真实。

常用的回归分析函数包括：

1）对数函数，如：

$$u = a \lg(t+1)$$
$$u = a + b \lg(t+1)$$
$$u = a + \frac{b}{\lg(t+1)}$$

2）指数函数，如：

$$u = ae^{-b/t}$$
$$u = a(1-e^{-b/t})$$

3）双曲函数，如：
$$u = t/(at+b)$$
$$u = 1/bt$$
$$u = a\left[1-\left(\frac{1}{1+bt}\right)^2\right]$$

式中　u——变形值（或应力值）；
　　　a,b——回归系数；
　　　t——测点的观测时间（d）。

15.2.3　灰色系统

灰色系统理论将随机量看作是一定范围内变化的灰色量，将随机过程看作是在一定幅值、一定时区变化的灰色过程。它的基本思想是把无规则的原始数据序列进行累加生成为有规律的数据序列，然后进行建模预测。

灰色系统的预测主要以 GM（m，n）模型为基础。这里的 m 为模型微分方程的阶数；n 为预测变量的个数。其预测内容一般包括：数列预测、灾变预测、季节灾变预测、拓扑预测等方面。

现在应用较多的是数列预测中 GM（1，1）模型。该模型仅为一阶和一个变量。

设原始数据序列为：
$$X(0) = (X(0)(1), X(0)(2), \cdots, X(0)(N))$$

将原始序列作一次累加生成，可得序列：
$$X(1) = (X(1)(1), X(1)(2), \cdots, X(1)(N))$$

其中：
$$X^{(1)}(k) = \sum_{i=1}^{k} X^{(0)}(i) \quad (k=1,2,3,\cdots,N)$$

由 X（1）可建立下述白化形式的方程：
$$\frac{dX^{(1)}}{dt} + aX^{(1)} = u$$

参数列为：
$$\hat{\alpha} = \begin{bmatrix} a \\ u \end{bmatrix}$$

若按最小二乘法求 $\hat{\alpha}$，则可得白化形式微分方程的解为：
$$\hat{X}^{(1)}(k+1) = \left[X^{(0)}(1) - \frac{u}{a}\right]e^{-ak} + \frac{u}{a}$$

由于 $\hat{X}^{(1)}(k+1)$ 是通过灰色预测模型计算出的数值的一次累加生成值，所以必须还原才能得到真实的变形值。对于第 K 个时刻，其变形值为：
$$\hat{X}^{(0)}(k) = X^{(1)}(k) - X^{(1)}(k-1) \quad k=2,3,\cdots,N$$

按数据的不同取舍，常用的 GM（1，1）模型一般有以下 3 种：

（1）老模型：用原始数据建立的模型（即为全数列模型）。

（2）新息模型：即每增加一个最新的信息，便将新信息加入原始数列中。按补充了新息后所建的模型称为新息模型。

（3）等维新息模型：按同时增加新的信息与去掉老的信息的方式建模所得到的模型称为等维新息模型（也称新陈代谢模型）。

预测值是否可信，必须按一定步骤与途径进行检验。根据模型计算值与实际值比较的统计情况，进行检验。

设某时刻的实际值 $X^{(0)}(k)$ 与计算值（预测值）$\hat{X}^{(0)}(k)$ 之差为 $q(k)$（它被称为 k 时刻残差），于是有：

$$q(k) = X^{(0)}(k) - \hat{X}^{(0)}(k)$$

若令残差平均值为 $\bar{q}$，则有：

$$\bar{q} = \frac{1}{n}\sum_{k=1}^{n} q^{(0)}(k)$$

而原始数据平均值为 $\overline{X}$：

$$\overline{X} = \frac{1}{n}\sum_{k=1}^{n} X^{(0)}(k)$$

故原始数据的方差 S_2^2：

$$S_2^2 = \frac{1}{n}\sum_{k=1}^{n} [X^{(0)}(k) - \overline{X}]^2$$

残差方差 S_1^2：

$$S_1^2 = \frac{1}{n}\sum_{k=1}^{n} [q^{(0)}(k) - \bar{q}]^2$$

作为后验差的检验指标，通常考虑后验差比值 C 和小误差概率 P 这两个指标：

$$C = S1/S2 \quad P = P \mid q\{k\} - \bar{q} \mid \leqslant 0.6745 S_1$$

后验差的检验中，C 值越小越好，而 P 值越大越好。

15.2.4 时间序列分析

时间序列分析方法是处理动态数据的一种有效工具。它通过对按时间顺序排列的、随时间变化且相互关联的数据序列进行分析，找出反映事物随时间的变化规律，从而对数据变化趋势做出正确的分析和预报。该方法因其能够以较高精度进行短期预报、表达简洁等优点已经广泛应用于水文、气象、电力等工程领域。监测的数据处理中应用也较广泛。

1. 时间序列模型

对于平稳、正态、零均值的时间序列 $\{x_t\}$，有 x_t 的取值不仅与前 p 步的各个取值有关，而且还与前 q 步的各个干扰有关，按多元线性回归的思想，可得到最一般的 ARMA 模型：

$$x_t = \sum_{i=1}^{p} \varphi_i x_{t-i} - \sum_{j=1}^{q} \theta_j a_{t-j} + a_t, a_t \sim \text{NID}(0, \sigma_a^2)$$

式中，$x_{t-i}(i=1,2,\cdots,p)$ 为前 p 步的各个取值；$a_{t-j}(j=1,2,\cdots,q)$ 为前 q 步的各个干扰；$\varphi_i(i=1,2,\cdots,p)$ 为自回归参数；$\theta_j(j=1,2,\cdots,q)$ 为滑动平均参数；$\{a_t\}$ 为白噪声序列。

当 $\theta_j = 0$ 时,模型变为 $x_t = \varphi_1 x_{t-1} + \varphi_2 x_{t-2} + \cdots + \varphi_p x_{t-p} + a_t$,称作 p 阶平稳自回归模型,记为 $AR(P)$。

当 $\varphi_i = 0$ 时,模型变为 $x_t = a_t - \theta_1 a_{t-1} - \theta_2 a_{t-2} - \theta_2 a_{t-2} - \cdots - \theta_q a_{t-q}$,称作 q 阶平稳自回归模型,记为 $MA(q)$。

2. 模型识别

不同的时间序列具有不同的统计性质,代表序列间的内在结构与关系不同,从而可用不同的模型来描述。对于满足平稳、正态、零均值的时间序列可以通过它的自相关函数和偏相关函数的变化趋势来作为判别可以用何种模型描述的依据。

自相关函数估值和偏相关函数估值可分别由下式计算得到:

$$\hat{\rho}_k = \hat{\rho}_{-k} = \sum_{j=1}^{N-k} x_j x_{j+k} / \sum_{j=1}^{N} x_j^2$$

$$\hat{\rho}_k = \hat{\rho}_{-k} = \sum_{j=1}^{N-k} x_j x_{j+k} / \sum_{j=1}^{N} x_j^2 \begin{vmatrix} 1 & \hat{\rho}_1 & M & \hat{\rho}_{k-1} \\ \hat{\rho}_1 & \hat{\rho}_2 & M & \hat{\rho}_{k-2} \\ M & M & M & M \\ \hat{\rho}_{k-1} & \hat{\rho}_{k-2} & M & 1 \end{vmatrix} \begin{bmatrix} \hat{\varphi}_{k1} \\ \hat{\varphi}_{k2} \\ M \\ \hat{\varphi}_{kk} \end{bmatrix} = \begin{bmatrix} \hat{\rho}_1 \\ \hat{\rho}_2 \\ M \\ \hat{\rho}_k \end{bmatrix}$$

(1) 如果得到的自相关函数估值 $\hat{\rho}_k$ 在 q 步截尾,就可以判断 $\{x_t\}$ 是 $MA\{q\}$ 序列,其阶数为 q。

(2) 如果得到的偏相关函数估值 $\hat{\varphi}_{kk}$ 在 p 步截尾,就可以判断 $\{x_t\}$ 是 $AR\{q\}$ 序列,其阶数为 p。

(3) 如果得到的 $\hat{\rho}_k$ 和 $\hat{\varphi}_{kk}$ 都不是截尾,而是拖尾的,则可以认为 $\{x_t\}$ 是 ARMA 序列,而其阶数的识别是一个较复杂的过程。

3. 参数估计

模型的参数估计分为粗估计和精估计,粗估计一般采用矩估计,而精估计一般采用按最小二乘和极大似然等准则进行。

对于 AR 模型,若记

$$Y = [x_{p+1}, x_{p+2}, \wedge, x_N]^T, \varepsilon = [a_{p+1}, a_{p+2}, \wedge, a_N]^T, \varphi = [\varphi_{p+1}, \varphi_{p+2}, \wedge, \varphi_N]^T$$

$$A = \begin{vmatrix} x_p & x_{p-1} & M & x_1 \\ x_{p+1} & x_p & M & x_2 \\ M & M & M & M \\ x_{N-1} & x_{N-2} & M & x_{N-p} \end{vmatrix}$$

可得到 AR 的模型参数 φ 的最小二乘估计值为:

$$\hat{\varphi} = (A^T A)^{-1} AY$$

4. 模型的适用性检验

通过自相关函数和偏相关函数的截尾性来定阶是比较粗糙的,因此要考虑对选择的模型阶次进行适用性检验。基本的检验公式如下:

$$F = \frac{(Q_1 - Q_0)(N-P)}{Q_0} \sim F_\alpha(1, N-P)$$

式中，Q_0 为 AR（$P+1$）自回归的残差平方和，Q_1 为 AR（P）的残差平方和；P 为阶次，N 为观测数目。$F>F_\alpha$ 表明所选的 P 不适，应增加阶次，反之应认为所选的 P 合适，可以用于预测。

5. 模型的预测

以 ARMA（$p-1$，$q-1$）模型为例，设 $\{x_k\}$ 是均值平稳时间序列，而 k 由时刻及以前的数据对 x_{k+l} 所作的预报值为 $\hat{x}(l)$，称之为 l 步预报。其预报公式为：

$$\hat{x}_k(l) = \begin{cases} \sum_{j=1}^{l-1}\varphi_j\hat{x}_k(l-j)+\sum_{j=l}^{p}\varphi_j\hat{x}_{k+l-j}\sum_{j=l}^{p}\varphi_j\hat{x}_{k+l-j}-\sum_{j=0}^{q'}\theta_{l+j}a_{k-j} & l\leqslant q \\ \sum_{j=1}^{l-j}\varphi_j\hat{x}_k(l-j)+\sum_{j=l}^{p}\varphi_j\hat{x}_{k+l-j} & l>q \end{cases}$$

15.2.5 人工神经网络

20 世纪 80 年代中期，人工神经网络（Artificial Neural Networks，简称 ANN）模拟和解决非线性问题的强大优越性再次引起国际学术界和其他各界人士的高度重视，其独特的非线性、非凸性、非局域性、非定常性、自适应性和强大的计算与信息处理能力，使得 ANN 在系统的辨识、建模、自适应控制等方面特别受到重视，目前应用 ANN 已较好地解决了具有不确定性、严重非线性、时变滞后的复杂系统的建模和控制问题。

BP 网络模型是采用误差逆向传播（Error Back Propagation，简称 BP 算法）进行训练的多层前馈神经网络。BP 算法是一种监督式的 δ 算法，其神经元的变换函数为 S 型激活函数，因此其输出量为 0～1 之间的连续量，它可以实现从输入到输出的任意的非线性映射。BP 算法的主要思想如下所述。

BP 网络各层互连，其算法由正向、逆向传播构成。首先经过输入层将信息向前传递到隐含层节点，经过激活函数作用后，把隐含层节点的输出传送到输出层节点，给出输出结果（即正向传播）；然后对输出信息和期望目标值进行比较，将误差沿原来的连接路径返回，通过修改不同层间的各节点连接权值，使误差减小（即逆向传播）。如此反复进行，直至误差满足设定的要求。

对于图 15.2-2 所示的含一个隐含层的三层网络拓扑结构，它由输入层 X（r 个节点）、隐含层 A（n 个节点）和输出层 Y（m 个节点）组成，对应的激活函数 $f(x)$ 取 Sigmoid 函数形式，即 $f(x)=1/(1+e-x)$，如图 15.2-3 所示。

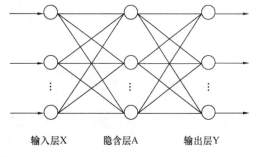

图 15.2-2　BP 网络拓扑结构

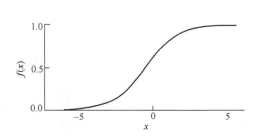

图 15.2-3　Sigmoid 函数示意图

对于输入样本 X=（x_1, x_2, …, x_r），其相应的网络输出目标矢量（即实测值）为 Y=（y_1, y_2, …, y_m），学习的目的是用网络的每一次实际输出 Ys=（y_{s1}, y_{s2}, …, y_{sm}）与目标矢量 Y 之间的误差，通过梯度下降法来修改网络权值与阈值，使网络输出层的误差平方和达到最小，从而使输出在理论上逐渐逼近目标。

（1）信息的正向传递。

隐含层第 i 个神经元的输出为：

$$A_i = f_1(\sum_{j=1}^{r} w_{1ij} + b_{1i}), i = 1, 2, \wedge, n$$

输出层第 k 个神经元的输出为：

$$Y_k = f_2(\sum_{i=1}^{n} w_{2ki} a_i + b_{2k}), k = 1, 2, \wedge, m$$

输出层第 k 个神经元的输出误差为：

$$E = \frac{1}{2} \sum_{k=1}^{m} (y_{sk} - y_k)$$

（2）权值变化与误差逆向传播。

按照 δ 规则，连接权与阈值的调整增量应与误差梯度成比例，即

$$\Delta w_{jk} = -\eta \frac{\partial E}{\partial w_{jk}}$$

式中，η 为学习速率。

1）输出层的权值变化。对从第 i 个输入到第 k 个输出的权值调整量为：

$$\Delta w_{2ki} = -\eta \frac{\partial E}{\partial w_{2ki}} = -\eta \frac{\partial E}{\partial y_k} \frac{\partial y_k}{\partial w_{2ki}} = \eta(y_{sk} - y_k) f'_{2ai} = \eta \delta_{ki} a_i$$

其中 $\delta_{ki} = (y_{sk} - y_k) f'_2 = e_k f'_2$，$e_k = y_{sk} - y_k$。同理可得：

$$\Delta b_{2ki} = -\eta \frac{\partial E}{\partial b_{2ki}} = -\eta \frac{\partial E}{\partial y_k} \frac{\partial y_k}{\partial b_{2ki}} = \eta(y_{sk} - y_k) f'_2 = \eta \delta_{ki}$$

2）隐含层权值变化。对从第 j 个输入到第 i 个输出的权值调整量为：

$$\Delta w_{1ij} = -\eta \frac{\partial E}{\partial w_{1ij}} = -\eta \frac{\partial E}{\partial y_k} \frac{\partial y_k}{\partial a_i} \frac{\partial a_i}{\partial w_{1ij}} = \eta \sum_{k=1}^{m} (y_{sk} - y_k) f'_2 w_{2ki} f'_1 x_j = \eta \delta_{ij} x_j$$

其中 $\delta_{ij} = e_i f'_1$，$e_i = \sum_{k=1}^{m} \delta_{ki} w_{2ki}$。同理可得：$\Delta b_{1ij} = \eta \delta_{ij}$。

为了训练一个 BP 网络，可以按照上述方法计算网络加权输入矢量以及网络输出和误差矢量，然后求得误差平方和。当所训练矢量的误差平方和小于误差目标，则训练停止。否则在输出层计算误差变化，采用逆向传播学习规则来调整权值，并不断重复此过程。当网络完成训练后，对网络输入一个不是训练集合中的矢量，网络将以泛化方式给出输出结果。

15.3 监测成果形式与内容

监测报告根据监测时间阶段和监测结果报告的及时性分为日报、警情快报、阶段性报告和总结报告。各类监测报告均应采用文字、表格、图形、照片等形式，表达直观、明

确。表格、图形等"形象化、直观化"的表达形式可以表示出监测对象的安全状态变化情况，以便于相关人员及专家的分析与判断。

（1）日报。

日报是反映监测对象变形、变化的最直接、最简单的报告形式，是实现信息化施工的重要依据。当日监测工作完成后，监测人员应及时整理、分析各类监测信息，确保当日监测成果的正确性。形成日报后，及时反馈给相关单位，以保证信息化施工的顺利开展。

日报宜包括下列主要内容：

1）工程施工概况。

2）现场巡查信息：巡查照片、记录等。

3）监测项目日报表：仪器型号、监测日期、观测时间、天气情况、监测项目的累计变化值、变化速率值、控制值、监测点平面位置图等，可采用本规范附录D的样式。

4）监测数据、现场巡查信息的分析与说明。

5）结论与建议。

（2）工程出现各类警情异常时，对警情的时间、地点、情况描述、严重程度、施工工况等警情基本信息进行描述，结合监测结果对警情原因进行初步判断，并提出相应的处理措施建议。警情快报应迅速上报相关单位和管理部门，以使警情得到及时、有效的处理。

警情快报宜包括下列主要内容：

1）警情发生的时间、地点、情况描述、严重程度、施工工况等。

2）现场巡查信息：巡查照片、记录等。

3）监测数据图表：监测项目的累计变化值、变化速率值、监测点平面位置图。

4）警情原因初步分析。

5）警情处理措施建议。

（3）监测工作持续一段时间后，监测人员应对该阶段的监测工作进行总结，形成阶段性报告，反馈给相关单位。阶段性报告是某一段时间内各类监测信息、监测分析成果的较深入的总结和分析。综合分析后得出该阶段内监测工点各个监测项目以及工程整体的变化规律、发展趋势和评价，以便于为信息化施工提供阶段性指导。

阶段性报告宜包括下列主要内容：

1）工程概况及施工进度。

2）现场巡查信息：巡查照片、记录等。

3）监测数据图表：监测项目的累计变化值、变化速率值、时程曲线、必要的断面曲线图、等值线图、监测点平面位置图等。

4）监测数据、巡查信息的分析与说明。

5）结论与建议。

（4）工程监测工作全部完成后，监测单位应向委托单位提交工程监测的总结报告。总结报告包括各类监测数据和巡查信息的汇总、分析与说明，对整个工程监测工作进行分析、评价，得出整体性监测结论与建议，为以后类似工程监测工作积累经验，以便于相关工程监测借鉴和参考。

总结报告宜包括下列主要内容：

1）工程概况。

2）监测目的、监测项目和监测依据。
3）监测点布设。
4）采用的仪器型号、规格和元器件标定资料。
5）监测数据采集和观测方法。
6）现场巡查信息：巡查照片、记录等。
7）监测数据图表：监测值、累计变化值、变化速率值、时程曲线、必要的断面曲线图、等值线图、监测点平面位置图等。
8）监测数据、巡查信息的分析与说明。
9）结论与建议。

15.4 信息反馈要求

城市轨道交通工程监测数据反馈指导设计与施工是指在地下工程施工过程中根据施工信息和监测信息，对施工前预设计所确定的结构形式、支护参数、施工方法、施工工艺及各工序施作的实际等的检验和修正，贯穿于整个施工过程。经过多年实践总结，监测反馈程序已经趋于完善。

随着城市轨道交通建设的不断开展，监测技术也得到了很大的进步。远程自动化监测系统、数据处理与信息管理系统软件等新技术应运而生。专业的信息管理软件便于监测数据的采集、处理、分析、查询和管理工作，可以将监测成果及时、准确地反馈给工程参建各方，提高监测成果的时效性。同时，监测成果可以及时、方便地形成时程曲线、断面曲线图、等值线图等可视化较强的图件，便于监测成果的分析、表达，为信息化施工提供了很好的技术支持。

因此，监测数据的处理与信息反馈宜利用专门的工程监测数据处理与信息管理系统软件，实现数据采集、处理、分析、查询和管理的一体化以及监测成果的可视化。

监测日报、警情快报、阶段性报告和总结报告应按规定的格式和内容，及时向相关单位报送，以便报告查阅人员可以及时、准确获得重点关注的信息。报告内容应包括本规范规定的基本内容，言简意赅地总结各类监测信息。监测日报、警情快报和阶段性报告主要为信息化施工服务，一般提交给建设、监理、设计等相关单位。而总结报告主要为总结工程监测效果，积累工程监测经验，可只需提交给建设单位。

监测信息反馈是指根据工程监测及其数据处理所得到的结果来指导工程设计和施工，以达到优化工程施工过程的目的。信息监测反馈是工程施工信息化的关键步骤，也是工程监测的重要环节。

15.4.1 信息反馈内容

在工程施工中，需要进行反馈分析的内容多，信息量大，实际应用时，可根据工程具体要求有选择地进行反馈分析工作。

（1）对工程设计的反馈。根据对工程监测资料的分析处理，修正设计中的围岩物理力学参数；修订应力、渗水压力、围岩压力等基本荷载；修改设计中的变形控制警戒值、安全监测方法和监控判据指标，并采取合理的技术处理措施，即进行信息化设计。

（2）对工程施工的反馈。根据对监测数据和监测结果的分析处理，及时变更施工方案，以加快或减缓工程进度，必要时增加辅助施工措施，采取合理技术措施，确保工程的安全性和经济性，从而达到施工优化的目的。

15.4.2 信息反馈流程

监控量测资料均用计算机配专业技术软件进行自动化初步分析、处理。根据实测数据分析、绘制各种表格及曲线图，监测人员按时向施工监理、设计单位提交监控量测周报和月报，同时对当月的施工情况进行评价并提出施工建议，及时反馈指导信息，调整施工参数，保证施工安全。监测信息反馈是个持续不断的过程。施工过程中的监测信息反馈流程如图 15.4-1 所示。

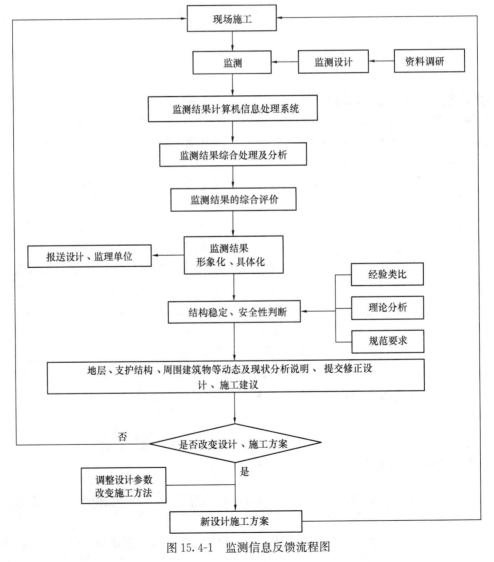

图 15.4-1 监测信息反馈流程图

15.4.3 信息化管理要求

在施工建设工程风险管理中，参与管理的单位众多，风险管理对象繁复，风险因素多变，风险管理体系要求的管理数据和技术数据十分复杂，如果不采取有效的管理方式，势必造成风险管理体系中信息沟通不畅、数据存放凌乱，会大大影响轨道交通建设风险管理工作的顺利进行。

采用安全风险监控信息管理平台进行工程资料的汇总、监控信息的收集及发布、工程事务处理等工作，可对安全风险管控信息进行电子化、信息化、集约化处理。通过采用信息化平台，工程资料更加便于收集及查询，监控信息更加广泛快捷地予以发布和分析，工程事务及预警信息更加广泛和迅速地发布，对安全风险起到积极促进作用。同时，通过采用电子手段进行报送，一定程度上可实现无纸化办公，提高效率，减少投入，节约资源。

安全风险监控管理平台是依托现代计算机信息技术、网络信息技术和地理信息技术，以施工风险管理数据库为基础，以提高风险管理决策效率、提供风险评估数据服务为目标，为各个风险管理单位提供辅助管理手段的协作管理信息系统。

总体来说，采用安全风险管理监控平台，可达到如下目标：

（1）为建设管理公司中高层领导提供一个监控全局、高效决策的辅助平台。

通过这个平台，建设管理公司中高层领导可以随时随地查阅每个风险工程的安全状态和受控状态。进一步，可以根据每个风险点的施工进度，查阅风险点内每个风险对象的安全状态和每个风险对象的活跃程度，同时，可以监控每个预警事件的处理过程。根据体系管理规定，无论是日常的数据和资料报送，还是风险事件的处理，各项风险管理工作必须及时上报，一方面便于高层领导及时掌握工点安全状况，同时也能够监督相关参建单位的风险管控工作是否到位。

（2）为各个参建提供一个相互协作的高效的交流平台。

参建单位包括施工单位、第三方监测单位、监理单位、设计单位和勘察单位。安全风险管理平台，利用现代网络信息技术和网络地理信息系统技术，给各个参建单位提供了一个迅捷、方便的数据报送、工作交流平台。各个管理主体通过网络，可以随时传送监测数据、巡视报告。基层工作人员可以通过平台，按照体系要求的标准报表格式，及时报送各类数据和资料，同时可以把风险处理的情况及时上报。把基层工作人员的日常报表处理工作和数据报送工作结合起来。

（3）为风险评估专家提供数据服务平台。

各个风险管理单位和风险评估咨询专家，根据自己的系统权限，可以随时随地关注自己权责范围内的风险对象的变化情况，包括监测数据变化、巡视报表内容和施工工况变化，做到风险因素变化早发现，早评估，早治理。

（4）建立完备的风险数据库，为后续研究打下良好的数据基础。

目前，工程建设积累了大量的有关风险管理的技术资料和管理资料。但是，这些资料种类繁多，并且在不同的部门和单位保存，存放分散，不利于进一步的风险管理控制指标研究。通过建立完备的风险管理数据库，把大量珍贵的技术资料包括工程地质、周边环境、水文地质、工艺工法、设计方案、紧急预案、险情处理等分门别类，条理分明地管理起来，一方面为风险评估和风险处理提供及时准确的决策依据，另一方面，为后续风险管理控制指标研究和运营管理提供珍贵的数据支持。

(5) 推进风险管理工作的信息化、制度化、标准化。

在风险管理体系中，管理单位多，管理关系交叉，交流信息繁复。必须靠强大的管理信息系统，风险管理体系才能够良性运转，各项管理制度才能落实和贯彻。由于技术数据种类繁多，为了统一管理，必须制定数据标准，这样才能够在各个管理主体之间进行数据交流。所以，推行安全风险管理平台，必将大大推进风险管理工作的信息化、制度化、标准化。

1. 监测项目代号及图例

监测项目代号和图例应具有唯一性。工程监测断面、监测点编号应结合监测项目及其图例按工点统一编制，以便于监测信息的存储、查询。监测点编号宜符合下列规定。

(1) 监测点编号组成格式宜由监测项目代号与监测点序列号共同组成。

(2) 监测项目代号宜采用大写英文字母的形式表示。

(3) 监测点序列号宜采用阿拉伯数字按照一定顺序或方向进行编号。

支护结构监测项目代号和图例宜符合表 15.4-1～表 15.4-3 的规定。

明（盖）挖法基坑支护结构监测项目代号和图例 表 15.4-1

监 测 项 目	项目代号	图 例
支护桩（墙）、边坡顶部水平位移	ZQS	⊖
支护桩（墙）、边坡顶部竖向位移	ZQC	⊘
支护桩（墙）体水平位移	ZQT	⊕
支护桩（墙）结构应力	ZQL	□
立柱结构竖向位移	LZC	⊘
立柱结构水平位移	LZS	⊕
立柱结构应力	LZL	■
支撑轴力	ZCL	⊠
顶板应力	DBL	▭
锚杆拉力	MGL	■—
土钉拉力	TDL	■—
竖井井壁支护结构净空收敛	SJJ	▷ - - ◁

盾构法隧道管片结构监测项目代号和图例　　表15.4-2

监 测 项 目	项 目 代 号	图 例
管片结构竖向位移	GGC	↓
管片结构水平位移	GGS	⊕
管片结构净空收敛	GGJ	▷ - - ◁
管片结构应力、管片连接螺栓应力	GGL	□

矿山法支护结构监测项目代号和图例　　表15.4-3

监测项目	项目代号	图 例
初期支护结构拱顶沉降	GDC	↓
初期支护结构底板竖向位移	DBS	↑
初期支护结构净空收敛、隧道拱脚竖向位移	JKJ	▷ - - ◁
中柱结构竖向位移、倾斜	ZZC	◐
中柱结构应力	ZNL	□
初期支护结构、二次衬砌应力	ZHL	▬

周围岩土体监测项目代号和图例宜符合表15.4-4的规定。

周围岩土体监测项目代号和图例　　表15.4-4

监测项目	项目代号	图 例
地表沉降	DBC	▼
土体深层水平位移	TST	⊕
土体分层竖向位移	TCC	◐
坑底隆起（回弹）	KDC	↑
支护桩（墙）侧向土压力、管片围岩压力、围岩压力	WTL	⌂
地下水位	DSW	⊖
孔隙水压力	KSL	▢

317

周边环境监测项目代号和图例宜符合表 15.4-5 的规定。

周边环境监测项目代号和图例　　　　表 15.4-5

监 测 项 目	项目代号	图 例
建（构）筑物、桥梁墩台、挡墙竖向位移	JGC	
建（构）筑物、地下管线、桥梁墩台差异沉降	JGY	
隧道结构竖向位移、轨道结构（道床）竖向位移	SGC	●
建（构）筑物、隧道结构水平位移	JGS	
隧道结构变形缝差异沉降	JGK	
轨道静态几何形位（轨距、轨向、高低、水平）	GDX	
建（构）筑物倾斜	JGQ	◐
桥梁墩柱倾斜、挡墙倾斜	QGQ	
建（构）筑物裂缝	JGF	
桥梁裂缝	QGF	◐
隧道、轨道结构裂缝	SGF	
地下管线竖向位移	GXC	▼
地下管线水平位移	GXS	
路面竖向位移	LMC	▽
路基竖向位移	LJC	
桥梁梁板应力	LBL	■
爆破振动	BPZ	○

2. 现场巡查报表

明（盖）挖法基坑现场巡查报表见表 15.4-6。

明(盖)挖法基坑现场巡查报表

表 15.4-6

监测工程名称：　　　　　　　　报表编号：
巡查时间：　年　月　日　时　　　天气：

分类	巡查内容	巡查结果	备注
施工工况	开挖长度、分层高度及坡度，开挖面暴露时间		
	开挖面岩土体的类型、特征、自稳性，渗漏水量大小及发展情况		
	降水、回灌等地下水控制效果及设施运转情况		
	基坑侧壁及周边地表截、排水措施及效果，坑边或基底有无积水		
	支护桩(墙)后土体有无裂缝、明显沉陷，基坑侧壁或基底有无涌土、流砂、管涌		
	基坑周边有无超载		
	放坡开挖的基坑边坡有无位移、坡面有无开裂		
	其他		
支护结构	支护桩(墙)有无裂缝、侵限情况		
	冠梁、围檩的连续性，围檩与桩(墙)之间的密贴性，围檩与支撑的防坠落措施		
	冠梁、围檩、支撑有无过大变形或裂缝		
	支撑是否及时架设		
	盖挖法顶板有无明显变形和开裂，顶板与立柱、墙体的连接情况		
	锚杆、土钉垫板有无明显变形、松动		
	止水帷幕有无开裂、较严重渗漏水		
	其他		
周边环境	建(构)筑物、桥梁墩台或梁体、既有轨道交通结构等的裂缝位置、数量和宽度，混凝土剥落位置、大小和数量，设施能否正常使用		
	地下构筑物积水及渗水情况，地下管线的漏水、漏气情况		
	周边路面或地表的裂缝、沉陷、隆起、冒浆的位置、范围等情况		
	河流湖泊的水位变化情况，水面有无出现漩涡、气泡及其位置、范围，堤坡裂缝宽度、深度、数量及发展趋势等		
	工程周边开挖、堆载、打桩等可能影响工程安全的其他生产活动		
	其他		
监测设施	基准点、监测点的完好状况、保护情况		
	监测元器件的完好状况、保护情况		
	其他		

现场巡查人：　　　　　监测项目负责人：
监测单位：

第　页　共　页

盾构法隧道现场巡查报表见表15.4-7。

盾构法隧道现场巡查报表

监测工程名称：　　　　　　　　　报表编号：

巡查时间：　年　月　日　时　　　天气：

表15.4-7

分类	巡查内容	巡查结果	备注
施工工况	盾构始发端、接收端土体加固情况		
	盾构掘进位置（环号）		
	盾构停机、开仓等的时间和位置		
	联络通道开洞口情况		
	其他		
管片变形	管片破损、开裂、错台情况		
	管片渗漏水情况		
	其他		
周边环境	建（构）筑物、桥梁墩台或梁体、既有轨道交通结构等的裂缝位置、数量和宽度，混凝土剥落位置、大小和数量，设施能否正常使用		
	地下构筑物积水及渗水情况，地下管线的漏水、漏气情况		
	周边路面或地表的裂缝、沉陷、隆起、冒浆的位置、范围等情况		
	河流湖泊的水位变化情况，水面有无出现漩涡、气泡及其位置、范围、堤坡裂缝宽度、深度、数量及发展趋势等		
	工程周边开挖、堆载、打桩等可能影响工程安全的其他生产活动		
	其他		
监测设施	基准点、监测点的完好状况、保护情况		
	监测元器件的完好状况、保护情况		
	其他		

现场巡查人：　　　　　监测项目负责人：

监测单位：

第　页　共　页

矿山法隧道现场巡查报表见表15.4-8。

矿山法隧道现场巡查报表

监测工程名称：　　　　　　　　　报表编号：

巡查时间：　年　月　日　时　　天气：

表 15.4-8

分类	巡查内容	巡查结果	备注
施工工况	开挖步序、步长、核心土尺寸等情况		
	开挖面岩土体的类型、特征、自稳性，地下水渗漏及发展情况		
	开挖面岩土体有无坍塌及坍塌的位置、规模		
	降水或止水等地下水控制效果及降水设施运转情况		
	其他		
支护结构	超前支护施作情况及效果、钢拱架架设、挂网及喷射混凝土的及时性、连接板的连接及锁脚锚杆的打设情况		
	初期支护结构渗漏水情况		
	初期支护结构开裂、剥离、掉块情况		
	临时支撑结构有无明显变位		
	二衬结构施作时临时支撑结构分段拆除情况		
	初期支护结构背后回填注浆的及时性		
	其他		
周边环境	建（构）筑物、桥梁墩台或梁体、既有轨道交通结构等的裂缝位置、数量和宽度，混凝土剥落位置、大小和数量，设施能否正常使用		
	地下构筑物积水及渗水情况，地下管线的漏水、漏气情况		
	周边路面或地表的裂缝、沉陷、隆起、冒浆的位置、范围等情况		
	河流湖泊的水位变化情况，水面有无出现漩涡、气泡及其位置、范围，堤坡裂缝宽度、深度、数量及发展趋势等		
	工程周边开挖、堆载、打桩等可能影响工程安全的其他生产活动		
	其他		
监测设施	基准点、监测点的完好状况、保护情况		
	监测元器件的完好状况、保护情况		
	其他		

现场巡查人：　　　　　　监测项目负责人：

监测单位：

第　页　共　页

3. 监测日报表

水平位移、竖向位移监测日报表见表 15.4-9。

水平位移、竖向位移监测日报表

监测工程名称：　　　　　报表编号：　　　　天气：

本次监测时间：　年　月　日　时　　　上次监测时间：　年　月　日　时　　**表 15.4-9**

仪器型号：　　　　仪器出厂编号：　　　　检定日期：

监测点号	初始值(mm)	上次累计变化量(mm)	本次累计变化量(mm)	本次变化量(mm)	变化速率(mm/d)	控制值		预警等级	备注
						累计变化值(mm)	变化速率值(mm/d)		

施工工况：

监测结论及建议：

现场监测人：　　　　计算人：　　　　校核人：

监测项目负责人：　　　　监测单位：

第　页　共　页

深层水平位移监测日报表见表15.4-10。

深层水平位移监测日报表

监测工程名称： 报表编号： 天气：
本次监测时间： 年 月 日 时 上次监测时间： 年 月 日 时 **表 15.4-10**

仪器型号： 仪器出厂编号： 检定日期：

监测孔号	深度(m)	上次累计变化量(mm)	本次累计变化量(mm)	本次变化量(mm)	变化速率(mm/d)	控制值		
						累计变化值(mm)	变化速率值(mm/d)	监测深度-位移变化量曲线图：

施工工况：

监测结论及建议：

现场监测人： 计算人： 校核人：
监测项目负责人： 监测单位：

第 页 共 页

轴力（拉力）监测日报表见表15.4-11。

轴力（拉力）监测日报表

监测工程名称：　　　　报表编号：　　　　天气：

本次监测时间：　年　月　日　时　　上次监测时间：　年　月　日　时　　**表 15.4-11**

　　　　　　　　　仪器型号：　　　仪器出厂编号：　　　检定日期：

监测点号	初始值(kN)	上次测值(kN)	本次测值(kN)	本次变化值(kN)	变化速率(kN/d)	控制值		预警等级	备注
						最大值(kN)	最小值(kN)		

施工工况：

监测结论及建议：

现场监测人：　　　　计算人：　　　　校核人：

监测项目负责人：　　　监测单位：

第　页 共　页

应力、压力监测日报表见表15.4-12。

_____应力、压力监测日报表

监测工程名称： 报表编号： 天气：

本次监测时间： 年 月 日 时　　　　上次监测时间： 年 月 日 时　　**表 15.4-12**

仪器型号： 仪器出厂编号： 检定日期：

监测点号	初始值（kPa）	上次测值（kPa）	本次测值（kPa）	本次变化值（kPa）	变化速率（kPa/d）	控制值（kPa）	预警等级	备注

施工工况：

监测结论及建议：

现场监测人：　　　计算人：　　　校核人：
监测项目负责人：　　　监测单位：

第16章 典型工程案例

16.1 明挖法车站工程监测案例

16.1.1 工程概况

1. 工程简介

某明挖法施工地铁车站呈西北、东南向设置,为双层双跨单柱箱形框架结构,车站地下一层为站厅层,地下二层为楔形站台层。

车站基坑总长172.3m,标准段基坑宽24m,深19.8m,如图16.1-1所示。加宽段宽24.7m,深21m,大盾构井段宽18m,深23.8m,如图16.1-2所示。支护结构采用地下连续墙+内支撑形式,主体标准段及加宽段采用1m厚的地下连续墙,竖向设置5道支撑+1道横撑。第一道支撑采用间距6m,800mm×1000mm的混凝土支撑。其余均采用水平间距3m、$\phi609$($t=16$mm)的钢管支撑。大盾构井段采用1.2m的地下连续墙。竖向设置6道支撑+2道横撑,支撑水平间距2.5m,第一道支撑采用800mm×1000mm混凝土支撑。其余均采用$\phi609$($t=16$mm)的钢管支撑。标准段、加宽段采用1000mm×1000mm的冠梁。大盾构井段采用1200mm×1000mm的冠梁。标准段支护结构嵌固深度为27m(含素墙11m),加宽段嵌固深度为29m(含素墙11m),大盾构井段嵌固深度为32m(含素墙14m)。

车站东南、东北、西北为空地,基坑西南侧为某加气站单层砖砌办公用房及加气站地下储气罐,距主体基坑最小距离为7m,在地铁车站与加气站之间布设一排钻孔灌注桩保护隔断($\Phi800@1100$钻孔灌注桩,加固深度24m(55根))。基坑开挖影响范围内管线主要有基坑北侧DN1600污水管线,埋深约5m,距离基坑最近距离约40m;西侧临时改移的1条DN800给水管线,埋深约1.2m,与基坑最近距离约4m;南侧和东侧的DN200燃气管线,管线埋深约2m,与基坑最近距离约12m。

2. 工程地质水文地质条件

(1)工程地质条件。

场地位于江漫滩平原区。地形低平,地势向江河谷缓倾。车站所处场地自上而下依次为:

①$_{-1}$杂填土:杂色,黄褐色;松散~稍密;主要以粉质黏土为主,路基地段以碎石及砂为主,含建筑及生活垃圾,表层为沥青路面。

①$_{-2}$素填土:黄褐色;软塑~可塑;以粉质黏土为主,混砂,局部含碎石或以碎石为主,层顶一般含植物根系及少量建筑垃圾。

②$_{-3c-3}$粉土:灰褐色、黄褐色;稍密~中密;场区均有分布;湿~很湿,含云母碎

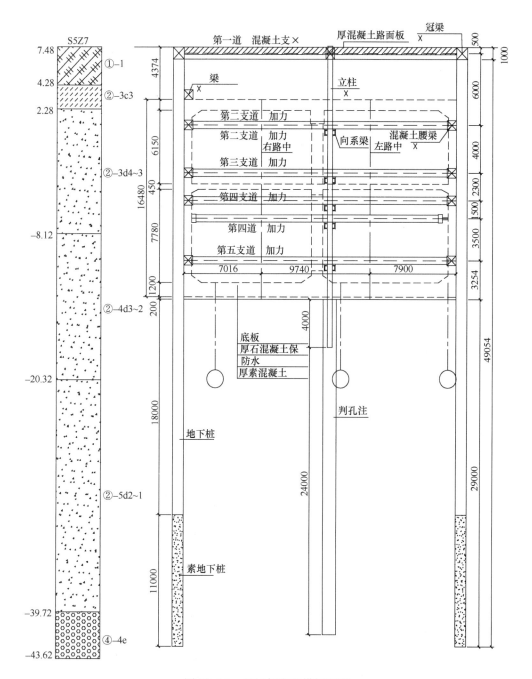

图 16.1-1 基坑标准段横剖面图

片，黏粒含量较高，夹粉质黏土薄层，单层厚约 10cm。

②-3d-4~3 粉砂、细砂：灰色、灰褐色；松散~稍密；饱和，颗粒级配不良，矿物成分以石英、长石为主，含云母及贝壳碎片。

②-4d-3~2 粉砂、细砂：灰色、灰褐色；稍密~中密；场区均有分布；饱和，颗粒级配不良，矿物成分以石英、长石为主，含云母碎片。

②-5d-2~1 粉砂、细砂：青灰色、灰色；中密~密实；饱和，颗粒级配不良，矿物成分

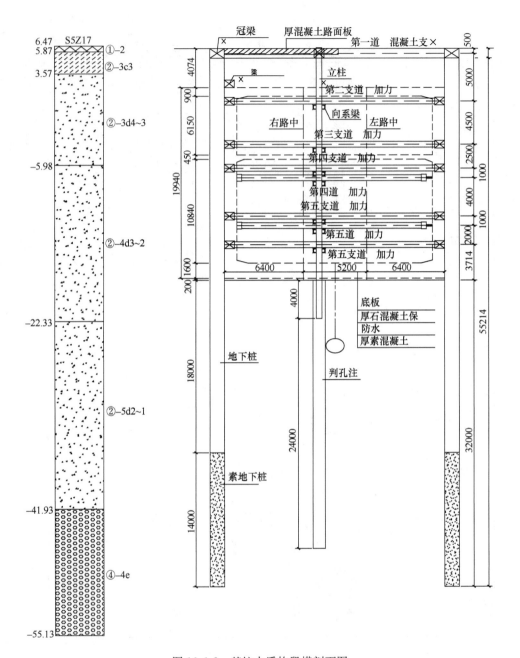

图 16.1-2 基坑大盾构段横剖面图

以石英、长石为主,含云母碎片,底部含少量石英质砾石,粒径 2~10mm,亚圆形,含量低于 5%。

④$_{-4e}$ 圆砾、砾砂、含砾中砂:灰色;密实;含卵砾石,卵石粒径 20~60mm,个别大于 100mm,含量 0%~30%,砾石粒径 2~20mm,含量 15%~55%,砾石含量分为圆砾、砾砂、中粗砂等,成分以石英岩、石英砂岩为主,亚圆形。

K_{2p-2} 强风化粉砂岩:褐红色、灰色、青灰色;粉砂质结构,层状或块状构造,岩芯呈柱状或块状,岩质软,刀可切动,敲击易碎,遇水易软化。

车站分布的②$_{-3b4\sim3}$、②$_{-4b4\sim3}$、②$_{-3b4\sim3}$粉质黏土，呈透镜体状分布，灰色～灰褐色，软塑～流塑，具中高压缩性，属于软弱土。车站底板基本位于②$_{-4d-3\sim2}$粉砂层上。

（2）水文地质条件。

地下水类型包括松散岩类孔隙水及基岩水。主要为松散岩类孔隙水，根据埋藏条件和水力性质，又分为孔隙潜水及微承压水。基岩水按含水岩组岩性进一步分为碳酸盐岩类裂隙溶洞水、碎屑岩类裂缝水等。孔隙潜水地下水位埋深1～1.5m，微承压水水位埋深1～3m。碳酸盐岩类裂隙溶洞水埋藏深度10～30m。车站抗浮水位设计标高为8.5m。

孔隙潜水含水层岩性由全新统粉质黏土、淤泥质粉质黏土夹粉砂薄层组成，厚度6～20m。主要补给来源为大气降水、地表水入渗、灌溉水回渗。排泄方式以自然蒸发、向长江等地表水体排泄以及少量的人工开采为主。孔隙潜水因含水层均由细颗粒地层组成，透水性和赋水性差。

微承压水含水层岩性由粉细砂、中细砂、含砾中粗砂、卵砾石组成，砂层厚度一般在20～45m。主要补给来源为上部孔隙潜水下渗和江水的侧向渗流，排泄方式以径流及向江水体侧向渗流为主。微承压水透水性和富水性良好。

车站范围稳定地下水位较高，地下水较为丰富。车站主体坑内采用管井井点进行减压降水以改善作业环境和防御地下连续墙局部渗漏产生管涌。其中坑外实行控制性降水防止对环境产生过大影响。

基坑地层参数见表16.1-1。

基坑地层参数一览表　　　表16.1-1

层号	名称	含水量 W	渗透系数 K_v	重度 r	直剪快剪		直剪固快		静止侧压力系数 K_0	泊松比	基床系数 (MPa/m)	
					黏聚力 C_q	内摩擦角 φ_q	黏聚力 C_g	内摩擦角 φ_g			垂直 K	水平 K
		%	10^{-4}cm/s	kN/m³	kPa	°	kPa	°				
②$_{-3c3}$	粉土	28.4	4.05	19.8	6	27.4	8	33.1	0.45	0.31	15	15
②$_{-3d4\sim3}$	粉砂、细砂	27.4	5.18	19.4	5	32.6	4	29.7	0.41	0.29	10	15
②$_{-4d3\sim2}$	粉砂、细砂	31.5	6.64	19.1	7	28.8	9	28.7	0.43	0.30	16	20
②$_{-5b4\sim3}$	粉质黏土	34.6		18.4	17	1.6			0.48	0.32	14	15
②$_{-5d2\sim1}$	粉砂、细砂	26.6	6.28	19.3	8	31.0	9	30.8	0.42	0.30	26	28
④$_{-4e}$	圆砾、砾砂、含砾中砂								0.35	0.26	40	38

该车站基坑地质剖面图如图16.1-3所示。

3. 施工工艺和施工进度

本工程基坑采用明挖法施工，先施工地连墙及中立柱，封闭后进行土方开挖。基坑开

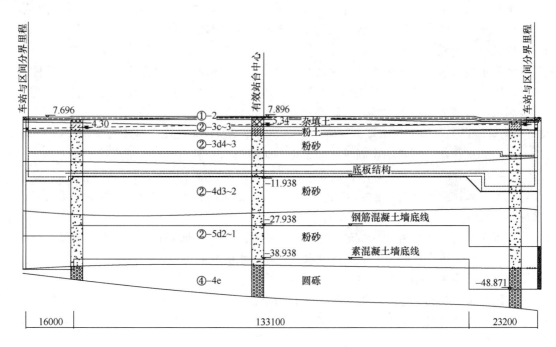

图 16.1-3 车站基坑地质剖面图

挖时分层分段,每层开挖深度不大于4m,随挖随撑。开挖第一层土,每小段开挖长度一般不超过12m;在第二~五道支撑的土层开挖中,每小段长度一般不超过6m,挖完小段土方、安装好该小段的支撑并施加预应力的总时间控制在16h以内;每层土方开挖底面不大于相应支撑中心以下500mm,在有支撑处局部开槽挖土。最后一层土体开挖及垫层浇筑时间控制在12h以内。

本工程于2011年8月开始支护施工及基坑土方开挖,2012年1月施工完成。实际监测日期为2011年8月10日~2012年2月11日。

16.1.2 监测内容及要求

本工程基坑深度最深24.7m,自身风险等级为一级。基坑工程分标准段、加宽段、大盾构井段三段结构,设计计算支护结构内侧最大弯矩2220kN·m,外侧最大弯矩2883kN·m。周边影响区内存在加气站构筑物及管线,基坑降水及开挖易引起加气站及地下储气罐的过大变形,环境风险等级为一级;工程位于软弱土场地,地下水位高,地质条件复杂。监测等级为一级。对基坑变形监测范围取2倍基坑开挖深度。

为了保证基坑开挖过程中周围建筑物及工程自身结构的安全,选择受影响的周边环境对象、工程结构关键部位及周边岩土体为监测对象,以满足工程信息化施工及经济实用为原则,主要开展了10类监测项目的仪器监测,同时采用现场巡查的手段,对基坑开挖自身结构及周边环境的安全状态进行观察。依据设计基坑安全及环境保护要求计算确定控制值,分变化量控制值与变化速率控制值,监测精度以能够在给定控制值条件下分辨出最小变化要求来确定,同时根据监测精度要求及方法选定监测仪器,并根据施工工艺影响大小及影响周期确定监测频率周期。具体监测内容及要求见表 16.1-2、表 16.1-3。

仪器量测内容及要求　　　　　　　　　　　　　　　　表 16.1-2

序号	监测对象	监测项目	监测仪器	监测精度	控制值	监测频率	监测周期
1	周边环境（加气站建筑物；Φ200燃气管、Φ800给水管、DN1600污水管）	建筑物竖向位移	Trimble DINI12 电子水准仪	1.0mm	2.0mm/d；15mm	支护结构施工阶段，1次/3天；开挖至底板封闭之前阶段，1~2次/1天；底板封闭后1~7天，1次/1天，7~15天，1次/2天，15~30天，1次/3天；30天以后，1次/周；经数据分析确认达到基本稳定后1次/月	工程支护结构施工开始，工程结构完工变形稳定
2		地下管线竖向位移		1.0mm	2.0mm/d；10mm		
3	基坑支护结构及周边岩土体	地表沉降		1.0mm	2.0mm/d；22.5mm		
4		支护墙顶竖向位移		1.0mm	2.0mm/d；22.5mm		
5		立柱结构竖向位移		1.0mm	2.0mm/d；7.5mm		
6		支护墙顶水平位移	Leica TCA1800 全站仪	1.0mm	2.0mm/d；22.5mm		
7		支护墙体水平位移	CX-06B 测斜仪	1.0mm	2.0mm/d；22.5mm		
8		钢支撑轴力（混凝土支撑内力）	频率读数仪	1Hz	$0.7f_2$		
9		支护墙侧向土压力	频率读数仪	1Hz	$0.7f_2$		
10		地下水位	钢尺水位计	5mm	≥500mm/d		

注：1. 预警值取控制值的70%，报警值取控制值的85%；
2. f_2——支撑的预应力设计值。

现场巡查内容及要求　　　　　　　　　　　　　　　　表 16.1-3

序号	巡查对象	巡查内容	巡查频率	监测周期
1	明挖基坑周边地表、建筑物、管线等	（1）建（构）筑物的裂缝位置、数量和宽度，混凝土剥落位置、大小和数量，设施的使用状况； （2）地下管线的漏水、漏气情况； （3）周边路面或地表的裂缝、沉陷、隆起、冒浆的位置、范围等情况； （4）工程周边开挖、堆载、打桩等可能影响工程安全的生产活动	同仪器量测频率	同仪器量测周期

续表

序号	巡查对象	巡查内容	巡查频率	监测周期
2	明挖基坑施工	（1）施工工况： 1）开挖面岩土体的类型、特征、自稳性、渗漏水量大小及发展情况； 2）开挖长度、分层高度及坡度，开挖面暴露时间； 3）降水或回灌等地下水控制效果及设施运转情况； 4）基坑侧壁及周边地表截、排水措施及效果，坑边或基底积水情况； 5）支护墙后土体裂缝、沉陷，基坑侧壁或基底的涌土、流砂、管涌情况； 6）基坑周边的超载情况。 （2）支护结构： 1）支护桩（墙）的裂缝、侵限情况； 2）冠梁、围檩的连续性，围檩与桩（墙）之间的密贴性，围檩与支撑的防坠落措施； 3）冠梁、围檩、支撑的变形或裂缝情况； 4）支撑架设情况； 5）盖挖法顶板的变形和开裂，顶板与立柱、墙体的连接情况； 6）锚杆、土钉垫板的变形、松动情况； 7）止水帷幕的开裂、渗漏水情况	同仪器量测频率	同仪器量测周期
3	基准点、监测点、监测元器件	基准点、监测点、监测元器件的完好状况、保护情况		

16.1.3 监测点布设及监测方法

1. 监测点布设

本基坑工程监测点布设原则见表16.1-4。基坑监测布点图如图16.1-4所示。

监测点布设原则　　　　　　　　　表16.1-4

序号	监测对象	监测项目	监测点布设原则
1	周边环境（加气站建筑物；Φ200燃气管、Φ800给水管、DN1600污水管）	建筑物竖向位移	建（构）筑物竖向位移监测点：在加气站一层办公用房的外墙上布置监测点，监测点沿外墙间距为10~15m；在地下储气罐四角、加气区结构柱，布置测点控制。共布置测点21个。监测点采用Φ22"L"形钢筋标志，在墙体上钻孔埋入
2		地下管线竖向位移	本车站DN1600污水管线、Φ200燃气管、Φ800给水管，根据管线类型及与车站的距离关系，测点主要布设于管线的节点、转角点和施工影响较大的部位，布置间距为5~30m，共41个。布设土层中间接监测点对管线变形进行监测，测点采用螺纹钢筋（Φ22，长1m），钻孔法埋入原土层，顶部加盖保护

续表

序号	监测对象	监测项目	监测点布设原则
3	基坑支护结构及周边岩土体	地表沉降	沿平行基坑周边边线布设2排地表沉降监测点，排距8m，第一排监测点距基坑边缘2m，每排监测点间距约20m，选择有代表性的部位布设垂直于基坑边线的横向监测断面，每个横向监测断面监测点数7～8个，测点间距按3m、3m、5m、5m、8m、10m、10m布置，地表测点共55个。测点标志采用螺纹钢筋（Φ22，长1m），钻孔法埋入原土层，顶部加盖保护
4		支护墙顶竖向位移	监测点沿基坑周边墙体布设，布设间距约为20m，在基坑各边中间部位、阳角部位布置监测点，共16个。测点标志使用在墙顶钻孔固定Φ22螺纹钢标志
5		立柱结构竖向位移	测点布置在基坑中部、多根支撑交汇处、地质条件复杂处的立柱上，测点按总立柱的20％布设，共10个
6		支护墙顶水平位移	监测点沿基坑周边墙体布设，布设间距约为20m，在基坑各边中间部位、阳角部位布置监测点，监测点的布设位置与墙体水平位移、墙顶竖向位移监测点处于同一监测断面，共设置测点16个。测点标志使用在墙顶钻孔固定强制对中棱镜
7		支护墙体水平位移	监测点的布设位置与墙顶水平位移监测点处于同一监测断面，共设置测点16个。在地连墙施工时测点在钢筋墙上绑扎测斜管埋设，测斜管顶部高出冠梁约0.5m，加钢套管保护
8		钢支撑轴力（混凝土支撑内力）	在车站主体基坑两端外侧角撑、基坑中部、阳角部位、深度变化部位、支护结构受力条件复杂部位及在支撑系统中起控制作用的支撑布设，每层均布置测点，上下对应，共11个断面，58个测点
9		支护墙侧向土压力	监测点布设在主体基坑两侧中部，共2个断面，每个断面沿竖向每5.0m设置1个传感器，钻孔埋入
10		地下水位	在主体基坑四周及坑内设置，水平间距30.0m左右，遇重要位置适当加密，共17个

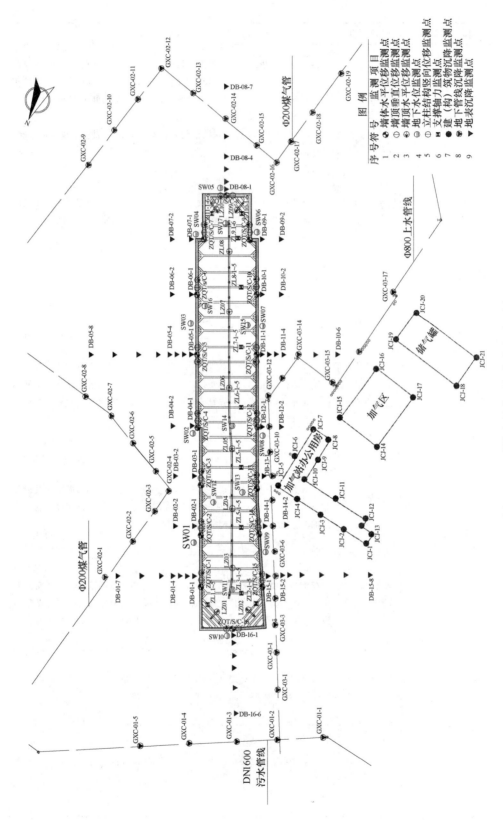

图 16.1-4 明挖车站典型部位布点平面图

2. 监测方法

(1) 竖向位移监测方法。

对建筑物、地下管线、支护墙顶、立柱结构、地表的竖向位移监测采用水准测量方法，使用 Trimble DINI12 电子水准仪观测。以稳定区域的 3 个地铁精密水准点为基准点，为方便观测各监测对象在远离基坑北侧、南侧各 100m 以外相对稳定位置共布设 4 个工作基点以便于现场作业，以基准点及工作基点为起算布设成附合或闭合水准线路，将监测点纳入其中，基准网及监测网分别按《工程测量规范》(GB 50026—2007) 一等、二等垂直位移监测技术要求观测。

(2) 水平位移监测方法。

对支护墙顶水平位移监测采用平面几何测量方法，使用 TCA1800 全站仪观测。在场区相对稳定位置设置 4 个强制对中工作基点，与地铁施工精密导线网、GPS 控制网点采用导线网形式联测，在工作基点设站对监测点采用极坐标法观测。

(3) 深层水平位移监测方法。

对支护墙体水平位移通过埋设测斜孔，使用 CX06B 测斜仪测读，测读每 0.5m 采集一个数据，对向观测。本工程以孔底为零点起算，观测数据与孔口部位墙顶水平位移进行校核。

(4) 内力监测方法。

对钢支撑轴力、混凝土支撑内力的监测采用设置传感器测读方法。混凝土支撑在距离支撑端部 1/3 部位的 4 根主筋上布置钢筋计，钢支撑布置轴力计，使用频率读数仪读数计算。

(5) 土压力监测方法。

对支护墙侧向土压力在基坑中部墙体外侧采用挂布法埋设土压力传感器，使用频率读数仪读取计算。

(6) 地下水位监测方法。

埋设水位观测孔，使用钢尺水位计测读。

16.1.4 监测成果分析

1. 监测数据统计

选取本主体基坑工程地表沉降、墙体水平位移、墙顶水平位移、建(构)筑物竖向位移、支撑轴力等主要监测项目进行数据统计分析，典型测项特征监测数据统计见表 16.1-5。

特征监测数据统计　　表 16.1-5

监测对象	监测项目	监测点数量	过程变化最大值	过程变化最大速率	最终累计变化范围值	工后100天最大变化速率	预警点比例
建(构)筑物(加气站)	建(构)筑物竖向位移	21个	+3.9mm −98.1mm	+0.5mm/d −2.3mm/d	[+3.9, −98.1] mm	−0.02mm/d	61.7%
Φ200燃气管、Φ800给水管	地下管线竖向位移	41个	−10.5mm −86.4mm	+0.5mm/d −4.5mm/d	[−10.5, −86.4] mm	−0.15mm/d	42.0%

续表

监测对象	监测项目	监测点数量	过程变化最大值	过程变化最大速率	最终累计变化范围值	工后100天最大变化速率	预警点比例
基坑周边地表	地表沉降	55个	−94.7mm	+1.2mm/d −2.4mm/d	[−9.1，−94.7] mm	−0.03mm/d	66.0%
地下连续墙	支护墙体水平位移	16孔	−38.9mm +71.4mm	+5.5mm/d	[+71.4，−38.9] mm	—	92.0%
钢支撑	支撑轴力	47个	−2209kN	—	[+115，+1610]kN	—	55%
混凝土支撑	混凝土支撑内力	11个	+1653kN	—	[−536，−1798]kN	—	0%

本工程施工有较多监测项目测点超出预警值,施工过程中针对仪器量测数据超出预警标准共发布预警11次,针对施工过程基坑开挖分段长度超过设计要求及钢支撑架设滞后巡查情况共发布预警8次。选取位于基坑中部的监测断面绘制变形曲线图如图16.1-5所示,本工程基坑典型断面最终监测数据表现为支护结构变形最大部位位于基坑底部附近,最大向基坑内部变化约71.4mm,基坑顶部表现为向外有少量位移;周边地表沉降量先向基坑外侧逐步增大,再逐渐减小。本典型断面上最大沉降点位于监测断面基坑外侧16m左右,最大变化值为−94.6mm,在最外侧部位监测点仍有约10mm的沉降值,实际施工影响范围要大于2倍基坑开挖深度。

2. 典型变化规律分析

(1) 建(构)筑物竖向位移。

车站主体基坑周边共有建(构)筑物竖向位移测点共34个测点,监测期间建筑物竖向位移累计变形值在+3.9~−98.1mm之间,其中21个测点超累计报警值,占测点总数的61.7%,主体基坑底板封顶后最后100天沉降速率0.02mm/d。

建(构)筑物在基坑支护结构施工期间产生了一定的沉降,沉降量在−1.2~−29.8mm之间,基坑开挖期间受降水及开挖影响又出现一定下沉,底板封闭后监测数据逐渐趋于稳定状态,建筑物测点距离基坑越近沉降量越大。

建(构)筑物竖向位移时程曲线图见图16.1-6。

(2) 地表沉降。

本工程车站主体基坑周边地表沉降观测共设55个监测点,监测期间车站主体地表沉降最终累计值范围在−9.1~−94.7mm,其中36个测点超累计报警值,占测点总数的66%,主体基坑底板封闭后最后100天最大沉降速率−0.03mm/d。

选取典型断面绘制时程变化曲线如图16.1-7所示。从曲线图可看出,降水及支护结构施工期间地表开始发生沉降变形,阶段最大变化量约占总量的30%,施工开挖期间随开挖深度的增加地表沉降量增加,阶段变化量占总量的64%,基坑开挖完成底板施作后地表沉降变形趋缓,阶段变化量约占总量的6%,沉降量最大发生在基坑外侧约16m处测点,在基坑2倍开挖深度范围处仍有约9mm的沉降值。

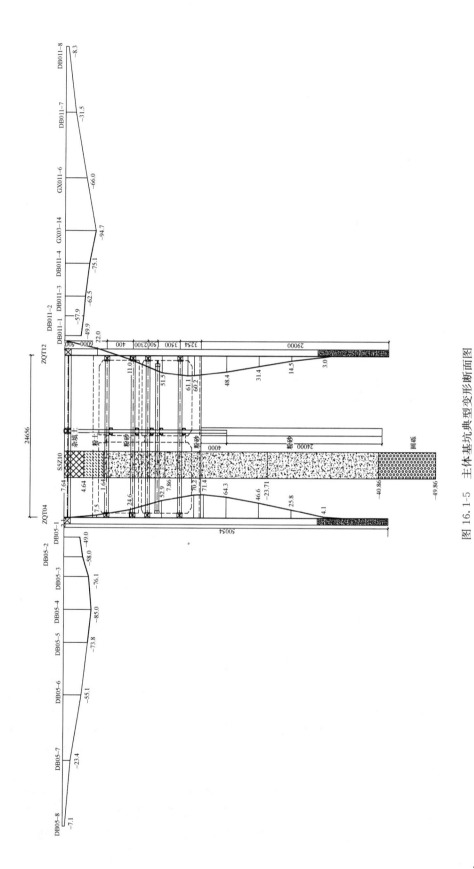

图 16.1-5 主体基坑典型变形断面图

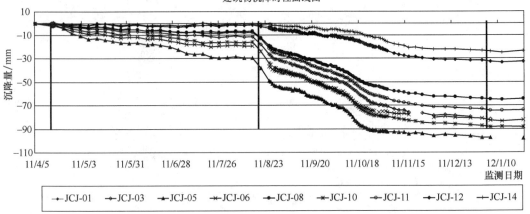

图 16.1-6 建(构)筑物竖向位移时程曲线

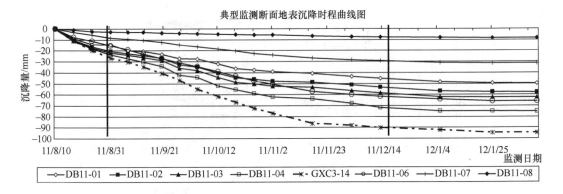

图 16.1-7 主体基坑地表典型断面沉降时程曲线

本站场地位于江漫滩平原区,开挖范围内的主要土层为粉土、粉砂,地层属软弱土,地下水位较高,水量大,周边地表测点沉降主要受前期基坑降水、地下连续墙施工及基坑开挖影响,实际基坑施工过程中存在多处开挖段长度大于设计要求及多次支撑架设不及时情况,过程监测预警后反馈施工采取了控制措施。

(3) 支护墙体水平位移。

车站主体基坑支护墙体水平位移测孔受冠梁施工影响破坏了3个,正常监测的有13个测孔,监测期间共有12个测点累计变量超报警值,占测点总数的92%,其中墙体水平位移累计变形最大点为ZQT05孔21m处,累计变形值为+71.4mm,变形方向为向基坑内。底板封闭后墙体变化趋势逐渐减缓。图16.1-8、图16.1-9所示为典型桩体深层水平位移曲线。

(4) 支撑轴力。

车站主体基坑支承轴力实际共有34个测点能够正常监测。车站支撑轴力整个监测周期内所测数据稳定,第一层支撑表现为受拉力为主,最终受力最大值为-1798kN;第二层支撑最终受力最大值为1374kN;第三层支撑最终受力最大值为1797kN,第四层支撑

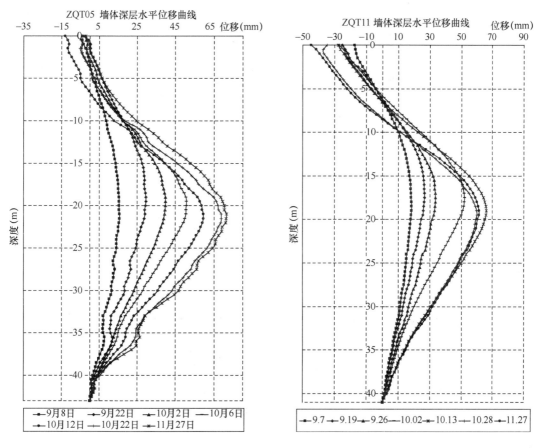

图 16.1-8 ZQT05 变形曲线

图 16.1-9 ZQT11 变形曲线图

最终受力最大值为 168kN，第五层支撑最终受力最大值为 1432kN。支撑轴力监测数据表明部分支撑存在部分未达到设计预加轴力 70%的情况，第三、四、五道支撑未达到预加轴力比例较大，与基坑支护墙靠近基坑底部水平位移较大变形规律基本对应。图 16.1-10～图 16.1-14 所示为典型支撑轴力变化时程曲线图。

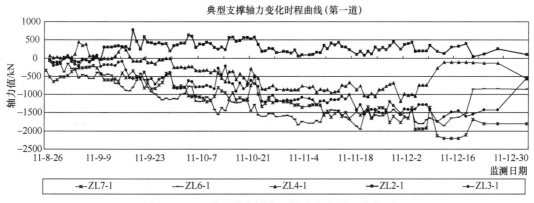

图 16.1-10 第一道支撑典型轴力变化时程曲线图

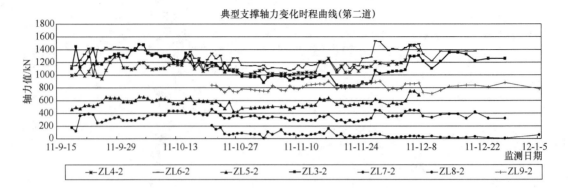

图 16.1-11 第二道支撑典型轴力变化时程曲线图

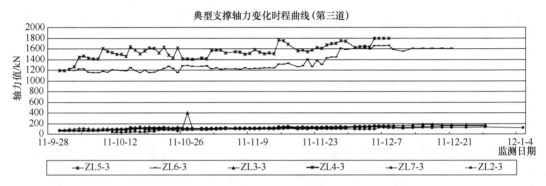

图 16.1-12 第三道支撑典型轴力变化时程曲线图

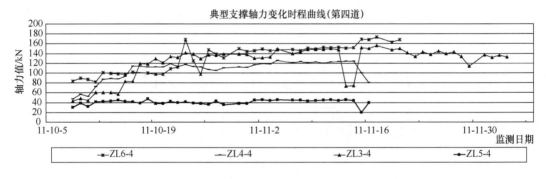

图 16.1-13 第四道支撑典型轴力变化时程曲线图

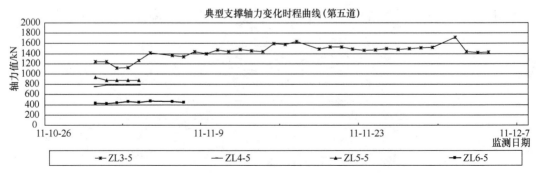

图 16.1-14 第五道支撑典型轴力变化时程曲线图

16.1.5 监测结论与建议

1. 监测结论

(1) 本工程监测数据超出预警指标的较多。监测数据中建（构）筑物竖向位移的最大值为 －98.1mm，地下管线竖向位移的最大值为 －86.4mm，道路地表沉降最大值为 －92.8mm，支护墙体水平位移的最大值为 ＋71.4mm，实测值超过控制值测点较多。

(2) 工后 100 天建（构）筑物、地表竖向变形速率达到稳定标准，但地下管线竖向变形在工后 100 天变形速率最大为 －0.15mm/d，仍未达到稳定标准，应继续观测。

2. 相关建议

(1) 建议施工加强类似工程开挖工艺控制。施工的规范性与基坑变形控制及安全状态密切相关，本工程出现过未严格按设计要求分段开挖基坑土体，开挖速度快，过程支护有滞后、预加轴力不足等情况，监测数据反映出支护结构及地表变形明显，部分监测数据累计值超出控制指标，监测预警后采取施工控制措施，虽未出现大的工程风险，但对周边环境也造成了一定影响。

(2) 建议设计加强类似工程的支护参数，合理分析地下水的影响。本场地地层条件下工程支护结构及周边环境监测数据多数超过控制标准，监测数据显示支护结构墙体向基坑内位移量与周边地表沉降量大小相关性强，反映出设计对支护参数、降水施工等的考虑存在薄弱环节。

(3) 对较软弱地层的监测范围应合理确定。本工程地表沉降监测断面最外侧测点仍有 10mm 左右的沉降量，监测数据表明测点布置范围未能完整覆盖沉降影响范围，建议对该类型场地应扩大监测范围。

16.2 盾构法区间监测案例

16.2.1 工程概况

1. 工程简介

某地铁盾构区间线路基本上沿东西走向设置，线间距15m，区间全长2160.3m，区间设三处联络通道和一个中间风井。区间覆土厚度为 9.9～22.5m。区间西段线路主要在绿地中敷设，在里程右 K43＋800 处盾构隧道穿越河流，东段线路主要沿主干路敷设。隧道上方建筑物较少，仅邻近两处平房。隧道上方有两条 Φ1050～Φ1400 污水管线，一条与隧道平行，一条与隧道相交。

2. 工程地质水文地质条件

本工程场地勘探范围内的土层划分为人工堆积层、第四纪全新世冲洪积层、第四纪晚更新世冲洪积层三大层。隧道结构主要处于黏土层、粉土层、粉质黏土层及细砂层中，底板位于粉质黏土层、粉土层及细砂层中，区间地质剖面如图 16.2-1 所示。

区间西段赋存两层地下水，地下水的类型为潜水和层间水，结构主要处于层间水中，

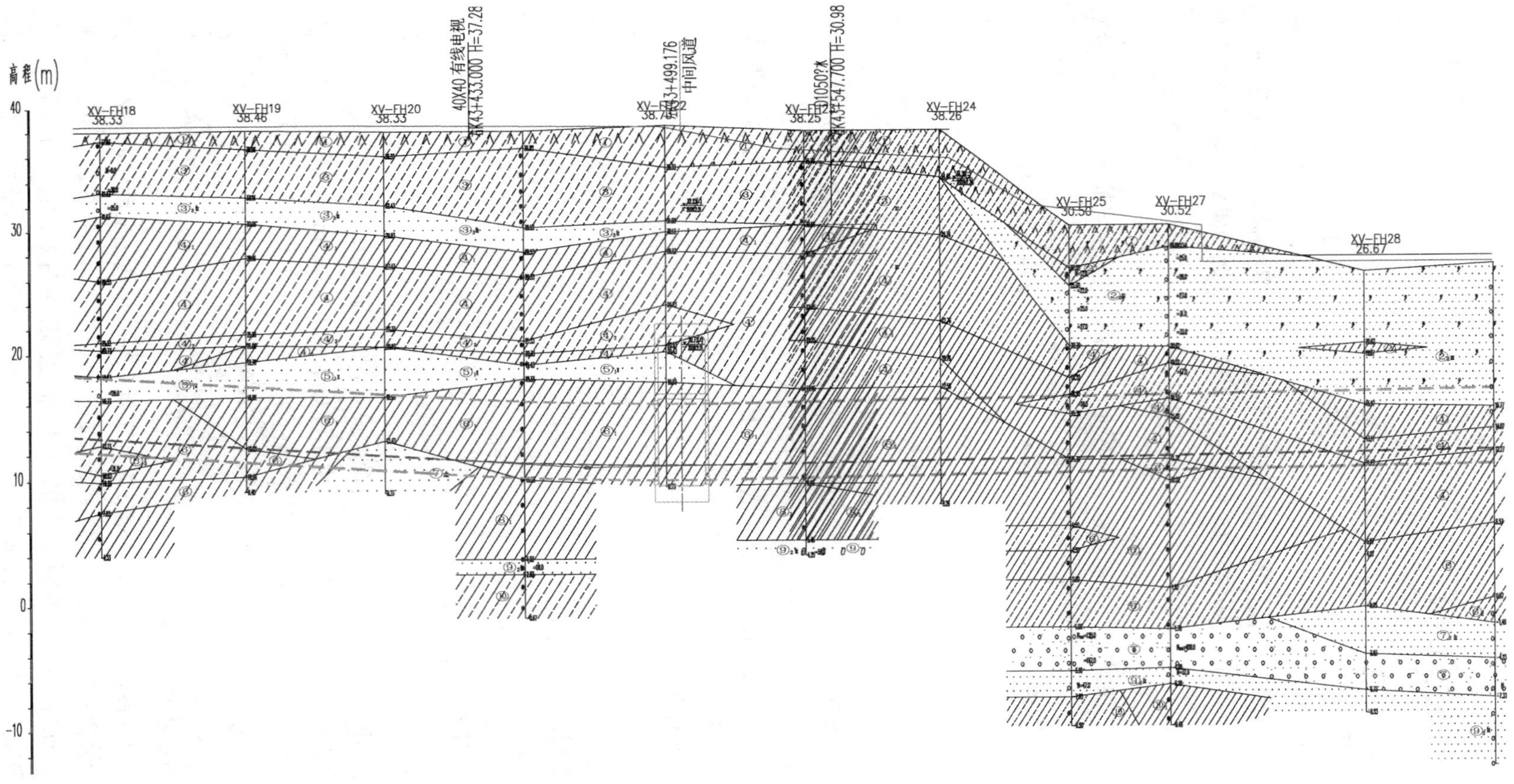

图 16.2-1 区间地质剖面（部分）

中段穿越河流段赋存一层地下水，地下水的类型为潜水，结构主要处于潜水中，东段赋存两层地下水，地下水的类型为潜水和承压水。结构主要处于承压水中。

3. 施工工艺和施工进度

区间采用盾构法施工，主体结构设计为双线单洞圆形隧道，隧道衬砌为预制装配式钢筋混凝土平板形管片，单层衬砌，管片采用3+2+1模式组合，错缝拼装，螺栓连接。管片宽1200mm，厚300mm，衬砌外径6000mm，内径5400mm。区间线路最大圆曲线半径为5000m，最小为800m。左线隧道使用日本小松公司（KOMATSU）制造的公称直径为Φ6140土压平衡式盾构机，右线盾构工程采用日本株式会社IHI制造的石川岛Φ6140铰接式土压平衡盾构机，刀盘为辐条式。区间2处联络通道采用暗挖法施工。

本工程于2010年7月开始由西侧向东侧先推进左线，后推进右线，左右线间隔约150m。12月21日左线进入东侧车站，12月28日右线进入东侧车站。2011年01月11日联络通道开始施工，2011年03月22日施工完成。

16.2.2 监测内容及要求

本盾构区间设计为标准断面，区间穿越土层主要为黏土层、粉土层、粉质黏土层及细砂层，区间结构位于承压水中。区间工程自身风险等级为三级，下穿河流及雨污水管线为环境二级风险工程，如果盾构施工参数控制不好，可能对上方Φ1050～Φ1400污水管线、河流、平房等环境对象造成影响。

仪器监测内容主要为盾构施工主要影响区及次要影响区范围内的建（构）筑物、管线、河堤、道路地表等对象的竖向变形监测，监测范围取盾构结构两侧1.5倍隧道埋深范围。重点关注过程及部位有主要对盾构始发、接收、通过区间风井、联络通道破管片施工，穿越河流埋深浅区段，穿越开挖面位于粉质黏土层及细砂层区段。仪器量测内容及要求见表16.2-1，巡查内容及频率见表16.2-2。

仪器监测内容及要求　　　表16.2-1

序号	监测对象	监测项目	监测仪器	监测精度	控制值	监测频率	监测周期
1	盾构隧道周边环境	建（构）筑物竖向位移	Trimble DINI12 电子水准仪	1.0mm	20.0mm；5mm/d	当掘进面距监测断面前后的距离≤20m时，1次/天；掘进面距监测断面前后的距离≤50m时，1次/2天；掘进面距监测断面前后的距离>50m时，1次/周；经数据分析确认达到基本稳定后，1次/月	盾构施工开挖开始，工程施工完成，变形稳定后结束
2		河堤竖向位移		1.0mm	20.0mm；5mm/d		
3		地下管线竖向位移		1.0mm	20.0mm；5mm/d		
4		地表沉降		1.0mm	20.0mm；5mm/d		
5	盾构隧道结构、周边岩土体	拱顶竖向位移		1.0mm	20.0mm；5mm/d	当监测断面距掘进面的距离L≤20m时，1次/天；20m<L≤50m时，1次/2天；L>50m时，1次/周；经数据分析确认达到基本稳定后，1次/月	
6		净空收敛	JSSA钢尺收敛计	0.1mm	20.0mm；5mm/d		

注：监测数据预警值取控制值的70%，报警值取控制值的85%。

巡查内容及频率 表16.2-2

序号	巡查对象	巡查内容	巡查频率
1	盾构区间周边建筑物、管线、道路地表、河流等	（1）建（构）筑物：是否有倾斜、裂缝、裂缝位置及变化情况。 （2）管线：管线四周有无渗漏、裂缝与孔洞。 （3）道路地表：路面沉陷或隆起；开裂。 （4）河流/湖泊：护岸结构的开裂与沉陷。 （5）周边有无邻近工程扰动等	同现场仪器量测频率
2	盾构设备参数、盾构管片结构、附属设施等	盾构机姿态、密封状况、推力、扭矩、土压、推进速度、出土量、注浆量、浆液凝结时间；管片变形、开裂、破损、接头错台、拼装缝、漏水状况；盾构端头加固、洞门止水、联络通道施工工艺等	

16.2.3 监测点布设及监测方法

1. 监测点布设

本工程监测点布设原则见表16.2-3。盾构区间典型部位监测布点如图16.2-2所示。

监测点布设原则 表16.2-3

序号	监测对象	监测项目	监测点布设原则
1	盾构隧道周边环境	建（构）筑物竖向位移	盾构轴线两侧20m范围内两处建筑物布设了8个竖向位移测点
2		河堤竖向位移	根据区间隧道下穿河流相对关系，在河堤上布设断面，断面上在两条隧道中线各布设1个测点，在隧道结构外边缘距隧道中线测点约5m处各布设1个测点，之后按3m、5m、8m间距在同一断面上向两侧布设
3		地下管线竖向位移	盾构轴线两侧20.0m范围内的Φ1050～Φ1400污水管线共布设了27个管线竖向位移测点
4	盾构隧道结构、周边岩土体	地表沉降	取地铁施工3个精密水准点作为水准基准点，根据需监测对象分布，布置了3个工作基点，布设成局部的独立网，同观测点一起布设成闭合环。地表竖向位移测项可观测盾构开挖对地层的扰动大小，间接验证盾构施工参数，分析施工安全控制状态，测点沿盾构轴线方向测点间距按10～30m设置。盾构始发、到达段、联络通道施工部位是风险高发部位，加密测点并布置横断面，一般在轴线上方布设1个测点、结构线边缘布设1点、结构外根据影响范围按5～10m的间距布设测点。共设4个主测横断面，在地铁结构两侧30m范围内布设，每个横断面布设7～13个测点，按近密远疏的原则布设。为保证测点布设准确，测点位置进行精密放样。区间共布设了246个地表竖向位移测点
5		拱顶竖向位移	根据盾构区间隧道埋深情况，每10～20m设置一个监测断面，在顶部布置一个测点。联络通道内设于初支结构拱顶，每2～3m设置一个
6		净空收敛	根据区间隧道埋深情况，每10～20m设置一个监测断面

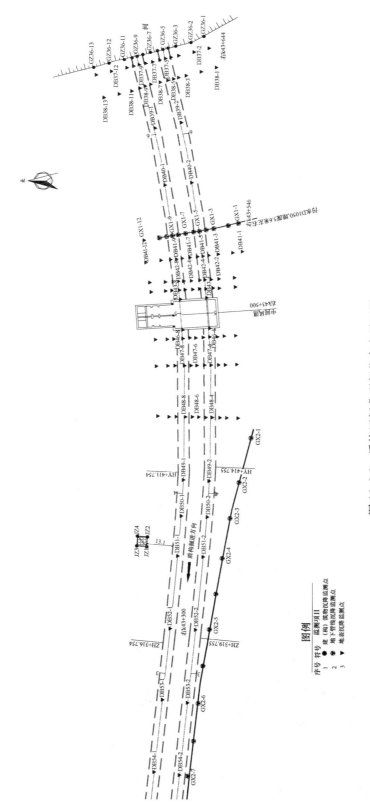

图 16.2-2 盾构区间典型部位布点平面图

2. 监测方法

（1）竖向位移监测。

建（构）筑物、河堤、地下管线、拱顶竖向位移及地表沉降采用水准测量方法，布设附合或闭合水准网，使用电子水准仪观测。基准网按《工程测量规范》（GB 50026—2007）二等垂直位移监测技术要求观测，观测网按《工程测量规范》（GB 50026—2007）二等垂直位移监测技术要求观测。盾构施工期间，每3个月校核一次工作基点，进行基准网联测。

（2）净空收敛。

结构净空收敛使用JSSA钢尺收敛计测读。

16.2.4 监测成果分析

1. 监测数据统计

盾构区间完工后，建（构）筑物竖向位移最终累计值范围在－8.4～－16.9mm之间，地下管线竖向位移最终累计值范围在－0.2～－18.1mm之间，地表竖向位移最终累计值范围在＋1.2～－50.4mm之间。对典型的监测数据进行统计分析，见表16.2-4。

监测特征数据统计　　　　　表16.2-4

监测对象	监测项目	监测点数量（个）	过程变化最大值（mm）	过程变化最大速率（mm/d）	最终累计变化最大值（mm）	工后100天变化速率（mm/d）	预警点比例（%）
盾构区间影响的建筑物、地下管线、道路地表	建（构）筑物竖向位移	8	－16.9	－1.6	－16.9	－0.003	12.5
	地下管线竖向位移	27	－18.1	－2.1	－18.1	－0.04	18.0
	河堤竖向位移	26	－20.0	－10.0	－18.6	0.00	42.0
	道路地表竖向位移	246	－48.3	－27.9	－48.3	－0.20	9.7

本工程监测针对监测数据预警及巡查预警及时发布预警信息，共发送3次红色监测预警、9次橙色监测预警和1次黄色监测预警，经反馈施工单位采取措施后取得了良好的效果。信息化监测及时、准确地预测预报了多个安全隐患，为保证工程的安全顺利施工做出了贡献。信息化监测典型预警及处置情况见表16.2-5。

典型监测预警及处置情况　　　　　表16.2-5

时间	发现问题	手段措施	效果
2010.9.15	巡查发现盾构机土仓压力不足，存在出土量增大情况，监测数据有速率预警	立即通知各方，施工单位调整盾构推进参数	快速下沉得到控制
2010.9.19	发现D35-5、D35-3等测点变形速率异常，最大日变化速率达－27.9 mm/d	立即通知各方，施工单位调整盾构推进参数，加强注浆	快速下沉得到控制
2011.2.28	监测数据反映建筑物东南角JZ8测点监测数据有明显变化趋势	立即通知各方，在监理例会上，决定采取补偿注浆措施	快速下沉得到控制，补浆效果显著

2. 典型变化规律分析

选取盾构穿越的管线、河堤、地表进行分析。

（1）盾构区间穿越河堤。

GZ36-1～GZ36-12 为西侧（里程右 K43+648）河堤竖向位移测点，河与盾构区间路线斜交，角度约 64°，区间覆土厚度约 11m，上覆土层细砂层及填土。

由图 16.2-3、图 16.2-4 可知，2010 年 9 月 22 日，盾构左线开始下穿河堤，至 2010 年 9 月 25 日，盾构左线穿过该断面，左线上方河堤竖向位移测点竖向位移明显，左线中心上方测点 GZ36-9 阶段竖向位移量为－3.0mm，右线中心上方测点 GX1-5 阶段竖向位移量为－0.9mm，左、右线中心上方测点 GX1-7 阶段竖向位移量为－3.4mm；2010 年 9 月 29 日，盾构右线开始下穿该断面，至 2010 年 10 月 2 日，盾构右线穿过该断面，右线上方地表竖向位移测点竖向位移明显，右线中心上方测点 GZ36－5 阶段竖向位移量为－17.5mm，左线中心上方测点 GZ36-5 阶段竖向位移量为－0.6mm。左、右线中心上方测点 GZ36-7 阶段竖向位移量为－7.6mm；盾构右线施工对河堤影响较大，盾构左右线下穿完成 1 周后，测点变形趋于平稳。盾构左右线施工结束后，河堤最终竖向位移量在＋1.3～－18.6mm 之间，共 5 个测点累计值超警戒值。

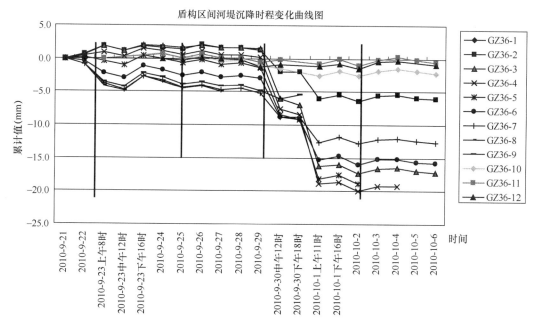

图 16.2-3 穿越河堤典型测点竖向位移时程曲线图

（2）盾构区间穿越地下管线。

GX1-1～GX1-12 为盾构区间上方（里程右 K43+532）污水管线（Φ1050）竖向位移测点，与盾构区间路线垂直。管线埋深约 6.0m，距盾构结构约 10.0m，管线所在位置为细砂层，下部土层为粉土。

由图 16.2-5、图 16.2-6 可知，2010 年 10 月 2 日～5 日，盾构左线开始下穿该阶段左线上方管线地表监测点出现竖向位移，左线中心上方 GX1-9 监测点阶段竖向位移量为－2.9mm，右线中心上方监测点 GX1-5 阶段竖向位移量为－1.8mm，左、右线中心上方监测点 GX1-7 阶段竖向位移量为－2.7mm；2010 年 10 月 8 日～11 日，盾构右线下穿该断面，右线通过时上方竖向位移监测点竖向位移明显，右线中心上方监测点 GX1-5 阶段竖向位移量为－5.2mm，左线中心上方监测点 GX1-5 阶段竖向位移量为－1.8mm，左、

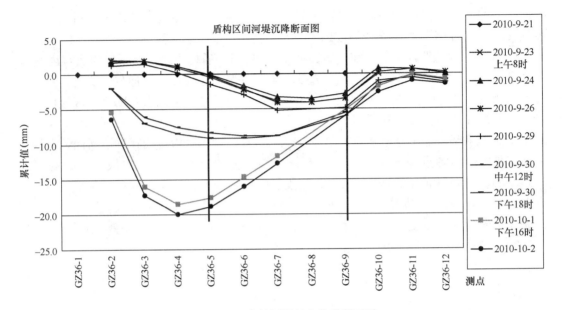

图 16.2-4 穿越河堤竖向位移断面图

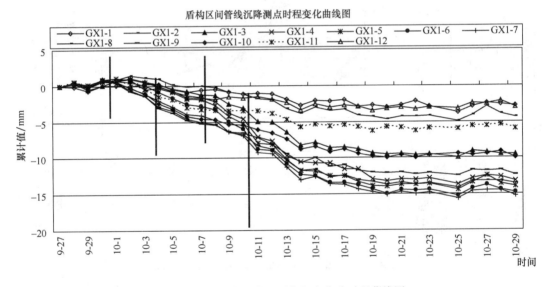

图 16.2-5 地下管线典型测点竖向位移时程曲线图

右线中心上方监测点 GX1-7 阶段竖向位移量为 −4.4mm；盾构右线施工对管线影响较大，盾构下穿完成 2 周后，监测点变形趋于平稳。盾构左右线施工结束后，管线竖向位移最终竖向位移量在 −5.1～−18.1mm 之间，共 6 个监测点累计值超警戒值。

（3）盾构区间穿越道路及地表。

DB41-1～DB41-12 为盾构区间第 41 断面道路及地表竖向位移监测点（里程右 K43+518）。

由图 16.2-7 中所示该断面处地表竖向位移监测时程曲线及图 16.2-8 中所示竖向位移断面图可知：2010 年 10 月 3 日，盾构左线开始下穿该断面，至 2010 年 10 月 6 日，盾构左线穿过该断面，左线上方地表竖向位移监测点竖向位移明显，左线中心上方监测点 DB41-8 阶段竖向位移量为 −4.8mm，右线中心上方监测点 DB41-4 阶段竖向位移量为

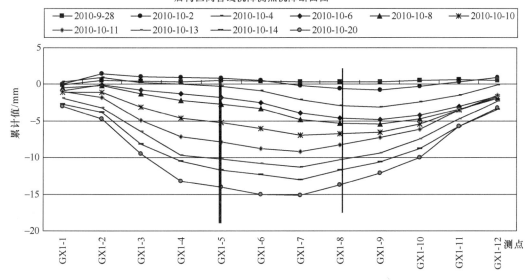

图 16.2-6 地下管线竖向位移测点竖向位移断面图

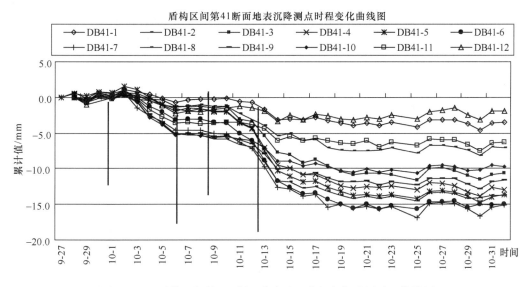

图 16.2-7 盾构区间第 41 断面道路及地表竖向位移测时程曲线图

-1.6mm，左、右线中心上方监测点 GX1-7 阶段竖向位移量为-3.1mm；2010 年 10 月 10 日，盾构右线开始下穿该断面，至 2010 年 10 月 13 日，盾构右线穿过该断面，右线上方地表竖向位移监测点竖向位移明显，右线中心上方监测点 DB41-4 阶段竖向位移量为-5.1mm，左线中心上方监测点 DB41-8 阶段竖向位移量为-2.5mm，左、右线中心上方监测点 DB41-6 阶段竖向位移量为-5.2mm；盾构下穿完成 2 周后，监测点变形趋于平稳。盾构左右线施工结束后，地表竖向位移最终竖向位移量在-2.8～-17.8mm 之间，本监测断面无预警情况。

(4) 现场巡查情况。

重点对盾构施工的主要参数以及管片破损、裂缝、渗水等情况，以及盾构施工过程中

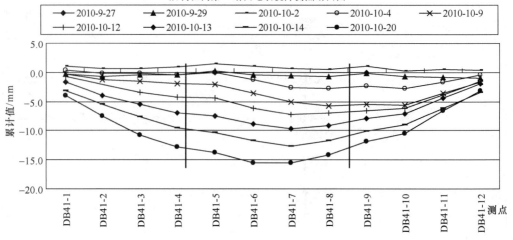

图 16.2-8　盾构区间第 41 断面道路及地表竖向位移测断面图

建（构）筑物、管线、道路地表的开裂、沉陷变化进行了巡查，盾构施工过程中未发现地表有裂缝和地表冒浆情况，未发现建筑物有裂缝、倾斜情况，未发现河堤有裂缝、渗水情况，联络通道施工过程中发现开挖面有渗水情况，但未对联络通道自身及周围环境产生影响。现场巡查中发现有个别地段盾构机土压控制偏低或不稳定，浆液凝结时间较长，同步注浆不及时，管片破损、错台等现象，针对这些情况及时进行了预警，并结合监测数据情况进行了分析反馈，指导施工及时采取了控制措施。

16.2.5　监测结论与建议

1. 监测结论

（1）盾构区间完工后，建（构）筑物竖向位移最终累计值范围在 −8.4～−16.9mm 之间，地下管线竖向位移最终累计值范围在 −0.2～−18.1mm 之间，地表竖向位移最终累计值范围在 +1.2～−50.4mm 之间，施工完成 1 月后竖向位移趋于稳定。

（2）工程施工过程中，出现了因盾构土压、同步注浆等参数控制不合理而导致地表竖向位移速率异常的情况出现，通过对盾构参数巡查预警、竖向位移超标预警及加密监测，对施工单位采取控制措施及对结构的安全状态判别提供了参考，保证了工程穿越环境对象的安全可控。

（3）本盾构区间穿越的地层以粉土为主，盾构通过典型断面时变形规律明显，基本规律为先行通过的盾构隧道引起的变形量占总量的 25%～40%，后行通过隧道引起的变形量占 60%～75%，最大竖向位移量一般发生在双线隧道中间部位。

（4）盾构施工通过地表变化的规律为盾构机到达监测断面前 5.0m 左右有微量隆起，盾构机头进入断面至盾尾脱出前持续竖向位移，盾构机尾部脱出有竖向位移速率变大情况，盾构机通过 2 周左右趋稳。

2. 相关建议

（1）对盾构机掘进参数的巡查是重要环节，类似工程应给予足够重视。本工程主要针对周边环境设置了竖向位移类监测项目，根据施工部位的不同、穿越对象的特点及地层条件，在始发、到达部位、穿越管线、河堤部位布置了监测断面，并对盾构施工参数如推力、扭矩、掘进速度、注浆量、出土量、成型环片质量进行巡查，结合分析进行信息化施工对安全风险管理起到促进作用。

(2) 本工程工况条件下盾构开挖引起的变形速率在不大于 5mm/d 时盾构各项参数及注浆控制基本正常。异常速率出现时一般体现出盾构施工控制出现问题或注浆量不足，或地层有异常变化，可能引起地面坍塌、环境破坏等风险，此时应给予足够重视，调查分析，采取措施保证工程安全及环境安全。

16.3 矿山法区间监测案例

16.3.1 工程概况

1. 工程简介

某矿山法区间延东西向道路下方敷设，线路纵剖面为 V 字坡，区间长度约 675.4m，轨顶埋深为 23.55~24.65m，线路在此区间设置了停车线及渡线，区间采用矿山法施工，区间断面主要为单线单洞马蹄形隧道、岔线区为双线或三线单洞马蹄形大断面隧道，左右线线间距约 15.0~17.0m，本段区间设两个施工竖井及一个联络通道。

区间下穿的道路红线宽 50.0m，属城市次干道，交通较为繁忙。本工程周边环境复杂，市政地下管线众多，其中环境风险工程为一级的共计 26 处，环境风险工程为二级的共计 6 处，下穿某既有线、南北两侧涉及 5 处建筑物，$\phi 800$、$\phi 1350$、$\phi 1400$ 污水管，$\phi 600$、$\phi 2000$ 上水管，$\phi 500$ 天然气管，$2 \times \phi 600$ 热力管线等市政管线。

2. 工程地质水文地质条件

本区间场地自上而下地层依次为杂填土①$_1$ 层、粉土填土① 层、粉土③ 层、粉质黏土③$_1$ 层、粉细砂③$_3$ 层、粉细砂④$_3$ 层、粉质黏土④ 层、粉土④$_2$ 层、黏土⑥$_1$ 层、黏土⑥$_2$ 层、粉质黏土⑥ 层、细中砂⑥$_3$ 层，隧道上部穿越的土层主要为砂层，下部土层主要为黏性土层。

本段线路局部存在上层滞水（一）和层间水（三），潜水（二）普遍存在，对工程有直接影响的地下水为上层滞水（一）和潜水（二），两层水的水位埋深为 7.3~11.7m，标高为 30.85~35.08m，几乎涵盖整个结构范围。

3. 施工工艺和施工进度

本区间采用矿山法施工，隧道结构为马蹄形断面复合式衬砌结构，标准段隧道采用台阶法开挖，大断面采用 CD 法开挖，初期支护采用喷混凝土＋格栅钢架措施，二次衬砌采用模筑钢筋混凝土，两次衬砌之间设柔性防水层，结构底拱防水层厚度 50mm。辅助工程措施采用超前小导管注浆、大管棚注浆和掌子面喷射混凝土封闭等，施工喷混凝土前在围岩与钢格栅之间铺设单层钢筋网。本区间设置 1 号、2 号两个施工竖井，施工横通道采用直墙拱断面型式。横通道二衬施工完成后施工区间正线隧道。

工程自 2012 年 1 月施工开始监测，2013 年 9 月 25 日工后 3 个月停止监测，监测时间共约 19 个月。

16.3.2 监测内容及要求

矿山法施工中由于地层、地下水损失而引起地面移动明显，对周边环境的影响较大，监测工作为信息化施工重要的环节，针对本矿山法工程，主要进行了建筑物竖向位移、管线竖向位移、地表沉降、隧道结构净空收敛和拱顶沉降的监测。监测内容及要求见表 16.3-1、表 16.3-2。

仪器监测内容及要求　　　　　　　　　　　　　　　表 16.3-1

序号	监测对象	监测项目	监测仪器	监测精度	控制值	监测频率	监测周期
1	建筑物（某小区 1 号楼、18 号楼等）	建（构）筑物竖向位移	Trimble DINI03 电子水准仪	1.0mm	10mm；3mm/d	施工开挖期间 1 次/天；基本稳定后 1 次/周	降水施工前开挖开始，贯通后 1 个月
2	φ800、φ1350、φ1400 污水管；φ600、φ2000 上水管；φ500 天然气管；2×φ600 热力管线	地下管线竖向位移		1.0mm	有压 10mm，2mm/d；无压 20mm，3mm/d		
3	道路地表	地表沉降		1.0mm	30mm；5mm/d		
4	洞内初支	初支结构拱顶竖向位移		1.0mm	30mm；3mm/d		
5		初支结构净空收敛	收敛计	0.06mm	20mm；3mm/d		

注：预警值取控制值的 70%，报警值取控制值的 80%。

巡查内容及频率　　　　　　　　　　　　　　　表 16.3-2

序号	巡查对象	巡查内容	巡查频率
1	矿山法区间周边建筑物、管线、道路地表等	（1）建（构）筑物：是否有倾斜、裂缝、裂缝位置及变化情况； （2）管线：管线四周有无渗漏、裂缝与孔洞； （3）道路地表：路面沉陷或隆起；开裂； （4）周边有无邻近工程扰动等	同现场监测频率
2	矿山法区间结构	（1）支护结构：有无剥落、裂缝，支护体系施作的及时性； （2）掌子面地层条件、渗水、流砂、坍塌情况； （3）喷射混凝土是否密实，有无异物等； （4）地下水控制情况	

16.3.3 监测点布设及监测方法

1. 监测点布设

本工程监测点布设原则见表 16.3-3。区间典型部位监测布点如图 16.3-1 所示。

监测点布设原则　　　　　　　　　　　　　　表 16.3-3

序号	监测对象	监测项目	监测点布设原则
1	建筑物（某小区 1 号楼、18 号楼等）	建（构）筑物竖向位移	区间两侧 20m 范围内建筑共布设了 30 个建（构）筑物沉降监测点
2	φ800、φ1350、φ1400 污水管；φ600、φ2000 上水管；φ500 天然气管；2×φ600 热力管线	地下管线竖向位移	根据隧道穿越管线影响关系布置，每 5.0~20.0m 设置 1 点，监测点采用螺纹钢筋（Φ22，长 1.0m），钻孔法埋入管线上方密实土层，对近距离下穿污水、雨水等管线在重要位置埋设监测点至管线外侧边与管线底部标高相同土层内布设了 27 个管线沉降监测点
3	道路地表	地表沉降	地表沉降能准确反映隧道施工对环境的影响状态，根据现场实际情况，地表沉降监测重点为隧道下穿的重要地表部位，地表监测点沿该隧道方向在隧道正上方每 10.0~20.0m 设置 1 点，监测点采用螺纹钢筋（Φ22，长 1.0m），钻孔法埋入原土层，顶部加盖保护
4	洞内初支	隧道拱顶竖向位移	隧道拱顶竖向位移反映隧道初期支护结构形成后的稳定性，并能反映相邻导洞开挖对已开挖导洞的影响，其监测的重要性在隧道开挖过程中很大。左右导洞在隧道纵向间隔 5.0m 处布设拱顶沉降监测点，与收敛监测点类似，选用 Φ22 螺纹钢筋（一端带三角环，预先加工好），在喷混凝土之前直接焊接在上台阶拱顶的格栅主筋上，外露长度约 5.0cm
5		隧道净空收敛	沿隧道纵向初支结构按间隔 10.0m 布设隧道结构收敛监测断面，因左右导洞均采用短台阶法施工，收敛监测点均在上台阶拱脚位置水平埋设。监测点选用 Φ22mm 螺纹钢筋（一端带三角环，预先加工好），在喷混凝土之前直接焊接在上台阶两侧的格栅主筋上，外露长度约 5.0cm

2. 监测方法

（1）竖向位移监测。

建（构）筑物、地下管线、初支结构拱顶竖向位移及地表沉降采用水准测量方法，布设附合或闭合水准网，使用电子水准仪观测。基准网按《工程测量规范》(GB 50026—2007)二等垂直位移监测技术要求观测，观测网按《工程测量规范》(GB 50026—2007)二等垂直位移监测技术要求观测。施工期间，每 3 个月校核一次工作基点，进行基准网联测。

（2）净空收敛。

隧道初支结构净空收敛使用 JSSA 钢尺收敛计测读。

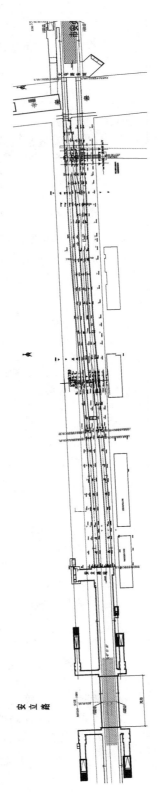

图 16.3-1 区间监测监测点布设平面图（部分）

16.3.4 监测成果分析

1. 监测数据统计

通过对矿山法区间进行长约 16 个月的监测工作,对典型的监测数据进行统计分析,见表 16.3-4。

监测特征数据统计表　　　　　表 16.3-4

监测对象	监测项目	监测点数量	过程变化最大值（mm）	过程变化最大速率（mm/d）	最终累计变化范围值（mm）	工后 100 天最大变化速率（mm/d）	预警点比例（%）
建筑物	建筑物沉降	40	+1.2 -8.4	+1.0 -1.1	[+0.5,-8.2]	0.01	5
线路上方地下管线	地下管线竖向位移	220	+22.0 -98.3	+11.4 -20.5	[-0.9,-98.3]	-0.06	62.7
道路地表	道路地表沉降	203	+9.1 -106.3	+5.2 -17.5	[+0.1,-106.3]	-0.07	67.2
隧道结构初支	拱顶下沉	120	-24.2	-2.4	[-7.1,-24.2]	—	0

本工程信息化监测通过现场监测及现场巡查工作及时、准确地发现多个安全隐患,为及时采取措施保证工程安全做出了贡献。施工过程中,出现监测数据速率超标、累计值超标,均及时进行了风险提示。对巡查发现的问题及时反馈各方,典型巡查预警及处置情况见表 16.3-5。施工单位采取措施最终保证工程未出现大的风险。

典型监测预警及处置情况　　　　　表 16.3-5

时间	发现问题	照片	手段措施	效果
2012 年 09 月 11 日	区间 1 号横通道右线大里程方向 QYD 断面右上小导洞掌子面下台阶存在反坡开挖现象且有渗水,同时,右线小里程方向 QYB 断面临时仰拱架设不及时,发布黄色巡查预警		立即通知各方,监理单位督促施工单位采取措施保证施工工艺的规范性,及时支护,开挖面注浆止水,及时架设支护体系临时仰拱	施工工艺得到规范,挖面注浆止水措施起到效果,及时架设了支护体系临时仰拱

续表

时间	发现问题	照片	手段措施	效果
2013年3月1日	区间1号横通道右线大里程方向QYD断面1号小导洞临时仰拱处渗水明显，局部有流砂，发布黄色巡查预警		开挖前进一步做好超前注浆加固，适时调整注浆管角度、注浆范围及注浆参数保证，开挖面稳定，加强止水工作。同时进一步做好初支快封闭，及时跟进回填注浆，并严格控制施工过程管理	措施得到落实，风险得到控制
2013年4月24日	区间1号横通道右线大里程方向QYD断面3号小导洞开挖，拱部及上台阶土体为粉细砂层，拱部存在局部坍塌现象，存在风险，发布黄色巡查预警	 	及时封闭掌子面注浆加固；恢复开挖前进一步做好超前注浆加固，保证开挖面稳定；同时进一步做好初支快封闭，及时跟进回填注浆，并严格控制施工过程管理	措施得到落实，风险得到控制
2013年7月8日	区间1号横通道上方道路地表出现面积约1m×2m，深约2m的塌陷洞坑，对上方交通造成轻微影响，发布橙色巡查预警	 	及时对洞坑进行填充处理，确保道路交通安全；加强对洞坑附近进行人工巡查	措施得到落实，风险得到控制

2. 典型变化规律分析

（1）某小区3号楼建筑物。

区间右线隧道距离某小区3号楼建筑物最近距离约8.2m，该楼房地上17层，筏板基础。本处隧道顶部覆土约12.0m。如图16.3-2所示，2012年10月5日，区间右线开始降水施工，12月19日，开挖面开始侧穿建筑物，至2013年5月13日，掌子面通过建筑物，建筑物监测点在该过程中表现为随降水施工持续沉降，邻近隧道一侧测点最大阶段沉降量－4.5mm。右线开挖面通过阶段建筑物阶段最大沉降－3.7mm。降水施工停止后部分建筑物监测点数据有所隆起。工后降水停止后变形趋于平稳。建筑物最终沉降量在＋0.5～－8.2mm之间，共2个监测点累计值超警戒值。

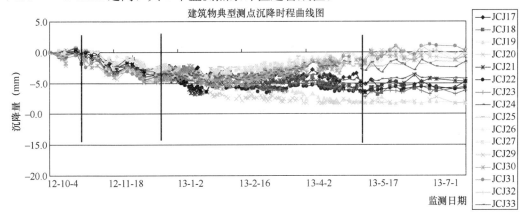

图 16.3-2 穿越建筑物时程曲线图

（2）某地下热力管线。

选取1号横通道附近区间左线上方的热力管线分析。如图16.3-3、图16.3-4所示，本热力管线主要受1号竖井施工、降水施工、横通道施工开挖、区间左线、右线开挖影响。从曲线图可看出，施工开挖过程中群洞效应明显，管线监测点呈现连续沉降趋势，竖井及横通道开挖期间，阶段最大沉降量约－20mm，左右线开挖期间阶段最大沉降量约－35mm，破马头门进洞前注浆施工时区域监测点有最大约5.0mm的隆起，施工通过后期最大有－10mm的沉降量，最后一个开挖面通过后6周左右监测数据趋于稳定。管线相邻监测点在施工过程中差异变化不大，最大差异沉降约9mm。

（3）区间 DB34 断面地表。

区间穿越地表 DB34 断面沉降时程曲线及沉降断面曲线如图 16.3-5、图 16.3-6 所示。

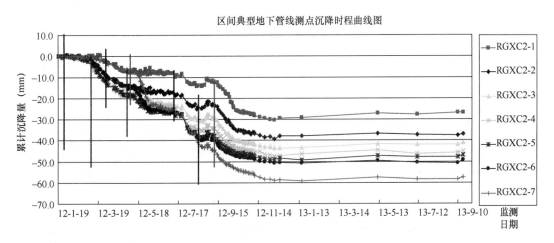

图 16.3-3 穿越地下管线时程曲线

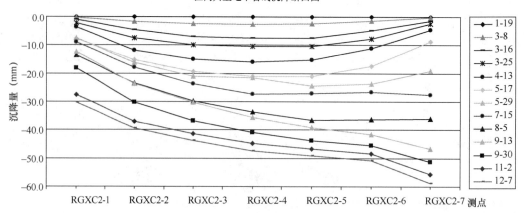

图 16.3-4 穿越地下管线沉降断面曲线

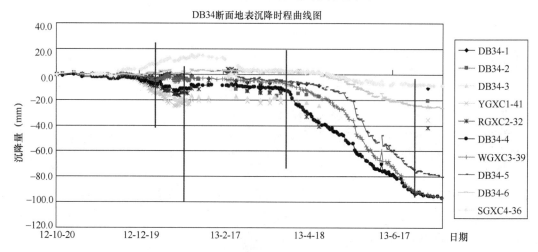

图 16.3-5 穿越地表 DB34 断面沉降时程曲线

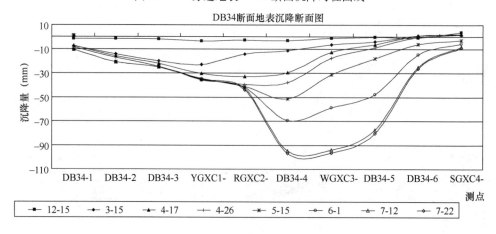

图 16.3-6 穿越地表 DB34 断面沉降断面曲线

由图可知，先施工左线通过该断面时，左线上方监测点阶段最大变化约 20mm，左线施工通过后右线开挖影响前约 3 个月期间监测点无明显变形。右线为大断面，采用 CRD 法施工，施工通过的两个多月时间中监测点表现为持续沉降，该阶段最大沉降量-83mm。最终沉降断面呈现为两端小，左线上方凹曲小，右线一侧凹曲大的沉降断面曲线。

16.3.5 监测结论与建议

1. 监测结论

（1）最后一次监测建筑物的最大沉降为-8.2mm，预警点比例5.0%；地下管线最大沉降量-98.3mm，预警点比例62.7%；道路地表最大沉降量-106.3mm，预警点比例67.2%，拱顶沉降最大-24.2mm，预警点比例5%。工程完工后100天，道路地表沉降阶段最大速率-0.07mm/d，未达到稳定标准。

（2）区间穿越地层地质软弱，隧道上部穿越的土层主要为砂层，下部土层主要为黏性土层，上层滞水（一）和潜水（二）覆盖整个开挖范围，结构设计存在竖井、横通道、大断面隧道，地下管线埋深较浅，施工过程中地下水降水效果较差、施工工艺控制存在不足，施工开挖地层、地下水损失大，时空效应及群洞效应影响规律明显，隧道开挖而引起地层沉降明显。地表、地下管线监测点沉降超过控制指标超过60%，过程中出现风险预警情况多次，经及时的信息反馈与处置，未出现大的风险事故。

（3）监测数据的总体规律表现为施工过程中受开挖降水影响明显，降水施工期间邻近部位监测点表现为持续沉降，超前支护注浆及初支背后注浆过程加固地层环节邻近部位监测点略有隆起，开挖通过期间持续沉降，开挖通过后6周左右沉降趋缓。

（4）在竖井横通道及区间左右线开马头门部位，受施工开挖过程群洞效应影响明显，每部施工过程中邻近部位监测点均受不同程度的影响，在开左右线马头门进洞阶段影响最大。整个区间监测数据变化最大测点集中在区间大断面部位，大断面部位覆土较浅，受先行线通过扰动影响，开挖周期长降水影响，施工过程中多次导洞开挖及受力转换影响变形较相邻小断面隧道大2~3倍。

2. 相关建议

本工程矿山法暗挖隧道监测工作根据信息化施工监测要求，主要进行了地表沉降、隧道结构净空收敛和拱顶沉降的监测，并通过现场巡查，掌握开挖超前支护注浆、土体开挖、初期支护格栅拱架架设及喷射混凝土施工工艺控制情况，隧道初支结构及环境的稳定性。

建议类似工程根据信息化施工监测要求，重视监测信息的及时反馈，为建设各方提供及时可靠的信息用以综合评定施工期间的安全性及施工对周边环境的影响，更好的指导施工。

16.4 矿山法车站监测案例

16.4.1 工程概况

1. 工程简介

某地铁矿山法车站基本上沿东西走向设置，车站总长216.5m，标准段宽为23.1m，基底埋深31m，局部深33m，车站主要为二层三跨结构，局部为三层三跨结构（西端32.7m，与既有地铁车站换乘），车站采用PBA洞桩法施工。车站主体通过3座竖井施工，车站东北侧设置1号施工竖井，与1号风道结合设置，是车站东端主要施工场地；2号竖井位于车站西南端靠近车站结构的南侧位置，通过通道向东进行38m小导洞施工，主要用于三层段；2号风井作为施工竖井，通过通道负责向东施工车站二层段，2号竖井和2号风井为车站西端主要施工场地。车站南侧1.4m×1.8m电力方沟，东西走向，距车站结构约6m；车站北侧有一根$\phi400$自来水管；车站西侧为既有地铁车站和3.6m×2.6m热力管沟以及U形人行过街天桥等；车站上方平行于车站走向有$\phi400$煤气管、$\phi300$雨水管，垂直车站方向有电信和电力等管线。车站北侧为32层的建筑物，距车站主体结构约23m；南侧为30层的建筑物，距车站主体结构约20m。

2. 工程地质水文地质条件

拟建场地位于某冲洪积扇中下部，地貌类型为第四纪冲洪积平原，第四纪沉积韵律较为明显。地层由人工堆积层和第四纪沉积的黏性土、粉土、砂土及碎石土交互而成，基岩埋深大于60m。地面以下60m深度范围内的地层按其沉积年代及工程性质可分为人工堆积层、第四纪沉积层。车站结构范围内顶板附近地层以中密~密实的细中砂为主；中部地层以可塑的黏性土、密实的粉土和中密~密实的砂卵石为主；底板附近地层以密实的砂卵石为主。车站结构范围内局部存在上层滞水（一），潜水（二）普遍存在，水位位于结构底板上方约8m位置，结构底板以下普遍存在微承压水（三），暗挖施工采取降水措施。

3. 施工工艺和施工进度

车站沿路方向呈"一"字形布置，采用暗挖洞桩法施工，八个施工导洞，有效站台处中心里程K22+532.400，车站起点里程K22+449.200，终点里程K22+665.700，全长216.5m，标准段宽为23.1m，采用14m岛式站台。本站主体结构型式包括双柱三层三跨暗挖框架结构型式、双柱双层三跨暗挖框架结构型式以及车站东端与1号风道正交段采用的双层单跨拱形直墙结构。三层段结构顶覆土约为6.6m，双层段结构顶覆土约为13.8m，底板埋深约为30m。

本工程于2011年1月开始竖井施工，2013年1月18日，三层段上导洞全部贯通，2013年6月19日初支扣拱全部完成，至2013年10月1日三层段二衬扣拱全部完成。

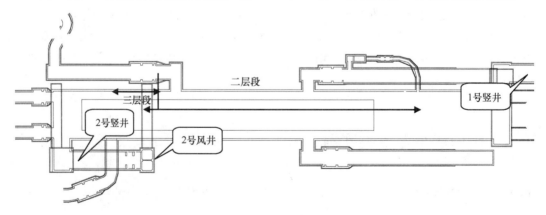

图16.4-1 车站平面布置图

16.4.2 监测内容及要求

监测内容主要为矿山法车站施工影响范围内的建筑物、管线、道路地表等对象的沉降监测。根据对矿山法施工影响范围的分析,监测的范围取车站主体结构中心向两侧1.5倍车站埋深范围。

仪器监测内容及要求　　　　　　　　　　　　　　　　　　表 16.4-1

序号	监测对象	监测项目	监测仪器	监测精度	控制值	监测频率	监测周期
1	矿山法车站结构周边环境	建筑物竖向位移	Trimble DINI03 电子水准仪	1.0mm	15mm；1mm/d	当开挖面到监测断面前后的距离 $L \leqslant 2B$ 时,1次/天;当开挖面到监测断面前后的距离 $2B < L \leqslant 5B$ 时,1次/2天;当开挖面到监测断面前后的距离 $L > 5B$ 时,1次/周;经数据分析确认达到基本稳定后,1次/月	车站施工开挖开始,工程施工完成,变形稳定后结束
2		地下管线竖向位移		1.0mm	有压：10mm 无压雨、污水：20m; 其他无压：30mm; 2mm/d		
3	洞内初支及周围岩土体	地表沉降		1.0mm	30m；3mm/d		
4		初支结构拱顶竖向位移		1.0mm	30mm；3mm/d		
5		初支结构净空收敛	收敛计	0.06mm	20mm，3mm/d		

巡查内容及频率　　　　　　　　　　　　　　　　　　表 16.4-2

序号	巡查对象	巡查内容	巡查频率
1	矿山法车站周边建筑物、管线、道路地表等	(1) 建筑物：是否有倾斜、裂缝、裂缝位置及变化情况; (2) 管线：管线四周有无渗漏、裂缝与孔洞; (3) 道路地表：路面沉陷或隆起；开裂; (4) 周边有无邻近工程扰动等	同现场监测频率
2	矿山法车站结构	(1) 支护结构：有无剥落、裂缝，支护体系施作的及时性; (2) 掌子面地层条件、渗水、流砂、坍塌情况; (3) 喷射混凝土是否密实，有无异物等; (4) 地下水控制情况	

16.4.3 监测方法及测点布设

1. 监测点布设

本工程监测点布设原则见表16.4-3。

监测点布设原则　　　　　　　　　　表16.4-3

序号	监测对象	监测项目	监测点布设原则
1	建筑物	建（构）筑物竖向位移	车站轴线两侧60m范围内两处建筑共布设了62个建筑物竖向位移测点
2	管线	地下管线竖向位移	车站轴线两侧30m范围内的Φ400上水管线、Φ300雨水管线、Φ400燃气管线等布设了134个地下管线竖向位移测点
3	道路地表	地表沉降	测点沿车站方向在每个导洞拱顶上方、各跨拱顶上方分别布设地表沉降观测点，测点间距一般按10m设置，在竖井横通道部位加密监测点布设，横通道中心线上方设1排点、横通道两侧壁上方各布设1排测点、横通道外按5~10m的间距布设测点。一般在地铁结构两侧30m范围内布设，每个横断面布置7~11个测点，依据近密远疏的原则布设。为保证测点设置准确，测点位置使用控制网精确放样。车站共布设了253个地表沉降测点
4	洞内初支	隧道拱顶竖向位移	上层导洞每10m布置1个测点
5		隧道净空收敛	上层导洞每10m布置1个断面

车站监测布点如图16.4-2所示、图16.4-3所示。

2. 监测方法

（1）竖向位移监测。

建（构）筑物、地下管线、初支结构拱顶竖向位移及地表沉降采用水准测量方法，布设附合或闭合水准网，使用电子水准仪观测。基准网按《工程测量规范》(GB 50026—2007)二等垂直位移监测技术要求观测，观测网按《工程测量规范》(GB 50026—2007)二等垂直位移监测技术要求观测。施工期间，每3个月校核一次工作基点，进行基准网联测。

（2）净空收敛。

隧道初支结构净空收敛使用JSSA钢尺收敛计测读。

16.4.4 监测成果分析

1. 监测数据统计

车站主体完工后，建（构）筑物沉降最终累计值范围在+3.1~-32.4mm之间，地下下管线竖向位移最终累计值范围在-20.3~-128.6mm之间，地表沉降最终累计值范围在-23.4~-128.4mm之间。对典型的监测数据进行统计分析，见表16.4-4。

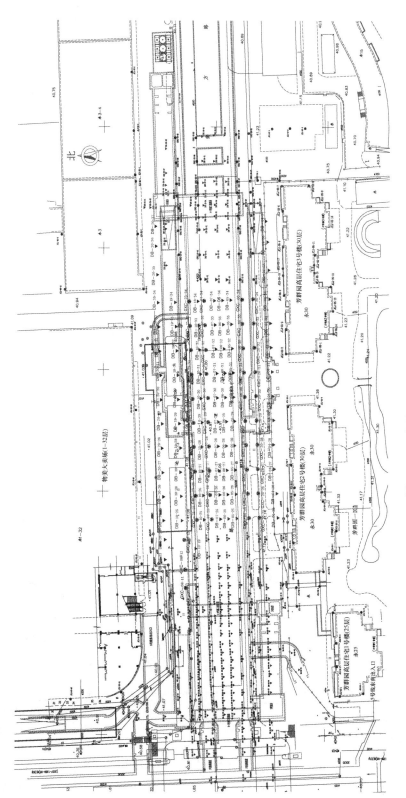

图 16.4-2 车站监测点布设平面图

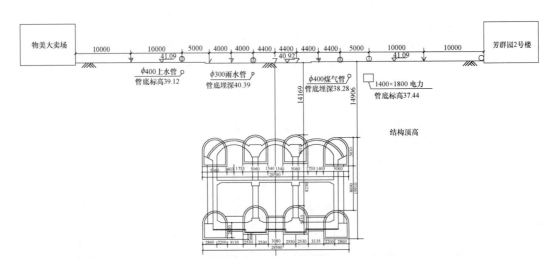

图16.4-3 车站监测点布设断面图

监测特征数据统计表　　　　　　　　　　　表16.4-4

监测对象	监测项目	监测点数量（个）	过程变化最大值（mm）	过程变化最大速率（mm/d）	最终累计变化最大值（mm）	工后100天变化速率（mm/d）	预警点比例（%）
矿山法车站影响的建筑物、地下管线、道路地表	建筑物竖向位移	62	−1.6	−1.6	−32.4	−0.04	12.5
	地下管线竖向位移	134	−8.8	−4.4	−128.6	−0.04	72.3
	道路地表沉降	253	−4.2	−4.2	−128.4	−0.05	83.4

本工程监测针对监测数据预警及巡查预警及时发布预警信息，共发送1次红色监测预警，56次橙色、黄色监测预警，2次巡查预警，经反馈施工单位采取措施取得了良好的效果。信息化监测及时、准确地预测预报了多个安全隐患，为保证工程的安全顺利施工做出了贡献。信息化监测典型预警及处置情况见表16.4-5。

典型监测预警及处置情况　　　　　　　　　　表16.4-5

时间	发现问题	手段措施	效果
2011.8.17	主体结构上导洞开挖，拱顶为粉细中砂层，累计变形较大	立即通知各方，监理组织预警响应会，加强超前注浆，加强锁脚锚管的打设、注浆质量，及时背后注浆，加强地面监测	快速下沉得到控制，补浆效果显著
2012.3.16	竖井横通道及上、下层小导洞施工影响，主体结构南侧高层建筑物累计沉降偏大	立即通知各方，组织召开专家咨询会，对楼房进行安全风险评估，加强监测并进行周会商	变形趋缓，差异沉降得到有效控制
2012.12.17	发现三层段C导洞上方测点DB-07-03、DB-07-05、DB-07-07、GXC-07-08、GXC-07-09等变形速率异常，最大日变化速率达−4.40mm/d	立即通知各方，施工单位封闭掌子面，加强注浆	快速下沉得到控制

2. 典型变化规律分析

选取车站主体结构横向主监测断面进行分析。该断面位于主体结构导洞由1号竖井向西、2号风井向东对向开挖贯通面处。

（1）主体结构横向主监测断面。

该主测断面位于主体结构小导洞由1号竖井向西、2号风井向东对向开挖贯通面处。该处上方覆土厚度约13.8m，上覆土层细中砂、粉质黏土及填土。

车站主体结构沉降时程曲线及断面曲线如图16.4-4、图16.4-5所示。2011年9月1日，上层B导洞由2号风井向东先开挖至该断面，至2011年12月8日，上层导洞实现全部贯通，主体结构上方沉降测点沉降明显，其中各导洞破除贯通面过程中，变形较明显，中心线上方地表测点DB-06-30阶段沉降量为－54.8mm；2012年2月15日，下层A导洞由2号风井向东开挖至该断面，至2012年5月11日，下层导洞全部贯通，结构上方地表测点再次出现沉降，沉降速率与上导洞开挖相比较小，至2012年5月11日，下层导洞全部贯通，测点DB-06-30阶段沉降量为－47.6mm；2012年12月10日，主体结构初支扣拱由1号竖井向西开挖至该断面，至2013年1月10日，中跨、两侧边跨初支扣拱全部通过该断面，测点DB-06-30阶段沉降量为－5.6mm。初支扣拱完成以后，该断面测点变形趋于平缓，二衬扣拱期间该断面测点变形基本稳定，结构中心最大累计沉降量为－125.4mm。结构北侧边线累计沉降为－97.1mm，南侧边线累计沉降为－77.4mm，主体结构施工影响范围为开挖深度的2倍。

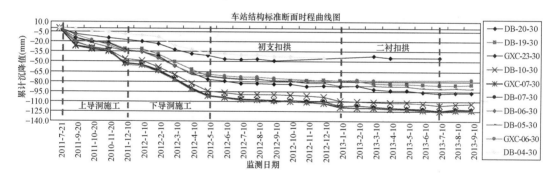

图16.4-4 车站主体结构主监测断面沉降时程曲线图

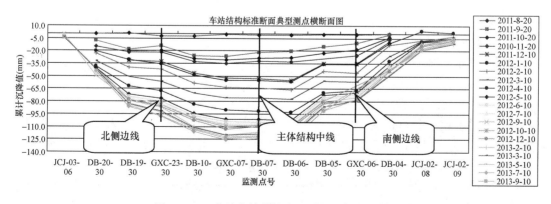

图16.4-5 车站主体结构主监测断面沉降断面图

(2) 地下管线。

GXC-07-01～GXC-07-34 和 GXC-22-01～GXC-22-09 为车站主体结构平行下穿的 Φ300 雨水地下管线竖向位移测点。管线埋深约 2.5m，距主体结构两层段拱顶约 11m，距三层段拱顶约 4.6m，管线所在位置为素填土、粉土层，下部土层为粉土、粉质黏土层。选取典型管线竖向变形时程曲线及断面曲线如图 16.4-6、图 16.4-7 所示进行分析。

两层段（1-1 横通道与 2-2 横通道间）：2011 年 3 月 20 日，2-2 横通道开始下穿该管线，横通道附近管线测点出现少量沉降，2011 年 6 月 1 日，2-2 横通道第 4 层施工完，横通道中心位置测点沉降量为 -15.4mm；2011 年 6 月 15 日，由 2-2 横通道向东破除上层 B\C 导洞马头门，随上导洞向东掘进，该管线测点由西向东逐渐出现下沉趋势；2011 年 6 月 20 日，1-1 横通道开始下穿该管线，至 2011 年 10 月 1 日，1-1 横通道第 3 层初支完毕，横通道中心测点沉降为 -60.9mm；2011 年 9 月 20 日，由 1-1 横通道向西开挖上层导洞，管线测点随导洞向前掘进逐步开始出现下沉趋势，至 2011 年 12 月 8 日，上层导洞全部贯通，该管线在 1-1 横通道处沉降最大，累计沉降为 -76.9mm。上导洞拱顶位于细中砂层，开挖过程中测点变形速率较大；2011 年 12 月 10 日，由 2-2 横通道向东开挖下导洞，2012 年 3 月 5 日，由 1-1 横通道向西开挖下导洞，至 2012 年 5 月 11 日，1-1 通道与 2-2 通道间下层导洞贯通，该管线在贯通面处阶段变形最大，该处也是本管线的累计最大沉降点，测点 GXC-07-31 阶段沉降量为 -48.6mm，累计沉降量为 -107.3mm，差异沉降最大位置在 1-1 横通道东侧，为 5.22‰；2012 年 5 月～2012 年 11 月，桩梁体系施工期间，管线阶段变形量在 2～11mm；2012 年 11 月～2013 年 1 月初支扣拱施工，管线阶段变形量在 5～10mm；初支扣拱完毕管线变形基本趋于稳定，至二衬扣拱完成，管线阶段变形量在 1～4mm；最终管线最大变形量为 -128.6mm。

三层段（2-1 横通道与 2-2 横通道间）：2011 年 9 月～2012 年 5 月，横通道施工造成地下管线竖向位移量在 20～50mm 之间；2012 年 5 月，开挖三层段下层导洞，至 2012 年 7 月三层段下导洞贯通，管线阶段变形量在 4～28mm 范围内；2012 年 8 月～2013 年 1 月上导洞施工期间，管线阶段变形量在 5～30mm 范围内；2013 年 5 月～2013 年 6 月三层段进行初支扣拱施工，管线阶段变形量在 2～9mm 范围；2013 年 7 月初支扣拱完成至 2013 年 10 月二衬扣拱完毕，管线阶段变形量在 3～13mm 范围内。三层段二衬扣拱完成后，管线最终沉降量在 34.5～119.0mm，该管线差异沉降最大发生在 2-1 横通道东侧，倾斜为 0.666%。

(3) 现场巡查情况。

重点对矿山法隧洞掌子面地层条件、稳定性、渗水、流砂、坍塌情况，初支及时性，初支结构有无变形，地下水控制情况进行了巡查，以及矿山法车站施工期间，对周边建（构）筑物、管线、道路地表的开裂、沉陷变化进行了巡查。

1 号竖井开挖至 30m 深时，由于已开挖至潜水水位，地下水丰富，降水效果不佳，竖井侧壁渗水，底部积水严重。下层 B 导洞施工过程中发生过一次废弃管井破裂，洞内涌水事件，立即封闭作业面，采取封堵、排水等应急措施，加密现场监测，并召开专家会研究下一步施工方案，由于处理及时、措施得当，涌水未对导洞初支结构造成不良影响；受竖井横通道及暗挖车站小导洞开挖影响，2 号竖井北侧 DN400mm 燃气管线出现漏气现象，下层 A 导洞由于降水不及时导致导洞内积水严重。事后对漏气管线段进行了换管处

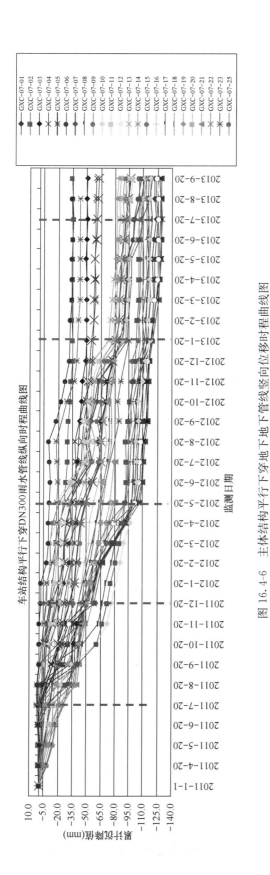

图 16.4-6 车站结构平行下穿DN300雨水管线纵向时程曲线图

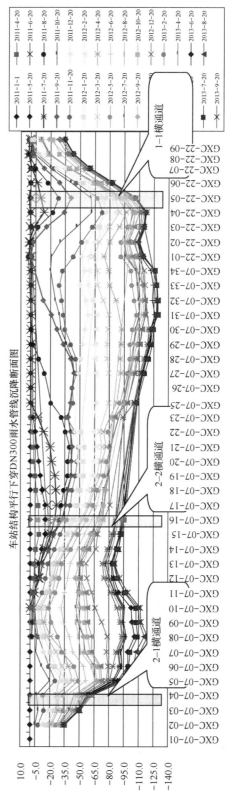

图 16.4-7 主体结构平行下穿地下管线竖向位移断面图

理，主体结构南北两侧建筑物前污水管线沿线地面出现明显凹槽，地面有裂痕，事后采取了更换管线施工；主体结构南侧高层楼房散水出现开裂现象，小区门卫房发生倾斜，门市台阶有开裂现象，换管过程中对门卫房和门市台阶进行重新修建。

这些情况出现前均及时进行了预警，并结合监测数据情况进行了分析反馈，指导施工及时采取了控制措施。

16.4.5 监测结论与建议

1. 监测结论

（1）本矿山法车站采用 PBA 洞桩法施工，工程施工过程中，涉及多导洞开挖，群洞施工空间效应影响明显，主体结构上方监测数据累计变形量较大，结构上方测点基本全部处于监测预警状态。主体结构施工期间通过加密监测，及时将监测信息反馈给相关单位，对施工单位采取控制措施及对结构安全状态判别提供了参考，保证了工程穿越环境对象未出现大的风险。

（2）本工程施工对周边环境的影响规律为逐渐沉降，地表沉降主要发生在上、下层导洞施工过程中。车站结构覆土厚度约 13.8m，拱顶以自稳性差的细中砂为主，上导洞开挖过程中，地面沉降速率较快，变形量占总量的 45%～50%；下导洞主要位于卵石层，开挖过程地表呈平缓下沉趋势，变形量占总量的 40%～45%；初支扣拱引起的变形量占总量的 4%～9%。初支扣拱完成后的后期变形量占总量的 1%～6%。最大沉降发生在导洞对向开挖贯通面部位。

（3）矿山法车站导洞施工对地表的影响变化的规律为：先施工的 B、D 导洞对周边土体已产生扰动，发生一部分沉降，后施工的 A、C 导洞开挖对周边土体再次产生扰动，表现为测点沉降量陡增。4 个导洞全部通过 2 周左右后变形趋稳。

2. 相关建议

（1）本工程 PBA 洞桩法施工引起的实际沉降量较大，建议类似工程中设计单位应根据监测经验充分考虑群洞施工影响，制定合理的控制指标，并将控制指标进行分解分步控制。

（2）类似工程监测布点可参考本工程，要考虑竖井横通道开挖、导洞破除马头门、多导洞施工对下穿管线、周边重要建（构）筑物稳定性的要求，根据施工步序和地层条件在重要部位设置监测断面，并在施工过程中加强巡查工作。

（3）本工程施工导洞开挖过程中变形速率一般保证在 3mm/d 内，当导洞上方地层遇疏松区域时，速率偶尔大于 4mm/d。当开挖面遇砂层时，掌子面可能出现小塌方。类似施工应保证超前注浆效果，及时进行背后回填注浆，减小地面沉降。

16.5 桥梁监测案例

16.5.1 工程概况

1. 工程简介

某地铁区间采用盾构法施工，由南向北下穿某桥梁；桥梁北异形板分为东侧板和西侧板，以桥梁中心线分界，南北向最大跨径布置均为19.0m＋19.5m＋13.5m＝52.0m，板厚0.76m，桥面铺装为8.0cm厚沥青混凝土，板顶设防水层。上部结构为预应力混凝土实体异形板，下部结构17-10♯墩柱采用1.2m×0.9m的矩形墩柱，墩柱下接6.5m×3.0m×2.5m的两桩承台，承台下接人工挖孔扩底桩，桩基直径1.5m，桩长8.5m，桩底为扩大端头，位于卵石层；盾构区间右线从17-10♯墩柱东侧桥桩正下方穿过，设计隧道顶距离桥桩底距离为2.7m。地铁区间与桥梁北异形板平面、剖面关系图见图16.5-1、图16.5-2、图16.5-3。

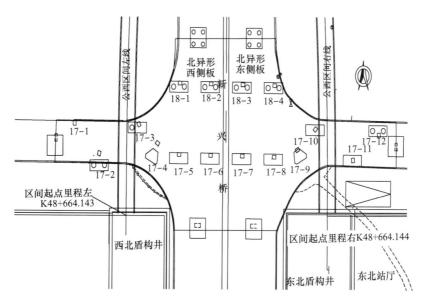

图16.5-1 地铁区间与桥梁北异形板平面关系图

2. 工程地质水文地质条件

本场地土层自上而下依次为人工填土层：粉土填土①、杂填土①$_1$；第四纪新近沉积层：粉土②层、粉质黏土②$_1$层、粉细砂②$_3$层；第四纪全新世冲洪积层：粉质黏土④层、粉土④$_2$层、粉细砂④$_3$层；第四纪晚更新世冲洪积层：卵石⑤层、中粗砂⑤$_1$层；基岩为下第三纪长辛店组砾岩（11）层、泥岩（11）$_1$层、砂岩（11）$_2$层。

3. 施工工艺和施工进度

桥梁北异形板为混凝土异形板，结构受力复杂，桥梁墩柱的沉降和不均匀沉降容易引起原有异形板内应力的变化，造成异形板的变形与开裂，影响整个异形板的结构安全。

为了保证盾构区间右线下穿桥梁北异形板17-10♯墩柱施工时桥梁的安全，在盾构施工前，先对17-10♯墩柱进行桩基托换。桩基托换共分为以下7个步序。

第一步：托换墩附近设钢支撑，支撑顶部设千斤顶顶紧桥面备用；然后逐根施工托换桩，桩底进行压浆；施工过程中对原有桩基进行保护，同时监测上部桥梁变形，如托换墩沉降达到2.0mm，则启动备用千斤顶顶回。

第二步：施工钢承台，在钢承台顶面与原承台相接处焊接垫板，保证钢梁与原承台底面密贴。

第三步：开挖新承台基坑，凿除原承台混凝土垫层，并进行深度凿毛，原承台底贴钢

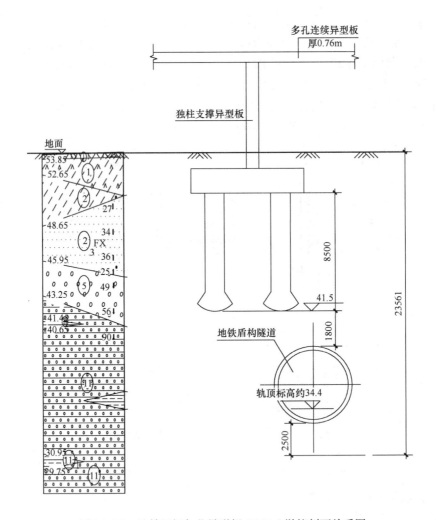

图 16.5-2 地铁区间与北异形板 17-10♯墩柱剖面关系图

板;桩顶设置千斤顶,钢梁就位后与原承台下钢板焊接;为保证施工过程中承台稳定,千斤顶两侧放置钢垫块。

第四步:调整顶升的力,使作用在旧承台上的力转移到钢承台与托换桩上。

第五步:旧承台上 70%的力转移到钢承台与托换桩后再进行盾构施工。

第六步:在盾构施工时严格控制桥梁墩柱沉降,当累积变形达到预警值时,应根据现场监测数据及施工情况,必要时启动备用千斤顶顶回,确保桥梁墩柱沉降及差异沉降不超控制值。

第七步:监测数据基本稳定后,将旧承台上 90%的力转移到钢承台与托换桩上,再进行旧承台与钢承台的固结,钢承台与新桩的固结。

本工程于 2010 年 8 月 18 日开始新桩开挖施工,11 月 17 日对 17-10♯墩柱进行预顶升,12 月 20 日盾构开始施工通过,2011 年 2 月 15 日开始桩基最后托换,固结承台,3 月 5 日施工完成。

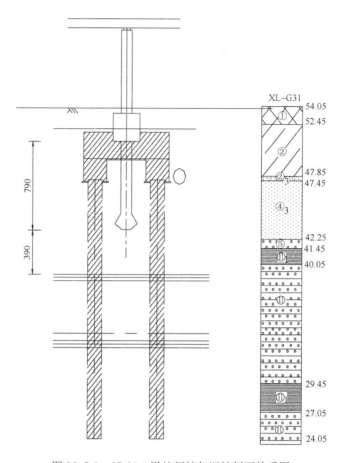

图 16.5-3　17-10♯墩柱新桩与旧桩剖面关系图

16.5.2 监测内容及要求

本工程施工工艺复杂，桥桩托换及盾构施工通过对既有桥梁的使用功能及安全有影响，为关键的施工风险过程。施工影响范围既有桥梁为异形板区域，车流密集，受力条件复杂，在桥梁托换设计时，为简化实施难度，经对桥梁能够承受的附加应力换算后，以桥梁墩柱竖向位移、桥梁墩柱差异沉降为主要监测项目，以其变形量为主要控制标准，并进行实时监测，满足分步顶升配合要求。同时，对施工工况、桥梁墩柱及梁体裂缝情况进行人工巡查。本工程控制指标严格，施工安全风险高，对监测精度及实时性要求高。桥梁主要监测内容及要求见表 16.5-1。

监测内容及要求　　　　　　　　　　　表 16.5-1

序号	监测对象	监测项目	监测仪器	监测精度	控制值	监测频率	监测周期
1	桥梁	人工巡查				每天巡查一次	托换期间及盾构下穿后桥梁受力转换完成，结构稳定
2		桥梁墩柱竖向位移	静力水准仪	0.1mm	墩柱绝对沉降 3.0mm	自动化监测系统采集数据频率 1 次/1～30min	
3		桥梁墩柱差异沉降		0.1mm	相邻墩柱差异沉降 2.0mm		

注：预警值取控制值的 70%，报警值取控制值的 80%。

16.5.3 监测点布设及监测方法

1. 测点布设

为实时有效反映桥梁的变形情况,现场配合桥梁顶升决策,为设计单位、施工单位及产权单位提供坚实可靠的监测数据,并真实准确反映桥梁使用功能是否受影响及安全运营情况,本工程应用基于静力水准仪的自动化监测系统,与现场顶升控制系统进行配合。

在17-10♯墩柱及板顶上各安装1台仪器,17-9♯墩柱上安装1台仪器,远离施工影响范围外的17-7♯墩柱上安装1台仪器作为基点,由这4台仪器组成一套监测系统。由于工期超长,跨越夏天和冬天、工程所在地中午和夜间温差较大,为保证监测系统的正常运行,在仪器及管路外增加一层保温材料,确保仪器内部防冻液保持液体状态,整套系统温度基本一致。自动化监测网布设如图16.5-4所示。

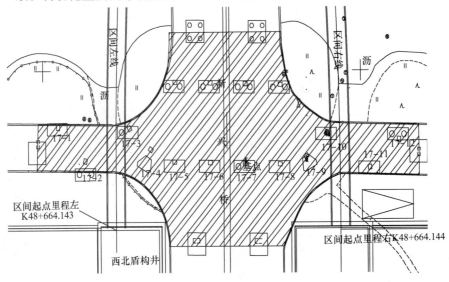

图16.5-4 自动化监测布点平面图

2. 监测方法

现场布设静力水准仪器接入采集单元模块,采集单元模块采用有线方式接入现场指挥部电脑,数据处理软件设定自动采集模式按每分钟给出数据及曲线,进行反馈。经测试自动化监测系统能够实现0.1mm的监测精度,响应速度可实现1min。另外,采用人工监测手段对关键顶升时段数据进行比对检核。

16.5.4 监测成果分析

1. 监测数据统计

通过对桥梁在顶升及盾构通过阶段的监测工作,对典型的监测数据进行统计分析,见表16.5-2。

监测过程中,巡视发现异形板区域出现裂缝,尤其是过程监测数据超出预警值时、冬季气温降低时较多，反馈设计单位由专业检测单位进行了专项检测。

监测特征数据统计 表 16.5-2

监测对象	监测项目	监测点数量（个）	过程变化最大值（mm）	过程变化最大速率（mm/d）	最终累计变化最大值（mm）	工后100天变化速率（mm/d）	预警点比例（%）
桥梁	桥梁墩柱竖向位移	3	−2.87	−0.8	−1.87	0.002	0
	桥梁差异沉降	2	−1.40	−0.8	−1.40	0.002	0

2. 典型变化规律分析

（1）整个施工过程各阶段监测数据分布情况。

本工程施工分为四个阶段施工，为前期新桩开挖浇筑过程、桩基托换预顶升过程、盾构穿越过程、旧承台受力转移及固结过程。新桩开挖过程和盾构施工过程主要是造成桥梁墩柱的沉降，桩基托换预顶升和最后顶升完成旧承台的受力转移主要是桥梁墩柱的回升过程。

从图 16.5-5 可以看出，17-10#墩柱测点和板底测点监测数据变形值及规律基本一致，具体变化规律如下。

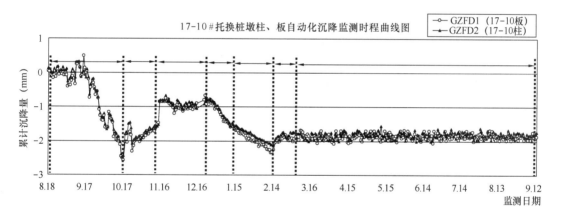

图 16.5-5 自动化监测 17-10#墩柱和顶板测点变化时程曲线图

新桩刚开挖时，桥梁墩柱测点监测数据略有上浮，最大为+0.31mm，随着新桩的开挖，桥梁墩柱沉降呈明显下沉趋势，新桩施工完成后沉降量达到最大值，为−2.58mm，累计变形超报警值（−2.4mm）。

在桥梁墩柱竖向位移监测数据超报警值之后，进行桩基预顶升，将旧承台上70%力转移至新桩上，监测数据回升至−1.0mm左右，监测数据基本稳定。

盾构施工正下穿通过时，桥梁墩柱沉降呈明显下沉趋势，通过期间平均速率为−0.04mm/d，盾构机通过后监测数据沉降趋于缓慢，但还是持续下沉，通过后一个月的速率为−0.02mm/d，最大沉降量为−2.27mm，累计变形超预警值（−2.1mm）。

根据监测数据及现场情况，对桩基进行托换，将旧承台受力的90%转移至钢承台和新桩上，监测数据有所回升，在完成新承台的固结后，桥梁墩柱沉降累计变形值稳定在−1.6～−1.9mm。

(2) 典型顶升过程自动化监测数据规律。

在本工程中，充分发挥自动化监测系统的优势，及时有效反映桥梁墩柱变形情况，确保施工过程桥梁北异形板的桥梁安全。

2010年11月17日，对17-10#墩柱进行3个小时的预顶升，将旧桩上70%的力转移至新桩上，预顶升期间17-10#墩柱测点变形与钢梁变形对应情况如下。

在顶升过程，自动化监测系统的1次/min的自动采集数据频率，0.1mm的有效监测精度保证实时反应桥梁墩柱的变形情况，及时反映预顶升加力和桥梁墩柱的变形关系，并正确指导顶升加力，有效控制桥梁墩柱的变形，保证桥梁墩柱的安全。

如图16.5-6所示，根据自动化监测系统数据及记录的顶升系统光栅尺监测钢梁的变形数据，17-10#墩柱在钢梁变形2mm时，未发生明显位移，钢梁变形4.0mm时，17-10#墩柱产生了约0.2mm的向上位移，并从此开始，钢梁受力每产生1mm的变形，17-10#墩柱就会发生约0.1mm的向上位移，钢梁变形至9.0mm顶升结束后，17-10#墩柱的阶段变形量约为+0.8mm，向上位移停止，并保持基本稳定。17-10#墩柱上方异形板区域的变形规律与墩柱相同。

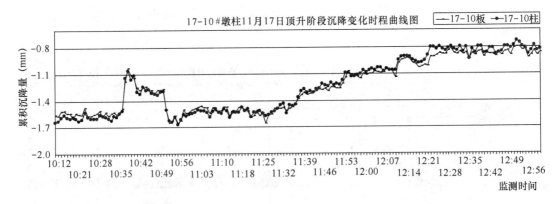

图16.5-6 17-10#墩柱11月17日顶升期间自动化监测沉降时程曲线图

16.5.5 监测结论与建议

1. 监测结论

（1）本工程应用了可靠的自动化监测系统，满足了工程信息化施工需要。根据现场情况，在桥梁关键部位设置4个静力水准监测点，接入采集单元，并接入现场指挥部与桥梁顶升系统联动。实际配合顶升及盾构穿越过程中自动化监测系统精度达到0.1mm，响应速度达到1min，准确反映出各过程桥梁的微变形，对于顶升决策及分析连续盾构施工期间桥梁墩柱的变形情况提供了准确数据。

（2）最后监测数据表明工程达到预期目标。本工程桥梁墩柱监测数据最终最大沉降-2.0mm，桥梁墩柱最大差异沉降-1.4mm，桥梁墩柱沉降最终总的变化量值控制在设计给定范围内，工后的监测数据表明，变形已趋于稳定。监测数据反映出的规律为新桩开挖过程及盾构下穿通过过程为沉降变形的主要影响过程，预顶升及最后固结前的顶升环节均使沉降值有所回升。

2. 相关建议

建议类似工程根据地铁施工穿越浅基础桥梁托换施工监测要求，监测方案制定主要考虑的桥梁墩柱竖向位移及桥梁墩柱沉降监测项目。因应力监测在实际实施中的难度及其可靠程度有限，在桥梁托换设计时，经对桥梁能够承受的附加应力换算后，以变形量为控制标准，来判断施工是否影响桥梁的使用功能及桥梁是否安全，通过对关键的桥梁墩柱竖向位移、桥梁墩柱差异沉降监测项目进行实时监测，满足分步顶升监测工作配合要求。

16.6 高速公路监测案例

16.6.1 工程概况

1. 工程简介

某轨道交通矿山法区间双线下穿某高速公路，下穿段为单洞单线马蹄形隧道，左线长218.40m，结构拱顶距高速公路面5.42～6.14m，右线长225.98m，结构拱顶距离高速公路面4.77～6.01m，距匝道桥路面约9.0～13.0m。隧道结构净高5.48m，净宽5.5m。左右线间距10.13～11.11m，结构外距3.48～4.46m。地下区间与高速公路和匝道桥的相对位置如图16.6-1所示、剖面关系如图16.6-2所示。

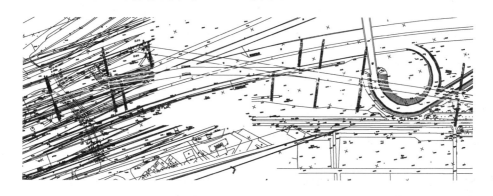

图16.6-1 隧道下穿高速路平面图

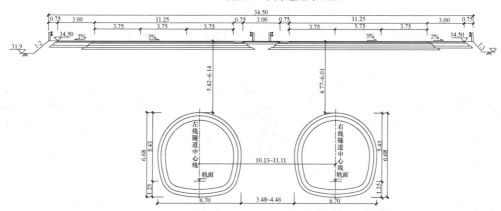

图16.6-2 隧道下穿高速路剖面图

2. 工程地质水文地质条件

高速公路段隧道上覆地层以砂质粉土为主，地下区间结构主要穿过的土层为粉土填土①层，粉土③层，粉质黏土层④层，粉土④$_2$层，粉细砂④$_3$层，局部为粉质黏土③$_1$层，黏土④$_1$层，穿越的地层均为Ⅳ级围岩。地下水位标高为24.27～25.20m。

高速公路路面结构从上到下依次为：中粒式沥青混凝土（玄武岩碎石，厚4.0cm）、粗粒式沥青混凝土（石灰岩碎石，厚6.0cm）、沥青碎石（石灰岩碎石，厚8.0cm）、水泥稳定砂砾（厚16.0cm）、石灰粉煤灰稳定砂砾（厚16.0cm）、石灰土（厚15.0cm）、级配碎石。高速公路路基下方原状土标高约为32.5m，距离隧道拱顶2.77～4.14m。

3. 施工工艺和施工进度

本段暗挖隧道采用台阶法开挖，上台阶每次开挖0.5m，并进行初期支护，每开挖1.0m，进行一次导管注浆，开挖台阶长5.0～6.0m；下台阶每次开挖0.5m。上台阶施工时设置临时仰拱封闭，临时仰拱采用I22b工字钢，两侧各设置两根锁脚锚杆，置入角度60°；下台阶施工及时支撑开挖后的拱脚，两侧各设置两根锁脚锚杆。掌子面注浆每一循环8.0m，开挖6.0m，预留2.0m做下一循环止浆墙。必要时止浆墙面网喷30.0cm的C20混凝土。

下穿施工分两个工区进行，二工区位于高速公路西北侧，三工区位于高速公路与匝道桥之间。2006年7月14日、8月4日三工区开始向匝道方向施工左线、右线，7月21日～9月1日、8月18日～9月1日左、右线分别下穿西匝道桥，10月13日～11月10日、10月27日～12月1日左、右线分别下穿东匝道桥；2006年8月25日、9月1日三工区开始向高速公路方向施工右线、左线，10月27日开始下穿高速公路；二工区右线、左线分别于2006年11月3日、12月15日开始下穿高速公路。2007年1月26日右线贯通，3月16日左线贯通。

16.6.2 监测内容及要求

施工图设计文件要求进行信息化施工，在下穿期间以及高速路变形稳定前，开展监测，同时对高速路路面隆沉、开裂、冒浆等情况进行巡查，掌握地铁矿山法隧道下穿高速路安全控制状态，为保障工程安全及行车安全提供信息化监测数据。本工程暗挖隧道左右线距离近，穿越高速路覆土浅，地层较软弱，路面有大量车辆动荷载影响，施工开挖易引起路面及路基过量沉降。根据高速路运营实际情况，监测项目以路面竖向位移为主，为分析路面变形与路基变形关系，在应急停车带设置路基监测项目，路面纵、横坡度变化通过路面竖向位移数据计算。具体监测内容见表16.6-1。

监测对象、项目、精度、控制值、监测频率及周期　　　　表16.6-1

序号	监测对象	监测项目	监测精度	控制值	监测频率	监测周期
1	高速路路面及路基	高速路路面竖向位移	1.0mm	累计值20mm，变化速率5mm/d	$S<2B$，1次/d；$S\leqslant 5B$，1次/3d；$S>5B$，1次/7d；特殊情况加密观测	监测工作始于隧道开挖之前，止于沉降稳定之后。沉降稳定以100d的平均速率小于0.01～0.04mm/d判断
2		高速路路基竖向位移	1.0mm	累计值30mm，变化速率5mm/d		
3		路面纵、横向坡度变化		0.15‰		

注：1. S为开挖面与量测断面前后的距离，B为隧道开挖宽度。
　　2. 报警值、预警值分别取控制值的80%、70%。

16.6.3 监测点布设及监测方法

1. 监测点布设

路基沉降采用埋设水准监测标石方式。高速公路路面沉降监测，控制点采用观测墩，在高速路外部影响范围外设置6个强制对中标志。监测点采用特制照准钉钉入路面约5.0cm。沿高速路白色标志线共布设4排观测点，测点分别布设于高速路路面对应两隧道中心线、边墙上方，隧道中间土体中部，隧道边墙外3.0m、8.0m、16.0m处布置。共布设路面监测点66个、路基监测点42个。监测布点位置如图16.6-3所示。

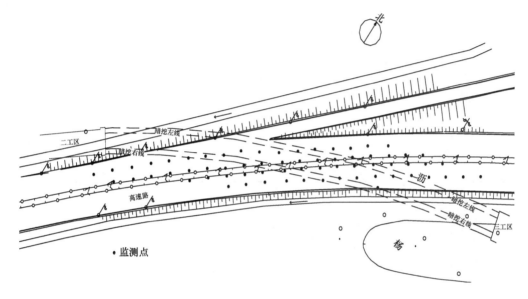

图16.6-3 高速路监测布点平面图

2. 监测方法

高速路路路基竖向位移选择应急停车带采用精密几何水准测量的方法。高速路为运营道路，车速快车流密集，常规水准测量无法上路作业，使用了一种两台测量机器人高精度空间前方交会监测路面沉降的方法，高速路路面横向和纵向坡度变化，采用测点间差异沉降与测点间距的比值计算而得。

16.6.4 监测成果分析

1. 监测数据统计

通过对高速路及匝道桥区域进行长约10个月的监测工作，对典型的监测数据进行统计分析，见表16.6-2。

监测过程中，巡视发现高速施工期间在高速路路面发现17处路面、路基的裂缝，工程施工期间有地面冒浆情况。通过及时的预警预报，施工方采取了有效的措施，对裂缝进行了处置，对注浆工艺进行了调整，防止了安全隐患的进一步发展。巡视异常情况统计表见表16.6-3。

监测特征数据统计　　　　　　　表 16.6-2

监测对象	监测项目	监测点数量（个）	过程变化最大值（mm）	过程变化最大速率（mm/d）	最终累计变化最大值（mm）	工后100天变化速率（mm/d）	预警点比例（%）
高速路	高速路路面沉降	66	－42.5	－4.5	－42.5	0.008	21
	高速路路基沉降	42	－47.3	－4.8	－47.3	0.009	55
	高速路坡度变化				横向 0.34% 纵向 0.32%		横向 32 纵向 21

巡视异常情况统计　　　　　　　表 16.6-3

时间	异常情况	位置
2006.12.22	桥区路面、路基发现 1 条长约 4.1m，宽约 0.6cm 的裂缝	左线中线右 15m
2007.01.03	高速公路路面发现 1 条平行于隧道裂缝，最宽约 3mm，长约 3m；3 条垂直隧道裂缝，宽约 3~4mm，长约 5m	右线 K11+025、100、K10+955 处
2007.01.14	高速公路侧绿化带有冒浆现象，路面 1 条平行于隧道走向的裂缝，宽约 2mm，长约 0.5m	右线 K11+085、094 处
2007.01.17	紧急停车带，6 号裂缝处有轻微冒浆现象	右线 K11+060 处
2007.01.23	高速公路路面有 2 条垂直于隧道的裂缝，1 条宽约 1~2mm，长约 8~10m，绿化带处有 3 处冒浆	右线 K11+205、278；左线 K11+094~207 处

2. 典型变化规律分析

（1）高速公路路基沉降规律。

选取北侧高速公路路基沉降点进行分析，穿越上述监测断面施工中先施工右线，后施工左线，由图 16.6-4、图 16.6-5 可知，隧道开挖影响高速公路路基沉降范围约为两隧道中线外侧 11m 左右，最终沉降断面规律为先期施工隧道附近变形较后期施工隧道附近大的双沉降槽曲线。施工过程中，对开挖面正上方的测点影响规律为：通过过程变化最大，

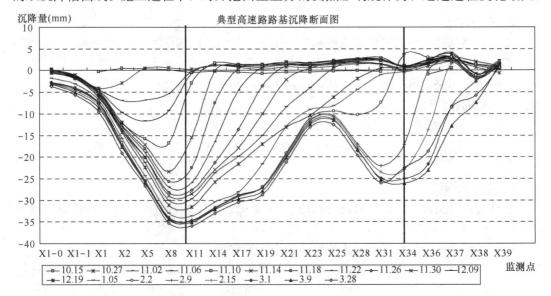

图 16.6-4　北侧高速公路路基沉降断面图

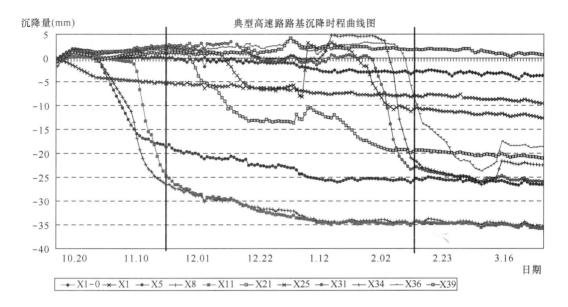

图 16.6-5 北侧高速公路路基沉降时程曲线图

通过过程引起的沉降量占总沉降量的 71%，通过后约 30d 左右沉降趋缓。过程中典型测点表现规律为：经历"轻微影响～快速下沉～缓慢下沉～趋于稳定～稳定"的变形过程，具体如下。

1）轻微影响阶段：该阶段在监测断面距开挖面约 2 倍洞径时，影响数值一般在 $-5.9\sim+6.3$mm 之间。

2）快速下沉阶段：该阶段在开挖面穿过监测断面约 2 倍洞径范围内。该阶段测点的沉降速率急剧增大，沉降速率一般在 -2.0mm/d 左右。一般情况下，经过一周的急速下沉，测点沉降量将达到稳定时沉降量的 50% 以上。

3）缓慢下沉阶段：该阶段在开挖面穿过监测断面 5 倍洞径范围内。经过前 1 周的急速下沉后，测点下沉速率逐渐减小，沉降速率一般在 -0.8mm/d 左右，经过此阶段 14d 的下沉，测点沉降量将达到稳定时沉降量的 80% 以上。

4）趋于稳定阶段：该阶段在开挖面穿越监测断面 7 倍洞径范围内。该阶段测点沉降速率逐渐减缓，并最终趋于稳定。一般情况下，测点沉降量将达到稳定时沉降量的 95% 以上。

监测测点的沉降规律除主要与地质条件、路面结构强度、隧道覆土厚度、隧道结构形式、设计支护参数、隧道开挖间距、施工工艺控制等因素有关外，施工工艺控制是主要原因。如在下穿高速公路后期，由于加强二次补浆，高速公路路面变形得到缓减，可见有效的控制措施对变形还是有积极的作用。

（2）高速公路路面沉降规律。

选取南侧高速公路路面沉降点进行分析，穿越上述监测断面施工中先施工右线，后施工左线，由图 16.6-6、图 16.6-7 可知，隧道开挖影响高速公路路基沉降范围约为两隧道中线外侧 11.0m 左右，与路基沉降范围基本一致。最终沉降断面规律为：先期施工隧道附近变形，较后期施工隧道附近大的双沉降槽曲线。穿越路面施工时由于车辆动荷载影

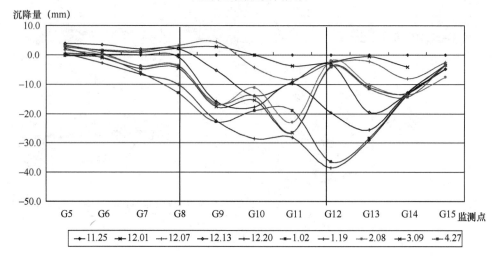

图 16.6-6 南侧高速公路路面沉降断面图

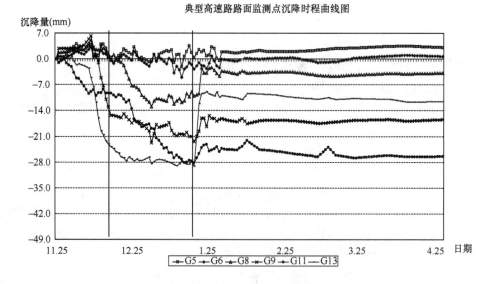

图 16.6-7 南侧高速公路路面沉降时程曲线图

响、洞内密集注浆影响，规律表现与路基略有差别。施工过程中，对开挖面正上方的测点影响规律为：除受开挖引起的沉降外，还受反复注浆影响，而且浅层粉土③层，粉质黏土层④中注浆对监测点变形影响也较大，在下穿高速路后期二次补浆过程中，使高速路路面变形得到缓减，甚至出现了抬升现象，有的监测点甚至出现较大量的抬升，引起路面隆起，路面监测数据与路基监测数据规律基本一致。

（3）高速公路路面坡度变化。

监测结果显示，高速公路路面纵向坡度变化最大值为0.32%，位于高速公路北侧，有近21%的监测点超过控制值；高速公路路面横向坡度变化最大值为0.34%，也位于高速公路北侧，有近32%的监测点超过控制值，引起行车舒适度的改变。

（4）隧道先后施工叠加影响规律。

实测结果表明，隧道覆土厚度（以 h 表示，下同）与隧道间距（以 l 表示，下同）的比值（以 $α$ 表示，即 $α=h/l$）不同时，沉降槽的形状也会有一定变化。选择典型高速公路路基沉降断面、路面沉降断面进行分析，得到隧道开挖叠加影响规律见表16.6-4。

隧道开挖叠加情况统计表　　　　　　　　表16.6-4

序号	对比内容		$α=1.20$	$α=0.67$	$α=0.56$	$α=0.49$
1	先施工隧道	阶段沉降占双线施工完成后总沉降的比例	60%	72%	85%	97%
2		引起后施工隧道阶段沉降占双线施工完成后总沉降的比例	22%	18%	10%	1%
3	后施工隧道	引起先施工隧道叠加沉降占双线施工完成后总沉降的比例	40%	28%	15%	3%
4		阶段沉降占双线施工完成后总沉降的比例	78%	83%	90%	99%

16.6.5 监测结论与建议

1. 监测结论

(1) 本工程施工下穿高速路变形较大，最终监测数据如下：高速路路面竖向位移最大值为 -42.5mm，有21%的监测点超出预警值；高速路路基最大沉降值为 -47.3mm，有55%的监测点超出预警值；路面坡度变化最大横向值为0.34%，纵向值为0.32%，有约30%的监测点超出预警值；巡查发现路面出现多条裂缝。以上数据反映出路基承载力的改变，为保证使用功能不受影响，工后产权单位根据监测情况对道路进行了修复。

(2) 通过信息化监测数据反馈及施工、管理单位的高度重视，最终保证了穿越过程中暗挖工程结构及高速路未发生大的工程风险。穿越高速公路隧道工程覆土较薄，地层软弱，路面交通繁忙且动荷载大，变形控制难度大。工程施工过程中，对沉降超值、裂缝、冒浆等异常现象进行了及时的预警预报，施工单位通过改进施工工艺，加强注浆等手段，避免了工程风险的发生。

(3) 高速路监测断面沉降规律表现为双线隧道建设引发的沉降断面一般为以隧道中线为中心的双沉降槽曲线，也可为沉降中心位于两隧道中间部位的单沉降槽。后期修建的隧道对先前修建隧道具有一定的沉降叠加效应。监测点变形经历"轻微影响～快速下沉～缓慢下沉～趋于稳定～稳定"的变形过程。监测数据表明有效的注浆控制措施可以减缓测点的变形，实际实施时也出现有过量抬升情况，引起高速路路面平整度的改变。

2. 相关建议

(1) 建议对类似工程采用非接触的监测手段。本工程实际数据反映柔性沥青路面变形在量值及变化同步时间与路基差别较小，类似工程可考虑在不破坏路面结构及不影响车辆通行的情况下应用非接触手段监测，并在可施测部位布置路基测点进行协调变形关系分析。

(2) 本工程监测成果反映出一些设计支护参数薄弱及施工控制不足问题。建议类似工程设计加强支护参数及工前加固措施，如洞内增设临时仰拱、工前对路基注浆加固，施工中严格按要求的步距开挖，对注浆工艺进一步改进，改善注浆效果，可对工程施工起到较好控制效果。

16.7 既有地铁车站监测案例

16.7.1 工程概况

1. 工程简介

某引水隧道暗涵在里程左K5+102.694和右K5+115.361处下穿地铁车站，对应地铁里程为B8+726.3和B8+738.7。引水隧道暗涵是由断面为两孔连体钢筋混凝土方涵（3.8×3.8m）和两孔分离钢筋混凝土圆涵（Φ4.0 m）组成的有压暗涵，其中方涵长0.185km，圆涵长10.96km。下穿段引水隧道断面为两孔分离钢筋混凝土圆涵，采用浅埋暗挖方法施工，左右隧道中心线距离为8.2m，开挖毛洞顶部距车站底部为3.667m。

地铁车站呈东西走向，起讫里程为B8+514.690～B8+953.310，全长438.62m。车站的中心里程为B8+734。车站主体全长174.98m，宽19.5m，底板高程为46.767m，为三跨框架结构，设6条变形缝，将车站结构分为7个区段，每段约25.0m长。引水隧道和地铁车站的平、剖面关系见图16.7-1、图16.7-2。

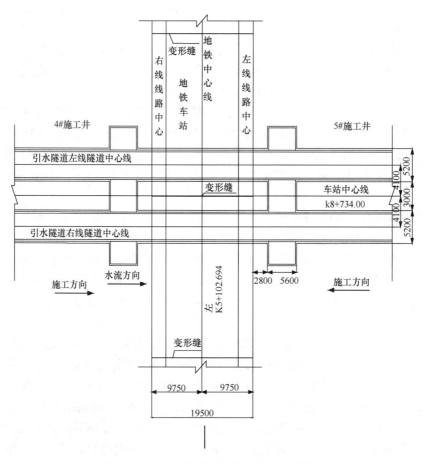

图16.7-1 引水隧道与地铁车站平面关系图

图 16.7-2　引水隧道与地铁车站剖面关系图

2. 工程地质水文地质条件

下穿段内引水隧洞主要穿越卵石③层及卵石、漂石④层。其中卵石③层粒径最大为 190mm，一般为 90～140mm；卵石、漂石④层粒径最大为 200mm，一般为 140～160mm。卵石为亚圆形，级配好。该段地下水位埋藏较深，引水隧洞为无水施工。

3. 施工工艺和施工进度

下穿段开挖采用"正台阶法"施工，先右线后左线，右线由南向北、左线由北向南施工。开挖循环进尺为 1 榀格栅（3 榀为 1.0m）。为确保工程下穿时及工后地铁线路的安全运营，设计采用洞内向地铁车站下方注浆加固措施。工程自 2007 年 8 月 16 日开始下穿施工，11 月 24 日完成二次衬砌施工，监测工作于 2009 年 3 月 17 日结束监测，监测时间共约 19 个月。

16.7.2　监测内容及要求

浅埋暗挖引水隧道下穿地铁可造成既有线路的结构沉降、弯曲或扭曲、变形缝扩展和错动等，引发轨道几何形位的改变，危及行车安全。通过监测工作可及时发现既有线结构和轨道的变化，为洞内施工措施的采取及运营线路的安全防护提供及时可靠的信息。

以往本地区穿越运营线路工程一般采取限速措施，本工程采用提高控制标准，加强施工措施、监测及养护措施，施工过程不限速运营模式，对监测的实时性、精度及可靠性提出了高的要求。针对这些要求，施工图专项设计及轨道防护设计提出的监测范围为地铁车站对应引水隧道左右线中线外各 45.0m，对应既有地铁里程为 B8＋691～B8＋777，监测内容及要求见表 16.7-1。

监测内容及要求　　　　　　　　　　　　　　　　　　　表 16.7-1

序号	监测对象	监测项目	监测仪器	监测精度	控制值	监测频率	监测周期
1	既有地铁车站结构、轨道结构、轨道、车站管线设施等	人工巡查				施工开挖期间（2007.8.15～2008.1.20）1 次/天，基本稳定后（2008.1.21～2008.7.31）1 次/周，稳定后（2008.8.1～2009.3.17）2 次/月	工程注浆导洞开挖开始，通水后 4 个月
2		车站结构沉降	Trimble DINI12 电子水准仪	0.3mm	−5/+2		
3		车站结构变形缝差异沉降			±2		
4		走行轨结构沉降		0.3mm	−5/+2		
5		接触轨结构沉降		0.3mm	−5/+2		
6		道床结构变形缝差异沉降			±2		
7		轨道水平	轨距尺	1.0mm	4		
8		轨距变化		1.0mm	+4，−2		
9		隧道结构变形缝开合度	游标卡尺	0.1mm	±2		
10		无缝钢轨位移	钢尺	0.3mm	±2		
11		车站结构沉降	静力水准仪	0.1mm	−5/+2	2007.8.15～2010.8，1 次/4h；2007.10.9～2011.13，1 次/1h；2007.11.14～2011.30，1 次/0.5h；2007.12.1～2008.1.20，1 次/1h；2008.1.21～6.23，1 次/2h；2008.6.23～2009.3.17，1 次/4h	
12		走行轨结构沉降	梁式倾斜式	0.1mm	−5/+2		

注：预警值取控制值的 70%，报警值取控制值的 80%。

16.7.3 监测点布设及监测方法

1. 测点布设

（1）车站结构和道床结构沉降自动化监测。

自动化监测每条地铁线路布设了 8 个静力水准点（底板结构缝两侧及引水隧道外边缘正上方处）和 24 个道床结构沉降测点，在影响范围外稳定位置布设 1 个静力水准基准点。

（2）车站结构、道床（走行轨、接触轨）结构沉降及其差异沉降监测。

下穿中心线两侧 90.0m 范围内，车站底板结构布设 2 条测线，道床结构布设 6 条测线，每条测线布设 16 个监测点，共 128 个监测点。

（3）轨道几何形位监测。

下穿中心线两侧 90.0m 的范围内布设 2 条测线，每条测线 19 个监测点，共 38 个监测点。

（4）车站结构变形缝开合度监测。

在车站结构三条变形缝处布设测点，对应上、下行线共 12 个监测点。

（5）无缝线路钢轨位移监测。

在钢轨轨腰上粘贴标尺，并在对应位置埋设位移观测桩，利用桩上拉线测量钢轨相对变化量。在开挖影响范围两侧，4根走行轨旁埋设了4对位移观测桩。

监测测点布设位置见图16.7-3。

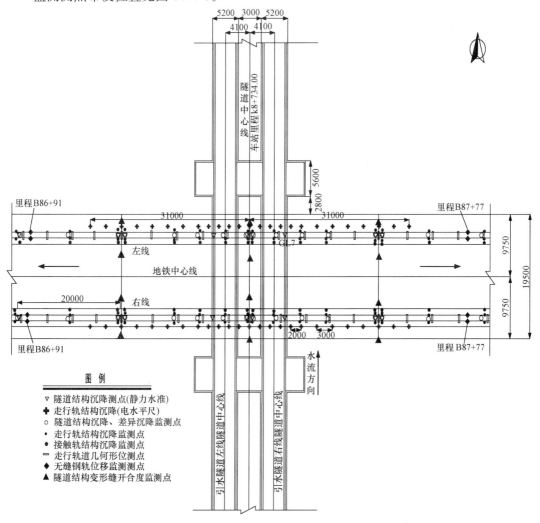

图16.7-3 引水隧道下穿地铁车站监测测点位置图

2. 监测方法

根据工程特点，本次监测采用自动化实时监测和常规人工监测两种监测方法。

自动化监测为远程实时的监测系统，可监测地铁列车运行时的变形，针对车站结构沉降、走形轨沉降监测项目布置静力水准仪、梁式倾斜仪组成的自动化监测系统。

人工监测在地铁停运检修时段作业，采用水准测量方法，针对车站结构沉降、走形轨沉降、接触轨沉降等监测项目。监测网按国家一等水准测量的技术要求，布设附合水准路线进行观测，附合差≤$0.3\sqrt{n}$ mm，每站高差中误差≤±0.15mm，相邻基准点高差中误差≤±0.5mm。视线高不得低于0.3m（n 为测站数）。

走行轨几何形位监测包括轨道水平、轨距、高低、轨向、轨道扭曲（三角坑）等内容。轨道水平和轨距采用轨距尺测量，轨向和高低采用弦线及钢板尺测量，使用10.0m

弦测量轨道的平顺性，轨道扭曲以 6.25m 基长测量。

车站结构变形缝开合度监测采用游标卡尺量取。

16.7.4 监测成果分析

1. 监测数据统计

通过对既有地铁车站进行长约 19 个月的监测工作，对典型的监测数据进行统计分析，见表 16.7-2。

监测特征数据统计表　　　　　　　　　　　　　　表 16.7-2

监测对象	监测项目	监测点数量（个）	过程变化最大值（mm）	过程变化最大速率（mm/d）	最终累计变化最大值（mm）	工后 100 天变化速率（mm/d）	预警点比例（%）
车站结构	车站结构沉降	32	+1.9 −4.8	+1.0 −0.7	+1.5 −4.0	−0.004 −0.003	9%
	车站结构变形缝差异沉降	6	4.8	1.0	2.6		17%
	变形缝开合度	12	0.9	1.0	0.8		0%
轨道结构	走行轨结构沉降	32	+2.5 −4.0	+1.0 −0.7	+2.1 −3.3	−0.003 −0.003	9%
	道床结构变形缝差异沉降	18	2.4	0.8	2.4		11%
	接触轨结构沉降	32	+2.5 −3.9	+1.0 −0.7	+1.4 −3.4	−0.001 −0.003	3%
轨道设施	轨道高低	16	3.0	2.0	3.0		0%
	轨距变化	16	4.0	2.0	4.0		0%
	无缝钢轨位移	8	0.5	0.4	0.3		0%

本工程监测采用人工监测及远程自动化监测手段，取得了良好的效果。信息化监测及时、准确地预测预报了多个安全隐患，为保证工程的顺利施工和既有地铁的安全运营做出了重要贡献。信息化监测典型预警及处置情况见表 16.7-3。

典型监测预警及处置情况　　　　　　　　　　　　表 16.7-3

时间	发现问题	手段措施	效果
2007.10.18~19	发现 4#右线开挖上方的车站上行线有明显的下沉趋势，从 −0.6mm 增至 −1.2mm	立即通知各方，在 19 日监理例会上，决定采取补偿注浆措施，于 20 日凌晨进行了补浆	快速下沉得到控制，补浆效果显著
2007.10.26~27	发现 4#右线开挖上方的车站下行线有快速下沉情形	及时通知各方，进行补偿注浆	快速下沉得到控制

续表

时间	发现问题	手段措施	效 果
2007.11.13	开挖上方的车站下行线结构最大沉降量达—2.7mm	将自动化监测频率调至1次/半小时,由专职人员每天5~6次汇报监测数据,以便于及时调整开挖进度	根据监测数据及时调整施工进度,有效控制了变形的发展
2007.11.17	受12:00~21:00的注浆影响,下行线中部的结构变形缝JZ8~JZ9处两侧结构抬升量不同,引起结构变形缝处差异沉降有所增大,当时数值达到为—1.5mm	反馈施工单位,停止注浆,检查线路设施	控制了注浆引起结构抬升的发展,保障了运营安全

2. 典型变化规律分析

(1) 车站结构沉降。

车站结构沉降纵向断面变化情况见图 16.7-4、图 16.7-5。由图 16.7-4、图 16.7-5 可知,2007 年 8 月 16~8 月 31 日施工未达地铁车站下方,变形曲线基本平直;8 月 31 日~10 月 10 日为 4#开挖前的车站下方土体注浆阶段,车站底板有微弱上浮,上浮量为 0.0~0.5mm;10 月 10 日~11 月 3 日 4#右线下穿地铁车站,车站底板结构最大沉降量—1.5mm;11 月 3 日~11 月 23 日 5#左线下穿地铁车站,上行线结构最大沉降量—3.2mm,下行线受注浆影响,结构有所抬升,最大沉降量—2.6mm;11 月 23 日双洞贯通到 12 月 25 日注浆横通道回填完毕,二衬施工完成,上下行线累计最大沉降量分别为—3.9mm、—3.7mm;工后引水隧道通水通压后上下行线累计最大沉降量均为—4.8mm,未超过控制值(—5.0mm)。

总体上,上行线车站结构经历了"稳定~下穿时缓慢沉降~贯通后微弱下沉~工后沉降~趋于稳定"的变形过程,下行线在下穿时有注浆抬升阶段。沉降量最大值出现在工后

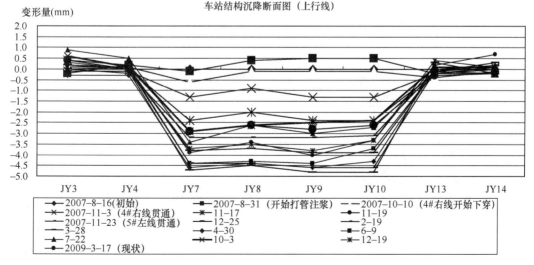

图 16.7-4 上行线车站底板结构沉降纵向断面图

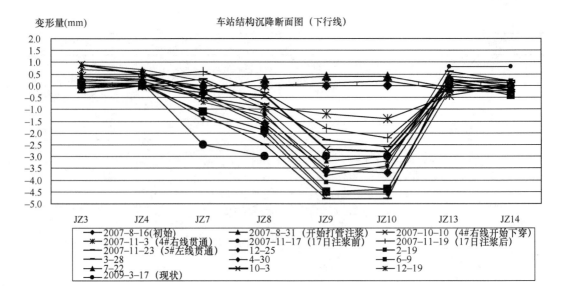

图 16.7-5　下行线车站底板结构沉降纵向断面图

近四个月时（2008年3月14日）。每个阶段的具体变形情况与施工工艺、施工工法、地质情况、补偿注浆以及通水通压等因素有关。

（2）车站结构变形缝差异沉降监测。

车站结构变形缝差异沉降时程曲线见图16.7-6、图16.7-7。由图16.7-6、图16.7-7可知，车站结构变形缝差异沉降除下行线中部外，其他监测点数值较小，为－0.5～＋0.4mm。下行线受下穿过程中注浆影响，中部变形缝两侧结构抬升量不同，引起最大差异沉降数值达－1.5mm。经过工后沉降，数值达－2.6mm，超过控制值（±2.0mm）。因此，工程下穿至车站结构变形缝处时，需采取适宜的注浆控制措施，以防止变形缝两侧结构的过量不均匀隆升，造成较大的差异沉降。

（3）走行轨和接触轨结构沉降。

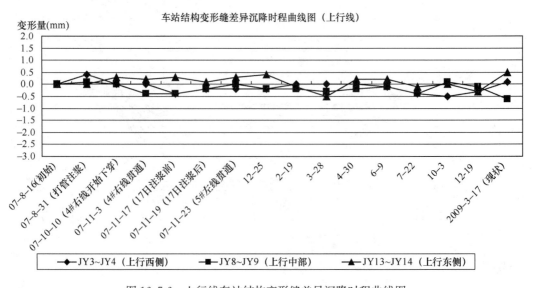

图 16.7-6　上行线车站结构变形缝差异沉降时程曲线图

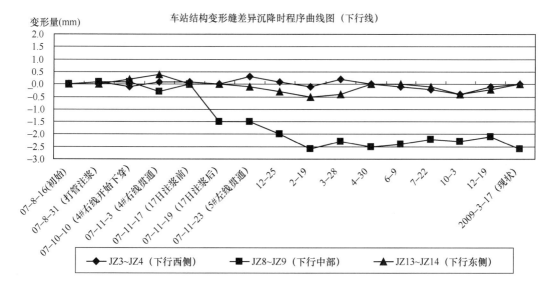

图 16.7-7　下行线车站结构变形缝差异沉降时程曲线图

走行轨结构沉降纵向断面图见图 16.7-8、图 16.7-9。由图 16.7-8、图 16.7-9 可知，走行轨结构沉降同样经历了"稳定～下穿时缓慢沉降～贯通后微弱下沉～工后沉降～趋于稳定"的变形过程。其变形具有前期滞后、后期超前的特点，即工程下穿时走行轨结构随车站结构的变形而变形，下穿完成后则先于车站结构趋于稳定。其沉降最大值出现在工后两个月时（2008 年 1 月）。接触轨的变形与走行轨基本一致。

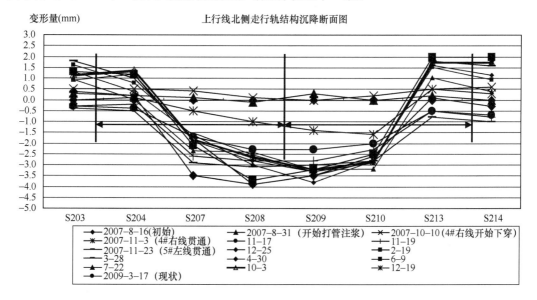

图 16.7-8　上行线走行轨结构沉降断面图

（4）道床结构变形缝差异沉降。

道床结构变形缝差异沉降时程曲线见图 16.7-10、图 16.7-11。由图 16.7-10、图 16.7-11 可知，上行线和下行线西侧、东侧的道床变形缝差异沉降数值较小，为 －0.6～+0.9mm。下行线中部道床变形缝受下穿时注浆影响差异沉降数值达－1.5mm，稳定后

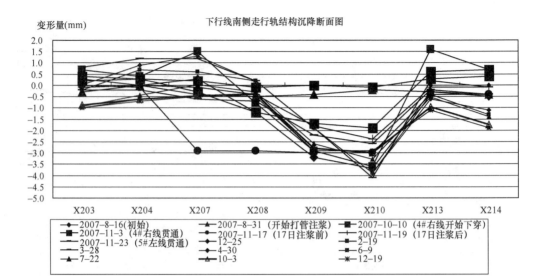

图 16.7-9 下行线走行轨结构沉降断面图

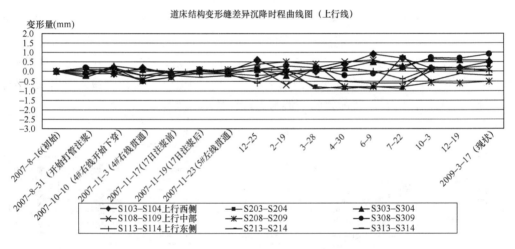

图 16.7-10 上行道床结构变形缝差异沉降曲线图

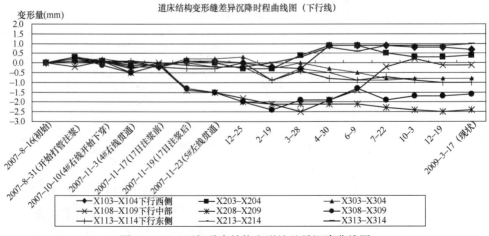

图 16.7-11 下行道床结构变形缝差异沉降曲线图

发展为-2.4mm,超过控制值。工程施工中道床变形缝处也应控制注浆量。

(5) 轨道几何尺寸和无缝线路钢轨位移。

车站的轨道几何尺寸除在轨道结构和道床结构以及变形缝处有较大变形外,其他部位变形数值较小,均符合《地铁工务维修规则》的要求。无缝线路钢轨位移值较小,上行线北侧轨的累计变形量最大,为-0.3mm,小于控制指标±2.0mm。

16.7.5 监测结论与建议

1. 监测结论

(1) 本项目最终监测数据均未超过控制值,工后变形平缓并趋于稳定。车站结构最终最大沉降-4.0mm,轨道结构最终最大沉降-3.3mm,轨道轨距最大3.0mm,水平最大4.0mm,无缝线路钢轨位移最大0.3mm,工后一定周期的监测数据变化小于0.01mm/d。

(2) 通过信息化监测实施预报了多个安全隐患,监测数据和及时的信息反馈一方面为信息化施工提供了准确数据,另一方面为运营养护提供了依据,最终保障了穿越工程中地铁的安全运营。

(3) 在下穿开挖及注浆期间是监测数据变化明显的阶段。引起地铁既有结构变形的因素复杂,如设计结构形式、注浆加固效果、工程开挖工艺控制、地下水变化、列车动荷载、季节温度变化、外部荷载等因素,本工程体现出下穿开挖及注浆为主要的影响因素,工程下穿地铁既有线首先影响地铁结构,其次为轨道结构,轨道结构变形一般小于地铁结构变形,且具有前期滞后、后期超前的特点。

2. 相关建议

(1) 本工程经验表明,通过合理的设计、防护、施工、监测措施的配合,可改变穿越期限速运营的工程管理模式。通过制定严格的控制标准,采取适宜的加固防护措施,加强监测及信息反馈,工程最终控制可以达到设计要求,可以实现穿越工程施工不限速运营的工程管理模式,改变施工期间限速运营这种对轨道交通线网运营效率影响大的工程管理模式。

(2) 建议类似穿越工程对运营线路的监测应以自动化监测为主。根据施工期间不间断运营的要求,对关键的轨道结构、隧道结构采用远程自动化实时监测手段,自动提示预警,及时发现安全隐患。

(3) 注浆施工是风险环节,可能出现意外情况,要进行重点监测。本工程实际的注浆压力虽控制在0.5MPa之内,实际监测中通过自动化监测数据发现,注浆过程中结构有过量隆起及结构缝处差异变形增大情况,通过与施工单位及时沟通情况,通报监测数据预警并采取停止注浆的措施,避免了既有结构过量变形引起的车站结构及线路破坏的安全风险。

参 考 文 献

[1] 《建筑基坑工程监测技术规范》编制组. 建筑基坑工程监测技术规范实施手册[M]. 北京：中国建筑工业出版社，2010.

[2] 杨志法、齐俊修、刘大安. 岩土工程监测技术及监测系统问题[M]. 北京：海洋出版社，2004.

[3] 刘招伟. 城市地下工程施工监测与信息反馈技术[M]. 北京：科学出版社，2006.

[4] 罗富荣，曹伍富. 北京轨道交通工程安全风险管理体系[M]. 北京：中国铁道出版社，2013.

[5] 上海市建设工程安全质量监督总站. 软土地区城市轨道交通工程施工监测技术应用指南[M]. 上海：同济大学出版社，2010.

[6] 天津市建设管理委员会. 天津市轨道交通地下工程质量安全风险控制指导书. 2009.

[7] 王家远，刘春乐. 建设项目风险管理[M]. 北京：中国水利水电出版社：知识产权出版社，2004.

[8] 沈建明. 项目风险管理[M]. 北京：机械工业出版社，2003.

[9] 陈国华. 风险工程学[M]. 北京：国防工业出版社，2007.

[10] 罗云. 风险分析与安全评价（第二版）[M]. 北京：化学工业出版社，2010.

[11] 黄宏伟，陈龙，胡群芳. 隧道及地下工程的全寿命风险管理[M]. 北京：科学出版社，2010.

[12] 阳军生，刘宝琛. 城市隧道施工引起的地表移动及变形[M]. 北京：中国铁道出版社，2002.

[13] 彭立敏，安永林，施成华. 近接建筑物条件下隧道施工安全与风险管理的理论与实际[M]. 北京：科学出版社，2010.

[14] 施仲衡. 地下铁道设计与施工[M]. 陕西：陕西科学技术出版社，1997.

[15] 王梦恕. 地下工程浅埋暗挖技术通论[M]. 安徽：安徽教育出版社，2004.

[16] 刘国彬，王卫东. 基坑工程手册（第2版）[M]. 北京：中国建筑工业出版社，2009.

[17] 周文波. 盾构法隧道施工技术及应用[M]. 北京：中国建筑工业出版社，2004.

[18] 张厚美. 盾构隧道的理论研究与施工实践[M]. 北京：中国建筑工业出版社，2010.

[19] 丁士昭. 建筑工程管理与实物（第三版）[M]. 北京：建筑工业出版社，2011.

[20] 姚昱晨. 市政道路工程[M]. 北京：中国建筑工业出版，2007.

[21] 中华人民共和国国家标准编写组.《建筑基坑工程监测技术规范》（GB 50497—2009）[S]. 北京：中国计划出版社，2009.

[22] 中华人民共和国国家标准编写组.《城市轨道交通工程监测技术规范》（GB 50911—2013）[S]. 北京：中国建筑工业出版社，2014.

[23] 中华人民共和国国家标准编写组.《城市轨道交通地下工程建设风险管理规范》[S]. 北京：中国建筑工业出版社，2011.

[24] 中华人民共和国建设部. 地铁及地下工程建设风险管理指南[S]. 北京：中国建筑工业出版社，2007.

[25] 中华人民共和国国家标准编写组.《建筑抗震设计规范》（GB 50011—2010）[S]. 北京：中国建筑工业出版社，2010.

[26] 中华人民共和国地方标准编写组.《地铁工程监控量测技术规程》（DB11/490—2007）[S]. 北京：北京城建科技促进会，2007.

[27] 中华人民共和国地方标准编写组.《基坑工程施工监测规程》（DG/TJ 08—2001—2006）[S]. 上海：

上海市新闻出版局，2006.

[28] 中华人民共和国地方标准编写组.《建筑基坑支护工程技术规程》(DBJ/T 15—20—97)[S]. 广州：广东省建设委员会，1997.

[29] The Engineering Council，London：Guidelines on Risk Issues，1993. ISBN0-9516611-7-5.

[30] AS/NZS4360. Risk Management. Standards Australia. Sysdey：1999.

[31] Guidelines for Tunneling Risk Management. International Tunnel Association Working Group No. 2，2002.

[32] YOO C. Behavior of braced and anchored walls in soils overlying rock[J]. Journal of Geotechnical and Geoenvironmental Engineering，ASCE，2001，127(3)：225-233.

[33] MOORMANN C.. Analysis of wall and ground movements due to deep excavations in soft soil based on a new worldwide database[J]. Soils and Foundations，2004，44(1)：87-98.

[34] LEUNG E H Y，CHARLES. W. W. NG. Wall and ground movements associated with excavations supported by cast in situ wall in mixed ground conditions[J]. Journal of Geotechnical and Geoenvironmental Engineering，2007，133(2)：129-143.

[35] Burland, J. B., Standing, J. R., Jardine, F. M. Building Response to Tunnelling, case studies from construction of the Jubilee Line Extension, London Volumel：PROJECT AND METHODS [C]. London，Thomas Telford Publishing，2001：509-545.

[36] 韩煊. 隧道施工引起的地层位移及建筑物变形预测的实用方法研究[博士学位论文][D]. 西安：西安理工大学，2006.

[37] 韩煊，李宁，Standing J R. Peck公式在我国隧道施工地面变形预测中的适用性分析[J]. 岩土力学，2007，28(1)：23-28.

[38] 马雪梅、高文新、吴锋波. 城市轨道交通工程监测现状与展望[J]. 2011海峡两岸岩土工程/地工技术交流研讨会论文集，2011年：165-1173.

[39] 刘永中. 地铁隧道测量机器人自动化变形监测研究与应用[J]. 铁道勘察，2008，(4)：1-3.

[40] 刘朝明，文志云. 远程监控管理技术及在轨道交通建设中的应用[J]. 上海建设科技，2005(5)：11-12.

[41] 刘军，等. 远程自动连续监测系统在复杂地铁工程中的应用[J]. 中国铁道科学，2007，28(3)：140-144.

[42] 郑立常，等. 基坑施工对临近运营地铁隧道影响监测的实践[J]. 测绘工程，2007，16(2)：47-50.

[43] 高爱林，等. 高精度非接触测量在运营高速路的沉降监测[J]. 都市快轨交通，2010，23(5)：88-91.

[44] 宋建学，等. 基坑变形监测及预警技术[J]. 岩土工程学报，2006，11：1889-1891.

[45] 齐震明，李鹏飞. 地铁区间浅埋暗挖隧道地表沉降的控制标准[J]. 北京交通大学学报，2010.34(3)：117-121.

[46] 吴锋波. 建(构)筑物的变形控制指标[J]. 岩土力学，2010，31(增2)：308-316.

[47] 冯志，等. 多变量灰色系统预测模型在深基坑围护结构变形预测中的应用[J]. 岩石力学与工程学报，2007，26(增2)：4319-4324.

[48] 靳璞，等. 地铁深基坑变形预测与监测数据分析[J]. 市政技术，2008，26(1)：28-31.

[49] 杜年春. 地铁施工监测信息管理及安全预警系统的设计[J]. 工程建设，2006.38(1)：37-40.

[50] 贺跃光，等. 基于Web GIS的城市地铁施工监测信息管理系统研究[J]. 岩土力学，2009.30(1)：265-269.

[51] 罗富荣. 北京地铁建设安全风险技术管理体系的研究[J]. 现代城市轨道交通，2008，(06)：28-30.

[52] 金淮、张建全、吴锋波、刘永勤. 盾构下穿首都机场施工监测变形特性分析[J]. 都市快轨交通，

2008 年第 21 卷第 5 期：53-57.

[53] 金淮、吴锋波、马雪梅、张彦斌. 隧道下穿地铁拟换乘车站施工监测与安全分析[J]. 工程地质学报，2009 年第 17 卷第 5 期：703-710.

[54] 马雪梅、吴锋波、任干. 南水北调总干渠近距离下穿地铁既有车站变形特性分析[J]. 岩土工程界，2009 年第 12 卷第 9 期：71-75.

[55] 金淮、张成满、马雪梅、钟巧荣、吴锋波、李俊伟. 城市轨道交通安全风险技术管理体系的建立[J]. 都市快轨交通，2010 年第 23 卷第 1 期：34-37.

[56] 金淮、吴锋波、马雪梅、张建全、高爱林. 首都国际机场线下穿机场高速公路变形特性研究[J]. 工程勘察，2010 年第 38 卷第 10 期：61-66.

[57] 张建全. 地下工程施工对地铁既有线变形影响的分析与研究[J]. 矿山测量，2008，12(5)：60-63.

[58] 徐耀德、金淮、吴锋波. 城市轨道交通工程监测预警研究[J]. 城市轨道交通研究，2012 年第 15 卷第 2 期：19-25.

[59] 吴锋波、金淮、徐耀德、刘永勤. 城市轨道交通地下工程风险等级标准研究[J]. 施工技术，2012 年第 41 卷第 363 期：17-21.

[60] 吴锋波、金淮、杨红通、刘永勤、任干. 城市轨道交通工程周边地下管线监测控制指标[J]. 施工技术，2012 年第 41 卷第 379 期：72-75.

[61] 杜年春. 地铁施工监测信息管理及安全预警系统的设计[J]. 工程建设，2006.38(1)：37-40

[62] 贺跃光，杜年春，李志伟. 基于 Web GIS 的城市地铁施工监测信息管理系统研究[J]. 岩土力学，2009.30(1)：265-269.

[63] 阮欣. 桥梁工程风险评估体系及关键问题研究[博士学位论文][D]. 上海：同济大学，2006.

[64] 林娴. 基于嫡度量法的基坑工程项目风险管理研究[硕士学位论文][D]. 重庆：重庆大学，2006.

[65] 江晓峰，刘国彬，张伟立，等. 基于实测数据的上海地区超深基坑变形特性研究[J]. 岩土工程学报，2010，32(增 2)：570－573.

[66] 徐中华，王卫东. 深基坑变形控制指标研究[J]. 地下空间与工程学报，2010，6(3)：619-626.

[67] 郑刚，焦莹，李竹. 软土地区深基坑工程存在的变形与稳定问题及其控制—基坑变形的控制指标及控制值的若干问题[J]. 施工技术，2011，40(339)：8-14.

[68] 李琳，杨敏，熊巨华. 软土地区深基坑变形特性分析[J]. 土木工程学报，2007，40(4)：66-72.

[69] 徐中华. 上海地区支护结构与主体地下结构相结合的深基坑变形性状研究[D]. 上海交通大学，2007.